Monographien
Herausgegeben vom Deutschen Institut für Japanstudien
der Philipp Franz von Siebold Stiftung
Band 20, 1998

Hilaria Gössmann (Hg.)

Das Bild der Familie
in den japanischen Medien

Monographien aus dem
Deutschen Institut für Japanstudien
der Philipp Franz von Siebold Stiftung

Band 20
1998

Monographien Band 20
Herausgegeben vom Deutschen Institut für Japanstudien der
Philipp Franz von Siebold Stiftung

Direktorin: Prof. Dr. Irmela Hijiya-Kirschnereit

Anschrift:
Nissei Kōjimachi Bldg.
Kudan-Minami 3-3-6
Chiyoda-ku
Tōkyō 102-0074, Japan
Tel.: (03) 3222-5077
Fax: (03) 3222-5420
e-mail: dijtokyo@dijtokyo.twics.com

Titelfoto:
Yomiuri Shinbun vom 1. Januar 1994 (Neujahrsausgabe)
Der Abdruck des Titelbildes sowie aller Bilder in diesem Band
erfolgt mit freundlicher Genehmigung des jeweiligen Verlages
bzw. des Fernsehsenders.

Die Deutsche Bibliothek – CIP-Einheitsaufnahme

Das **Bild der Familie in den japanischen Medien** /
Hilaria Gössmann (Hg.). – München : Iudicium, 1998
(Monographien aus dem Deutschen Institut für Japanstudien
der Philipp Franz von Siebold Stiftung ; Bd. 20)
ISBN 3-89129-500-6

© iudicium verlag GmbH München 1998
Alle Rechte vorbehalten
Druck: Offsetdruck Schoder, Gersthofen
Printed in Germany
ISBN 3-89129-500-6

Inhaltsverzeichnis

Vorwort
Irmela Hijiya-Kirschnereit 9

Einleitung
Hilaria Gössmann 13

Einführung in den Themenkreis „Familie"

Familie und Geschlechterbeziehung in Japan seit Ende des
Zweiten Weltkrieges bis zur Gegenwart
Ochiai Emiko 33

Wandel und Kontinuität der deutschen Familie
im Kontrast zu Japan
Ulrich Möhwald 57

Kommentar: Regionale Aspekte der Familienstruktur in
Deutschland und Japan
Ralph Lützeler 89

Sektion I: Fernsehdramen und Zeichentrickserien

Der Wandel der japanischen Familie aus der Sicht eines
Drehbuchautors
Fuse Hiroichi 99

Macht und Ohnmacht des Familienoberhaupts. Entwicklungen
im Genre Fernsehdrama von den Anfängen bis zur Gegenwart
Hirahara Hideo 109

Kommentar zu den Beiträgen von Fuse Hiroichi und
Hirahara Hideo
Suzuki Midori 119

Diskussion zu Sektion I, Teil 1 123

Inhalt

Die Familienbeziehungen in den Fernsehdramen –
Eine Analyse der Sendungen vom Oktober 1994
SHIOYA Chieko 129

Realitätsspiegelung oder Idealisierung?
Das Bild der Ehe in Fernsehserien der Jahre 1992–1994
Hilaria GÖSSMANN 147

Der Wandel der Familie im Spiegel der Zeichentrickserien
Sazae-san, *Crayon Shin-chan* und *Cooking Papa*
NAKANO Emiko 167

Kommentar zu den Beiträgen von SHIOYA Chieko,
Hilaria GÖSSMANN und NAKANO Emiko
MURAMATSU Yasuko 189

Diskussion zu Sektion I, Teil 2 193

SEKTION II: FERNSEH-WERBUNG

Workshop: Analyse japanischer und deutscher Werbespots
zum Thema Familie
Leitung: SHINKAI Kiyoko und Hilaria GÖSSMANN 199

Veränderungen im Familienbild von Werbespots
der Jahre 1984–1994
YOSHIDA Kiyohiko 209

SEKTION III: PRINT-MEDIEN

Die Zeitungsberichterstattung zum „Internationalen Jahr
der Familie" aus der Sicht der Geschlechterforschung
HORIE Setsuko und SAITŌ Masami 235

Stereotype Geschlechterrollen in Frauen- und
Männerzeitschriften
MOROHASHI Taiki 265

Kommentar zu den Beiträgen von HORIE Setsuko/SAITŌ Masami
und MOROHASHI Taiki
INOUE Teruko 283

SEKTION IV: LITERATUR

Das Thema „Familie" aus der Sicht einer Schriftstellerin
SAEGUSA Kazuko 289

Die Auseinandersetzung mit dem Thema „Familie"
in der Gegenwartsliteratur
YONAHA Keiko 297

Kommentar zu den Beiträgen von SAEGUSA Kazuko und
YONAHA Keiko
TSUGE Teruhiko 313

Diskussion zu Sektion IV 315

DAS BILD DER FAMILIE IN DEN MEDIEN
– KOMMENTARE UND DISKUSSION –

Marc LÖHR, Susanne SCHERMANN, MINAKAMI Yōko, SUZUKI Midori,
YUZAWA Yasuhiko 319

Zu den Autorinnen und Autoren 329

Zu den Übersetzerinnen und Übersetzern 337

Vorwort

An einem beliebigen Tag im September 1998 lassen sich Einzelepisoden und Berichte der Medien zu einem Kommentar über Familie in Japan zusammenfügen. Da berichtet beispielsweise das Fernsehen in den Nachrichten von Sach- und Personenschäden des letzten Taifuns und führt unter den Opfern an Menschenleben auch eine siebenundachtzigjährige bettlägerige Frau an, die von ihrem zweiundneunzigjährigen Mann in ihrem Haus in einer Provinzstadt nicht mehr in Sicherheit gebracht werden konnte und daher im eigenen Zimmer ertrank. Offenbar waren weder Angehörige noch Nachbarn oder Behörden in der Lage, das Paar vor dem schon Tage zuvor angekündigten Unwetter zu evakuieren. In der Zeitung wird anhand eines krassen Einzelbeispiels von Eltern berichtet, die sich von ihren auffällig oder straffällig gewordenen Kindern ein für allemal lossagen wollen, ein nach Aussage einer Familienberatungsstelle zunehmender Trend. Ein Privatsender zeigt am Samstagnachmittag eine zweistündige kommentarlose Dokumentation über das Leben zweier kinderreicher Familien, nachdem nur wenige Tage zuvor auch das halbstaatliche Fernsehen NHK eine solche Sendung ausgestrahlt hatte.[1] Ob diese Berichte in irgendeiner Weise geeignet sind, ein Licht auf den Zustand der Familie in Japan zu werfen, ob sie als Symptom gelesen werden dürfen, und wofür solche Einzelbeobachtungen überhaupt stehen können, muß offen bleiben. Gemeinsam ist ihnen einzig die Tatsache, daß es sich um Medienaussagen handelt, in denen Familie implizit oder explizit thematisiert wird.

Die Familie gilt auch heute noch, in Japan wie wohl in den meisten Gesellschaften, als zentrale staats- und gesellschaftstragende Instanz, die beispielsweise den wichtigsten Rahmen für den sozialen und wirtschaftlichen Wiederaufbau nach dem verlorenen Krieg abgab. Es liegt auf der Hand, daß Familie auch im öffentlichen Leben stets Gegenstand politi-

---

[1] Es handelt sich um die Fernsehnachrichten am 25.9.98, einen Artikel aus der Serie *Tozasareta kokoro ni – Kodomo-tachi no shigunaru, dai ichi-bu* [Den verschlossenen Herzen – Signale von Kindern, Teil 1] am 25.9.98 in der Mainichi Shinbun, S. 3, sowie um eine Sendung, die am 26.9.98 von 14 bis 16 Uhr im Kanal Fuji TV ausgestrahlt wurde. Das NHK brachte eine entsprechende Reportage über eine Familie mit neun Kindern am 15.9.98.

scher und kultureller Rede mit dem Ziel der Einflußnahme war und ist, gerade angesichts des beträchtlichen demographischen und sozialen Wandels, der sich auf die Familie in Japan, das Rollenverständnis der Geschlechter und das Verhältnis der Generationen untereinander, auswirkte. Die Medien wiederum sind der Ort, wo sich die in der Gesellschaft vorherrschenden Bilder formieren, wo die Ideologien „greifbar" werden und sich in einem komplexen osmotischen Prozeß in soziale Wirklichkeit verwandeln, indem sie gleichsam in beiderlei Richtungen die durchlässig und unklar gewordenen Scheidelinien zwischen imaginierter und „realer" Welt durchstoßen.

So war es nur folgerichtig, daß sich 1995 eine Tagung am Deutschen Institut für Japanstudien mit dem Bild der Familie in den japanischen Medien befaßte. Dabei ging es insbesondere um fiktionalisierte Formen der Darstellung, in denen sich die Imaginationsarbeit beim Erstellen eines Familienbilds besonders augenfällig zeigen läßt. Gegenstand waren daher neben den als diskursiv einzustufenden Genres Nachrichten bzw. Berichterstattung, Reportage oder Diskussionsforum vor allem die narrativen Einkleidungen in Form von Fernsehdramen, literarischen Werken und Werbespots.

Erstaunlicherweise steht die systematische Forschung zu diesem wichtigen Erkenntnisfeld der modernen Massengesellschaft, wie die Herausgeberin in ihrer Einleitung ausführt, noch in ihren Anfängen, und so war die von ihr organisierte Tagung ein wichtiger Schritt, um eine Bestandsaufnahme der bisherigen Untersuchungsansätze und Interpretationsmodelle vorzunehmen. Eine Besonderheit in der Anlage der Tagung war zudem jedoch die Einbeziehung eines möglichst breiten Spektrums der am Mediendiskurs über die Familie als Theoretiker und Analytiker wie als Praktiker Beteiligten, um Einblicke in die diversen Perspektiven zu gewinnen. So lernen wir Aspekte der Medienarbeit zum Bild der Familie aus der Sicht von Wissenschaftlern verschiedener Disziplinen, aber auch unter dem Blickpunkt von Aktionsgruppen, Drehbuchautoren und Schriftstellerinnen kennen. Dieses Tagungsformat trug offenbar nicht nur dem derzeitigen Forschungsstand Rechnung, sondern es brachte auch die besonderen Möglichkeiten, die sich einer Institution wie dem DIJ in Tōkyō bieten, zur Geltung. Hilaria Gössmann, die von 1992 bis 1995 am DIJ wirkte, war es aufgrund ihrer guten Kontakte vor Ort gelungen, einen solchen Strauß an Beiträgen zum Thema zusammenzubinden, der, so steht zu erwarten, die Forschung zum Thema der Darstellung (und Formierung) sozialer Realität in den japanischen Medien, aber auch zur japanbezogenen Medienforschung insgesamt inspirieren dürfte. In der Tat läßt sich in den wenigen Jahren, die seither vergangen sind, bereits erkennen, daß eine neue Generation von deutschen Japanforschern dabei ist, sich

Vorwort

den Bereich von Medienanalyse und Populärkultur zu erschließen, wozu nicht zuletzt auch das neuerliche Wirken der Herausgeberin an der Universität Trier beigetragen hat. Ihr sei für die aufwendige Arbeit an diesem Band herzlich gedankt!

Tōkyō, im September 1998   Irmela Hijiya-Kirschnereit

EINLEITUNG

Hilaria GÖSSMANN

ZUR ROLLE DER MEDIEN IN DER GESELLSCHAFT

Massenmedien – allen voran das Fernsehen – spielen für unsere Sozialisation, unsere Gefühle und Erfahrungen, unser Wissen, unsere Kommunikation, für Politik und Wirtschaft usw. eine entscheidende Rolle: Sie sind zu Instrumenten der Wirklichkeitskonstruktion geworden. (SCHMIDT 1994: 14)

Die Darstellung der Familie in den Medien spiegelt den gesellschaftlichen Wandel wider, nimmt bisweilen Entwicklungen vorweg und manchmal beschönigt sie in verklärender Weise das, was als die Familie der Vergangenheit gesehen wird. So tragen die Medien ihren Teil bei zur Konsensbildung darüber, welche Richtung die Familie in Zukunft einschlagen soll. (OCHIAI in diesem Band)

Diese Aussagen eines deutschen Medienwissenschaftlers und einer japanischen Familiensoziologin verweisen beide auf die große Bedeutung der Medien für die Meinungsbildung innerhalb einer Gesellschaft. Wenn im Fall von Japan angesichts steigender Scheidungs- und sinkender Geburtenraten von der „Krise der Familie" die Rede ist oder eher im positiven Sinne Veränderungen in den Lebensentwürfen von Frauen und Männern konstatiert werden, so steht dies zweifellos in engem Zusammenhang mit der Darstellung der Familie in den Medien.

Die Frage, auf welche Weise sich die Medien im Japan der Mitte der neunziger Jahre dem Thema „Familie" stellen, war der Ausgangspunkt des japanischsprachigen Symposiums *Nihon no media ni okeru kazokuzō* [Das Bild der Familie in den japanischen Medien], das vom 12. bis 13. Februar 1995 am Deutschen Institut für Japanstudien in Tōkyō stattfand. Nachdem das „Internationale Jahr der Familie" 1994 zu Ende gegangen war, galt es, auf diesem Symposium Bilanz zu ziehen, wie sich die Darstellung in den verschiedenen medialen Produkten zu der Situation der Familie in der japanischen Gesellschaft verhält. Von besonderer Bedeutung ist hierbei, daß die Medien nicht nur „abbilden", sondern die Vorstellungen von Familie selbst entscheidend mitprägen. Dies wird vor allem im Kontext der Geschlechterforschung hervorgehoben:

Medien wirken mit an der Konstruktion von Geschlechterrollen. Sie sind gleichzeitig Symptom und Agens, sie sind Ausdruck und treibende Kraft der Geschlechterverhältnisse. (NEVERLA 1998: 298)

Die Medien schmücken sich zwar gern mit dem Image, „am Puls der Zeit" zu sein, dennoch hinken sie in der Darstellung gesellschaftlicher Phänomene oft hinterher. So weist die Medienwissenschaftlerin Muramatsu Yasuko, eine der Kommentatorinnen des Symposiums, darauf hin, daß die Massenmedien zwar einerseits die Möglichkeit in sich bergen, Bewußtseinsveränderungen voranzutreiben, sie jedoch meist dazu tendieren, die bestehende gesellschaftliche Ordnung zu stabilisieren bzw. herrschende Tendenzen zu verstärken (MURAMATSU 1979: 60). Eine eher konservative Tendenz wird häufig auch der Populärkultur unterstellt, deren Möglichkeiten der kanadische Medienwissenschaftler Barry Duncan folgendermaßen charakterisiert:

While popular culture can be progressive, it is not radical, it follows trends and rarely starts them. (DUNCAN 1994: 1)

Um zu prüfen, ob diese Thesen zu medialen und populärkulturellen Produkten auf die Situation in Japan Mitte der neunziger Jahre zutreffen, galt es, auf dem Symposium der Frage nachzugehen, inwieweit die Darstellung der Familie in den Medien den im Wandel begriffenen Wertvorstellungen gerecht wird. Von besonderer Bedeutung sind hier die Geschlechterrollen, ein entscheidender Aspekt bei der Beschäftigung mit der Familie der Gegenwart.

Die Wertemuster in bezug auf Familie und Arbeitswelt im Japan seit der Nachkriegszeit waren das Thema des ersten Forschungsprojekts am Deutschen Institut für Japanstudien (ÖLSCHLEGER et al. 1994), wozu 1991 eine Umfrage durchgeführt wurde. Vor dem Hintergrund der für Japan und andere asiatische Länder vielfach beschriebenen weitgehenden Trennung der Lebensbereiche der Geschlechter[1] widmete sich ein Fragenkomplex den Einstellungen zur geschlechtsspezifischen Rollenverteilung. Dabei äußerten 66,3 % der Befragten die Meinung, daß für „Männer die Arbeit und für Frauen der Haushalt und die Kindererziehung den Lebensmittelpunkt bildet" (ÖLSCHLEGER et al. 1994: 114). In den Einstellungen zur weiblichen Erwerbstätigkeit haben sich jedoch in den letzten Jahren markante Veränderungen vollzogen. Einer vom Amt des Ministerpräsidenten durchgeführten Umfrage zufolge sank der Anteil der Frauen, die die geschlechtsspezifische Rollenverteilung nach dem Muster „Der Mann ist berufstätig, die Frau hütet das Haus" (*otoko wa shigoto, onna wa katei*) be-

---

[1] Vgl. für Japan und China hierzu GÖSSMANN, JACOBI und VOGEL (1998).

fürworten, von 36,6 % im Jahr 1987 auf 22, 3 % im Jahr 1995. Bei den Männern sind die Veränderungen sogar noch auffälliger: 1987 unterstützen 51,7 % diese Auffassung, 1995 jedoch nur noch 32,9 % (INOUE 1997: 158). Wie eine im Rahmen des o. g. Projekts zu den Wertemustern durchgeführte Analyse von Sozialkundebüchern japanischer Mittelschulen zeigt, werden die Veränderungen in den Rollenvorstellungen in zunehmendem Maße auch in der Schulerziehung berücksichtigt. Bei den 1990 verwendeten Schulbüchern reichte die Spannbreite „von der konsequenten Vermittlung einer starren Normalbiographie mit relativ festen Rollenbildern, wobei Abweichungen als Ausnahmen oder soziale Probleme geschildert werden, bis hin zu einer pluralistischen Darstellung, die zumindest die Vorstellung verschiedener Lebensformen offen läßt, wenn sie auch keine konkreten Wahlmöglichkeiten aufzeigt" (ÖLSCHLEGER et al. 1994: 221). In den Ausgaben des Jahres 1993 wird der Pluralisierung, die sich sowohl im Privat- als auch im Arbeitsleben in Japan abzeichnet, verstärkt Rechnung getragen (vgl. hierzu ORTMANNS 1994). Dies ist von besonderem Interesse, da sich in den Schulbüchern, die von staatlichen Stellen geprüft und genehmigt werden müssen, „die Werte von Regierung und Bürokratie wider[spiegeln], die diese für die gesamte Nation als verbindlich postulieren und als wünschenswert für das Funktionieren des gesellschaftlichen Ganzen erachten" (ÖLSCHLEGER et al. 1994: 166). Nachdem bei diesem Projekt zu den Wertemustern in Familie und Arbeitsleben lediglich normative Texte wie Schulbücher und Gesetze (vgl. hierzu ÖLSCHLEGER et al. 1994: 275–307) analysiert wurden, galt es nun, sich bei diesem Symposium der massenmedialen Darstellung der Familie zu widmen.

Wie verschiedene Umfrageergebnisse verdeutlichen, kommt den Medien bei der Vermittlung von Werten eine besonders große Bedeutung zu. So antworteten etwa bei einer Untersuchung unter Jugendlichen auf die Frage, was ihre Denkweise am meisten beeinflusse, 43 % „Fernsehen und Radio"[2] und lediglich 14 % „Freunde und Kollegen"; an dritter Stelle standen „Zeitungen und Zeitschriften", gefolgt von „Eltern und Geschwister" (SŌMUCHŌ SEISHŌNEN TAISAKU HONBU 1992). Dem Fernsehen kommt also in Japan offensichtlich eine ganz besonders wichtige Rolle zu.

Unter den verschiedenen Sendeformen des Fernsehprogramms wird dem Fensehdrama (terebi dorama), einem beliebten Genre der japanischen Populärkultur, bei dem es vor allem um die Auseinandersetzung mit verschiedenen Lebensentwürfen geht, ein besonders großer Einfluß zugeschrieben. Einer Untersuchung zur weiblichen Medienrezeption in Japan zufolge – entsprechende Daten zu Männern liegen leider nicht vor – be-

---

[2] Fernsehen und Radio werden hier zusammengefaßt, ersteres hat jedoch letzteres als Meinungsmacher inzwischen weitgehend verdrängt.

trachten viele Frauen Fernsehdramen meist nicht nur als reine Unterhaltung, sondern als eine Möglichkeit, „Anregungen für die eigene Lebensweise und den Alltag zu erhalten" (MASUMEDIA BUNKA TO JOSEI NI KANSURU CHŌSA KENKYŪKAI 1986: 109). Muramatsu Yasuko, eine der ersten, die sich wissenschaftlich mit dem Fernsehdrama auseinandersetzte, schätzt die Funktion dieses Genres folgendermaßen ein:

> Bei der Darstellung innerhalb eines Fernsehdramas handelt es sich um die direkte oder indirekte Widerspiegelung der Sozialpsychologie, des Bewußtseins und der Wünsche der Menschen, die sich diese Dramen gerne ansehen. Zugleich können [die Figuren] zu Rollenmodellen für die Handlungs- und Lebensweise des Publikums werden und Einfluß auf ihre Urteilsfähigkeit ausüben. (MURAMATSU 1979: 1)

Shioya Chieko, eine der Referentinnen des Symposiums, weist sogar auf die Gefahr hin, daß das Publikum die „Realität" dieser Fernsehdramen als eine Norm betrachtet, nach der es zu leben gelte (SHIOYA 1993: 57).

AKTIONSGRUPPEN UND FORSCHUNGSAKTIVITÄTEN ZUM THEMA „GESCHLECHT UND MEDIEN"

In Anbetracht des großen Einflusses der Medien auf die Wertvorstellungen der Menschen[3] erscheint es nicht verwunderlich, daß sich die Medienkritik seit den siebziger Jahren zu einem der wichtigsten Anliegen der japanischen Frauenbewegung entwickelte und immer mehr Medienwissenschaftlerinnen das Thema „Geschlecht und Medien" im Rahmen der Frauen- bzw. Geschlechterforschung zu ihrem Forschungsschwerpunkt machten.[4] In den neunziger Jahren kam es zu einem regelrechten Boom an Publikationen in diesem Bereich,[5] zu dem auch die Japanforschung in den USA und Europa einige Beiträge leistete.[6]

Die erste spektakuläre Protestaktion in bezug auf die Darstellung der Geschlechter in den Medien fand 1975 im „Internationalen Jahr der Frau" statt. Eine Frauengruppe, die sich anläßlich der UNO-Dekade der Frau

---

[3] Auch in Deutschland gilt das Fernsehen als das Medium, das „Wissen, Werte und Weltbilder vermittelt" (SCHUHMANN 1996: 8).

[4] Im Anhang von KATŌ und TSUGANESAWA (1992) werden zwölf Studiengruppen und elf Aktionsgruppen zu dieser Thematik aufgelistet.

[5] Eine Sammelrezension der wichtigsten zwischen 1991 und 1994 erschienenen japanischsprachigen Studien findet sich unter GÖSSMANN 1995.

[6] Zu nennen sind hier etwa GOERKE (1998) sowie der Sammelband von SKOV und MOERAN (1995).

gebildet hatte, kritisierte öffentlich einen Werbespot für Instantnudeln, in dem die geschlechtsspezifische Rollenverteilung nicht nur bildlich vorgeführt wurde – eine Frau bereitet das Essen für einen Mann zu –, sondern erstere explizit sagt: „Ich bin diejenige, die [das Essen] macht" (*watashi tsukuru hito*), und letzterer: „Ich bin derjenige, der ißt" (*boku taberu hito*) (YAMANAKA 1992: 299). Nach dieser erfolgreich verlaufenen Aktion, die in die Geschichte der japanischen Frauenbewegung einging – angesichts von Boykottdrohungen wurde der Werbespot tatsächlich abgesetzt –, kommt es bis in die Gegenwart hinein immer wieder zu Protesten in Zusammenhang mit der Mediendarstellung der Geschlechter.[7]

Die Werbespots, die aufgrund ihrer ständigen Wiederholung – die Sendungen des Privatfernsehens werden mindestens alle 15 Minuten durch Werbepausen unterbrochen – besonders stark im Gedächtnis haften, ernteten in Japan immer wieder öffentliche Kritik. Seit 1984 existiert in Ōsaka eine Gruppe namens „Komāsharu no naka no danjo yakuwari o toinaosu kai" [Gruppe, die die Geschlechterrollen in Werbespots kritisch hinterfragt]. Sie veranstaltet jährliche Umfrageaktionen zur Geschlechterdarstellung in den Werbespots und stellt Listen der zehn „besten" und zehn „schlechtesten" Beispiele zusammen, die sie auch den Firmen, die für die jeweiligen Produkte werben, zusendet. Die regelmäßig publizierten Berichte dieser Gruppe enthalten neben den Listen und Schilderungen der ausgewählten Werbespots auch die Reaktionen der Firmen auf die Kritik.

Als eine der frühesten wissenschaftlichen Untersuchungen zum Fernsehen aus dem Bereich der Frauenforschung kann die Studie zum Frauenbild im Genre Fernsehdrama von MURAMATSU (1979) gelten. Sie kommt darin zu dem Schluß, daß die Fernsehdramen bis Mitte der siebziger Jahre grundsätzlich die Botschaft vermittelten, das Glück der Frau liege ausschließlich in der Familie. Im Anschluß an ihre erste systematische Analyse aus dem Jahr 1974 unternahm Muramatsu 1984 und 1994, also jeweils im Abstand von zehn Jahren, erneut Untersuchungen zum Bild der Geschlechter in diesem Genre.[8]

Von besonderer Bedeutung für den Bereich der Printmedien ist die „Josei zasshi kenkyūkai" [Studiengruppe zu Frauenzeitschriften], die z. B. internationale Vergleiche von Zeitschrifteninhalten durchführte. Die

---

[7] Diese Art von Protestaktionen gegenüber der Darstellung in den Medien ist nicht nur aus den Reihen der Frauenbewegung bekannt, sondern auch von seiten verschiedener Gruppen, die für die Rechte von Behinderten und anderen gesellschaftlich diskriminierten Personenkreisen eintreten (vgl. hierzu GÖSSMANN 1996a).

[8] Zur Situation des Jahres 1984 vgl. MAKITA und MURAMATSU (1985); die Ergebnisse des Jahres 1994 lagen bis Redaktionsschluß dieses Bandes noch nicht vor.

Gründungsmitglieder der Gruppe, Inoue Teruko und Morohashi Taiki, beschäftigen sich mit der Situation in der Gegenwart (INOUE 1989 und MOROHASHI 1993), während der Fokus der Forschung zu Frauenzeitschriften in- und außerhalb Japans lange auf historischen Frauenzeitschriften lag (vgl. hierzu etwa WÖHR 1997).

Der Analyse von Tageszeitungen widmet sich vor allem die von Saitō Masami und Horie Setsuko gegründete Gruppe „Media no naka no seisabetsu o kangaeru kai" [Gruppe, die sich mit der Geschlechterdiskriminierung in den Medien auseinandersetzt]. Sie legt den Schwerpunkt ihrer Arbeit zum einen auf die Analyse der Zeitungsinhalte vom Sprachgebrauch bis hin zu bildlichen Darstellungen. Zum anderen lädt sie Journalisten ein, gemeinsam die Kritikpunkte an der Zeitungsberichterstattung zu diskutieren. Ausgangspunkt ihrer Arbeit ist die Überzeugung, daß mit den Veränderungen der Sprache auch ein Wandel in der Gesellschaft vorangetrieben werden kann.[9] Ihre Aktivitäten sind somit in den Kontext der Diskussion um „diskriminierende Begriffe" (*sabetsu yōgo*)[10] einzuordnen. Von wissenschaftlicher Seite wurde 1997 ein Sammelband zum Medium Tageszeitung aus der Sicht der Geschlechterforschung herausgegeben, der auch Beiträge von Mitgliedern der o. g. Aktionsgruppe enthält (MOROHASHI und TANAKA 1997).

Wie dieses Beispiel zeigt, sind die Übergänge zwischen denjenigen, die in Aktionsgruppen tätig sind, und den Wissenschaftlerinnen und Wissenschaftlern[11] durchaus fließend. Manche Mitglieder von Aktionsgruppen bemühen sich um Aufnahme in Magister- und Doktorkurse von Universitäten, und auch Professorinnen beteiligen sich an Aktionen gegen eine diskriminierende Darstellung in den Medien. Anläßlich der Teilnahme an der 4. UNO-Frauenkonferenz in Peking im Herbst 1995 schlossen sich Wissenschaftlerinnen und Mitglieder von Aktionsgruppen zu einem Netzwerk namens „Gender and Communication Network Japan" (GCNJ) zusammen, das sich in regelmäßigen Abständen trifft und über die Grenzen der einzelnen Mediengenres hinaus gemeinsame Fragestellungen zu diesem Themenkomplex diskutiert.

Während in Deutschland die Medienkritik vor allem auch von in den Medien beschäftigten Frauen vorangetrieben wird, die mit Aktionen wie

---

[9] 1996 publizierte diese Gruppe gemeinsam mit Ueno Chizuko Richtlinien, wie der Diskriminierung aufgrund des Geschlechts in den Medien begegnet werden kann (UENO 1996).
[10] Zu dieser Diskussion, die vor allem Anfang der neunziger Jahre sehr kontrovers geführt wurde, vgl. GÖSSMANN 1996a.
[11] Mit Ausnahme von Morohashi Taiki widmen sich im wissenschaftlichen Bereich bisher hauptsächlich Frauen dem Thema „Geschlecht und Medien".

Einleitung

der jährlichen Verleihung der „Sauren Gurke" für die frauenfeindlichste Sendung auf diese Problematik aufmerksam machen (vgl. hierzu etwa KRANEFUSS 1998), gibt es ein derartiges Engagement innerhalb der Medien im Fall von Japan kaum.[12] Dies erscheint allerdings nicht verwunderlich angesichts der markanten Unterbeteiligung von Frauen im Medienbereich. Der Anteil weiblicher Beschäftigter beträgt lediglich 9% in Fernsehanstalten und 6,8% in Zeitungsverlagen. Damit steht Japan bei einem internationalen Vergleich von 25 Ländern nahezu an letzter Stelle (MURAMATSU 1998: 25).

In Anspielung auf den bereits erwähnten Werbespot mit den Worten „Ich bin diejenige, die [das Essen] macht – ich bin derjenige, der ißt" (*watashi tsukuru hito – boku taberu hito*) machte ein Fernsehproduzent die Worte *boku tsukuru hito* [„Ich bin derjenige, der produziert"] zum Titel einer Kolumne in einer Fernsehzeitschrift, in der er regelmäßig über Fernsehproduktionen berichtet. Damit wird der Eindruck verstärkt, daß Männer nicht in der häuslichen Reproduktion, sondern im Produktionsbereich der Medien tätig sind, während den Frauen eher die Rolle zufällt, die aus männlicher Perspektive geprägten Medieninhalte passiv zu konsumieren. Dieser Situation entgegenzuwirken ist ebenfalls ein Anliegen derjenigen, die sich mit dem Thema „Geschlecht und Medien" auseinandersetzen.

DAS KALEIDOSKOP DER SYMPOSIUMSBEITRÄGE

Es war das Anliegen dieses Symposiums zum Familienbild der japanischen Medien, möglichst viele unterschiedliche Stimmen zu Worte kommen zu lassen. Zu den Beitragenden zählten Wissenschaftlerinnen und Wissenschaftler aus den Bereichen Familiensoziologie, Medien- und Literaturwissenschaften, Mitglieder von Aktionsgruppen, die sich kritisch mit Medieninhalten auseinandersetzen, sowie ein Drehbuchautor und zwei Schriftstellerinnen.[13] Je nach Fachrichtung oder Tätigkeit ist ihr Blick auf die gesellschaftliche Realität und die Medien kaleidoskopartig versetzt.

Etwa ein Fünftel der Beitragenden stammte aus dem Kreis derjenigen, die zum Thema „Geschlecht und Medien" wissenschaftlich arbeiten oder in Aktionsgruppen tätig sind. Zu ersteren zählen Muramatsu Yasuko,

---

[12] Vereinzelt beteiligen sich jedoch Journalistinnen an Aktionsgruppen wie etwa der „Media no naka no seisabetsu o kangaeru kai".

[13] Zu den Kurzbiographien aller Beitragenden sowie der Übersetzerinnen und Übersetzer siehe S. 329–338 dieses Bandes.

Inoue Teruko und Morohashi Taiki, zu letzteren Saitō Masami und Horie Setsuko von der „Gruppe, die sich mit der Geschlechterdiskriminierung in den Medien auseinandersetzt", sowie Yoshida Kiyohiko als Vertreter der Aktionsgruppe zur Geschlechterdarstellung in Werbespots. Eine wichtige Rolle kam bei dem Symposium auch dem „Forum for Citizens' Television" (FCT)[14] zu, das sich nicht ausschließlich mit Geschlechterrollen, sondern auch mit anderen Aspekten des Fernsehens befaßt. Die Mitglieder dieser Gruppe, die man als eine Mischung von wissenschaftlicher Studiengruppe und Aktionsgruppe bezeichnen kann, stammen entweder, wie die Begründerin Suzuki Midori, aus dem Bereich der Medienwissenschaften, oder sie sind in anderen Berufen tätig wie die Sozialarbeiterin Nakano Emiko. Erstere nahm als Kommentatorin, letztere als Referentin in der Sektion „Fernsehdramen und Zeichentrickserien" am Symposium teil. Die Leitung eines Workshops zu deutschen und japanischen Fernsehspots übernahm Shinkai Kiyoko, ebenfalls Mitglied des FCT-Organisationskomitees. Diese Gruppe, die 1997 ihr 20jähriges Bestehen feierte, organisiert regelmäßig öffentliche Veranstaltungen, bei denen Interessierte gemeinsam Ausschnitte aus Fernsehsendungen diskutieren. Sie unternimmt aber auch selbst umfangreiche, meist auf quantitativen Daten basierende Analysen zu unterschiedlichen Aspekten des Fernsehprogramms, deren Ergebnisse sie in Form von Berichten publiziert.

Der Bereich der Familiensoziologie war auf dem Symposium vertreten durch Ochiai Emiko, die sich vor allem den Geschlechterrollen in der Familie widmet, den Japanologen Ulrich Möhwald, der am eingangs erwähnten Projekt zu den Wertemustern in bezug auf Familie und Arbeitswelt in Japan mitgearbeitet hat, und den Bevölkerungsgeographen Ralph Lützeler, Mitarbeiter am Deutschen Institut für Japanstudien. Der Familiensoziologe Yuzawa Yasuhiko kommentierte die Beiträge abschließend.

Bei dem Symposium wurde von einem recht weiten Medienbegriff ausgegangen und auch der Bereich der Literatur miteinbezogen. Um den Charakteristika massenmedialer Produkte nachzugehen, bietet die Literatur eine gute Vergleichsmöglichkeit, sind doch Literaturschaffende nicht ganz so stark den Gesetzen des Marktes unterworfen, wie sie etwa für die Produktion von Fernsehsendungen gelten, die im Fall der Privatsender auf die Wünsche der Sponsoren Rücksicht zu nehmen haben.[15]

---

[14] Der japanische Name lautete zunächst „Shimin no terebi no kai". 1998 wurde jedoch eine Umbenennung in „FCT Shimin no media fōramu" (Forum for Citizens' Television & Media) beschlossen.

[15] Zum Einfluß von Sponsoren auf die Inhalte von Fernsehsendungen vgl. GÖSSMANN 1996a.

Einleitung

Aus dem Bereich der Literaturwissenschaft referierte Yonaha Keiko, die sich ebenso wie Tsuge Teruhiko, dem Kommentator der Sektion „Literatur", vor allem der Gegenwartsliteratur widmet. Für die adäquate Auseinandersetzung mit Drehbüchern und Romanen erschien es von besonderer Bedeutung, bei dem Symposium auch die Verfasser und Verfasserinnen selbst zu Worte kommen zu lassen. Mit Fuse Hiroichi konnte ein Drehbuchautor gewonnen werden, der seit mehreren Jahrzehnten vor allem Fernsehdramen verfaßt, die sich mit dem Thema „Familie" auseinandersetzen. Darüber hinaus leitet er Ausbildungskurse für das Schreiben von Drehbüchern für Fernsehdramen. Wie wichtig die genaue Beobachtung der Umwelt für das erfolgreiche Verfassen von Drehbüchern ist, unterstrich Fuse im persönlichen Gespräch anhand der folgenden Anekdote. Als er in den ersten Jahren seiner Ehe eine Familie zu ernähren hatte, jedoch unter einer Schreibblockade litt, lieh sich seine Frau aus der gesamten Verwandtschaft so viel Geld zusammen, daß er ein halbes Jahr lang keine Drehbücher verfassen mußte. Diese Zeit nutzte er, um gemeinsam mit seinen kleinen Kindern in der Nachbarschaft spazierenzugehen und von morgens bis abends die Menschen um sich herum zu beobachten. Hierin sieht er die Quelle für seine eigene Kreativität.

Auch die Schriftstellerin Saegusa Kazuko berichtete in ihrem Vortrag, wie sie aus ihrer unmittelbaren Umwelt den Stoff für ihre Romane schöpft. Mit der Autorin und Essayistin Minakami Yōko, die an der abschließenden Diskussion teilnahm, verbindet sie das Interesse für matriarchale Kulturen. Beide setzen sich in ihren Werken mit dem Thema „alleinerziehende Mütter" auseinander, einer Lebensform, die in der japanischen Gesellschaft erst sehr zaghaft Anerkennung erfährt (vgl. hierzu SAEGUSA 1985 und MINAKAMI 1993).

Über die Unterschiede in der fachlichen und methodischen Ausrichtung der Referentinnen und Referenten dieses Symposiums hinaus ist die Heterogenität der Beiträge dieses Bandes auch darauf zurückzuführen, daß die Übersetzungen einiger Referate auf der Transkription von Tonbandaufzeichnungen beruhen. In diesen Fällen wurde der eher mündliche Vortragsstil in der Übersetzung beibehalten. Dies gilt auch für die Kommentare und die Diskussionen sowohl in den einzelnen Sektionen[16] als auch zum Abschluß der Tagung. Bei dem vorliegenden Band handelt es sich somit um die vollständige Dokumentation des Symposiums; um der besseren Lesbarkeit willen wurden lediglich einige Kürzungen und Straffungen vorgenommen.

---

[16] Aus Zeitmangel mußten in den Sektionen „Fernsehwerbung" und „Printmedien" die geplanten Diskussionen leider ausfallen.

Programmablauf und Diskussionspunkte des Symposiums

Den Auftakt zum Symposium bildeten unter dem Titel „Einführung in den Themenkreis Familie" Referate zur sozialen Realität der Familie in Deutschland und Japan, denen die Aufgabe zukam, die notwendigen Hintergrundinformationen für die Diskussion des Familienbildes der Medien bereitzustellen. Auch wenn dieses Symposium nicht grundsätzlich kontrastiv angelegt war, da es in erster Linie um die *japanische* Familie ging, so ermöglicht doch gerade der Vergleich mit der Situation in einem anderen Land wichtige Erkenntnisse sowohl für die Rolle der Familie als auch für die Mediendarstellung. Zudem bestand ein Ziel dieses Symposiums mit vorwiegend japanischem Publikum auch darin, zum Abbau des immer noch recht weit verbreiteten Vorurteils beizutragen, in Japan sei „alles ganz anders als in Europa und Amerika".

Im ersten Vortrag skizzierte Ochiai Emiko die Entwicklung der japanischen Familie seit Ende des Zweiten Weltkriegs unter besonderer Berücksichtigung der Geschlechterbeziehung. Dabei ging sie auch auf die Rolle der Medien ein, indem sie anhand von Fotos in Frauenzeitschriften demonstrierte, wie sich das Leitbild der Ehefrau und Hausfrau in den achtziger Jahren veränderte, nachdem es zuvor fast zwanzig Jahre lang gleich geblieben war. Die gängigen Vorstellungen von der Nachkriegsfamilie wie die stetige Zunahme der weiblichen Berufstätigkeit entlarvte sie als Mythos, hat doch in der japanischen Gesellschaft zur Zeit des Hochwirtschaftswachstums zunächst eine „Hausfrauisierung" stattgefunden: Nachdem bis zum Zweiten Weltkrieg eine breite Schicht von Frauen in Japan einer außerhäuslichen Beschäftigung nachging, wurde zur Zeit des hohen Wirtschaftswachstums, als sich für die männliche Bevölkerung das Berufsbild des Angestellten (*sararīman*) konsolidierte, das Modell der Vollzeithausfrau (*sengyō shufu*) zum vorherrschenden weiblichen Lebensentwurf. Zu einem Anstieg der Berufstätigkeit verheirateter Frauen kam es erst in den achtziger Jahren.

Ulrich Möhwald widmete sich dem Thema des Wandels und der Kontinuität der deutschen Familie im Kontrast zu Japan und verwies dabei auf zahlreiche Gemeinsamkeiten. Während Statistiken zur tatsächlichen Situation in der Gesellschaft höchstens graduelle Unterschiede aufweisen, sind die Differenzen auf der Einstellungsebene jedoch nicht von der Hand zu weisen. Bei Umfragen zur Einschätzung der Ehe etwa waren 1993 in Japan 72 % der Jugendlichen der Auffassung, es sei notwendig zu heiraten, während in Deutschland lediglich 37 % diese Meinung vertraten.

In seinem ausführlichen Kommentar zu diesen beiden Beiträgen verwies Ralph Lützeler darauf, daß man angesichts der unterschiedlichen regionalen Ausprägungen nicht von *der* Familie in Japan und Deutschland sprechen kann. In den vier Sektionen des Symposiums zu „Fernsehdramen und Zeichentrickserien", „Fernsehwerbung", „Printmedien" und „Literatur" galt es nun, der Frage nachzugehen, inwieweit sich die verschiedenen Aspekte von Familie in den Medien wiederfinden.

Die erste, umfangreichste Sektion der Tagung zum Thema „Fernsehdramen und Zeichentrickserien" wurde mit dem Drehbuchautor Fuse Hiroichi eröffnet. Wie sein Vortrag verdeutlichte, spielen für ihn beim Schreiben von Fernsehdramen vor allem auch didaktische Momente mit. So sprach er in erster Linie über die japanische Gesellschaft und beklagte die zunehmende Kommunikationslosigkeit, verwies zugleich aber darauf, daß die Fernsehdramen das Potential in sich bergen, diesem Trend entgegenzuwirken. Im Anschluß daran skizzierte Hirahara Hideo die Entwicklung des Genres seit seinen Anfängen unter besonderer Berücksichtigung der markanten Veränderungen in der Rolle des Vaters.

Wie Shioya Chieko zu Beginn ihres Beitrags darlegt, liegen der bisherigen Forschung zu den japanischen Fernsehdramen zwei unterschiedliche Methoden zugrunde, die Längsschnitt- und die Querschnittanalyse. Bei ersterer, deren sich auch ihr Vorredner bediente, beschäftigt man sich mit ausgewählten, besonders erfolgreichen Fernsehdramen, während bei letzterer *alle* während eines bestimmten Zeitraums gesendeten Dramen analysiert werden. Shioya untersuchte die im Oktober 1994 während der abendlichen Hauptsendezeit ausgestrahlten Fernsehdramen und kam zu dem Schluß, daß das Thema „Familie" in fast allen Beispielen, so auch in Krimiserien, von immenser Bedeutung ist. Ihre detaillierte Analyse der Beziehungsmuster innerhalb der Familie führte zu dem Ergebnis, daß dem Verhältnis von Eltern und Kindern mit Abstand die größte Bedeutung zukommt. In dem relativ geringen Stellenwert der Beziehung der Ehepartner zueinander sieht sie ein typisch japanisches Phänomen.

Auch wenn diese Analyse *aller* Fernsehdramen während eines Monats den Eindruck vermitteln könnte, daß das Thema „Ehe" so gut wie keine Rolle in den Fernsehdramen spielt, gibt es doch zahlreiche Serien, in denen die Beziehung von Ehemann und -frau im Mittelpunkt steht. Diese waren Gegenstand meines eigenen Referates. Da sich, wie eingangs dargestellt, gerade in den Einstellungen zur Rollenverteilung in der Ehe in Japan deutliche Veränderungen abzeichnen, galt es hier, der Frage nachzugehen, inwieweit sich dies im Genre Fernsehdrama niederschlägt. Dabei wurde deutlich, daß – im Gegensatz zu der Situation bis Mitte der siebziger Jahre – die Rolle der Hausfrau kaum noch idealisiert wird, verlassen doch zahlreiche Protagonistinnen aus Unzufriedenheit ihre Familien.

Der letzte Beitrag dieser umfangreichsten Sektion widmete sich drei populären Zeichentrickserien. Da man im europäischen Kontext eine stärkere Unterscheidung zwischen den Genres Fernsehserie und Zeichentrickfilm erwartet und von einer anderen Rezeptionsweise des Fernsehpublikums ausgeht, stößt es vielleicht auf Verwunderung, daß die Referentin Nakano Emiko eine ähnliche Herangehensweise an die Zeichentrickfilme wählt, wie sie auch den Beiträgen zum Fernsehdrama zugrunde liegt. Die Diskussion zeigte jedoch, daß die Zeichentrickserien, in denen es um eine Familie geht, in ähnlicher Weise rezipiert werden wie die Fernsehdramen, d. h. als „realitätsgetreue" Darstellungen.

Bei dem zweistündigen Workshop, mit dem am zweiten Tag des Symposiums die Sektion II, „Fernsehwerbung", begann, bot sich dem Publikum die Gelegenheit, sich anhand eines vom FCT entwickelten Analysebogens selbst mit zehn Beispielen japanischer und deutscher Werbespots auseinanderzusetzen. Während die Teilnehmenden hierbei eher zu dem Ergebnis kamen, daß das Bild der Geschlechter als recht stereotyp zu bezeichnen ist, zeigte Yoshida Kiyohiko in seinem anschließenden, gemeinsam mit Ogawa Machiko verfaßten Bericht auf, wieviel sich doch im Familienbild der Werbung verändert hat. Als entscheidend für die neue Rolle des Mannes kann dabei gelten, daß er mit dem Zusammenbruch der „Seifenblasenwirtschaft" in den Werbespots nicht mehr nur zum Durchhalten im Beruf angetrieben wird, sondern sich nun zuweilen „eine Pause gönnen kann" und sogar vermehrt bei Tätigkeiten im Haushalt zu sehen ist.

In der Sektion III, „Printmedien", referierten zunächst Saitō Masami und Horie Setsuko zur Berichterstattung der Tageszeitungen zum „Internationalen Jahr der Familie", wobei sich besonders die Illustrationen als aufschlußreich für das Familienbild erwiesen. Die zahlreichen Fotos „glücklicher Großfamilien" – eines davon ziert den Einband dieses Buches – zeugen von einer gewissen nostalgischen Rückwendung zur „guten alten Zeit". Im Gegensatz hierzu führte eine Zeichnung die große Bandbreite an Lebensmodellen vor: Sie reichen von der Mehrgenerationenfamilie mit Urgroßeltern, einem jungen Liebespaar und einem Senioren-Pärchen, das gerade seine Hochzeitsreise plant, über Singles, Hausmänner und Karrierefrauen bis hin zum homosexuellen Paar. Neben dieser plakativen Darstellung einer pluralistischen Gesellschaft zeugen auch die Reportagen der meisten Tageszeitungen von dem Bemühen, die unterschiedlichsten Familien- und Lebensformen zu dokumentieren. Wonach man jedoch in der Berichterstattung vergeblich suchte, war die Vorstellung von sozialen Einrichtungen, die eine Unterstützung bei der Bewältigung familiärer Probleme wie der Pflege alter Menschen – traditionell die Aufgabe der Frau des ältesten Sohnes – bieten können.

In seinem Beitrag zu den Geschlechterrollen in Zeitschriften konnte Morohashi Taiki anhand des Anteils der unterschiedlichen Kategorien von Zeitschrifteninhalten nachweisen, daß das Thema „Familie" nicht

Einleitung

nur in den Zeitschriften für Männer kaum präsent ist, sondern überraschenderweise auch in den Frauenzeitschriften eine recht marginale Rolle einnimmt. Dies mag jedoch auch mit der Auswahl der untersuchten Zeitschriften zusammenhängen.

Die vierte und letzte Sektion des Symposiums zum Thema „Literatur" eröffnete ein Kurzreferat von Saegusa Kazuko, in dem sie die realen Hintergründe eines ihrer Romane darstellte. Im Anschluß daran gab Yonaha Keiko einen Überblick der Familienbilder in etwa 40 Romanen und Erzählungen der achtziger und neunziger Jahre. Dabei wurde deutlich, daß sich die Autorinnen der älteren Generation häufig mit Konflikten innerhalb der Ehe auseinandersetzen und die geschlechtsspezifische Rollenverteilung anprangern, während die jüngeren Schriftsteller und Schriftstellerinnen, allen voran die Bestellerautorin Yoshimoto Banana, in ihren Werken eher postfamiliäre Formen des Zusammenlebens gestalten.

Offenbar ist es in der Literatur, die – im Gegensatz zu den übrigen Mediengenres – von einer Einzelperson produziert wird und auch nicht unbedingt am Geschmack eines breiten Publikums orientiert sein muß, eher möglich, Lebensformen zu gestalten, die in der gesellschaftlichen Realität noch recht wenig vertreten sind. Den Ausbruch von Frauen aus der Familie, ein Topos der Fernsehdramen heute, gestalteten Schriftstellerinnen bereits in den zwanziger und dreißiger Jahren (vgl. hierzu etwa GÖSSMANN 1996b). Es kann als typisch vor allem für Autorinnen gelten, daß sie in ihren Werken häufig, quasi seismographisch, spätere Entwicklungen in der Gesellschaft antizipieren.

Ziel der abschließenden Kommentare und Diskussionen war es, einige der Aspekte, die in den einzelnen Sektionen nicht thematisiert werden konnten, zur Sprache zu bringen. So referierte die Filmwissenschaftlerin Susanne Schermann zu Entwicklungen im Genre Film, und die Schriftstellerin Minakami Yōko sprach über die matriarchale Familienform eines Stammes in Indonesien, dessen Sitten sich von denen in Japan grundsätzlich unterscheiden. Der Medienwissenschaftler Marc Löhr verwies darauf, wie wichtig es ist, bei der Analyse der Medien die spezifischen Produktionsbedingungen nicht zu vernachlässigen, während Suzuki Midori das Publikum der Massenmedien dazu aufforderte, sich nicht nur als Rezipienten zu begreifen, sondern aktiv Einfluß auf die Medieninhalte zu nehmen.

Eine der Ausgangsfragen des Symposiums, ob die Darstellung der Familie in den Medien der gesellschaftlichen Realität entspricht, beantwortete der Familiensoziologe Yuzawa Yasuhiko eindeutig mit Nein. Während viele Referentinnen und Referenten des Symposiums anhand der Analyse unterschiedlicher Medienprodukte zu dem Schluß kamen, daß die Mediendarstellung eher der Realität hinterherhinkt, wird seiner Meinung nach in den Medien, vor allem im Fall der Berichterstattung zum „Internationalen Jahr der Familie", den in der Gesellschaft recht ungewöhnlichen Erscheinungsformen von Familie zu viel Aufmerksamkeit zuteil. Je nach der eigenen Einschätzung der gesellschaftlichen Gegebenheiten fällt das Urteil zur Darstellungsweise der Medien offenbar recht unterschiedlich aus.

Trotz einiger unübersehbarer *backlash*-Tendenzen wie der immer wieder zu beobachtenden Idealisierung herkömmlicher Lebensentwürfe offenbart sich in den japanischen Medien der Gegenwart dennoch eine zunehmende Pluralisierung der Lebensmodelle. Dies ist zum einen auf die tatsächlichen Veränderungen in der japanischen Gesellschaft zurückzuführen – schließlich will man weder im Journalismus noch in der Populärkultur der Zeit „hinterherhinken"; zum anderen ist es ganz offenbar ein Grundprinzip der Medien in den neunziger Jahren, eher das Ungewöhnliche als das Alltägliche in den Mittelpunkt zu rücken. So kam es etwa im Genre Fernsehdrama, für das bis 1994 noch konstatiert werden mußte, daß es eher die herkömmliche geschlechtsspezifische Rollenverteilung reproduziert, 1995 zu einem Boom von „alleinerziehenden Vätern" (vgl. hierzu GÖSSMANN 1996c). Auch wenn es nicht unbedingt primär die Absicht der Produzierenden sein mag, zu mehr Pluralität in der Gesellschaft beizutragen, sondern die Suche nach dem Spektakulären eher in dem Wunsch nach Steigerung der Einschaltquoten und Auflagenzahlen begründet sein mag, so können sie dennoch auf diese Weise einem Bewußtseinswandel in bezug auf Familie und Geschlechterrollen Vorschub leisten.

Es ist mir ein besonderes Anliegen, allen, die zum Zustandekommen dieses Bandes beigetragen haben, ganz herzlich zu danken. Zunächst Herrn Prof. Dr. Joseph Kreiner, der zu der Zeit des Symposiums dem Deutschen Institut für Japanstudien als Direktor vorstand, und der jetzigen Direktorin, Frau Prof. Dr. Irmela Hijiya-Kirschnereit, die die Publikation des Bandes ermöglichte. Innerhalb des Instituts habe ich auch Frau Sugimoto Eiko zu danken, die mit ihrem Organisationstalent bei der Vorbereitung des Symposiums von großer Hilfe war und sich um die Publikationsrechte der Abbildungen bemühte. Frau Matsue Mariko M. A. stand mir nicht nur bei der Literaturbeschaffung immer wieder mit Rat und Tat zur Seite, und Herr Dr. Ralph Lützeler unterstützte mich fachlich bei der redaktionellen Bearbeitung des Beitrags von Ochiai Emiko.

Mein Dank gilt natürlich auch allen, die durch Referate, Kommentare und Diskussionen zum Symposium beigetragen haben, sowie denjenigen, die die Übersetzungen anfertigten, was nicht immer ein leichtes Unterfangen war.

Einleitung

Stellvertretend für viele Personen, mit denen ich während meiner Forschungstätigkeit in Japan in wissenschaftlichem Austausch stand, möchte ich vor allem die Mitglieder des „Forum for Citizens' Television" (FCT) nennen, in dessen Organisationskomitee ich selbst mitarbeitete. Die Kontakte, die ich durch diese Arbeit knüpfen konnte, waren eine wichtige Voraussetzung für das Zustandekommen des Symposiums.

Im Fach Japanologie an der Universität Trier danke ich Frau Renate Jaschke M. A. und Herrn Dr. Andreas Mrugalla, die beide in einem Projekt zu Fernsehdramen mitarbeiten, für das kritische Lesen der Übersetzungen und zahlreiche Anregungen, ebenso wie Frau Ina Hein M. A. und Frau Melanie Heinicke. Für die gewissenhafte Einarbeitung von Korrekturen bin ich Frau Ulrike Pölcher zu Dank verpflichtet. Dipl. Ing. Horst Joachim Plambeck besorgte das Layout und die Erstellung sämtlicher Tabellen und Abbildungen.

Nachdem zunächst viel Zeit verstrichen ist, bis die Referentinnen und Referenten des Symposiums ihre Manuskripte einreichten und die Übersetzungen fertiggestellt werden konnten, hat sich durch meine Übernahme einer Professur an der Universität Trier das Erscheinen dieses Bandes weiter verzögert, zumal die Herausgabe eines japanischsprachigen Buches zu den Geschlechterrollen in den Medien (MURAMATSU und GÖSSMANN 1998)[17] parallel zum vorliegenden Band erfolgen mußte.

Ich hoffe, daß die Dokumentation dieses Symposiums dennoch all denjenigen, die sich mit Familie und Geschlechterrollen in Japan sowie mit den Medien und der Populärkultur beschäftigen, einiges an Anregungen zu bieten hat.

LITERATURVERZEICHNIS

DUNCAN, Barry (1994): American vs Canadian Television Families. In: *Mediacry* 16, 2, S. 1 u. S. 10–11.

GOERKE, Marie-Luise (1998): Der ignorierte Mann. Zur Darstellung der Geschlechterrollen im NHK-Morgendrama. In: *Nachrichten der Gesellschaft für Natur- und Völkerkunde Ostasiens* 163–164, S. 67–75.

GÖSSMANN, Hilaria (1995): Frauen und Medien. Neue Publikationen aus den Jahren 1991 bis 1994. In: *Japanstudien. Jahrbuch des Deutschen Insti-*

---

[17] Er enthält – zum Teil in etwas veränderter Form – diejenigen Referate des Symposiums, die dem Thema „Geschlecht und Medien" zuzuordnen sind, d. h. die Beiträge von Saitō Masami, Morohashi Taiki, Nakano Emiko, Yoshida Kiyohiko, Shioya Chieko, Yonaha Keiko und Hilaria Gössmann sowie weitere eigens für diesen Band verfaßte Aufsätze.

tuts für Japanstudien der Philipp Franz von Siebold Stiftung 6 (1994), S. 487–505.

GÖSSMANN, Hilaria (1996a): Zwischen Fremdeinfluß und Selbstzensur. Literatur und Massenmedien im Japan der Gegenwart. In: SCHAUMANN, Werner (Hg.): *Gewollt oder geworden? Planung, Zufall, natürliche Entwicklung in Japan. Referate des 4. Japanologentages der OAG in Tokyo 17./18. März 1994.* München: Iudicium, S. 67–82.

GÖSSMANN, Hilaria (1996b): *Schreiben als Befreiung. Autobiographische Romane und Erzählungen von Autorinnen der proletarischen Literaturbewegung Japans* (Iaponia insula 4). Wiesbaden: Harrassowitz.

GÖSSMANN, Hilaria (1996c): „Karrierefrauen" und „Familienväter". Das Bild der „neuen Frau" und des „neuen Mannes" in japanischen Fernsehdramen der 90er Jahre. In: MAE Michiko und Ilse LENZ (Hg.): *Bilder – Wirklichkeit – Zukunftsentwürfe. Geschlechterverhältnisse in Japan.* Düsseldorf: Heinrich-Heine-Universität.

GÖSSMANN, Hilaria, Katharina VOGEL und Sabine JACOBI (1997): Crossing Borders between Public and Private: How the Worlds of Women and Men are Changing in Japan and China. In: *Asiatische Studien* LI, 1 (1997), S. 149–181.

INOUE Teruko (1989): *Josei zasshi o kaidoku suru. COMPAREPOLITAN. Nichi-Bei-Mekishiko hikaku kenkyū* [Analyse von Frauenzeitschriften. Eine vergleichende Studie zu Deutschland, Japan und Mexiko]. Tōkyō: Kakiuchi Shuppan.

INOUE Teruko (1997): *Joseigaku e no shōtai* [Einladung zur Frauenforschung]. Tōkyō: Yūhikaku (1. Auflage 1992).

KATŌ Harueko und TSUGANESAWA Toshihiro (1992): *Josei to media* [Frauen und Medien]. Kyōto: Sekai Shisōsha.

KRANEFUSS, Annelen (1998): Josei ni yoru josei no tame no media senryaku. Terebi no imēji sabetsu to tatakau onna-tachi no jijo katsudō [Medienstrategien von Frauen für Frauen. Zur Selbsthilfe von Frauen gegen die Frauen-Diskriminierung in den Fernsehbildern]. In: MURAMATSU Yasuko und Hilaria GÖSSMANN (1998): *Media ga tsukuru jendā. Nichidoku no danjo – kazokuzō o yomitoku* [Das Geschlecht als Konstrukt der Medien. Zum Frauen-, Männer- und Familienbild in den japanischen und deutschen Medien]. Tōkyō: Shinyōsha, S. 290–311.

MAKITA Tetsuo und MURAMATSU Yasuko (1985): Changing Themes and Gender Images in Japanese TV Dramas 1974–1984. In: *Studies of Broadcasting* 23, S. 51–72.

MASUMEDIA BUNKA TO JOSEI NI KANSURU CHŌSA KENKYŪKAI (Hg.) (1986): *Masumedia bunka to josei ni kansuru chōsa kenkyū* [Untersuchungen zum Thema Massenkultur und Frauen]. Tōkyō: Tōkyō-to Seikatsu Bunka Kyoku.

MEDIA NO NAKA NO SEISABETSU O KANGAERU KAI (Hg.) (1993): *Media ni egakareru joseizō. Shinbun o megutte.* [Das Frauenbild der Medien. Die Zeitungen]. Toyama: Katsuura Shobō.

MINAKAMI Yōko (1993): *Shinguru mazā shigan* [Der Wunsch, eine alleinerziehende Mutter zu werden]. Tōkyō: Kōdansha.

MOROHASHI Taiki (1993): *Zasshi bunka no naka no joseigaku. The Culture of Women's Magazines.* Tōkyō: Meiseki Shoten.

MOROHASHI Taiki und TANAKA Kazuko (1997): *Jendā kara mita shinbun no ura to omote* [Innen- und Außensicht der Zeitungen aus der Sicht der Geschlechterforschung]. Tōkyō: Gendai Shokan.

MURAMATSU Yasuko (1979): *Terebi dorama no joseigaku* [Frauenforschung zum Thema Fernsehdrama]. Tōkyō: Sōtakusha.

MURAMATSU Yasuko (1998): Masumedia de katatte iru no wa dare ka [Wessen Stimme ist in den Medien präsent?]. In: MURAMATSU Yasuko und Hilaria GÖSSMANN (1998): *Media ga tsukuru jendā. Nichidoku no danjo – kazokuzō o yomitoku* [Das Geschlecht als Konstrukt der Medien. Zum Frauen-, Männer- und Familienbild in den japanischen und deutschen Medien]. Tōkyō: Shinyōsha, S. 9–40.

MURAMATSU Yasuko und Hilaria GÖSSMANN (1998): *Media ga tsukuru jendā. Nichidoku no danjo – kazokuzō o yomitoku* [Das Geschlecht als Konstrukt der Medien. Zum Frauen-, Männer- und Familienbild in den japanischen und deutschen Medien]. Tōkyō: Shinyōsha.

NAIKAKU SŌRIDAIJIN KANBŌ KŌHOKUSHITSU (Hg.) (1993): *Dansei no raifusutairu ni kansuru yoron chōsa* [Meinungsumfrage zur Lebensweise von Männern]. Tōkyō: Sōrifu.

NEVERLA, Irene (1998): TeleVisionen. Zur Dekonstruktion der Geschlechterrollen. In: HALL, Christian und Dagmar SKOPALIK (1998): *WeibsBilder und TeleVisionen. Frauen und Fernsehen.* Mainz: ZDF, S. 297–311.

ÖLSCHLEGER, Dieter et al. (Hg.) (1994): *Individualität und Egalität im gegenwärtigen Japan. Untersuchungen zu Wertemustern in bezug auf Familie und Arbeitswelt* (Monographien aus dem Deutschen Institut für Japanstudien 7). München: Iudicium.

ORTMANNS, Annelie (1994): Rollenbilder im Wandel – Mann und Frau in japanischen Sozialkundelehrbüchern von 1945 bis 1993. In: *Japanstudien. Jahrbuch des Deutschen Instituts für Japanstudien der Philipp Franz von Siebold Stiftung* 5 (1993), S. 281–309.

SAEGUSA Kazuko (1985): *Hōkai kokuchi* [Ankündigung eines Zusammenbruchs]. Tōkyō: Shinyōsha.

SCHMIDT, Siegfried J. (1994): Die Wirklichkeit des Beobachters. In: MERTEN, Klaus, Siegfried J. SCHMIDT und Siegfried WEISCHENBERG (Hg.): *Die Wirklichkeit der Medien. Eine Einführung in die Kommunikationswissenschaften.* Opladen: Westdeutscher Verlag, S. 3–19.

SCHUHMANN, Gernot (1996): Einführung. In: Unabhängige Landesanstalten für das Rundfunkwesen (Hg.): *Bad Girls – Good Girls. Das Frauenbild im Fernsehen: Klischee oder Realität?* Kiel, S. 7–8.

SHIOYA Chieko (1993): Terebi dorama no joseizō. Rikon o meguru bunseki to kōsatsu. [Das Frauenbild der Fernsehdramen. Analyse und Überlegungen zum Thema Scheidung]. *Shōwa daigaku josei bunka kenkyūjo kiyō* 11, S. 57–68.

SKOV, Lise and Brian MOERAN (Hg.) (1995): *Women, Media and Consumption in Japan*. Honolulu: University of Hawaii Press.

SŌMUCHŌ SEISHŌNEN TAISAKU HONBU (Hg.) (1992): *Gendai no seishōnen. Dai gokai seishōnen no rentaikan ni kansuru chōsa hōkokusho* [Die Jugend der Gegenwart. Bericht über die 5. Studie zum Zusammengehörigkeitsgefühl der Jugend]. Tōkyō: Ōkurashō.

UENO Chizuko (Hg.) (1996): *Kitto kaerareru seisabetsugo. Watashi-tachi no gaidorain* [Geschlechterdiskriminierung in der Sprache – wir können sie bestimmt ändern. Unsere Richtlinien]. Tōkyō: Sanseidō.

WÖHR, Ulrike (1997): *Frauen zwischen Rollenerwartung und Selbstdeutung. Ehe, Mutterschaft und Liebe im Spiegel der japanischen Frauenzeitschrift* Shin shin fujin *von 1913–1916*. Wiesbaden: Harrassowitz.

YAMANAKA Ō (1992): *Shin sabetsu yōgo* [Neue diskriminierende Worte]. Tōkyō: Chōbunsha.

Einführung in den Themenkreis „Familie"

FAMILIE UND GESCHLECHTERBEZIEHUNG IN JAPAN VOM ENDE DES ZWEITEN WELTKRIEGES BIS ZUR GEGENWART[*]

OCHIAI Emiko

1. DAS FRAUENBILD IN DEN ZEITSCHRIFTEN SEIT KRIEGSENDE

In meinem Beitrag soll es weniger um das Bild der Familie in den Medien als um die gesellschaftliche Realität gehen. Dies ist jedoch ein schwieriges Unterfangen, da sich Darstellung und Wirklichkeit oft miteinander vermischen. Menschen haben die seltsame Angewohnheit, lieber die Realität zu ignorieren, wenn etwas nicht der eigenen Vorstellung entspricht, da das Bild, das sie sich von etwas gemacht haben, stärker zu sein scheint. Fiktion und Wirklichkeit sind offenbar eng miteinander verwoben. In diesem Sinne möchte ich beide Seiten im Auge behalten, wenn ich hier vom Wandel der Familie im Nachkriegsjapan spreche.

Aus meiner eigenen Beschäftigung mit den Medien (OCHIAI 1990 und 1997a) liegt es mir nahe, mit der „fiktiven Seite" anhand einiger Beispiele zu beginnen, die den Wandel der Darstellung von Frauen in Frauenzeitschriften verdeutlichen. Abb. 1 zeigt das Titelbild der Zeitschrift *Shufu no Tomo* [Die Freundin der Hausfrau] von 1950. Sicherlich läßt sich von einem einzigen Bild noch nicht viel ableiten, doch im Jahresvergleich der Ausgaben offenbaren sich die typischen Merkmale dieser Titelbilder: Zunächst einmal fällt der hoffnungsvoll nach oben gerichtete Blick auf, als nächstes das offene und heitere Lächeln im Gesicht, und dann die Haare, die trotz Dauerwelle zerzaust sind. Das ist der fünfziger-Jahre-Typus, fünf Jahre nach Kriegsende werden japanische Frauen als fröhlich und befreit dargestellt. Noch im Jahre 1948 waren vorwiegend Bilder von schüchtern und verunsichert lächelnden Frauen zu sehen, deren Blick sich nur andeutungsweise nach oben richtete. Zwei Jahre später sind es dann Frauen mit einem strahlenden Lächeln im Gesicht wie diejenige in Abb. 1.

Betrachten wir nun die Veränderung der Gesichter in den folgenden Jahren: 1952 erlangt Japan im Vertrag von San Francisco seine Unabhän-

---

[*] Die Übersetzung des Beitrags beruht auf der Transkription der Tonbandaufzeichnungen des Vortrags, die von der Autorin überarbeitet, aktualisiert und mit Fußnoten versehen wurde.

gigkeit wieder, die wirtschaftliche Konsolidierung beginnt. Die Annahme liegt nahe, daß auch in der Darstellung in den Medien sich der Blick der Frauen vermehrt nach oben richtet. Doch im Gegenteil, er richtet sich nunmehr nach unten. Im Jahr 1953 ist der Blickwinkel schon etwas gesenkt, während die Augen nach wie vor nach oben gerichtet sind, doch dann im Jahr 1955 mehren sich Darstellungen wie die in Abb. 2: Ein puppenhaftes, starr nach vorne blickendes Gesicht, das Lächeln wirkt gekünstelt, auch die Haare sind fest in Form frisiert. Der Gesichtsausdruck von Abb. 1 aus dem Jahr 1950 ließ sich mit dem Hinweis auf Japans Wiederaufbau erklären. Doch wieso kommt es zu einer solchen Veränderung, wie in Abb. 2 von 1955 gezeigt? Wenn wir, um einer Erklärung näherzukommen, die Innenseiten dieser Ausgabe ansehen, so blicken uns lauter elegante und beherrschte Gesichter berühmter Schauspielerinnen mit einem gekünstelten Lächeln entgegen. Die Frisuren fest in Form gepreßt, ist die Ausstrahlung alles andere als erotisch, vielmehr scheint es, als solle dieses möglichst vermieden werden. Mein Eindruck ist, daß es sich hier um die Geburtsstunde der „Hausfrau" bei der Darstellung von Frauen in den Medien handelt. Ich werde später noch auf die realen gesellschaftlichen Verhältnisse, die eine solche These nahelegen, zu sprechen kommen.

In dem bisher betrachteten Zeitraum veränderten sich die Gesichter der Frauen extrem, doch bleiben sie dann in den folgenden Jahren völlig gleich. Nach zehn Jahren, im Jahr 1965, ist immer noch derselbe vornehme Gesichtsausdruck mit leblos wirkenden Augen wie in Abb. 3 das gängige Muster in der Darstellung. In einer Sondernummer zu Damenkostümen der Zeitschrift *Misesu* desselben Jahres lautet eine Bildunterschrift wie folgt: „Für eine junge Mrs., der die Farbe Rot gut steht. Das Design ist nicht speziell auf junge Frauen ausgerichtet, damit Sie es auch in Zukunft tragen können. Wir haben den Kragen im Stil einer Mrs. gewählt." Hier wird deutlich, daß es zu dieser Zeit auch für junge Frauen von Vorteil war, wie eine Ehefrau auszusehen.

In den darauffolgenden siebziger Jahren veränderten sich v. a. bei der Jugend die Sitten, die Minimode kam auf, und auch die Röcke in den Hausfrauenzeitschriften wurden kürzer. Doch das gesamte Erscheinungsbild blieb bis auf die Rocklänge gleich, so daß hier keine große Veränderung stattfand. Bis in die Mitte der siebziger Jahre bestand weiterhin das bisher gängige Muster. So gesehen galt während eines Zeitraums von fast 20 Jahren dasselbe Lächeln, dieselbe Gestik für japanische Frauen als attraktiv. Die Analyse der Darstellungen dieser Frauenzeitschrift offenbart, daß sich die Vorstellung vom Aussehen und dem Benehmen verheirateter Frauen zumindest als Norm 20 Jahre lang kaum veränderte.

Doch in den achtziger Jahren setzt nun ein Wandel ein. Bei den Frauen in Abb. 4 aus derselben Zeitschrift von 1985 ist nicht mehr eindeutig zu er-

Familie und Geschlechterbeziehung in Japan

Abb. 1: Titelblatt von *Shufu no Tomo*, Mai 1950 (Shufu no Tomo Sha)

Abb. 2: Titelblatt von *Shufu no Tomo*, Mai 1955 (Shufu no Tomo Sha)

Abb. 3: Titelblatt von *Shufu no Tomo*, Mai 1965 (Shufu no Tomo Sha)

Abb. 4: Abbildung aus *Shufu no Tomo*, Mai 1985 (Shufu no Tomo Sha)

Abb. 5: Abbildung aus *Lee*, Mai 1991 (Shūeisha)

kennen, ob sie verheiratet oder unverheiratet sind. Ab Anfang der achtziger Jahre wird in Hausfrauenzeitschriften immer selbstverständlicher Mode vorgestellt, die ohne weiteres auch von jungen ledigen Frauen getragen werden kann. Das Schönheitsideal bezüglich des „Erscheinungsbilds einer Ehefrau" hat sich offensichtlich verändert. Ich selbst war erstaunt, als ich zum ersten Mal in Hausfrauenzeitschriften Jeansmode und Shorts abgebildet sah. Mode, die bisher für Ehefrauen als unpassend galt, wird von Hausfrauen nun selbstverständlich getragen (Abb. 5). Auch das Alter scheint unerheblich geworden zu sein, wie eine Sondernummer für „Mode von berühmten Herstellern für Mutter und Tochter" bezeugt. Es gibt keinen Unterschied, ob Mutter oder Tochter, und wie eine Hausfrau möchte keine Frau aussehen. Ausdrücke wie „passend für eine Ehefrau oder Hausfrau" sind mittlerweile tabu. Wie extrem sich in den Medien das Bild der „Hausfrau", das etwa 20 Jahre gleichgeblieben war, seit Beginn der achtziger Jahre gewandelt hat, hoffe ich mit diesem kurzen Überblick deutlich gemacht zu haben.

2. DAS NACHKRIEGSFAMILIENSYSTEM

2.1 Die Hausfrauisierung

Ich komme nun zu den realen gesellschaftlichen Verhältnissen. Durch die Beschäftigung mit den Frauen- und Männerbildern in den Medien bin ich zu der Auffassung gelangt, daß die Familie in Japan seit Ende des Zweiten Weltkrieges eine ganz bestimmte Struktur aufweist, die ich als das Nachkriegsfamiliensystem (*kazoku no sengo taisei*) bezeichne (OCHIAI 1997b und 1997c). Im bisherigen allgemeinen Verständnis vollzog sich der Wandel der Familie seit Kriegsende in eine ganz bestimmte Richtung: Entwicklung zur Kernfamilie, Zunahme der Erwerbstätigkeit von Frauen sowie Auflösung der Dreigenerationenfamilie bzw. der klassischen Familienstruktur. Die meisten Menschen sind der Meinung, daß die Entwicklung in diese Richtung mit zunehmender Geschwindigkeit voranschreitet.

Auf Politik und Wirtschaft bezogen gibt es den Begriff „Nachkriegssystem" (*sengo taisei*), doch was dies für die Familie heißt, wurde bislang nicht erforscht. Der Ausdruck „Nachkriegsfamilie" wird vor allem dazu benutzt, um sie von der Vorkriegsfamilie zu unterscheiden und nicht, um die Struktur der Familie systematisch darzustellen. Genau darum soll es im folgenden nun gehen, wenn ich die Frage stelle, welche Charakteristika dieses „Nachkriegsfamiliensystem" aufweist und in welchem Zeitraum es sich herausgebildet hat.

Die oben vorgestellten Fotos zeigen, daß sich dieses System etwa um 1955 verfestigt. Wenn wir dies im folgenden anhand statistischer Angaben weiter verfolgen, wird deutlich, daß es nach einer Stabilisierung dieses Systems Mitte der fünfziger Jahre zu einer Auflösung seit der zweiten Hälfte der siebziger Jahre kommt. Auch hier wieder eine Übereinstimmung mit dem Wandel der vorgestellten Frauenbilder, die Wechselbeziehung zwischen Fiktion und Realität ist wirklich beachtenswert. Da diese Entwicklung zeitgleich mit der politischen Entwicklung Mitte der fünfziger Jahre beginnt, verwende ich diesbezüglich analog zu dem aus der Politik bekannten Begriff des „55er Systems"[1] den Ausdruck „das 55er Geschlechtersystem". Es handelt sich sicherlich nicht um „eine zufällige zeitliche Übereinstimmung, wenn mit dem beginnenden Wirtschaftsaufschwung im Jahr 1955 auch die Beziehung zwischen den Geschlechtern eine feste Form annimmt, die fast 20 Jahre gleichbleibt.

Was sind nun die Charakteristika dieses „55er Geschlechtersystems"? Als erstes ist zu nennen, daß Frauen zu Hausfrauen werden. Dies klingt zunächst sonderbar, gilt doch allgemein, daß japanische Frauen – oder wie ein geläufiges Sprichwort sagt – Damenstrümpfe und Frauen nach Kriegsende stark geworden seien. Auch in den gegenwärtigen Schulbüchern wird die zunehmende gesellschaftliche Beteiligung von Frauen seit Ende des Krieges besonders hervorgehoben, nicht jedoch die Tatsache, daß sie zu Vollzeithausfrauen (*sengyō shufu*) wurden. Bevor die gesellschaftliche Beteiligung von Frauen überhaupt zunehmen konnte, mußten sie zunächst einmal in die Familie zurückgedrängt werden, denn Tatsache ist, daß sie vorher in breitem Maße erwerbstätig gewesen waren. Diese Entwicklung verdeutlicht die sogenannte M-Kurve in Abb. 6 zur weiblichen Erwerbsbeteiligung.

Das Interessante an dieser Graphik ist, daß hier nicht Jahrgänge, sondern Generationen (Kohorten) aufgelistet sind, so daß die Erfahrung jeweils einer Generation verfolgt werden kann, was bei einer jahrgangsabhängigen (periodischen) Betrachtung nicht möglich wäre. Eine Linie zeigt jeweils die Erwerbstätigkeitsrate einer Generation. Bei Gruppe A, den zwischen 1926 und 1930 geborenen Frauen, fehlen Daten, so daß die Linie unvollständig ist. Deutlich wird jedoch, daß sich der tiefste Punkt der M-Kurve relativ weit oben befindet, d. h. die jetzt über 60jährigen waren auch während der Zeit von Geburten und Kindererziehung in hohem

---

[1] Die Bezeichnung „55er-System" nach dem Gründungsjahr der Liberaldemokratischen Partei (LDP) bezeichnet die „Grundstruktur des politischen Systems, die vom Gegensatz einer permanenten Regierungspartei (LDP) und einer ebenso dauerhaften Opposition (v. a. SPJ/SDPJ) geprägt war" (BLECHINGER und LÜTZELER 1997) (Anm. der Hg.).

Maße erwerbstätig. Bei Gruppe B, den zwischen 1936 und 1940 geborenen Frauen, und noch mehr bei Gruppe C, den zwischen 1946 und 1950 geborenen, liegt dieser Punkt tiefer. Bei Gruppe C ist der tiefste Punkt zeitlich um das Jahr 1970 anzusiedeln, denn für die heute 40jährigen waren die siebziger Jahre die Zeit der Geburten und Kindererziehung.

Abb. 6: Weibliche Erwerbsbeteiligung nach Lebensalter und Geburtskohorten

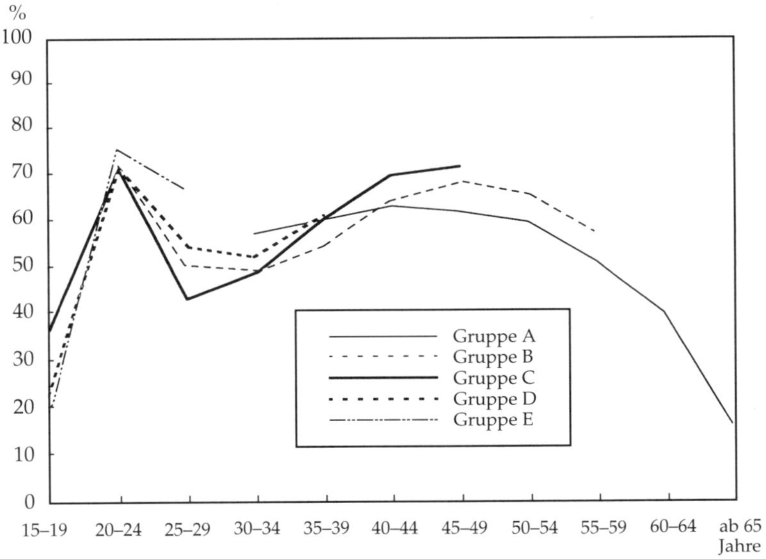

Quelle: Sōmuchō Tōkei Kyoku: *Rōdō ryoku chōsa*

Hier wird recht deutlich, daß sich Frauen seit Ende des Krieges während der Zeit der Kindererziehung immer mehr in die Familie zurückgezogen haben. Dies klingt zunächst überraschend, insbesondere was die Generation der 40- bis 50jährigen, der sogenannten „Baby-boomer-Generation" betrifft, von der wir ein ganz anderes Bild haben. Die Ursache für den Rückzug in die Familie liegt eindeutig in der Veränderung der Wirtschaftsstruktur. In einer bäuerlich geprägten Gesellschaft, in der überwiegend in Familienbetrieben gearbeitet wird, sind auch Frauen am Erwerbsleben beteiligt. Entgegen dem vorherrschenden Bild von der Japanerin als häuslich läßt sich feststellen, daß die Japanerinnen historisch gesehen seit Ende der Tokugawa-Zeit (1603–1868) bis Ende des Zweiten Weltkrieges in weit höherem Maße als Frauen in Europa in der Produktionswelt präsent waren. Durch die Zunahme der Lohnarbeit wurde Japan immer mehr zu einer Gesellschaft von Angestellten (*sararīman*), und deren Ehefrauen wurden zu Vollzeit-Hausfrauen. In Untersuchungen zur Nachkriegsgesellschaft Japans heißt es meist, daß Männer vermehrt zu Angestellten, nicht jedoch, daß Frauen zu Hausfrauen wurden. Einen sehr wichtigen Punkt unterschlägt man hier also völlig. Denn durch Wirtschaftswachstum, Verstädterung sowie das Aufkommen von Angestelltenberufen auf der einen und den Vollzeithausfrauen auf der anderen Seite entstand die Grundlage für die japanische Nachkriegsgesellschaft und zugleich die für diese Zeit typische Familienform. Das in den Medien seit Mitte der fünfziger Jahre vorherrschende Frauenbild mit dem Schönheitsideal „Ehefrau", wie in den oben vorgestellten Abbildungen 2 und 3, entspricht genau dem eben dargestellten gesellschaftlichen Wandel. Die Frauenzeitschriften dieser Zeit übernahmen dabei die Funktion, für die neu entstandene Schicht der Hausfrauen Normen für Verhalten und Aussehen zu setzen.

Werfen wir nun einen Blick auf die weitere Entwicklung, so wird deutlich, daß die Gruppe D der zwischen 1956 und 1960 und die Gruppe E der zwischen 1966 und 1970 geborenen Frauen den bisherigen Trend völlig umkehrt. Während von Gruppe A auf B und C hin die Erwerbsbeteiligung im Alter von 25 bis 29 Jahren stetig sank, zeigt sich für Gruppe D ein Wert, der über den Werten aller anderen Gruppen liegt. Die M-Kurve hat sich somit abgeflacht. Doch bedeutet dies nicht, daß die Frauen der Gruppe D und E nun ohne Unterbrechung erwerbstätig sind. Vielmehr zeigt sich hieran die längere Erwerbstätigkeit unverheirateter Frauen, was im Zusammenhang mit dem Anstieg des durchschnittlichen Heiratsalters gesehen werden muß. So überlagern sich bei Gruppe D verschiedene Trends und ergeben insgesamt die in Abb. 6 wiedergegebene Kurve. Zusammenfassend läßt sich sagen, daß Frauen heutzutage in Japan zwar noch nicht wieder das ganze Leben lang ununterbrochen erwerbstätig sind. Ein Trendwechsel in diese Richtung hat jedoch sicherlich stattgefunden.

2.2 Der Trend zur Zweikindfamilie

Als zweites Charakteristikum des „55er Familiensystems" ist die Entwicklung zur Zweikindfamilie zu nennen. Werfen wir einen Blick auf Abb. 7, die die Schwankungen der Geburtenziffern seit Beginn des Jahrhunderts zeigt. Es handelt sich um die CBR (*Crude Birth Rate* [Rohe Geburtenziffer]), die Geburtenzahl bezogen auf 1000 Einwohner.

Es ist zwar immer von einem Rückgang der Geburtenzahl die Rede, doch hier wird deutlich, daß es genaugenommen zweimal zu einem deutlichen Absinken der Geburtenziffer gekommen ist. In bezug auf das Jahr 1945, das Kriegsende, fehlen die Daten. In den drei Jahren zwischen 1947 und 1949 gibt es im Vergleich zu Westeuropa und Nordamerika einen re-

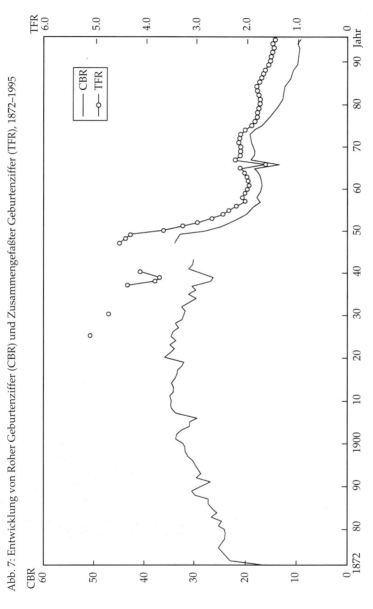

Abb. 7: Entwicklung von Roher Geburtenziffer (CBR) und Zusammengefaßter Geburtenziffer (TFR), 1872–1995

Quellen: Für 1873–1890: Naikaku Tōkei Kyoku: *Nihon teikoku tōkei nenkan*; ab 1900: Kōseishō Tōkei Jōhōbu: *Jinkō dōtai tōkei*

lativ kurzen Nachkriegs-Babyboom. Kurz darauf beginnt die TFR (*Total Fertility Rate* [Zusammengefaßte Geburtenziffer]) zu sinken, bis ca. 1955 die durchschnittliche Anzahl der Kinder pro Frau von vormals vier bei zwei angelangt ist. Diese Phase markiert den ersten deutlichen Geburtenrückgang (*fertility decline*). Danach bleibt die Geburtenrate stabil, bis Mitte der siebziger Jahre der zweite Geburtenrückgang beginnt. Sowohl die Form des Rückgangs als auch deren Ursache sind beim zweiten Mal völlig anders. Der zweite Geburtenrückgang verläuft langsamer. Während der erste Geburtenrückgang auf eine durch Geburtenkontrolle ausgelöste Einschränkung der Kinderzahl eines Ehepaares hindeutet (also ein Rückgang der *marital fertility*), ist der zweite ganz überwiegend durch den Anstieg des durchschnittlichen Heiratsalters verursacht.

Hier gilt es zu beachten, daß die stabile Zeit zwischen den beiden Phasen des Geburtenrückgangs ungefähr 20 Jahre andauert. Es ist etwa der Zeitraum zwischen 1955 und 1975, in der auch die Hausfrauisierung stattfindet. Ebenso ist es der Zeitraum zwischen dem Beginn des Wirtschaftshochwachstums (*kōdō keizai seichōki*) und seinem Ende mit der sogenannten Ölkrise. Frauen werden mit ihrer Heirat zu Hausfrauen, bekommen zwei oder höchstens drei Kinder, umsorgen sie und ziehen sie mit Liebe auf: Dieses Bild von der Familie, das als allgemeingültig betrachtet wird, trifft in Wirklichkeit lediglich auf die Familie des „55er Systems" zu. Denn die Familie existierte vorher in dieser Form nicht.

Ich möchte hierzu ein Beispiel nennen: Umesao Tadao, ein Ethnologe, der sich zur Hausfrauen-Debatte (*shufu ronsō*)[2] geäußert hat, schreibt in seinen Erinnerungen, daß seine eigene Mutter, die Mitinhaberin eines Geschäftes (*okami-san*) war, keinesfalls *oku-san*[3] genannt werden wollte. In ihren Augen waren *oku-san* Ehefrauen von Angestellten, die tagsüber nichts zu tun hatten und nur dauernd unnütze Schwätzchen hielten. „Und wenn dann der Laufbursche vom Laden hingeht, um Bestellungen aufzunehmen, handelt sie auch noch den Preis herunter. Eine solche *oku-san* bin ich nicht", pflegte sie immer zu schimpfen (UMESAO 1959). Zu dieser Zeit existierten also noch andere Rollenbilder als das einer Vollzeithausfrau, wie in diesem Falle das einer Geschäftsfrau. Frauen, die nicht der Rolle einer

---

[2] In der erstmals 1955 in der Zeitschrift *Fujin Kōron* geführten Hausfrauen-Debatte ging es um die Frage, ob verheiratete Frauen ausschließlich im Haushalt tätig oder berufstätig sein sollen. Die Debatte wurde 1960 und 1972 fortgeführt. (Anm. der Hg.)

[3] Anredeform für eine verheiratete Frau, die im vormodernen Japan den Frauen der Samurai vorbehalten war, heute jedoch in allen Schichten üblich ist. Von feministischer Seite wird diese Form der Anrede abgelehnt, da *oku* für das Innere des Hauses steht und die Bezeichnung *oku-san* somit eine Beschränkung auf den häuslichen Bereich impliziert. (Anm. der Hg.)

Hausfrau entsprachen, empfanden dies nicht als Schmach, sondern – wie hier deutlich wird – machten sich im Gegenteil oft über Hausfrauen lustig. Doch das änderte sich nach Kriegsende, und es wurde immer mehr zur Norm, daß Frauen Hausfrauen zu sein hatten. Frauen, die keine Hausfrauen sind, müssen sich hierfür nun spezielle Begründungen einfallen lassen, oder sie werden von ihrer Umgebung dafür kritisiert. Auch heute noch finden viele Frauen Ausreden, um berufstätig zu sein. Dies ist eine typische Nachkriegserscheinung. Zwar hat es seit Ende des Krieges einen Fortschritt zu mehr Egalität in der Gesellschaft gegeben, doch führte dies auf der anderen Seite auch zu einer Nivellierung der Lebensstile und Familienformen.

Die hier genannten zwei Aspekte, die Hausfrauisierung und die Entwicklung zur Zweikindfamilie, treffen im internationalen Vergleich gesehen auf alle modernen Industrieländer zu. Es handelt sich hier sozusagen um die Geburt der „modernen Familie". Genaugenommen setzte diese Entwicklung zur modernen Familie zunächst in der Mittelschicht (im Bürgertum) ein, in Japan während der Taishō-Zeit (1912–1926), in Europa bereits im 19. Jahrhundert. Charakteristisch für die Nachkriegszeit Japans ist somit, daß die „moderne Familie" zu einem allgemeinen Phänomen wird. Dies offenbaren auch die Statistiken zur Frauenerwerbstätigkeit und Geburtenrate. In Europa fand dieser Prozeß in der ersten Hälfte des 20. Jahrhunderts statt, in Japan etwa 50 Jahre später. Es handelt sich hier also um ein weltweit zu beobachtendes Phänomen, nur daß dies in Japan mit einiger Verspätung stattfand.[4]

2.3 Die demographische Übergangszeit

Die Regeln des Zusammenlebens in der Familie sind in Japan anders als in Mitteleuropa. Auch in Europa gibt es beispielsweise im Süden oder Osten andere Familientypen als in den diskursbestimmenden Ländern Nord- und Westeuropas, doch bisher ist die in Mitteleuropa als Norm

---

[4] In OCHIAI 1997b habe ich vorgeschlagen, die moderne Familie in zwei Arten zu unterteilen, und zwar in „die moderne Familie des 19. Jahrhunderts" und „die moderne Familie des 20. Jahrhunderts". Die Hauptunterschiede zwischen den beiden bestehen in den folgenden Punkten: 1. Erstere entstand lediglich in der Mittelklasse, die einen Teil der gesamten Gesellschaft bildet, letztere hingegen in der gesamten Gesellschaft, die auch die Arbeiterschicht und die Bauern mit einschließt. 2. In ersterer war es die Norm, daß es Haushaltsangestellte gab, während in letzterer die Hausfrau selbst die Tätigkeiten im Haushalt ausübt. Die historische Familienforschung hat sich eher mit der Familie des 19. Jahrhunderts befaßt, die Sozialwissenschaften hingegen mit der des 20. Jahrhunderts. Diese Beschränkungen gilt es zu überwinden.

vorherrschende „Kernfamilie" (*nuclear family*), oder der – nach Peter Laslett der *Cambridge Group* – „Ein-Familien-Haushalt" (*simple family household*) Hauptgegenstand der Forschung. In Japan gab es diese Familienform jedoch nicht, statt dessen die sogenannte *stem family*, bei der ein Ehepaar mit den Eltern zusammenlebt (*chokkei kazokukei*). In der mitteleuropäischen Forschung zum Wandel der Familie wird die Frage, wie sich die Modernisierung auf eine solche Mehrgenerationenfamilie ausgewirkt hat, m. W. nicht beantwortet. Dies wäre Gegenstand einer japanspezifischen eigenen Forschung. Bisher wird allgemein davon ausgegangen, daß eine Entwicklung zur Kernfamilie stattgefunden hat. Beispielsweise heißt es immer, wenn es zu Problemen in Familien kommt: „Die Kernfamilie ist schuld". Handelt es sich bei der Kernfamilie wirklich um ein so weitverbreitetes Phänomen?

Betrachten wir bei Abb. 8[5] zunächst die obere waagrechte Linie: Wenn die Entwicklung zur Kleinfamilie definiert wird als ein Anstieg im Anteil von Kernfamilienhaushalten, kann dann wirklich von einer solchen Entwicklung während der Zeit des Wirtschaftshochwachstums gesprochen werden? Das Schaubild zeigt zwar einen leichten Anstieg, dieser beträgt zwischen 1955 und 1975 jedoch lediglich 4,3 %. So scheint es etwas übertrieben, dies als Begründung zu nehmen und von einer Entwicklung zur Kernfamilie in Japan seit Ende des Krieges zu sprechen. Das Interessante an dieser graphischen Darstellung ist jedoch der untere Teil, in dem Yuzawa die unterschiedlichen Haushaltsformen, die bisher immer prozentual dargestellt wurden, in absoluten Zahlen angibt. Bei dieser Darstellung wird die oberste Gruppe, „Haushalte von Nichtverwandten", kaum mehr sichtbar. Darunter sind „Einpersonenhaushalte", „Kernfamilienhaushalte" und zuunterst „Sonstige Verwandtenhaushalte" (damit sind meist drei Generationen umfassende Familien gemeint) jeweils zusammengefaßt. Die absoluten Zahlen belegen zwar tatsächlich eine Zunahme der Kernfamilienhaushalte, dies bedeutet jedoch nicht, daß die Zahl der Dreigenerationenhaushalte zugleich abgenommen hat. Es ist anscheinend nicht – wie allgemein angenommen wird – zu einer Zunahme von Kernfamilien durch den Zerfall der Mehrgenerationenfamilie gekommen.

Doch was hat statt dessen stattgefunden? Um dies zu beantworten, ist die Vorstellung von „Generationen unter demographischem Gesichtspunkt" von großem Nutzen. Der leider früh verstorbene Itō Tatsuya vom Arbeitskreis „Bevölkerungspolitik" des Gesundheitsministeriums (Kōseishō) prägte folgenden Satz: „Wenn wir die Gesellschaft demographisch gesehen in drei Generationen unterteilen, lassen sich viele Entwicklungen in Japan seit Ende des Krieges erklären" (Itō 1994).

---

[5] Die Abb. 8 basiert auf Yuzawa 1987: 7, Abb. 3–7.

Abb. 8: Der Anteil von Kernfamilien und die Anzahl anderer Haushaltsformen, 1955–1990

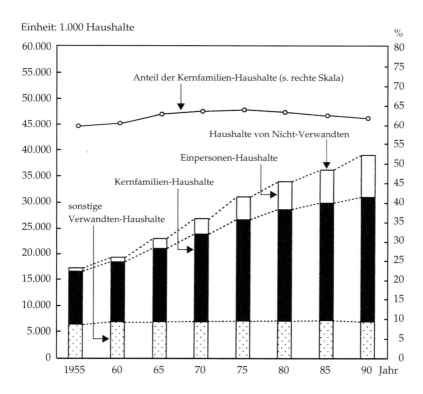

Material: Sōmuchō Tōkei Kyoku: *Kokusei chōsa*
Quelle: Keizai Kikakuchō (Hg.): *Kokumin seikatsu hakusho* (*Heisei rokunen-ban*), Abb. I-3-15.

Bei der Modernisierung von Gesellschaften findet bekanntlich eine grundlegende Veränderung im demographischen Regime statt: ein Übergang von hoher Geburten- und hoher Sterblichkeitsrate zu niedriger Geburten- und niedriger Sterblichkeitsrate. In Gesellschaften mit hoher Geburten- und hoher Sterblichkeitsrate ist zwar die Anzahl der Kinder groß, doch viele sterben bereits als Säuglinge, so daß nur ungefähr zwei das Erwachsenenalter erreichen. Dahingegen ist in Gesellschaften mit niedriger Geburten- und niedriger Sterblichkeitsrate die Anzahl der Kinder von vornherein auf zwei oder höchstens drei beschränkt, wovon nahezu alle das Erwachsenenalter erreichen. Dazwischen gibt es eine Übergangszeit, in der weiterhin viele Kinder geboren werden, die aber fast alle überleben. In einer solchen Zeit mit hoher Geburten- und niedriger Sterblichkeitsrate findet ein hohes Bevölkerungswachstum statt. Wenn bisher nur zwei Kinder einer Familie überlebten, nun aber alle Kinder, die geboren werden, seien es vier, fünf oder sechs, dann liegt auf der Hand, daß es zu einer Bevölkerungsexplosion kommt. Eine solche Zeit begünstigt großangelegte gesellschaftliche Umwälzungen, z. T. solche fürchterlichen Ausmaßes, geschürt von der Vorstellung, nur durch die Inbesitznahme von Kolonien weiter existieren zu können.

Die Generation dieser Übergangszeit wurde in Japan nach Itō zwischen 1925 und 1950 geboren. Im Alltag haben wir meist keine Vorstellung davon, zu welcher Generation wir demographisch gesehen gehören. Sich dies bewußt zu machen, mag jedoch sehr hilfreich sein, um gesellschaftliche Phänomene zu erklären.

So ist das nachkriegszeitliche Japan von eben dieser Übergangsgeneration aufgebaut worden. Die in den zwanziger Jahren Geborenen waren am Ende des Krieges erwachsen, heirateten und bekamen Kinder. Sie waren enorm zahlreich (verglichen mit der vorhergehenden Generation hatte sich die Bevölkerung verdoppelt), und mit dieser Kraft konnte das Wirtschaftswachstum stattfinden. Damit einhergehend beschleunigte sich die Verstädterung. Von der Makro-Perspektive aus betrachtet bedeutet diese Generation ein Bevölkerungswachstum, aus der Mikro-Perspektive der Betroffenen gesehen hat diese Generation auch als Erwachsene noch eine große Anzahl Geschwister. Wenn ein Sohn die Familiennachfolge antrat, blieben immer noch weitere Söhne übrig, die daraufhin in die Städte zogen und dort Kernfamilien gründeten, nicht aus einer bewußten Entscheidung gegen die Mehrgenerationenfamilie, sondern mangels Alternativen. Dies wird dann sichtbar im absoluten wie relativen Anstieg der Kernfamilien in o. g. Statistiken. Genauere Untersuchungen von Hiroshima Kiyoshi, ebenfalls Mitarbeiter am Institut für Bevölkerungsfragen des Gesundheitsministeriums, ergeben zwar, daß auch bei denjenigen, denen eine Möglichkeit zum Zusammenwohnen mit den Eltern bzw. mit einem Kind offensteht, in der Zeit des hohen Wirtschaftswachstums ein langsamer und stetiger Rückgang des tatsächlichen Zusammenwohnens zu beobachten ist (vgl. hierzu OCHIAI 1995 und OCHIAI 1997c, Kap. 10), doch von einem Zusammenbruch dieser Familienform kann keineswegs die Rede sein. Wenn in den Fernsehdramen der sechziger Jahre mit Vorliebe Mehrgenerationenfamilien dargestellt wurden, so spiegelt sich hierin wohl das Bewußtsein der meisten Menschen in Japan wider, daß die „wahren" Familien die Mehrgenerationenfamilien der ältesten Söhne auf dem Lande sind.

Als dann nach der Übergangsgeneration die nach 1950 Geborenen heirateten, gab es im Durchschnitt keine überzähligen Söhne mehr. So kommt es, daß nach 1975 – die 1950 Geborenen sind 1975 gerade 25 Jahre alt – der Anteil der Kernfamilien wieder sinkt. Gegenwärtig ist er fast auf das Niveau Mitte der fünfziger Jahre zurückgegangen, so daß zur Zeit nicht mehr von einer zunehmenden Entwicklung zur Kleinfamilie gesprochen werden kann. Ein Grund für den Rückgang des Anteils von Kernfamilien ist sicher die Tatsache, daß die Generation der niedrigen Geburten- und niedrigen Sterblichkeitsrate ins heiratsfähige Alter gekommen ist.

Nach diesem kurzen Abriß des japanischen Familiensystems seit Ende des Krieges läßt sich zusammenfassend sagen, daß es sich hierbei um eine Mischung aus weltweit in Industrieländern zu beobachtenden sowie japanspezifischen Phänomenen handelt. Die „moderne Familie" wurde zwar auch in Japan zu einer allgemeinen Erscheinung, doch das führte nicht zu einem plötzlichen Zerfall der Mehrgenerationenfamilienform. Die Anzahl der Kleinfamilien hat aus demographischen Gründen zwar um einiges zugenommen, ohne dabei bisher jedoch das Ideal des Zusammenlebens in der Mehrgenerationenfamilie gänzlich in Frage zu stellen.

3. Die Familie in der Post-Nachkriegszeit

Was ist nun mit dem Schlagwort „Post-Nachkriegssystem" gemeint, das im Bereich der Politik neuerdings viel verwendet wird? Viel früher als im politischen Bereich lassen sich bei der Familie Veränderungen feststellen, die unter den Begriff „Post-Nachkriegssystem" gefaßt werden können, zeigen doch schon seit Mitte der siebziger Jahre die statistischen Daten – wie wir oben gesehen haben – Bewegungen in eine ganz neue Richtung auf.

In der Öffentlichkeit war Ende der siebziger und Anfang der achtziger Jahre viel von der Krise der Familie die Rede. So brachte 1983 das Wirtschaftsministerium ein sogenanntes „Familienweißbuch" heraus, das sich mit der Krise der Familie beschäftigt. Hierin spiegelt sich das Krisenbewußtsein der Regierung wider. Entwicklungen der Post-Nachkriegszeit wurden also zunächst unter dem Aspekt der Krise beachtet. Doch heute zeigt sich, daß es sich hierbei eher um den Beginn einer neuen Phase, d. h. der Post-Nachkriegszeit handelt, um einen Prozeß, bei dem alte Strukturen von neuen abgelöst werden.

Was sind nun die Auswirkungen auf die Familie? Die unter 2.1 bis 2.3 genannten drei Charakteristika des Nachkriegsfamiliensystems verändern sich nun unter gegenseitiger Beeinflussung. Diese Veränderungen möchte ich zunächst unter dem Schlagwort „Individualisierung in der

Familie" aufzeigen (OCHIAI 1995: 37–44). Bei dem bisher betrachteten Zeitraum des Nachkriegsfamiliensystems und somit der „modernen Familie" handelt es sich um eine Zeit, in der eine Gesellschaft entstand, die auf Familieneinheiten basierte. Fälschlicherweise wird oft davon ausgegangen, daß die Familie immer schon die Grundeinheit der Gesellschaft gewesen

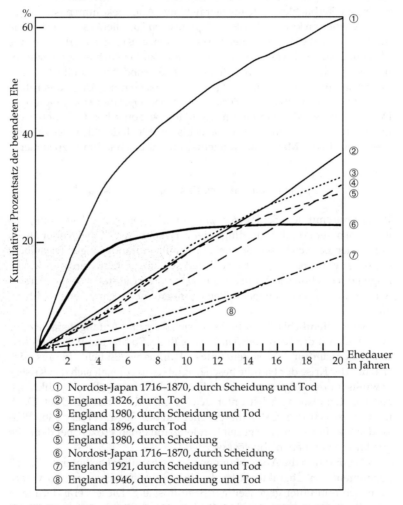

Abb. 9: Prozentsatz beendeter Ehen in England und Nordostjapan nach Ehedauer

① Nordost-Japan 1716–1870, durch Scheidung und Tod
② England 1826, durch Tod
③ England 1980, durch Scheidung und Tod
④ England 1896, durch Tod
⑤ England 1980, durch Scheidung
⑥ Nordost-Japan 1716–1870, durch Scheidung
⑦ England 1921, durch Scheidung und Tod
⑧ England 1946, durch Scheidung und Tod

Quelle: Die Angaben zu England basieren auf ANDERSON 1983: 5, Abb. 2.

sei. Doch dem ist nicht so. Betrachten wir zur Veranschaulichung zunächst die graphische Darstellung der Dauer von Ehen in England im Zeitvergleich in Abbildung 9.

Hier geht es also darum, wieviel Prozent der Ehen nach wieviel Jahren beendet sind. Dabei gibt es zwei Arten der Beendigung einer Ehe: Tod eines Partners oder Trennung. Bei der jüngsten Kohorte von 1980 sind nach 20 Jahren 30 % der Ehen durch Tod oder Trennung beendet. Vergleichen wir dies nun mit den Ehen, die in der ersten Hälfte des 20. Jahrhunderts geschlossen wurden, so ist sowohl bei der Kohorte von 1921 als auch bei der von 1946 der Anstieg der Kurve nur halb so stark. Dies entspricht der allgemeinen Annahme, daß die in der ersten Hälfte dieses Jahrhunderts geschlossenen Ehen stabiler waren als die gegenwärtigen. Wenn also lediglich die Kohorten von 1980, 1921 und 1946 miteinander verglichen werden, so bestätigt sich das Bild, daß die Familie immer mehr zerbricht und sich in einer Krise befindet. Doch wenn wir uns dann eine noch weiter zurückliegende Zeit ansehen, so verändert sich dieses Bild. Der Mittelwert der Kurven hinsichtlich der Kohorten von 1826 und 1896 befindet sich fast genau auf dem Niveau der Kohorte von 1980. Das heißt, im 19. Jahrhundert waren Ehen ähnlich instabil wie heute, nur die Ursache war wegen der hohen Sterblichkeit eine andere: der Tod eines Ehepartners. Sicherlich kann dagegengehalten werden, daß die Ehe durch Tod und nicht durch eine bewußte Trennung beendet wurde, die Familie an sich somit doch stabiler gewesen sei. Doch wer weiß, ob bei Ehepaaren, die sich heute scheiden lassen, sich eine Trennung nicht erübrigt hätte, wenn ein Partner vorzeitig verstorben wäre. Noch sarkastischer formuliert, entsprechen die hier genannten Prozentzahlen und Zeitangaben wohl ungefähr dem, was Menschen durchschnittlich an Ehedauer ertragen können.

Doch Spaß beiseite, aus dem oben Genannten sollte deutlich geworden sein, daß Ehen immer schon etwas sehr Instabiles gewesen waren, an deren lebenslange Unveränderbarkeit niemand so recht glaubte. In Japan gilt das insbesondere für die Zeit von der Tokugawa- bis zur Taishō-Zeit (1912–1926), da in Japan Scheidungen erlaubt und sehr häufig waren. Nicht umsonst hatte Japan auch zur Meiji- (1868–1912) und Taishō-Zeit den Ruf, weltweit das Land mit den meisten Scheidungen zu sein (TODA 1934: 136). Wie Abb. 9 zeigt, weist die auf Japan bezogene graphische Darstellung eine noch steilere Kurve auf als in England und Wales. Erst Ende des 19. Jahrhunderts sank die Scheidungsrate in Japan. Bis vor nicht allzu langer Zeit war es also in Japan nicht nur aufgrund der Sterberaten, sondern auch wegen einer hohen Scheidungsrate keinesfalls selbstverständlich, mit der einmal durch Heirat gegründeten Familie den Rest des Lebens verbringen zu können. Wie wir sehen, ist die Form einer Gesellschaft, die auf der Familie als Grundeinheit beruht, keine schon immer bestehende selbstverständliche Form, sondern eine im Zuge der Modernisierung zu einem ganz bestimmten Zeitpunkt auftretende historische Erscheinung.

Abb. 10: Entwicklung der Scheidungsraten in Japan, den USA und einigen europäischen Ländern, 1947–1995

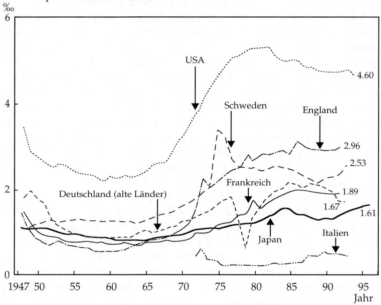

Quellen: Japan: Kōseishō: *Jinkō dōtai tōkei*
USA und Europa: UN: *Demographic Yearbook*

Wie sieht es nun in der Gegenwart aus? In Europa findet zur Zeit eine Entwicklung statt, die als der „zweite demographische Übergang" bezeichnet wird und beispielsweise im Anstieg der Scheidungsrate, Absinken der Geburtenrate sowie der Zunahme nichtehelicher Lebensgemeinschaften und außerehelicher Geburten zum Ausdruck kommt – sicherlich mit regionalen und länderspezifischen Unterschieden (VAN DE KAA 1987). In Japan sind zwar diesbezüglich noch nicht Verhältnisse wie in Europa oder Nordamerika erreicht, doch auch hier steigt die Scheidungsrate stetig, (Abb. 10), und die Geburtenrate entspricht den niedrigsten Raten in Europa (Abb. 11).[6] Der „zweite demographische Übergang" bedeutet somit,

---

[6] 1992 betrug die Scheidungsrate in Japan 1,45 (bezogen auf 1000 Einwohner). Die Zusammengefaßte Geburtenrate des Jahres 1993 sank auf 1,46, womit sie erst-

daß nicht mehr die Familie die Einheit bilden kann, sondern eine Gesellschaft in Sicht ist, in der es keine über das einzelne Individuum hinausgehende Einheit mehr gibt.

Abb. 11: Entwicklung der *Total Fertility Rate* (TFR) in Japan, den USA und einigen europäischen Ländern, 1950 bis 1994

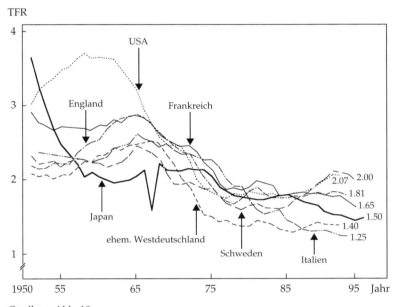

Quelle: s. Abb. 10

Eine Vorwegnahme einer solchen Entwicklung zeigt sich in jüngsten Bestrebungen zu Änderungen des Bürgerlichen Gesetzbuches.[7] Demnach sollen u. a. Scheidungen auf Antrag eines Ehepartners nach Einhaltung einer fünfjährigen Trennungszeit möglich werden. Das heißt, wie sehr eine

---

mals unter 1,5 lag.

[7] Die wichtigsten Punkte, die zur Änderung anstehen, sind folgende: 1. Ehepartner können unterschiedliche Namen führen. 2. Kinder von Ehepaaren, die unterschiedliche Namen führen, tragen den Namen eines der beiden Ehegatten, der von vornherein festgelegt wird. 3. Nach fünf Jahren Getrennt-Lebens wird die Scheidung vollzogen. 4. Die Benachteiligung unehelicher Kinder im Erbrecht soll beseitigt werden. Diese Reformbestrebungen haben große Aufmerksamkeit erregt. Aufgrund des Widerstandes insbesondere der Liberaldemokratischen Partei (LDP) wurden sie jedoch bis einschließlich 1997 nicht im Parlament verhandelt.

Ehefrau auch ihren Mann umsorgt, wenn dieser ihrer überdrüssig wird und sich eine Geliebte nimmt, reichen fünf Trennungsjahre aus, um die Scheidung durchzusetzen. Natürlich gibt es auch den umgekehrten Fall. Während bisher die Auffassung galt, durch Eheschließung eine Lebensgrundlage zu schaffen, die in der Regel das ganze Leben andauert, zeigt sich hier nun eine völlig andere Sichtweise von der Ehe. Hausfrauenvereinigungen mit Unterstützung von Rechtsanwälten, die sich für ihre Interessen einsetzen, protestieren gegen diese Änderung des Scheidungsparagraphen. Eine Gesellschaft, die das Individuum zur Grundlage hat, ist für Vollzeithausfrauen problematisch, hängt doch ihre Existenz mit einer auf Familieneinheiten basierenden Gesellschaft zusammen.

Auch in einer auf dem einzelnen Individuum basierenden Gesellschaft ist nicht gesagt, daß die Menschen keine Familie mehr gründen. Doch ist dies dann eine Wahlmöglichkeit unter anderen. Es wird somit möglich, mit einem Menschen zunächst eine Familie zu gründen und, wenn es nicht mehr so gut läuft, getrennte Wege zu gehen und sich wieder als Individuum zu begreifen. Doch in einer Beziehungsstruktur wie der zwischen einer Hausfrau und einem von ihr Reproduktionsarbeit abhängigen Ehemann ist so etwas nicht ohne weiteres möglich. Dabei ist es insbesondere die Hausfrau, die nach einer Scheidung in finanzielle Schwierigkeiten gerät. Denn Hausarbeit läßt sich zwar monetär bewerten, doch mit Hausarbeit läßt sich kaum Geld verdienen. Für die Zukunft heißt dies, daß das Modell „Vollzeithausfrau" mehr und mehr Aufmerksamkeit erhält. Beispielsweise werden Hausfrauen in manchen Bereichen wie im Rentensystem gegenwärtig immens bevorteilt. Seit Änderung des Rentengesetzes 1985 zahlen weder die Ehefrau selbst noch der Ehemann Versicherungsbeiträge für sie, sondern diese gehen zu Lasten aller Rentenbeitragszahler, das heißt, auch auf Kosten von Alleinstehenden, erwerbstätigen Frauen und Beitragszahlern mit niedrigem Einkommen. Die ausgezahlte Summe ist bei Frauen, die erwerbstätig waren, und Hausfrauen ungefähr gleich, doch auch Fälle, bei denen Hausfrauen mehr erhalten, sind nicht selten. Bei der Frage, ob dies gerechtfertigt ist, wird auch die Lebensform „Vollzeithausfrau" immer mehr zum strittigen Punkt werden.

Neben der „Individualisierung" ist ein weiterer Aspekt des Post-Nachkriegssystems die Tendenz zur „bilateralen Familienbeziehung". Wie oben schon ausgeführt, konnte in Japan bisher nicht nur die Form der Mehrgenerationenfamilie überleben, in jüngster Zeit ist sogar eine prozentuale Abnahme von Kernfamilien zu verzeichnen. Doch wäre es falsch, daher von einem Wiederaufleben des traditionellen Familien-Systems (*ie seido*) zu reden und von seiner Unvergänglichkeit auszugehen. Zur wirklichen Erhaltung dieser Mehrgenerationenfamilien fehlt es nämlich an männlichen Nachkommen. Bei einer möglichen Geschwisterkombination von Sohn/Sohn, Sohn/Tochter, Tochter/Sohn, Tochter/Tochter kann davon ausgegangen werden, daß in einer von vier Familien ausschließlich Töchter geboren werden. In Japan wurde in Familien ohne männlichen Nachfolger das Problem üblicherweise durch Adoption von Schwiegersöhnen gelöst. So waren in der Tokugawa-Zeit ca. einer von vier oder fünf Männern adoptiert, viel mehr, als es gegenwärtig der Fall ist. Die Männer heutzutage sind dazu nicht mehr bereit, und so meine ich, daß nicht von den Frauen, sondern eher von den Männern eine Gefahr für die Erhaltung des traditionellen Familien-Systems ausgeht. Wenn man sich nicht mehr an die traditionellen Formen hält, ist eine Auflösung des *ie* wohl unumgänglich.

Was machen nun heutzutage Eltern, die ausschließlich Töchter haben? Sie versuchen mit allen Mitteln, sie auch nach der Heirat an sich zu binden, indem sie beispielsweise der Tochter zu einem Eigenheim verhelfen. Dabei handelt es sich oft um ein Haus für zwei Wohnparteien mit getrennten Eingängen, einem sogenannten Zweigenerationen-Haus. Doch auch die Eltern des Ehemannes lassen nicht locker. Immer mehr junge Paare geraten so in eine Zwickmühle zwischen beiden Familien. Dies ist – neben den Individualisierungstendenzen – m. E. ebenfalls eine Ursache für die gegenwärtige Zunahme an Scheidungen. Auch die Medien greifen zunehmend dieses Thema auf, viele Fernsehdramen der letzten Jahre zeichnen ein Bild der Eltern-Kind Beziehung, bei dem die Kinder auch im Erwachsenenalter sich nicht von den Eltern und die Eltern sich nicht von den Kindern lösen können.

Werfen wir zum Schluß noch einen Blick auf Tabelle 1 und sehen, wie sich die oben beschriebene demographische Veränderung auf das zahlenmäßige Verhältnis zwischen der Generation alter Menschen und der für deren Unterhalt aufkommenden Generation auswirkt. Die obere Spalte gibt die Anzahl der auf eine Person der alten Elterngeneration (50 bis 74 Jahre) kommenden Personen der jungen Elterngeneration (25 bis 49 Jahre) an. Bis 1975 sind dies gleichbleibend zwei Personen, d. h. auf ein Elternteil kommt ungefähr die doppelte Anzahl an Kindern. Ab dem Jahr 2000 wird diese Zahl auf die Hälfte sinken, d. h. auf eine Person, ab 2025 sinkt sie noch weiter. Der drastische Einschnitt liegt jedoch zwischen 1975 und 2000, also in einer Zeit, in der die oben genannte Generation der demographischen Übergangszeit in die höheren Altersgruppen gelangt. Bei einer solchen Alterung der Gesellschaft ist es – wie wir oben gesehen haben – nicht mehr möglich, daß die japanische Familie in der bisherigen Form der Mehrgenerationenfamilie überlebt. Die traditionelle japanische Familie, das *ie*, hat gegenwärtig einen kritischen Punkt erreicht. In dieser Situation zeigt sich die Notwendigkeit, die bisher herrschenden Normen in der Eltern-Kind-Beziehung grundlegend zu überdenken.

Tab. 1: Generationenquotienten, 1925–2025

	1925	1950	1975	2000	2025
25–49 Jahre/50–74 Jahre	2.17	2.17	2.12	1.09	0.88
0–24 Jahre/25–49 Jahre	1.84	1.83	1.00	0.81	0.94
50–74 Jahre/25–49 Jahre	0.46	0.46	0.47	0.91	1.14

Material: Sōmuchō Tōkei Kyoku: *Kokusei chōsa hōkoku;* Kōseishō Jinkō Mondai Kenkyūjo: *Nihon no shōrai suikei jinkō* (1992/9)
Quelle: Keizai Kikakuchō: *Kokumin seikatsu hakusho* (*Heisei rokunen-ban*), Abb. 1-2-22

Bisher galt in der japanischen Familie die Auffassung, daß allein der Sohn oder die Tochter, die mit den Eltern zusammenwohnen, die Verantwortung für diese übernehmen. Die Kinder, die das Elternhaus verlassen hatten, waren gänzlich von der Verantwortung entbunden. In Zukunft werden jedoch immer weniger Menschen im Alter die Möglichkeit haben, mit einem ihrer Kinder zusammenzuleben, so daß hier ein Umdenken stattfinden muß. Auf Seiten der Kinder müßte die bisherige Verteilung der Verantwortung aufgehoben werden. Auf seiten der Eltern müßte sich die uneingeschränkte Erwartungshaltung gegenüber den Kindern ändern, mehr psychische Unabhängigkeit der Eltern von ihren Kindern täte not. Des weiteren sollten nicht, wie bisher üblich, nur mit der Familie eines Ehepartners – meist der des Mannes – enge Beziehungen gepflegt werden, sondern gleichermaßen zu den Herkunftsfamilien beider Partner. Dabei tragen Eltern wie Kinder gemeinsam die Verantwortung für das Gelingen einer solchen „Bilateralisierung" in den Familienbeziehungen.

Waren es in den achtziger Jahren die Beziehungen zwischen den Ehepartnern bzw. zwischen Mann und Frau, bei denen sich ein Wandel vollzog, so sind es in den Neunzigern die veränderten Beziehungen zwischen Eltern und Kindern, die für die japanische Familie eine große Rolle spielen. Doch scheint es mir, als müsse dieser Wandel in der Eltern-Kind-Beziehung noch viel bewußter stattfinden. Nicht zuletzt ist auch eine den veränderten Bedingungen entsprechende soziale Absicherung der Altersversorgung dringend notwendig.

Die Darstellung der Familie in den Medien spiegelt den gesellschaftlichen Wandel wider, nimmt bisweilen Entwicklungen vorweg, und manchmal beschönigt sie in verklärender Weise das, was als die Familie der Vergangenheit gesehen wird. Und so trägt die Fiktion ihren Teil bei zur Konsensbildung darüber, welche Richtung die Familie in Zukunft einschlagen soll.

übersetzt von Debora Gössmann

LITERATURVERZEICHNIS

ANDERSON, Michael (1983): *What is New About the Modern Family: A Historical Perspective.* British Society for Population Studies Occasional Paper 31.

BLECHINGER, Verena und Ralph LÜTZELER (1997): Zurück zum 55er-System? Ein Rückblick auf die Unterhauswahlen vom Oktober 1996. In: *DIJ Newsletter. Mitteilungen aus dem Deutschen Institut für Japanstudien,* Juni, S. 1–2.

HIROSHIMA Kiyoshi (1984): Sengo nihon ni okeru oya to ko no dōkyoritsu no jinkōgakuteki jisshō bunseki [Der Prozentsatz des Zusammenlebens von Eltern und Kindern im Nachkriegsjapan. Eine demokratisch-empirische Analyse]. In: *Jinkō Mondai Kenkyū* 169, S. 31–42.

ITŌ Tatsuya (1994): *Seikatsu no naka no jinkōgaku* [Bevölkerungspolitik im Alltag]. Tōkyō: Kokon Shoin.

OCHIAI Emiko (1990): Bijuaru imēji toshite no onna [Frauen als visuelle Bilder]. In: Joseishi Sōgō Kenkyūkai (Hg.): *Nihon josei seikatsu-shi* 5 [Geschichte des Alltagslebens von Frauen]. Tōkyō: Tōkyō Daigaku Shuppankai, S. 44–60.

OCHIAI Emiko (1995): Kojin o tan'i to suru shakai to oyako kankei no sōkeika [Die Auswirkungen einer Gesellschaft von Individuen auf die Eltern-Kind-Beziehung]. In: *Jurisuto* 1059, 15. Januar, S. 37–44.

OCHIAI Emiko (1997a): Decent Housewives and Sensual White Women: Representations of Women in Postwar Japanese Magazines. In: *Japan Review* 9, S. 151–169.

OCHIAI Emiko (1997b): *21seiki no kazoku e – Kazoku no sengo taisei no mikata – koekata.* [Die Familie des 21. Jahrhunderts. Sichtweisen zum Nachkriegsfamilien-System und deren Überwindung] (1. Auflage 1994). Tōkyō: Yūhikaku.

OCHIAI Emiko (1997c): *The Japanese Family System in Transition. A Sociological Analysis of Family Change in Postwar Japan.* Tōkyō: LTCB International Library Foundation. (Übersetzung von OCHIAI 1997b)

UMESAO Tadao (1959): Tsuma muyōron. [Abhandlung über die Nutzlosigkeit der Ehefrau]. In: *Fujin Kōron,* Juni, S. 15–19.

TODA Teizō (1934): *Kazoku to kon'in* [Familie und Eheschließung]. Tōkyō: Chūbunkan Shoten.

VAN DE KAA, Dirk J. (1987): *Europe's Second Demographic Transition. Population Bulletin* 42, 1 (Population Reference Bureau).

YUZAWA Yasuhiko (1987): *Zusetsu gendai nihon no kazoku mondai* [Probleme der Familie der Gegenwart anhand von Schaubildern]. Tōkyō: Nihon Hōsō Shuppan Kyōkai.

WANDEL UND KONTINUITÄT DER DEUTSCHEN FAMILIE IM KONTRAST ZU JAPAN

Ulrich MÖHWALD

1. VORBEMERKUNGEN

Ausgehend von Daten zu steigenden Scheidungsraten, sinkenden Geburtenraten und Heiratsziffern gibt es in Deutschland – und in ähnlicher Weise auch in Japan – einen öffentlich-politischen Diskurs, demzufolge unsere Gesellschaften eine Krise der Familie erleben, die Familie für das Leben der Menschen an Bedeutung verliert.

Selbstverständlich fallen zuerst die demographischen Veränderungen auf, wenn man den Wandel der Familie in der Bundesrepublik Deutschland seit dem Ende des Zweiten Weltkrieges betrachtet. Kurz gefaßt sind insbesondere die folgenden Veränderungen bedeutsam:

- Im Gefolge sinkender Geburtenraten und des Anstiegs der durchschnittlichen Lebenserwartung ist ein Wandel der Altersstruktur der deutschen Bevölkerung, d. h. eine voranschreitende Alterung der Gesellschaft der Bundesrepublik zu verzeichnen. Diese Entwicklung hat insbesondere auch eine Zunahme der Einpersonenhaushalte alter Menschen mit sich gebracht.
- Aufgrund des Sinkens der Geburtenrate, des Trends zu Ein- und Zweipersonenhaushalten alter Menschen sowie der Zunahme anderer Einpersonenhaushalte ist ein bemerkenswerter Rückgang der durchschnittlichen Personenzahl pro Familie zu verzeichnen. Diese Entwicklung läßt sich als „Verkleinerung der Familie" oder als „Entwicklung zur Kleinfamilie" bezeichnen (vgl. Abb. 1).
- Vom Ende des Zweiten Weltkrieges bis in die sechziger Jahre war in der Bundesrepublik Deutschland ein Anstieg der Heiratsziffern zu verzeichnen, seither allerdings gehen die Verheiratetenquoten stetig zurück. Diese Entwicklung ist ihrerseits eng mit dem Anstieg des durchschnittlichen Heiratsalters und der Aufschiebung der Gründung selbständiger Haushalte seitens junger Menschen (Trend zur Spätheirat), dem Anstieg der Scheidungsrate und dem Sinken der Wiederverheiratungsquoten von Geschiedenen und Verwitweten verbunden.
- Im Gefolge sinkender Verheirateten- und Wiederverheiratungsquoten sowie des Anstiegs der Scheidungsrate ist eine bemerkenswerte Zu-

nahme neuer Arten privater Lebensformen (oder Haushaltsformen) wie Einpersonenhaushalte (Singles), Einelternfamilien, Zweit- und Drittehefamilien, nichteheliche Lebensgemeinschaften, Wohngemeinschaften usw., d. h. eine Pluralisierung der Haushalts- oder Familienformen zu verzeichnen. In diesem Sinne hat die Institution der Ehe ihren Status als einzige legitime und anerkannte private Lebensform verloren.

Abb. 1: Wandel der Familiengröße in Deutschland
(Gebiet der alten Bundesländer)

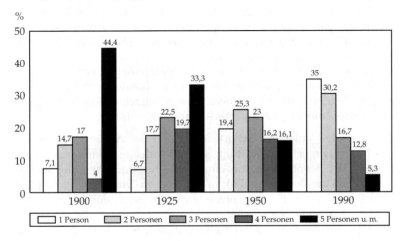

Anm.: Zahlenangaben in der Abb. in Prozent
Quelle: Statistisches Bundesamt 1992: 49

Dennoch gibt es, ungeachtet dieser Veränderungen, innerhalb der Familienforschung erhebliche Zweifel bezüglich des o. g. Diskurses über eine Krise der Familie. Von der Familienforschung wird betont, daß weniger von einem Bedeutungsverlust denn von einem Bedeutungswandel der Familie gesprochen werden müsse, und daß sich zudem die wichtigsten sozialen Veränderungen weniger auf Familie insgesamt als auf die Institution der Ehe beziehen.

Selbstverständlich ist es unmöglich, im Rahmen dieses Aufsatzes sämtliche Elemente des Wandels der Familie in der Bundesrepublik Deutschland zu behandeln. Ich werde mich daher im wesentlichen auf die folgenden Probleme konzentrieren und sie im Kontrast mit japanischen Daten diskutieren:

1. Ist derzeit in der Bundesrepublik Deutschland ein Rückgang der Motivation zu Heirat und Familiengründung zu verzeichnen?
2. Ist in der Bundesrepublik Deutschland eine Abnahme der Stabilität der Familie zu beobachten, d. h. zeigt die Familie eine Tendenz zur leichten Auflösbarkeit?
3. Ist in der Bundesrepublik Deutschland ein Trend zum Wandel der binnenfamilialen Machtstruktur und Rollenverteilung zwischen Mann und Frau in Richtung egalitärer Ehebeziehungen und Verteilung der Hausarbeit zu beobachten?

Ferner werde ich mich im wesentlichen auf eine Darstellung der Entwicklung in der alten Bundesrepublik beschränken. Zwar sind auch in der Familie der (ehemaligen) Deutschen Demokratischen Republik ähnliche Wandlungsprozesse wie in der Bundesrepublik Deutschland zu beobachten (vgl. SCHNEIDER 1994), doch gibt es zwischen beiden Gesellschaften auch bedeutsame Unterschiede, die z. T. immer noch fortwirken.

2. EHE UND FAMILIENGRÜNDUNG

Zwischen 1950 und 1962 war ein allmählicher Anstieg in der Motivation der Deutschen zu heiraten zu beobachten, seither jedoch scheint diese Motivation kontinuierlich zurückzugehen. Dieser Trend tritt in den Veränderungen der kohortenspezifischen Heiratsziffern (d. h. der Zahl der Eheschließungen bezogen auf 100 Ledige einer bestimmten Generation (Kohorte)) deutlich zu Tage. Wie aus Tabelle 1 zu ersehen ist, sanken in Deutschland für die nach dem Zweiten Weltkrieg geborenen Kohorten die Heiratsziffern lediger Personen von einer Kohorte zur nächsten. Für Japan liegen die entsprechenden Daten nicht vor, doch lassen sich die

Tab. 1: Kohortenspezifische Erstheiratsziffern bezogen auf 100 Ledige in der Bundesrepublik Deutschland

		Geburtsjahr		
	Alter	1946–1950	1951–1955	1956–1960
Männer	15–24	48	43	31
	15–29	69	66	55
Frauen	15–25	76	69	58
	15–29	85	81	73

Quelle: NAVE-HERZ 1988a: 63

altersspezifischen Ledigenziffern (die Zahl der Ledigen bezogen auf 100 Personen der jeweiligen Altersgruppe), die in Tabelle 2 wiedergegeben sind, durchaus ähnlich wie die Heiratsziffern interpretieren. Auch hier zeigt sich von einer Kohorte zur nächsten ein Anstieg der Ledigenziffern. Folglich zeigen sich sowohl in Deutschland als auch in Japan durchaus ähnliche Phänomene.

Tab. 2: Altersspezifische Ledigenziffer nach Kohorten in Japan

		Geburtsjahr			
	Alter	1946–1950	1951–1955	1956–1960	1961–1965
Männer	20–24	89,5	88,0	91,5	92,1
	25–29	49,6	55,1	60,4	64,4
	30–34	21,5	28,1	32,6	–
	35–39	14,2	19,0	–	–
Frauen	20–24	71,2	69,2	77,7	81,4
	25–29	20,9	24,0	30,6	40,2
	30–34	9,1	10,4	13,9	–
	35–39	6,6	7,5	–	–

Quellen: Kōseishō Daijin Kanbō Tōkei Jōhōbu 1987: 18; Sōmuchō Tōkeikyoku 1992: 46

Selbstverständlich stehen die Veränderungen der kohorten- und altersspezifischen Heirats- und Ledigenziffern in engem Zusammenhang mit allgemeinen sozialen Wandlungstrends und lassen sich nicht schlichtweg als Beleg für ein Sinken der Motivation zu heiraten interpretieren. Insbesondere ist in allen hochindustrialisierten Gesellschaften im Gefolge der Entwicklung einer Bildungsgesellschaft und der damit verbundenen Ausdehnung der Ausbildungsdauer ein Anstieg des durchschnittlichen Heiratsalters, d. h. das Phänomen der sogenannten Spätheirat zu beobachten. Wie aus Tabelle 3 zu entnehmen ist, bilden Deutschland und Japan in dieser Hinsicht keine Ausnahme.

Während allerdings in Japan bisher gilt, daß der Anstieg des Erstheiratsalters zwar eine Verspätung der Eheschließung widerspiegelt, letztlich jedoch geheiratet wird, wird aus Deutschland von einem allmählichen Anstieg des Anteils lebenslang Lediger berichtet. Als Trend läßt sich in Japan bisher nur ein Anstieg des Anteils lebenslang lediger Männer von 2,4 % im Jahre 1975 auf 6,7 % im Jahre 1990 beobachten, der eventuell darauf hindeutet, daß auch in Japan in der Zukunft ähnlich wie in Deutschland mit einem Anstieg des Anteils lebenslang Lediger zu rechnen ist.[1]

Tab. 3: Durchschnittliches Heiratsalter (Erstheiraten) in Deutschland und Japan

Deutschland										
	1950	1955	1960	1965	1970	1975	1980	1985	1988	1993
Männer	28,1	27,0	25,9	26,0	25,6	25,3	26,1	27,2	28,0	29,3
Frauen	25,4	24,4	23,7	23,7	23,0	22,7	23,4	24,6	25,5	26,9
Japan										
	1950	1955	1960	1965	1970	1975	1980	1985	1988	1993
Männer	25,9	26,6	27,2	27,2	26,9	27,0	27,8	28,2	28,4	28,4
Frauen	23.,0	23,8	24,4	24,5	24,2	24,7	25,2	25,5	25,9	26,1

Quellen: STATISTISCHES BUNDESAMT 1990a: 62; 1995: 65; KŌSEISHŌ DAIJIN KANBŌ TŌKEI JŌHŌBU 1992: 1: 369; KŌSEISHŌ JINKŌ MONDAI KENKYŪJO (1995): 101

Ähnlich wie das Sinken der Heiratsziffern Lediger ist in Deutschland auf der Ebene der Ehestatistiken auch ein Sinken der Wiederverheiratungsquoten Verwitweter und Geschiedener zu beobachten. Während z. B. in

---

[1] Der Anstieg des Anteils lebenslang lediger Männer in Japan hat sowohl einen demographischen als auch einen sozialen Hintergrund. Aufgrund der biologisch gegebenen Überzahl männlicher Geburten bei gleichzeitigem drastischen Rückgang der Säuglingssterblichkeit seit dem Ende des Zweiten Weltkrieges gibt es in den Jahrgängen im „heiratsfähigen Alter" einen deutlichen Männerüberschuß (1988 rund 270 000). Hinzu kommt noch eine weitgehende Trennung der Verkehrskreise männlicher und weiblicher Jugendlicher, was Freundschaften und Bekanntschaften zwischen jungen Männern und Frauen deutlich erschwert, wobei sich dies durch die Auflösung traditioneller Nachbarschaftsstrukturen im Zuge der Veränderung der Wohnumwelt seit den sechziger Jahren noch verstärkt hat. Es haben sich so spezifische Hindernisse der Partnerwahl für Männer herausgebildet. Laut Tabelle 2 lag 1988 der Anteil der ledigen Männer in der Altersgruppe 35–39 Jahre bei rund 19 %. Vergleicht man dies mit einer Umfrage von 1988, nach der nur 4,1 % der ledigen Männer ihr Leben lang unverheiratet bleiben wollen (JINKŌ MONDAI SHINGIKAI u. a. 1988: 32), dann spricht einiges für eine unfreiwillige Verursachung des Anstiegs des Anteils lebenslang lediger Männer. Allerdings soll nicht verschwiegen werden, daß in Umfragen aus den neunziger Jahren sowohl der Anteil der jungen Männer als auch der jungen Frauen, die eine Heirat nicht für unbedingt notwendig erachten, eine ansteigende Tendenz zeigt.

den sechziger Jahren rund 80% der Geschiedenen erneut heirateten, waren es in den achtziger Jahren nur noch 64%. Es liegt also die Vermutung nahe, daß in Deutschland die Motivation zu heiraten abgenommen hat. Wechselt man von den Ehestatistiken zur Betrachtung von Meinungsumfragen, so zeigt sich folgendes Bild: Abbildung 2 gibt die deutschen und japanischen Ergebnisse der Weltjugendsurveys wieder, die von der Abteilung für Jugendpolitik des Amtes des japanischen Ministerpräsidenten in fünfjährigem Abstand durchgeführt werden.[2] Es zeigt sich, daß, im Gegensatz zu Japan, unter deutschen Jugendlichen die Bedeutung und Wichtigkeit der Ehe rückläufig ist.

Abb. 2: Einstellungen japanischer und deutscher Jugendlicher zur Ehe:
„Es ist notwendig zu heiraten" und „Es ist nicht notwendig zu heiraten"

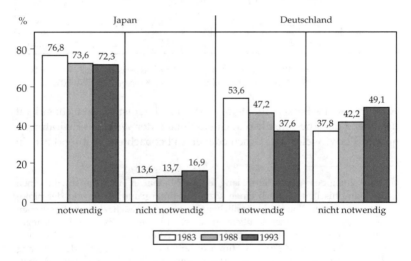

Anm.: Zahlenangaben in der Abb. in Prozent
Quelle: SŌMUCHŌ SEISHŌNEN TAISAKU HONBU 1994: 122

---

[2] Diese Umfrage wird mittlerweile in mehr als zehn Ländern durchgeführt. Ihre Zielgruppe sind Jugendliche im Alter von achtzehn bis vierundzwanzig Jahren. Frage 49 hat folgenden Wortlaut: „Wie denken Sie über die Ehe? Bitte wählen Sie aus der folgenden Karte die Antwort, die ihren Vorstellungen am nächsten kommt." Antwortvorgaben sind: „1. Man soll heiraten. 2. Es ist besser zu heiraten. 3. Man braucht nicht unbedingt zu heiraten. 4. Es ist besser, nicht zu heiraten. 5. Weiß nicht. 6. Keine Antwort." In der Abbildung sind jeweils die Prozentwerte der Vorgaben 1 und 2 sowie 3 und 4 zusammengefaßt; „weiß nicht" und „keine Antwort" blieben unberücksichtigt.

In Japan stieg zwischen 1983 und 1993 der Anteil der Jugendlichen, die meinten, es sei nicht notwendig zu heiraten, leicht von 13,6 % auf 16,9 % an, doch diese Veränderung ist nicht besonders aussagekräftig. In Deutschland dagegen stieg im gleichen Zeitraum der Anteil der Jugendlichen, die eine Ehe nicht für notwendig erachten, von 37,8 % auf 49,1 %, und gleichzeitig fiel der Anteil der Jugendlichen, die die Ehe für notwendig halten, von 53,6 % auf 37,6 %, d. h. 1993 waren in Deutschland die Vertreter der Notwendigkeit der Ehe deutlich zur Minderheit geworden. Im Gegensatz zu den japanischen Jugendlichen ist also für deutsche Jugendliche die Eheschließung nicht mehr ein unerläßliches Ereignis im Lebenslauf. In diesem Sinne läßt sich also schließen, daß in Deutschland die Motivation, zu heiraten und eine Familie zu gründen, tendenziell an Bedeutung verloren hat. Jedoch betreffen die hier präsentierten Daten die Ehe; die Einstellungen zur Familie dagegen zeigen ein etwas anderes Bild, wie aus Tabelle 4 ersichtlich wird.[3]

Tab. 4: Prozentuale Anteile der positiven Antworten auf die Frage:
„Braucht man eine Familie, um glücklich zu sein?"

	1953	1979	1980	1984	1988	1991 West	1991 Ost	1992 West	1992 Ost
Gesamt	78	72	72	63	61	69,5	84	67,5	83
Männer	80	72	75	64	60	70	85	68	83
Frauen	77	73	70	63	61	69	83	67	83
18–34 Jahre	–	–	58	48	45	61	76	58	73
35–59 Jahre	–	–	77	68	66	71	88	68	87
60 Jahre und älter	–	–	80	74	74	79	86	79	86

Quellen: 1953 und 1979: NAVE-HERZ 1988a: 72; 1980–1991: ALLBUS

---

[3] Tabelle 4 beruht auf folgender Frage: „Glauben Sie, daß man eine Familie braucht, um wirklich glücklich zu sein – oder glauben Sie, man kann alleine genauso glücklich leben?" Antwortvorgaben sind: „Braucht Familie", „alleine genauso glücklich", „alleine glücklicher". Diese Frage wird seit 1980 in unregelmäßigen Abständen in den ALLBUS-Befragungen erhoben, es liegen jedoch auch für die Zeit vor 1980 verstreute Erhebungen vor, die diese Frage enthielten. Die ALLBUS-Daten wurden freundlicherweise vom Zentralarchiv für Empirische Sozialforschung Köln zur Verfügung gestellt. ALLBUS (Allgemeine Bevölkerungsumfrage Sozialwissenschaften) ist eine Erhebung, die in regelmäßigen Abständen mit wechselnden Schwerpunkten vom Zentrum für Umfragen, Methoden, Analysen (ZUMA) Mannheim und dem Zentralarchiv für Empirische Sozialforschung Köln durchgeführt und den Sozialwissenschaften zur Verfügung gestellt wird. Für die Interpretation der Daten und etwaige Fehler ist der Autor ausschließlich selbst verantwortlich.

Zwischen 1953 und 1979 ging der Anteil der Befragten, die meinten, daß man die Familie braucht, um glücklich zu sein, leicht zurück, doch diese Veränderung ist nicht allzu stark. In den achtziger Jahren allerdings zeigt sich, insbesondere in den jüngeren Jahrgängen, ein deutlicher Einbruch in der Bedeutung der Familie. In diesem Sinne lassen die Daten aus den achtziger Jahren den Schluß zu, daß auch die Familie, ähnlich wie die Ehe, unter den Deutschen an Wichtigkeit und Bedeutung verliert. Die Daten von 1991 zeigen jedoch einen erneuten starken Bedeutungsgewinn der Familie. Zwar bleiben weiterhin die klaren Unterschiede nach Alter der Befragten bestehen, doch in jeder Altersgruppe ist der Anteil der Befragten, der die Familie für notwendig erachtet, nahezu auf den Stand von 1980 zurückgekehrt. Anderseits dokumentieren die in Tabelle 5 präsentierten Daten zur relativen Wichtigkeit verschiedener Lebensbereiche, daß zwischen 1980 und 1991 ohne Änderungen die Familie für die Deutschen der mit Abstand wichtigste Lebensbereich ist. Ferner geht sowohl aus Tabelle 4 als auch aus Tabelle 5 hervor, daß für die Menschen in der ehemaligen DDR die Familie eine größere Rolle spielt als für die Menschen in den alten Bundesländern.[4]

Tab. 5: „Wie wichtig sind für Sie ...?"

Lebens-bereich	Alte Bundesländer						Ehemalige DDR				Japan
Jahr	1980	1982	1986	1988	1991	1992	1982	1990	1991	1992	1993
Familie und Kinder	68	66	69	73	68	65	87	83	83	80	75
Beruf und Arbeit	31	38	43	36	38	39	47	60	64	66	37
Freizeit und Erholung	30	36	33	31	38	37	29	35	38	37	26

Anm.: Zahlenangaben in Prozent
Quellen: SCHNEIDER 1994: 270; TŌKEI SŪRI KENKYŪJO KOKUMINSEI CHŌSA IINKAI 1994: 71–72; ALLBUS

---

[4] Hier wird die relative Wichtigkeit der verschiedenen Lebensbereiche mit siebenstufigen Rating-Skalen von „1 = unwichtig" bis „7 = wichtig" gemessen. In Tabelle 5 werden die Prozentwerte der Stufe 7 wiedergegeben. Die Daten beruhen auf folgenden Erhebungen: Alte Bundesländer 1980 und 1988 Wohlfahrtssurvey, 1982, 1986, 1991, 1992 ALLBUS, ehemalige DDR 1982 Familie-Gesellschaft-Reproduktion (nicht repräsentativ), 1990 Wohlfahrtssurvey-Ost, 1991, 1992 ALLBUS, Japan 1993, Erhebungen zum japanischen Nationalcharakter.

Will man die in Tabelle 4 wiedergegebene Entwicklung und die Trendumkehr im Jahre 1991 interpretieren, dann wird zunächst das Fehlen von Daten zwischen 1953 und 1979 zum Problem. Allerdings haben verschiedene Untersuchungen gezeigt, daß die subjektive Wichtigkeit der Familie stark durch Periodeneffekte beeinflußt wird, die von der Wirtschaftsentwicklung verursacht werden. In Perioden wirtschaftlichen Aufschwungs nämlich ist ein Voranschreiten von Individualisierungstendenzen zu beobachten, in deren Gefolge neue private Lebensformen an Stelle der Familie an Gewicht gewinnen und die Bedeutung der Familie relativ gesehen zurückgeht. In Perioden wirtschaftlicher Krisen dagegen gewinnt die Familie als Gemeinschaft, die materielle und psychische Stabilität gewährleistet, erneut an Bedeutung. Dieses Phänomen wird sowohl für die kurzzeitige Wirtschaftskrise der sechziger Jahre als auch für die beiden Wirtschaftskrisen am Anfang und Ende der zwanziger Jahre sowie für die Perioden materieller Not unmittelbar nach den beiden Weltkriegen berichtet.[5]

Allerdings lassen die oben vorgestellten Daten bis zu einem gewissen Grade den Schluß zu, daß in der Gesellschaft der alten Bundesländer eine gewisse Tendenz des Rückgangs der Neigung, zu heiraten und eine Familie zu gründen, zu beobachten ist. Dennoch bedeutet diese Tendenz keineswegs unbedingt, daß für die Menschen auch die familiale Lebensweise an Wichtigkeit verloren hat. Einerseits zeigen sich keine Veränderungen im Anteil der Befragten, die den Lebensbereich Familie für wichtig erachten, andererseits hat parallel zum Rückgang der Heiratsneigung in den alten Bundesländern eine neue Form des Zusammenlebens von Mann und Frau, nämlich die nichteheliche Lebensgemeinschaft, beträchtlichen Zuwachs erfahren. Das Ausmaß des Zuwachses dieser Lebensform wird aus Tabelle 6, die auf den Daten des Mikrozensus beruht, überdeutlich. Zwischen 1972 und 1990 ist die Anzahl der nichtehelichen Lebensgemeinschaften ohne Kinder um das Siebeneinhalbfache angestiegen, die Anzahl der nichtehelichen Lebensgemeinschaften mit Kindern um das Vierfache und insgesamt die Anzahl der nichtehelichen Lebensgemeinschaften um das Siebenfache. So betrachtet ist unter den Deutschen weniger die Neigung, eine Familie an sich zu gründen, als die Neigung, eine auf der Ehe als Institution beruhende Familie zu gründen, zurückgegangen.

---

[5] Selbstverständlich gilt nicht einseitig, daß die Familie bei Wirtschaftskrisen und insbesondere bei Arbeitslosigkeit zur materiellen und psychischen Stabilität ihrer Mitglieder beiträgt. Umgekehrt wird die Familie in solchen Perioden verstärktem Streß und anderen negativen Einflüssen ausgesetzt (vgl. KIESELBACH 1988).

Tab. 6: Nichteheliche Lebensgemeinschaften in den alten Bundesländern

	1972	1978	1982	1985	1986	1987	1988	1990
ohne Kinder	111	298	445	616	645	688	723	856
mit Kindern	25	51	71	70	86	90	97	107
gesamt	137	348	516	686	731	778	820	963

Anm.: Einheit: 1000 Haushalte
Quelle: STATISTISCHES BUNDESAMT 1990a: 58; 1995: 66

Allerdings beruhen alle Daten bezüglich dieser Lebensform bis zu einem gewissen Grade auf Schätzungen, daher differieren die Zahlen von einem Forscher zum anderen. Einem 1988 in Baden-Württemberg durchgeführten Survey zufolge lebten 8 % der Bevölkerung zwischen fünfzehn und vierundsechzig Jahren in nichtehelichen Lebensgemeinschaften. Einer Modellrechnung zufolge lebten Ende der achtziger Jahre in den alten Bundesländern rund drei Millionen Menschen in nichtehelichen Lebensgemeinschaften, das waren knapp 5 % der Gesamtbevölkerung der alten Bundesländer oder knapp 7 % der Bevölkerung zwischen fünfzehn und vierundsechzig Jahren (MEYER 1992: 274–276).[6] Auch hinsichtlich der

---

[6] In der ALLBUS-Erhebung von 1991 lebten 4,6 % der Befragten aus den alten Bundesländern in nichtehelichen Lebensgemeinschaften (MELBECK 1992: 116); es ist also vertretbar, davon auszugehen, daß gegenwärtig rund 5–6 % der Bevölkerung in den alten Bundesländern in nichtehelichen Lebensgemeinschaften leben. Zwischen 1972 und 1988 hat sich auch die Altersstruktur der Menschen, die in nichtehelichen Lebensgemeinschaften leben, stark verändert: Während 1972 Personen ab 56 Jahren überwogen, stellten 1988 Personen im Alter von 18 bis 36 Jahren die größte Gruppe. Zugleich hat sich auch das Motiv für das Eingehen einer nichtehelichen Lebensgemeinschaft gewandelt. Früher war die Wahrung des Erhalts der Witwenrente (insbesondere der Kriegerwitwenrente) das vorherrschende Motiv für ein Zusammenleben ohne Trauschein, und nur in dieser Form wurde die nichteheliche Lebensgemeinschaft bis zu einem gewissen Grade gesellschaftlich als legitim anerkannt. Mittlerweile jedoch erfährt die nichteheliche Lebensgemeinschaft eine allgemeine Anerkennung als Alternative zur Ehe. In Japan spielen bisher nichteheliche Lebensgemeinschaften kaum eine Rolle. Bei den Zensusdaten liegt seit den siebziger Jahren der Anteil der Nicht-Verwandten-Haushalte an den Privathaushalten bei 0,2 % (vgl. MÖHWALD 1992: 93), und laut den Erhebungen des Ministeriums für Gesundheit und Wohlfahrt zu Ehe und Familienplanung von 1987 und 1993 berichten nur knapp 3 % der Befragten, früher einmal eine nichteheliche Lebensgemeinschaft eingegangen zu sein, und 1 % der Befragten, derzeit in einer solchen zu leben (Zielgruppe sind in diesem Falle unverheiratete Männer und Frauen im Alter von 18 bis 35 Jahren) (vgl. KŌSEISHŌ JINKŌ MONDAI KENKYŪJO 1992: 115; 1994: 143).

Interpretation dieser Lebensform gibt es keine einheitliche Meinung. Bis zum Anfang der achtziger Jahre überwog die Interpretation der nichtehelichen Lebensgemeinschaft als „Probeehe" bzw. als Durchgangsstufe zur Ehe. Diese Auffassung stützte sich vor allem auf die Tatsache, daß in den achtziger Jahren in den alten Bundesländern bei 85 % der Eheschließungen die Partner vor der Ehe bereits in einer nichtehelichen Lebensgemeinschaft zusammengelebt hatten. Doch während es unbestreitbar ist, daß mittlerweile nichteheliche Lebensgemeinschaften eine der Ehe vorgeschaltete Form des Zusammenlebens geworden sind, ist zweifelhaft, ob die nichteheliche Lebensgemeinschaft an sich als „Probeehe" anzusehen ist, d. h. stets mit der Intention einer späteren Eheschließung eingegangen wird und somit auch überwiegend zu einer Ehe führt. Einer Erhebung von 1985 zu den Eheschließungsabsichten von Personen aus nichtehelichen Lebensgemeinschaften zufolge hielten es 33 % der Befragten für möglich, in Zukunft mit ihrem Partner eine Ehe einzugehen, 38 % waren sich hinsichtlich ihrer Eheabsichten noch nicht schlüssig, und 28 % hielten es zwar für möglich, in Zukunft zu heiraten, allerdings keinesfalls den derzeitigen Partner. Dementsprechend wird seit Ende der achtziger Jahre die nichteheliche Lebensgemeinschaft als eine eigenständige Lebensform angesehen, die zu einer Ehe führen kann, aber nicht muß (vgl. NAVE-HERZ 1988a: 68–70).

Ein weiterer Punkt ist allerdings zu beachten, wenn man das Sinken der Heiratsziffern als Beleg dafür nehmen will, daß für die Deutschen die Familie an Bedeutung verliert. Wie nämlich aus Tabelle 7 hervorgeht, war traditionell in Deutschland wie auch in den meisten anderen westeuropäischen Ländern die Verheiratetenquote niedrig. Der starke Rückgang der Ledigenquote (und Anstieg der Verheiratetenquote) ereignete sich vor allem nach dem Zweiten Weltkrieg.[7]

---

[7] Im allgemeinen wird die traditionell niedrige Verheiratetenquote in Deutschland mit den bis ins 19. Jahrhundert hinein geltenden rechtlichen Ehehindernissen, d.h. dem Nachweis der „ausreichenden Nahrung" als Voraussetzung für eine Eheerlaubnis und deren Nachwirken, erklärt. Diese Bestimmungen zwangen große Teile der ärmeren Bevölkerung zu lebenslanger Ehelosigkeit. Auch nach Fortfall der rechtlichen Hindernisse wirkte die Vorstellung, daß „die Fähigkeit, eine Familie ernähren zu können", Voraussetzung der Ehe sei, normativ fort. Die Entwicklung in Deutschland steht in starkem Kontrast zu Japan, wo zwischen 1920 und 1990 die Verheiratetenquote relativ konstant zwischen 60 und 65 % lag, wobei ein Absinken der Verheiratetenquote bis auf 58 % zwischen 1935 und 1955 zu beobachten ist, was wohl im wesentlichen auf die Kriegs- und Nachkriegssituation zurückzuführen sein dürfte (die japanische militärische Expansion in China begann bereits 1932) (vgl. SŌMUCHŌ TŌKEIKYOKU 1995: 118–121).

Tab. 7: Bevölkerung 15 Jahre und älter nach Familienstand (Deutsches Reich und Bundesrepublik Deutschland)

Jahr	ledig			verheiratet			verwitwet			geschieden		
	M	F	ges.	M	F	ges.	M	F	ges.	M	F	ges.
1871	42,2	38,0	40,1	52,4	49,7	51,0	5,2	12,0	8,7	0,2	0,3	0,2
1890	40,9	35,9	38,4	53,9	50,8	52,3	5,0	13,0	9,1	0,2	0,4	0,3
1910	42,6	34,6	37,2	53,0	53,2	54,4	4,2	11,8	8,1	0,2	0,4	0,3
1933	34,8	31,7	33,1	60,3	55,4	57,8	4,1	11,7	8,1	0,8	1,2	1,0
1950	29,3	26,9	27,9	64,8	55,5	59,7	4,5	15,5	10,6	1,4	2,1	18
1970	24,3	18,8	21,4	70,4	60,4	65,0	3,5	17,8	11,2	1,8	3,0	2,4
1992	43,2	34,6	38,8	50,2	46,8	48,5	2,5	13,4	8,1	4,1	5,2	4,7

Anm.: Zahlenangaben in Prozent
Quellen: HUBBARD 1983; STATISTISCHES BUNDESAMT 1995: 63

Eine Reihe von Gründen werden für den Anstieg der Verheiratetenquote nach dem Zweiten Weltkrieg verantwortlich gemacht. Als besonders wichtig gelten dabei die folgenden vier Punkte:

(1) Durch die Trennung der Familienmitglieder infolge von Militärdienst und Kriegsgefangenschaft sowie durch die Erfahrung materieller Not und Instabilität der Lebensumstände in der unmittelbaren Nachkriegszeit stieg nach dem Kriege die Bedeutung der Familie als Gemeinschaft, die Schutz und psychische Stabilität gewährt. Diese Erscheinung war nicht auf Deutschland beschränkt, sondern sie fand sich in ähnlicher Weise auch in anderen europäischen Ländern.

(2) Ein wichtiger Punkt war die durch Luftangriffe und andere Kriegszerstörungen bewirkte Wohnungsknappheit, die ihrerseits bis in die siebziger Jahre hinein eine amtliche Wohnungszuteilung notwendig machte. Die Eheschließung war dabei ein rechtlicher Grund der Wohnungszuteilung.

(3) Die Aufrechterhaltung einer legalen langfristigen Sexualbeziehung hatte ebenso Bedeutung. Bis 1973 existierten im deutschen Strafrecht Bestimmungen, die das Zusammenleben unverheirateter Paare (Konkubinat) untersagten bzw. die Vermietung von Wohnraum an unverheiratete Paare verhinderten (Kuppelei-Paragraph). Ferner war bis in die siebziger Jahre hinein die deutsche soziale Mentalität durch Normen, Wertvorstellungen und Moralvorstellungen geprägt, die allgemein Sexualbeziehungen zwischen nichtverheirateten Personen für unzulässig hielten.

(4) Eine Eheschließung brachte eine Reihe wirtschaftlicher Vorteile mit sich. Aufgrund von Artikel 6 des Grundgesetzes („Ehe und Familie stehen unter dem besonderen Schutz der staatlichen Ordnung")[8] werden im Anschluß an eine Eheschließung vom Staat verschiedenartige Vergünstigungen gewährt. Neben Zuschüssen und günstigen Familiengründungsdarlehen sind vor allem die Steuervorteile Verheirateter von Bedeutung.

In Untersuchungen hinsichtlich der Eheschließungsgründe wurden von Ehepaaren, die in den fünfziger Jahren heirateten, vor allem die folgenden fünf Gründe genannt: (1) Schwangerschaft der Braut. (2) Zuteilung einer Wohnung. (3) Berufliche oder wirtschaftliche Vorteile. (4) Wunsch nach einem Partner zum Zwecke gemeinsamen Aufbaus (der Zukunft). (5) Aufrechterhaltung einer dauerhaften Sexualbeziehung (NAVE-HERZ 1988a: 66).

Im Verlauf der fünfziger und sechziger Jahre veränderten sich die sozialen Hintergründe der Eheschließung allmählich. Im Gefolge des Wirtschaftswachstums war bis zum Beginn der siebziger Jahre die Wohnungsknappheit weitgehend verschwunden. Ebenso verringerte sich die relative Bedeutung der wirtschaftlichen Vorteile einer Ehe. Ferner brachten die Rechtsreformen der siebziger Jahre eine Beseitigung der rechtlichen Hindernisse des Zusammenlebens unverheirateter Paare, und damit verlor die Ehe auch ihre Bedeutung für die Aufrechterhaltung einer dauerhaften Sexualbeziehung.

Hinzu kam, daß die großen materiellen Veränderungen in der westdeutschen Gesellschaft im Verlauf der sechziger Jahre von einem Wandel der sozialen Mentalität und der Werte begleitet wurden. Die erste Welle des Wertewandels in der westdeutschen Gesellschaft verlief von den frühen sechziger Jahren bis in die Mitte der siebziger Jahre. Sie brachte im wesentlichen einen Wandel von Pflicht- und Akzeptanzwerten zu Selbstentfaltungswerten, und dies implizierte eine Erweiterung der Handlungsspielräume der Menschen, eine Enthierarchisierung der zwischenmenschlichen Beziehungen und größere Toleranz gegenüber abweichendem Verhalten. Im Gefolge dieses Mentalitätenwandels veränderten sich auch die Einstellungen gegenüber der Ehe. Insbesondere läßt sich eine Liberalisierung bzw. eine Steigerung der Toleranz hinsichtlich der Lebensweise der Menschen, ihrer Sexualbeziehungen und ihres Lebensstils konstatieren, die eine Abschwächung der gegen das Zusammenleben von unverheirateten Männern und Frauen gerichteten Normen und Moralvorstellungen bewirkte.

---

[8] Ähnliche Bestimmungen fanden sich auch in Artikel 38 der Verfassung der DDR.

Somit gilt heute in der westdeutschen Gesellschaft die Institution der Ehe nicht mehr als unerläßliche Voraussetzung des Zusammenlebens von Mann und Frau. Die Entscheidung zur Eheschließung steht heute in enger Verbindung mit dem Wunsch nach Kindern, wobei es eine wichtige Rolle spielt, daß die Eheschließung in diesem Falle erhebliche wirtschaftliche und rechtliche Vorteile mit sich bringt.[9] In diesem Sinne läßt sich sagen, daß im Vergleich zu den fünfziger Jahren eine beträchtliche Konzentration der Eheschließungsgründe auf den Kinderwunsch und eine Kindzentrierung der Familie stattgefunden hat, wobei die emotionalen Elemente der Kindererziehung in den Vordergrund treten.[10]

Ähnlich wie in Japan ist auch in Westdeutschland seit dem Ende des Zweiten Weltkrieges ein bemerkenswerter Rückgang der durchschnittlichen Kinderzahl pro Familie zu beobachten. In Westdeutschland sank die zusammengefaßte Geburtenrate von 2,09 im Jahre 1950 auf 1,48 im Jahre 1990 (KŌSEISHŌ JINKŌ MONDAI KENKYŪJO 1993a: 46). Auch dieser Geburtenrückgang wird häufig als Indiz dafür gewertet, daß unter den Deutschen die Neigung zur Familiengründung zurückgeht. Dennoch, obwohl zwar der Anteil der kinderlosen Ehepaare von 13 % im Jahre 1950 auf 18 % im Jahre 1985 stieg, bedeutet dies keineswegs unbedingt, daß die Zahl der Ehepaare, die grundsätzlich keine Kinder wollen, zugenommen hat. Erhebungen unter kinderlosen Ehepaaren zufolge liegen die Gründe der Kinderlosigkeit weniger in bewußten Entscheidungen gegen Kinder, vielmehr berichtete die überwiegende Zahl der Paare von einer eher unfreiwilligen, biologisch bedingten Kinderlosigkeit. Häufig wurde der Kinderwunsch so lange hinausgeschoben, bis Geburten nicht mehr möglich waren oder man sich zu alt für eine Elternschaft fühlte (vgl. NAVE-HERZ 1988b). Ferner gilt, daß der Geburtenrückgang in Deutschland weniger eine Folge der Zunahme kinderloser Ehen ist, sondern im wesentlichen aus der Abnahme der durchschnittlichen Kinderzahl pro Familie herrührt (vgl. HUININK 1989: 73–74). Wie aus Tabelle 8 zu ersehen ist, hat sich in Westdeutschland insbesondere der Anteil der Familien mit drei und mehr Kindern von 31 % bei den 1946–1950 geschlossenen Ehen auf 17 % bei den 1973–1977 geschlossenen Ehen reduziert. Allerdings ist eine solche Ent-

---

[9] Hier sind vor allem Unterschiede hinsichtlich des Sorgerechts und der Erziehungsberechtigung, steuerlicher Vorteile und der Kinderzuschüsse zu nennen. Doch selbstverständlich gibt es in der westdeutschen Gesellschaft auch immer noch zahlreiche Elemente der Diskriminierung unverheirateter Mütter.

[10] Angesichts der Tatsache, daß bei 44 % der jungen Ehepaare andere als kindorientierte Motive für die Eheschließung ausschlaggebend sind, warnt SCHNEIDER (1994: 176–177) allerdings vor einer Überzeichnung der Bedeutung der „kindorientierten Eheschließung"; doch auch er konstatiert die herausragende Bedeutung emotionaler Motive für die Eheschließung.

wicklung keine deutsche Besonderheit, auch in Japan läßt sich ein ähnlicher Trend feststellen. Gleiches gilt für die ideale Kinderzahl, für die in beiden Ländern zwei Kinder die am häufigsten genannte Zahl sind.[11]

Tab. 8: Zahl der lebendgeborenen Kinder verheirateter Frauen in Westdeutschland und Japan

Jahr der Eheschließung	Zahl der Kinder pro 100 Ehepaare in Deutschland					
	kinderlos	1 Kind	2 Kinder	3 Kinder	4 Kinder u. m.	Kinder insgesamt
1946–1950	13	26	30	17	14	207
1951–1955	13	25	31	17	14	205
1958–1962	13	22	36	19	10	200
1963–1967	17	28	40	11	4	160
1973–1977	18	27	38	12	5	160
Geburtsjahr der Ehefrau	Zahl der Kinder verheirateter Frauen bei Abschluß der Reproduktionsperiode in Japan					
	kinderlos	1 Kind	2 Kinder	3 Kinder	4 Kinder u. m.	durchschn. Kinderzahl
vor 1890	11,8	6,8	6,6	8,0	66,8	4,96
1891–1895	10,1	7,3	6,8	7,6	68,1	5,07
1896–1900	9,4	7,6	6,9	8,3	67,8	5,03
1901–1905	8,6	7,5	7,4	9,0	67,5	4,99
1911–1915	7,1	7,9	9,4	13,8	61,8	4,18
1921–1925	6,9	9,2	24,5	29,8	29,6	2,65
1928–1932	3,6	11,0	47,0	29,0	9,4	2,33
1933–1937	3,6	10,8	54,2	25,7	5,7	2,21
1938–1942	3,6	10,3	55,0	25,5	5,5	2,20
1943–1947	3,8	8,9	57,0	23,9	5,0	2,18

Anm.: Zahlenangaben in Prozent
Quellen: NAVE-HERZ 1988a: 73; KŌSEISHŌ JINKŌ MONDAI KENKYŪJO 1995: 68

Deutsche Untersuchungen zum Phänomen der sinkenden durchschnittlichen Kinderzahl pro Familie deuten darauf hin, daß monokausale Erklärungsansätze nicht hinreichen, um die Ursachen des Geburtenrückgangs

---

[11] Vgl. KŌSEISHŌ JINKŌ MONDAI KENKYŪJO 1993b: 188 zu Japan und LÖHR 1991: 466 zu Westdeutschland. Zu den methodischen Problemen bei der Erfassung der gewünschten Kinderzahl vgl. SCHNEIDER 1994: 218–219.

zu erfassen. Vielmehr scheint sich eine Vielzahl von Faktoren wie Bildungsniveau, Beruf und Alter der Mutter, Qualität der Paarbeziehung der Eltern, Erfahrungen mit und Einstellungen zu Kindern, wirtschaftliche Situation der Familie usw. mittelbar und unmittelbar auf die Größe der Familie auszuwirken. Ähnliches dürfte auch für Japan gelten. Allerdings ist anzunehmen, daß in Japan der starke Einbruch in der Kinderzahl bei der zwischen 1921 und 1925 geborenen Kohorte im Vergleich zu der zwischen 1911 und 1915 geborenen Kohorte zumindest zum Teil durch die Kriegssituation und den Wechsel von einer pointiert pronatalistischen Familienpolitik zu einer Politik aktiver staatlicher Propagierung von Familienplanung nach dem Kriege verursacht wurde.

Ferner haben verschiedene Untersuchungen gezeigt, daß in Westdeutschland die emotionale Hinwendung zu Kindern ungemein wichtig geworden ist. Damit hat die Zuwendung und Fürsorge der Eltern gegenüber den Kindern beträchtlich zugenommen. Immer wieder wird in der deutschen Familienforschung diskutiert, daß das heute übliche Ausmaß an Zuwendung und Fürsorge nur bei einer kleinen Zahl von Kindern möglich ist.

Wie dem auch sei, in jedem Fall hat der Rückgang der durchschnittlichen Kinderzahl pro Familie mannigfaltige Auswirkungen sowohl auf das Familienleben als auch auf das Leben des Individuums. Insbesondere hat der Sozialisationsprozeß durch den Fortfall von Geschwistern und die Verringerung der Möglichkeiten des Spiels mit Kindern verschiedenen Alters starke Veränderungen erfahren, deren Folgen noch keinesfalls hinreichend erforscht sind. Neben dem Sozialisationsprozeß hat die Verringerung der Kinderzahl auch einen starken Einfluß auf den Umfang verwandtschaftlicher Netzwerke und damit auch auf die Zukunft der Altenbetreuung.

Ebenso bedeutsam sind die Auswirkungen des Geburtenrückgangs auf den familialen Lebenszyklus, wobei hier neben der gesunkenen Kinderzahl auch der Anstieg der durchschnittlichen Lebenserwartung ins Spiel kommt. Infolge des letzteren hat sich die Dauer des ehelichen Zusammenlebens von Mann und Frau beträchtlich verlängert. Andererseits verkürzte sich infolge der gesunkenen Kinderzahl die Familienphase, d.h. die Phase der Geburten und der Kindererziehung, ebenfalls beträchtlich. Als Ergebnis dieser Veränderungen ist heutzutage in Deutschland die sogenannte nachelterliche Phase die längste Phase im Eheleben und erstreckt sich auf etwa zwei Viertel des Lebens einer Frau, während die Familienphase nur noch ein Viertel einnimmt. Ähnliches gilt auch für Japan, wobei hier diese Entwicklung wegen der starken Konzentration der Geburten auf die ersten vier bis fünf Ehejahre und die höhere Lebenserwartung noch deutlicher ausgeprägt sein dürfte. Unter diesen Umständen ist festzustellen, daß Vorstellungen, die die Rolle der Frau auf Haushalt und Kindererziehung beschränken möchten, an der Wirklichkeit des weiblichen Lebenslaufs vorbeigehen.

3. STABILITÄT UND AUFLÖSBARKEIT VON EHE UND FAMILIE

Im öffentlichen Diskurs über die Krise der Familie werden sowohl in Deutschland als auch in Japan immer wieder die steigenden Scheidungszahlen als Beleg angeführt. Anhand von Tabelle 9 und Abbildung 3 ist in neuerer Zeit in beiden Ländern der Trend zu steigenden Scheidungszahlen unübersehbar. Allerdings setzte dieser Trend in Deutschland rund zehn Jahre früher als in Japan ein, nämlich 1960, und er ist auch markanter ausgeprägt.

Tab. 9: Entwicklung der Scheidungsraten in Deutschland und Japan

		1950	1955	1960	1965	1970	1975	1980	1985	1990
A	Japan	1,01	0,84	0,74	0,79	0,93	1,07	1,22	1,39	1,28
	BRD	1,69	0,92	0,88	0,99	1,26	1,73	1,56	2,10	2,04
B	Japan	53,5	43,9	36,2	35,3	39,1	43,0	48,1	54,6	50,4
	BRD	71,8	–	35,7	39,2	50,9	67,4	61,3	86,1	86,6
C	Japan	11,7	10,5	8,0	8,1	9,3	12,7	18,3	22,6	21,8
	BRD	17,9	12,0	10,7	13,7	18,1	28,1	28,4	36,2	33,4

Anm.: Zahlenangaben in Prozent; A = Scheidungen pro 1000 Einwohner; B = Scheidungen pro 10.000 bestehenden Ehen; C = Scheidungen pro 100 geschlossenen Ehen.
Quellen: KŌSEISHŌ DAIJIN KANBŌ TŌKEI JŌHŌBU 1987: 64–67; 1991: 80–81 u. 112–113 (Japan 1950–1985). KŌSEISHŌ DAIJIN KANBŌ TŌKEI JŌHŌBU 1992: 2, 482 u. 436; SŌMUCHŌ TŌKEIKYOKU 1992: 126 (Japan 1990). STATISTISCHES BUNDESAMT 1991: 44–47.

Langfristig gesehen gab es in beiden Ländern auch in der Periode der unmittelbaren Nachkriegszeit bis zum Beginn der fünfziger Jahre einen deutlichen Anstieg der Scheidungszahlen, der in Deutschland vor allem mit den Auswirkungen der Trennung der Ehepartner und Familien infolge von Wehrdienst, Kriegsgefangenschaft, Teilung Deutschlands und Vertreibung aus dem Osten erklärt wird. Die fünfziger Jahre brachten ein deutliches Absinken der Scheidungszahlen, und in Deutschland hielt dieser Trend bis zum Beginn, in Japan bis zum Ende der sechziger Jahre an. Seither ist in beiden Ländern ein klarer Trend der Zunahme der Scheidungen zu beobachten, wobei die vorübergehende Stagnation der Scheidungszahlen in Deutschland in der zweiten Hälfte der siebziger Jahre vor allem auf die Änderung des Scheidungsrechts zurückzuführen sein dürfte.[12] Derzeit werden in Deutschland 20 % der Ehen im Verlauf von zehn Jahren geschieden. Zugleich stieg jedoch der Anteil der neuen Ehen mit zumindest einem geschiedenen Partner. Während bei den im Jahre 1960 geschlossenen Ehen 8,3 % der Männer und 6,7 % der Frauen geschieden waren, waren es bei den im Jahre 1988 geschlossenen Ehen 18,4 % der Männer und 18,7 % der Frauen (und dies trotz sinkender Wiederverheiratungsquoten) (STATISTISCHES BUNDESAMT 1990b: 98, 128).

Abb. 3: Die Entwicklung der Scheidungsraten in Japan und Deutschland
Scheidungen pro 100 geschlossenen Ehen

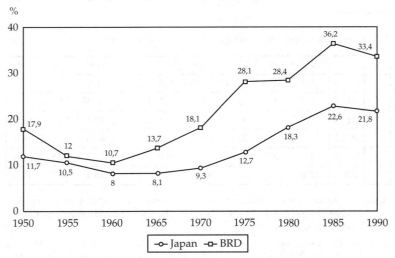

Anm.: Zahlenangaben in der Abb. in Prozent
Quelle: siehe Tab. 9

---

[12] Die Änderung des Scheidungsrechts brachte einen Wechsel vom ‚Schuldprinzip' zum ‚Zerrüttungsprinzip'. Die Stagnation der Scheidungszahlen wird damit erklärt, daß zum einen ein großer Teil der Scheidungswilligen das Inkrafttreten des neuen Rechts abwartete, zum anderen das neue Recht ein dreijähriges Getrenntleben der Ehepartner als Nachweis der Zerrüttung der Ehe voraussetzt. Hierdurch kam es nach 1980 zu einem sprunghaften Anstieg der Scheidungszahlen.

Die bemerkenswerte Zunahme der Scheidungszahlen steht im Widerspruch zu der gleichzeitig anhaltenden hohen Wichtigkeit, die der Familie zugesprochen wird. Es steht also zu vermuten, daß sich hinter dem Anstieg der Scheidungsrate komplexe Probleme verbergen. Dennoch gibt es nur wenige Untersuchungen zu den Gründen für den Anstieg der Scheidungszahlen. Klar ist allerdings, daß mit der Zunahme der emotionalen Bedeutung und der Wichtigkeit des Lebensbereichs Familie auch die Konfliktanfälligkeit der Familie gestiegen ist. Während 1963 52 % der verheirateten Frauen und 38 % der verheirateten Männer über Krisen in ihrer Ehe berichteten, waren dies 1976 58 % der Frauen und 43 % der Männer. Insbesondere Frauen scheinen Probleme im Eheleben wahrzunehmen. So waren in einer Erhebung von 1981 nur 36 % der Frauen gegenüber 45 % der Männer mit ihrer Ehe völlig zufrieden. Und in ähnlicher Weise wollten nur 50 % der Frauen gegenüber 80 % der Männer bei einer erneuten Ehe denselben Partner heiraten, und 30 % der Frauen, aber nur 26 % der Männer hatten einmal eine Scheidung in Erwägung gezogen (NAVE-HERZ 1988a: 84–85). Ferner wurden von allen Ehescheidungen im Jahre 1988 66 % von der Ehefrau beantragt (STATISTISCHES BUNDESAMT 1990b: 136).

Soweit sich aus den vorhandenen Untersuchungen schließen läßt, wirken die folgenden Faktoren beim Anstieg der Scheidungszahlen mit:

(1) Infolge der Zunahme der subjektiven Wichtigkeit der Familie und der Emotionalisierung der Familie hat die Bereitschaft abgenommen, unharmonische Ehebeziehungen oder eine zerrüttete Ehe aufrechtzuerhalten, und damit ist die Instabilität von Ehen gestiegen.

(2) Die Konzentration der familialen Funktionen auf die Kindererziehung hat dazu geführt, daß eine Instabilität der Ehe eher wahrgenommen wird. Während früher eine Vielzahl von Zielen in die Schließung der Ehe eingingen, ist heutzutage der Kinderwunsch der zentrale Grund für die Eheschließung. Dadurch wird die Aufrechterhaltung der Ehe mittels eines Austauschs zwischen verschiedenen Systemzielen kaum noch möglich. Das bedeutet, daß mit der Selbständigkeit der Kinder und dem Beginn der nachelterlichen Phase des Lebenszyklus der Familie das Eheleben sein wichtigstes Ziel verliert.

(3) Die Familie hat ihren traditionellen Charakter einer hochgradig verpflichtenden Institution verloren. Vom Individuum aus gesehen ist das Eheleben entweder geeignet, die eigenen Bedürfnisse zu erfüllen, oder es ist es nicht. Erweist es sich als ungeeignet, dann wird heutzutage kaum noch eine Verpflichtung zur Einhaltung des Versprechens und zur Fortsetzung der Ehe gespürt. Seit dem Ende des Zweiten Weltkrieges hat sich in der deutschen Gesellschaft sowohl auf der Ebene des Individuums als auch auf der Ebene des Kollektivs ein weitgehender

Wandel der Bedürfnisse ereignet, in dessen Gefolge der Verpflichtungs- und Verbindlichkeitscharakter der Ehe schwächer geworden ist. (4) In ähnlicher Weise bewirkte auch der Wertewandel in der deutschen Gesellschaft einen Rückgang des Verpflichtungscharakters und der Bindekraft der Ehe. Die erste Welle des Wertewandels, die sich zwischen den frühen sechziger Jahren und der Mitte der siebziger Jahre ereignete, brachte einen Rückgang von Pflicht- und Akzeptanzwerten bei gleichzeitiger Zunahme in der Bedeutung von Selbstentfaltungswerten mit sich (vgl. KLAGES 1984; MÖHWALD 1994/95). Dieser Wertewandel hatte auch starken Einfluß auf die Ehemotive. Der Kinderwunsch und die Kindorientierung der Ehebeziehungen vieler heutiger junger Ehepaare beruhen weitgehend auf Selbstentfaltungswerten. Im Vergleich hierzu waren die Ehemotive in den fünfziger Jahren eher mit Pflicht- und Akzeptanzwerten verbunden. Wie bereits erwähnt, nannte der überwiegende Teil der Ehepaare, die in den fünfziger Jahren geheiratet hatten, die Bildung einer Zweck- und Solidaritätsgemeinschaft als Ziel der Ehe. Auch unter den in Tabelle 10 wiedergegebenen Antwortverteilungen auf die Frage „Was vor allem macht heutzutage nach Ihrer Meinung eine Ehe haltbar?" zeigt sich im Vergleich zu 1964 für das Jahr 1977 ein bemerkenswerter Rückgang insbesondere solcher Antworten, die auf Pflicht- und Akzeptanzwerten beruhen. Wenn nun allerdings Selbstentfaltung das Motiv der Ehe ist, dann erlischt auch das Motiv zur Fortsetzung eines Eheverhältnisses, wenn Selbstentfaltung unmöglich wird, und es beginnt die Suche nach einem neuen Partner, mit dem sie verwirklicht werden kann.

Ferner sank zwischen 1953 und 1979 der Anteil der Befragten, die eine Nichtauflösbarkeit der Ehe befürworteten, von 33 % auf 9 % (NAVE-HERZ 1988a: 87), und 1993 meinten 80 % der deutschen Jugendlichen, daß eine Scheidung die bessere Lösung sei, wenn eine Ehe zerrüttet ist, selbst wenn Kinder vorhanden sind.[13]

Wie aus den oben präsentierten Daten deutlich wurde, haben in Deutschland seit den fünfziger Jahren der Verpflichtungs- und Verbindlichkeitscharakter der Ehe und ihre Stabilität abgenommen. Doch dieser Wandel ereignete sich im wesentlichen nicht im Familien-, sondern im

---

[13] Der Anteil der deutschen Jugendlichen, die für eine Nichtauflösung der Ehe plädieren, wenn Kinder vorhanden sind, betrug 12 %. Im Vergleich hierzu plädierten 45 % der japanischen Jugendlichen für eine Nichtauflösung der Ehe, und 52 % waren bereit, auch eine Scheidung zuzulassen. Es zeigen sich also auch bei den Einstellungen zur Ehescheidung ähnliche Unterschiede zwischen deutschen und japanischen Jugendlichen wie im Falle der Einstellungen zur Ehe (SŌMUCHŌ SEISHŌNEN TAISAKU HONBU 1994: 122–123).

Ehesystem. Auch im Falle der Stabilität ist es notwendig, deutlich zwischen Familie und Ehe zu unterscheiden. Die Ehescheidung bedeutet lediglich eine Vertragskündigung an den Ehepartner, auch nach der Scheidung bleibt die Familie bestehen, allerdings in veränderter Form. In diesem Sinne bedeutet der Anstieg der Scheidungszahlen weniger die Auflösung der Familie als eine Pluralisierung der Familienformen.[14]

Tab. 10: *„Was vor allem macht heutzutage nach Ihrer Meinung eine Ehe haltbar?"*
(Antwortmöglichkeiten frei) (Bundesrepublik Deutschland)

Antwort	1964/65	1977
Ehegerechte Verhaltensbereitschaften (z. B. Pflichtgefühl, Toleranz, Nachsicht)	52	8
Kinder	21	9
Gemeinsamkeit, Einigkeit, Zusammenhalten	14	18
Finanzielle Sicherheit	13	9
Zuneigung (Liebe, leibliches und seelisches Verständnis, Treue, Vertrauen, Kameradschaft)	9	16
Interessenübereinstimmung	4	2
Religion, Weltanschauung	4	1
Gewöhnung, Gemütlichkeit	3	3
Richtige Partnerwahl (längere Verlobung, gegenseitige gute Kenntnis)	1	1
Die Gesellschaft, Umwelt	–	5
Kompliziertes Scheidungsverfahren	–	1
Gleichberechtigung	–	3
Widerstandsfähigkeit der Ehe	–	15
Sonstiges	8	1
Keine Angabe	12	19

Anm.: Zahlenangaben in Prozent
Quelle: KLAGES 1984: 120

---

[14] Dieser Punkt wird von MARTINI/VOEGELI 1988 hervorgehoben. Wie HUMBERT-DROZ (1985: 20–21) betont, ist in Japan die Trennung der Ehepartner bzw. die Ehescheidung tendenziell mit einem radikalen Bruch zwischen den bisherigen Familienmitgliedern verbunden. Dies könnte eventuell bewirken, daß in Japan scheidungswillige Ehepartner im Interesse der Kinder eher auf eine Ehescheidung verzichten bzw. diese solange aufschieben, bis die Kinder aus dem Haus sind.

4. INNERFAMILIALE ROLLENVERTEILUNG UND MACHTSTRUKTUR

In Deutschland gibt es nur wenige Untersuchungen zur innerfamilialen Machtstruktur. Soweit man aus den vorhandenen Untersuchungen schließen kann, gab es zwischen den fünfziger Jahren und dem Ende der achtziger Jahre in Deutschland kaum Veränderungen in der innerfamilialen Machtverteilung zwischen Mann und Frau. Seit den fünfziger Jahren ist in der deutschen Familie das Ideal der Machtverteilung und der Entscheidungsprozesse zwischen Mann und Frau gekennzeichnet von der Idee der Gleichberechtigung der Ehepartner, der Gemeinsamkeit der Entscheidungsfindung und der Partnerschaft; dieses Ideal wird von rund 60% der Deutschen vertreten (vgl. Tabelle 11). Ähnlich wie in anderen westlichen Industriegesellschaften zeigen sich auch in Deutschland in dieser Hinsicht deutliche Unterschiede nach der sozialen Schicht, wobei von den oberen zu den unteren Schichten der Anteil der Befragten, die eine patriarchalische Form der alleinigen Entscheidung des Ehemannes befürworten, ansteigt. Doch trotz des Ideals der Partnerschaft gilt auch, daß seit den fünfziger Jahren ununterbrochen bis heute etwa 70% der Deutschen der Meinung sind, daß die Position des Ehemannes stärker sein soll als die der Ehefrau (vgl. NAVE-HERZ 1988a: 78–80). Hinsichtlich der innerfamilialen Machtstruktur unterscheidet sich Japan deutlich von Deutschland (und auch den anderen westlichen Industriegesellschaften). Untersuchungen aus den sechziger und siebziger Jahren belegen, daß dort nach dem Krieg nach Abschaffung der ehemals gesetzlich veranker-

Tab. 11: Geschlechtsspezifische Entscheidungsstrukturen in der deutschen Familie in den siebziger Jahren

	Mann	gemeinsam	Frau
Wechsel der Arbeitsstelle des Mannes	48,6	49,7	1,7
Auswahl des Fernsehprogramms	21,3	68,2	10,6
Freizeitgestaltung an Wochenenden	11,1	80,4	8,5
Schul- und Berufswahl der Kinder	7,4	84,4	7,7
Bestimmung des Urlaubs	6,1	87,8	6,1
Taschengeld der Kinder	8,7	71,0	20,3
Verwendung des Einkommens	9,0	70,0	21,0
Aufnahme oder Wechsel der Berufstätigkeit der Frau	8,9	59,9	31,2

Anm.: Zahlenangaben in Prozent.
Quelle: NAVE-HERZ 1988a: 78. Angaben in Prozent

ten vollständigen Unterordnung der Frau unter den Mann eine synkritische Machtstruktur sozial herrschend wurde, in der Mann und Frau autonome Entscheidungsbefugnisse in ihren jeweiligen Aufgabenbereichen besitzen (vgl. ÖLSCHLEGER *et al.* 1994: 260–263).

Hinsichtlich der Rollenverteilung zwischen Mann und Frau ist die deutsche Forschungslage etwas günstiger. Diesbezügliche Erhebungen zeigen zunächst einmal, daß sich seit den siebziger Jahren erhebliche Veränderungen auf der Ebene der sozialen Mentalität, d. h. der Werte und Einstellungen bezüglich der Rollenverteilung zwischen Mann und Frau, ereignet haben. Selbstverständlich zeigen sich ähnliche Veränderungen auch in anderen Industriegesellschaften, einschließlich Japans. Tabelle 12 gibt die Veränderungen in Deutschland und Japan hinsichtlich der Einstellungen zur geschlechtsspezifischen Rollenverteilung wieder und beruht auf Frage 47 der Weltjugendsurveys. In beiden Ländern zeigt sich seit 1977 ein stetiger Rückgang des Anteils der Jugendlichen, die der Auffassung zustimmen, „der Mann soll draußen arbeiten und die Frau sich um Heim und Familie kümmern", doch in Deutschland ist der Anteil der Jugendlichen, die dieser Form der Rollenverteilung zustimmen, noch einmal deutlich niedriger als in Japan.

Tab. 12: *„Der Mann soll draußen arbeiten und die Frau sich um Heim und Familie kümmern."*

Jahr	Deutschland			Japan		
	Zustimmung	Ablehnung	keine Antwort	Zustimmung	Ablehnung	keine Antwort
1977	28,8	58,7	12,5	50,4	31,7	17,8
1983	26,2	57,4	16,5	44,5	35,5	20,1
1988	19,5	68,8	11,7	30,6	43,7	25,7
1993	11,2	78,3	10,5	32,9	55,2	12,0

Anm.: Zahlenangaben in Prozent
Quelle: SŌMUCHŌ SEISHŌNEN TAISAKU HONBU 1994: 122–123

Allerdings muß man anmerken, daß es sich bei den Einstellungen bezüglich der geschlechtsspezifischen Arbeitsteilung lediglich um ein Element des Problems der Gleichheit der Geschlechter auf der Ebene der sozialen Mentalität handelt. Sowohl in Deutschland als auch in Japan gibt es hinsichtlich der Zustimmung zur geschlechtsspezifischen Rollenverteilung deutliche Unterschiede nach Alter, Geschlecht und Bildungsniveau der Befragten. Der Anteil der zustimmenden Antworten ist unter Männern höher als unter Frauen, er steigt mit zunehmendem Alter, und er ist unter Befragten mit Hochschulabschluß am niedrigsten. In dem ISSP-Survey von 1991 stimmten 34 % der Westdeutschen der geschlechtsspezifischen Rollenverteilung zu und 37 % lehnten sie ab. Gleichzeitig waren 47 % der Westdeutschen der Auffassung, daß die Familie darunter leide, wenn die Frau erwerbstätig ist (MOHLER/BANDILLA 1992: 189); auch auf der Ebene der sozialen Mentalität ist also die Frage der geschlechtsspezifischen Arbeitsteilung weitaus vielschichtiger strukturiert als die einfachen Verteilungen der Antworten suggerieren.[15] In der Erhebung des Deutschen Instituts für Japanstudien zu den Wertvorstellungen der Japaner von 1991 stimmten 66,3 % der Japaner der geschlechtsspezifischen Arbeitsteilung zu, doch dies bedeutete keineswegs eine umfassende Zustimmung zur Ungleichheit von Mann und Frau. Die Faktorenanalyse der Items zur Gleichheit von Mann und Frau ergab drei voneinander unabhängige Faktoren, die als „Patriarchalismus im Arbeitsleben", „struktureller Patriarchalismus" und „Partnerschaftlichkeit" bezeichnet wurden. 24 % der Befragten unterstützten dabei die geschlechtsspezifische Rollenverteilung, während sie gleichzeitig die Partnerschaftlichkeit von Mann und Frau im Haushalt befürworteten und die Diskriminierung der Frau im Arbeitsleben ablehnten (ÖLSCHLEGER et al. 1994: 118–121 und MÖHWALD 1996a; 1996b).

Auch wenn sich in der deutschen Gesellschaft auf der Ebene der Einstellungen ein Wandel abzeichnet, in dem zunehmend die Vorstellung, Hausarbeit und Familie seien vorrangige Aufgabe der Frau, durch ein partnerschaftliches Konzept der Kooperation von Mann und Frau und der gleichmäßigen Verteilung der häuslichen Aufgaben und Pflichten ersetzt wird, ist eindeutig nur ein geringer Wandel im tatsächlichen Verhalten festzustellen. Ähnlich wie in Deutschland zeigen auch die Ergebnisse japanischer Umfragen seit den siebziger Jahren eine Auflösung des eng mit der synkritischen Machtverteilung verbundenen Familienideals der geschlechtsspezifischen Rollenverteilung, das sich in den fünfziger Jahren durchgesetzt hatte, und seine zunehmende Ersetzung durch ein neues Ideal der Partnerschaft von Mann und Frau (ÖLSCHLEGER et al. 1994: 253–272; MÖHWALD 1995; OCHIAI 1994). Doch auch in Japan schlägt sich dieser Wandel der sozialen Mentalität bisher nicht in einem Wandel des Verhaltens nieder.

---

[15] Ähnliches zeigt sich auch anhand der Weltjugendsurveys. Trotz der Abnahme der Zustimmung zur geschlechtsspezifischen Arbeitsteilung wünschen sich durchgehend seit 1983 mehr als 85 % der deutschen und japanischen Jugendlichen eine Mutter, die der Familie ein größeres Gewicht als der Erwerbstätigkeit einräumt (SŌMUCHŌ SEISHŌNEN TAISAKU HONBU 1994: 94–95).

Betrachtet man die Veränderungen im Verhalten in Deutschland, dann zeigt sich, daß vor allem zunehmend die Kinder als gemeinsame Angelegenheit der Ehepartner angesehen werden. Die Beteiligung des Mannes in dieser Angelegenheit setzt bereits während der Schwangerschaft der Frau ein, d. h. mittlerweile ist es durchaus üblich geworden, daß der Mann die Frau zu den Vorsorgeuntersuchungen, zur Schwangerschaftsgymnastik usw. begleitet, und auch seine Anwesenheit bei der Geburt ist die Regel geworden.[16] Aber wenn auch die Beteiligung des Mannes an der Kinderbetreuung zugenommen hat, so läßt sich doch eine klare Rangordnung der Tätigkeiten beobachten: Die Beteiligung des Mannes zeigt eine deutliche Ausrichtung auf die angenehmeren Verrichtungen wie Spiel mit den Kindern, und je unangenehmer die einzelnen Verrichtungen werden, desto mehr nimmt das Engagement der Väter ab. Nachts aufstehen und wickeln ist immer noch weitgehend Aufgabe der Frau (NAVE-HERZ 1988a: 81).

Betrachtet man die Hausarbeit in ihrer Gesamtheit, dann macht, ähnlich wie in Japan, der Beitrag des Mannes nur einen geringen Anteil der gesamten Belastung aus. Zeitbudgetstudien zufolge ist selbst in Doppelverdienerhaushalten der Umfang der Beteiligung des Mannes weitgehend unabhängig vom Ausmaß der Gesamtbelastung der Frau, sondern bestimmt sich vor allem durch die berufliche Belastung des Mannes. In der Mitte der achtziger Jahre lag in Deutschland der zeitliche Umfang des Beitrags des Mannes zwischen 7,6 und 9,7 Stunden pro Woche, dies entsprach 13,6–23,4 % der gesamten zeitlichen Aufwendungen für Hausarbeit. In Japan betrug der Beitrag des Mannes zwischen 4,7 und 6,7 Stunden, was 7,5–18,3 % der gesamten Hausarbeit entsprach.[17] Der wichtigste Unterschied zwischen Deutschland und Japan bestand dabei nicht im Beitrag des Mannes, sondern im Beitrag der Kinder. Während in Japan heutzutage die Kinder praktisch überhaupt nicht mehr zur Hilfe im Haushalt herangezogen werden,[18] machte in Deutschland der Beitrag der

---

[16] Dies ist in Japan, wo immer noch viele Frauen kurz vor der Geburt in ihr Elternhaus zurückkehren und dort auch die ersten Wochen nach der Geburt verbringen, nur schwer vorstellbar, und der Bericht über die heutigen deutschen Praktiken erregt stets erhebliche Verwunderung.

[17] Die Unterschiede sind auf die Art der Erwerbstätigkeit der Frau zurückzuführen. Von nicht-erwerbstätigen Ehefrauen über Teilzeit-Beschäftigte zu Vollzeit-Beschäftigten zeigt sich ein leichter Anstieg des zeitlichen Umfangs. Der große Sprung im prozentualen Anteil ist dabei weniger auf die Zunahme des zeitlichen Umfangs des Beitrags des Mannes als auf die Tatsache zurückzuführen, daß in den Haushalten der vollzeit erwerbstätigen Frauen die Gesamtaufwendungen für Hausarbeit stark reduziert werden.

[18] Japanische Kinder sind andererseits in einem weit größeren zeitlichen Umfang als deutsche Kinder durch Ganztagsschule, Hausaufgaben und Nachhilfeschu-

Kinder 8–15 % der gesamten Hausarbeit aus (KRÜSSELBERG/AUGE/HILZEN-BECHER 1986: 201–207; MÖHWALD 1991: 156–159). Doch obwohl die Veränderungen eher auf die Ebene der Einstellungen beschränkt sind und der Anteil des Mannes an der Hausarbeit, also der Wandel des Verhaltens, weiterhin geringfügig bleibt, gilt doch, daß das Ideal der geschlechtsspezifischen Rollenverteilung, das in den fünfziger Jahren allgemeine Verbreitung fand, seit den siebziger Jahren an Anerkennung verliert und sich tendenziell auflöst, und zumindest in Deutschland zeigt sich eine zunehmende Tendenz, daß der Mann zur Rechtfertigung gegenüber der sozialen Umwelt gezwungen ist, wenn er sich nicht stärker an der Hausarbeit beteiligen will.

5. ZUSAMMENFASSUNG

Aus den obigen Ausführungen wird deutlich, daß sich der Wandel der Familie in Deutschland seit dem Ende des Zweiten Weltkrieges zuerst einmal auf der Ebene demographischer Veränderungen abspielte. Späte Eheschließungen, Zunahme der Zahl der lebenslang Ledigen, Geburtenrückgang, Zunahme des Anteils der alten Menschen, Verkleinerung der Familie, Zunahme der Scheidungszahlen, Pluralisierung der privaten Lebensformen usw. sind die verschiedenen Elemente dieser Entwicklung. Ähnliche Tendenzen lassen sich auch in Japan und in anderen Industriegesellschaften beobachten.

Dennoch ist fraglich, ob sich diese Erscheinungen als Zeichen einer Krise der Familie deuten lassen, wie es im öffentlich-politischen Diskurs immer wieder geschieht. In den fünfzig Jahren seit Ende des Zweiten Weltkrieges hat sich in der deutschen Gesellschaft ein tiefgreifender Wandel der Funktionen von Familie und Ehe vollzogen, und zugleich haben sich auch die Bedürfnisse und Werte der Menschen verändert. Die Funktionen der Familie konzentrieren sich mittlerweile auf die Schaffung emotionaler Sicherheit und die Erziehung der Kinder, und auch die Ehemotive haben eine starke Kindzentrierung erfahren. Im Gefolge dieser Entwicklung ist die Familie, oder besser das Eheleben, anfälliger für Krisen und Konflikte und daher leichter auflösbar geworden.

Jedoch heißt dies keineswegs, daß die Familie für die Deutschen an Wichtigkeit verloren hat. Zwar zeigen Umfrageergebnisse für die achtziger Jahre einen gewissen Rückgang der subjektiven Bedeutung der Fami-

---

len belastet. 1985 lagen die durchschnittlichen zeitlichen Aufwendungen japanischer Mittelschüler für Schule, Nachhilfeschule und außerschulisches Lernen bei 63 Stunden pro Woche (MÖHWALD 1991: 157).

lie, doch weiterhin bleibt für die Deutschen die Familie der mit Abstand wichtigste Lebensbereich. Parallel zum Sinken der Verheiratetenquote und zum Anstieg der Scheidungszahlen kam es zu einer Zunahme neuer privater Lebensformen wie der nichtehelichen Lebensgemeinschaft. Dies zeigt, daß die Deutschen keineswegs die Neigung oder die Motivation zu einem Zusammenleben in der Familie ähnelnden Lebensformen verloren haben. Folglich ist weniger die Familie schwächer geworden, sondern eher die Neigung zur Heirat und die Institution der Ehe. Mittlerweile hat die Ehe für die Deutschen die Bedeutung verloren, ein unerläßliches Ereignis im Lebenslauf zu sein, und zugleich hat der Verpflichtungs- und Verbindlichkeitscharakter der Ehe abgenommen. Doch parallel hierzu ereignete sich auch eine Pluralisierung der familialen und privaten Lebensformen.

Inwieweit lassen sich nun in Japan ähnliche Entwicklungen wie in Deutschland feststellen? Zweifelsohne ist auch für die japanische Familie eine starke Kindzentrierung festzustellen, und auf der Ebene der sozialen Mentalität wird der emotionalen Seite des Familienlebens eine herausragende Bedeutung zugesprochen.[19] Doch Kindzentrierung meint im japanischen Kontext, bei der chronischen Abwesenheit der Väter, im wesentlichen die Zentrierung des Lebens der Mutter auf Kinder und Erziehung und die Herausbildung der Mutter-Kind-Dyade oder -Triade als zentrale innerfamiliale Kommunikationsgemeinschaft, an der der Vater nur als Gast am Wochenende teilnimmt (vgl. SCHUBERT 1992: 81–90). Weiter erhebt sich die Frage, inwieweit trotz der herausragenden Bedeutung, die der Gewährleistung emotionaler Bindung und Sicherheit zugemessen wird, im Falle der japanischen Familie, bei weitgehendem Fehlen innerfamilialer Kommunikation infolge der zeitlichen Restriktionen des Familienlebens und der starken Tendenz zu innerfamilialer Vereinzelung und Isolierung der Familienmitglieder voneinander (vgl. MÖHWALD 1991: 159–166; ISODA/SHIMIZU 1991), überhaupt von einer „Emotionalisierung des Familienlebens" gesprochen werden kann. Sicherlich gilt auch, daß die mit Ehe und Familiengründung verbundenen Motive in Japan weit weniger auf emotionale Bedürfnisse und Selbstentfaltungswerte konzentriert sind als in Deutschland. In Japan sind weiterhin eine Vielzahl von anderen Motiven mit Ehe und Familie verbunden, ist die Ehe vor allem eine Interessengemeinschaft von Mann und Frau, und dementsprechend wird der rationalen Abwägung bei der Partnerwahl hohe Bedeutung bei-

---

[19] In der Erhebung zu den Werten der Japaner von 1991 erachteten 93 % der Befragten „Liebe" und 90 % „Vertrauen" zwischen den Partnern als Voraussetzung einer Ehe für wichtig oder eher wichtig (DEUTSCHES INSTITUT FÜR JAPANSTUDIEN 1991: 41).

gemessen. Neuerdings zeichnet sich in den Ergebnissen von Meinungsumfragen hinsichtlich der Einstellungen zur Ehe eine gewisse Liberalisierung und Zunahme an Toleranz ab, und insbesondere in den Eliten junger Frauen (und Männer) mit Universitätsabschluß und Postgraduiertenstudium werden alternative Lebensentwürfe heftig diskutiert. Dennoch stellt weiterhin die Ehe für die große Mehrheit der Japaner ein unerläßliches Ereignis im eigenen Lebenslauf dar und wird die Notwendigkeit der Eheschließung auch von jenen letztlich mehrheitlich akzeptiert, die eigentlich etwas anderes wünschten, wenn sich die Grenzen der Möglichkeit alternativer Lebensentwürfe abzeichnen; denn immer noch gilt, daß die japanische Gesellschaft für die große Mehrheit der Frauen keine Opportunitätsstrukturen für Lebensentwürfe jenseits von Ehe und Familie bereithält. Auch in Japan steigen die Scheidungszahlen an, doch sie liegen immer noch auf einem deutlich niedrigeren Niveau als in Deutschland. Auch hinsichtlich der Ehescheidung zeichnet sich auf der Ebene der sozialen Mentalität eine gewisse Liberalisierung und Zunahme an Toleranz ab, doch negative Einstellungen gegenüber der Ehescheidung sind in Japan deutlich stärker ausgeprägt als in Deutschland, und auch im Falle der Ehescheidung wirken die gesellschaftlichen Opportunitätsstrukturen eher scheidungshemmend. In diesem Sinne besitzt nicht nur die Familie, sondern auch die Ehe für die Japaner weiterhin einen starken Verpflichtungs- und Verbindlichkeitscharakter. Ferner läßt sich bei aller regionaler Vielfalt der Familienformen in Japan auch bisher keine der deutschen Entwicklung vergleichbare Pluralisierung der privaten Lebensformen im Sinne alternativer Gestaltung von Biographie erkennen (vgl. hierzu MÖHWALD 1992).

Hinsichtlich der Beziehungen zwischen Mann und Frau gilt für beide Länder, daß seit dem Ende des Zweiten Weltkrieges das Ideal der Gleichheit von Mann und Frau in der Familie vorherrschend geworden ist. Allerdings haben sich im Verlauf der Zeit auch die Vorstellungen, wie dieses Ideal zu verwirklichen sei, verändert. In beiden Ländern hatte sich in den fünfziger Jahren ein an der Rollenverteilung zwischen Mann und Frau orientiertes Familienideal allgemein durchgesetzt, das sich seit den siebziger Jahren auflöst und zunehmend durch ein neues Ideal der Partnerschaft von Mann und Frau ersetzt wird. Obwohl der Wandel auf der Ebene der sozialen Mentalität deutlich zu Tage tritt, gilt allerdings für beide Länder, daß ein entsprechender Wandel des Verhaltens nur in geringem Maße zu beobachten ist.

LITERATURVERZEICHNIS

DEUTSCHES INSTITUT FÜR JAPANSTUDIEN (Hg.) (1991): *Individualität und Egalität in Familie und Unternehmen. Erste Ergebnisse einer im Mai 1991 in Japan durchgeführten Repräsentativumfrage*. Tōkyō: Deutsches Institut für Japanstudien (Miscellanea 1 des Deutschen Instituts für Japanstudien).

HUBBARD, William H. (1983): *Familiengeschichte. Materialien zur deutschen Familie seit dem Ende des 18. Jh.* München: Beck.

HUININK, Johannes (1989): Kohortenanalyse der Geburtenentwicklung in der Bundesrepublik Deutschland. Hypothesen zum Wandel von Strukturen der Familienentwicklung. In: HERLTH, Alois und Klaus Peter STROHMEIER (Hg.): *Lebenslauf und Familienentwicklung. Mikroanalysen des Wandels familialer Lebensformen*. Opladen: Leske + Budrich, S. 67–93.

HUMBERT-DROZ, Wolfgang (1985): *Das Ehescheidungsrecht in Japan. Die geltende Ordnung vor ihrem sozialgeschichtlichen Hintergrund*. Köln etc.: Carl Heymanns Verlag (Japanisches Recht 20).

ISODA Tomoko und SHIMIZU Shinji (1991): Kazoku no shijika ni kansuru jisshōteki kenkyū [An Empirical Study of Privatization in the Family]. In: *Kazoku shakaigaku kenkyū. Japanese Journal of Family Sociology* 3, S. 16–27.

JINKŌ MONDAI SHINGIKAI, KŌSEISHŌ DAIJIN KANBŌ SEISAKU-KA und KŌSEISHŌ JINKŌ MONDAI KENKYŪJO (Hg.) (1988): *Nihon no jinkō, nihon no kazoku* [Japans Bevölkerung, Japans Familie]. Tōkyō: Tōyō Keizai Shinpōsha.

KIESELBACH, Thomas (1988): Familie unter dem Druck der Arbeitslosigkeit. „Opfer durch Nähe" und Quelle sozialer Unterstützung. In: MENNE, Klaus und Knud ALTER (Hg.): *Familie in der Krise. Sozialer Wandel, Familie und Erziehungsberatung*. Weinheim, München: Juventa, S. 47–76.

KLAGES, Helmut (1984): *Wertorientierungen im Wandel. Rückblick, Gegenwartsanalysen, Prognosen*. Frankfurt/M, New York: Campus.

KŌSEISHŌ DAIJIN KANBŌ TŌKEI JŌHŌBU (Hg.) (1987): *Kon'in tōkei. Jinkō dōtai tōkei tokushu hōkokusho* [Ehestatistiken. Sonderreport aus den Vitalstatistiken]. Tōkyō: Kōsei Tōkei Kyōkai.

KŌSEISHŌ DAIJIN KANBŌ TŌKEI JŌHŌBU (Hg.) (1991): *Rikon ni kansuru tōkei. Jinkō dōtai tōkei tokushu hōkokusho* [Statistiken zu Ehescheidungen. Sonderreport aus den Vitalstatistiken]. Tōkyō: Kōsei Tōkei Kyōkai.

KŌSEISHŌ DAIJIN KANBŌ TŌKEI JŌHŌBU (Hg.) (1992): *Heisei 2-nen jinkō dōtai tōkei. Vital Statistics 1990*. Tōkyō: Kōsei Tōkei Kyōkai.

KŌSEISHŌ JINKŌ MONDAI KENKYŪJO (Hg.) (1992): *Shōwa 62-nen dokushin seinensō no kekkonkan to kodomokan* [Die Vorstellungen bezüglich Ehe und Kinder unter jungen Unverheirateten 1987]. Tōkyō: Kōsei Tōkei Kyōkai.

KŌSEISHŌ JINKŌ MONDAI KENKYŪJO (Hg.) (1993a): *Jinkō no dōkō. Nihon to sekai. Jinkō tōkei shiryōshū 1993* [Bevölkerungstendenzen. Japan und die Welt. Materialien zur Bevölkerungsstatistik 1993]. Tōkyō: Kōsei Tōkei Kyōkai.

KŌSEISHŌ JINKŌ MONDAI KENKYŪJO (Hg.) (1993b): *Nihonjin no kekkon to shussan. Dai 10-kai shusshō dōkō kihon chōsa* [Ehe und Geburten der Japaner. Die 10. Basiserhebung zur Geburtenentwicklung]. Tōkyō: Kōsei Tōkei Kyōkai.

KŌSEISHŌ JINKŌ MONDAI KENKYŪJO (Hg.) (1994): *Heisei 4-nen dokushin seinensō no kekkonkan to kodomokan. Dai 10-kai shusshō dōkō kihon chōsa* [Die Vorstellungen bezüglich Ehe und Kinder unter jungen Unverheirateten 1992. Die 10. Basiserhebung zur Geburtenentwicklung]. Tōkyō: Kōsei Tōkei Kyōkai.

KŌSEISHŌ JINKŌ MONDAI KENKYŪJO (Hg.) (1995): *Jinkō no dōkō. Nihon to sekai. Jinkō tōkei shiryōshū 1995* [Bevölkerungstendenzen. Japan und die Welt. Materialien zur Bevölkerungsstatistik 1995]. Tōkyō: Kōsei Tōkei Kyōkai.

KRÜSSELBERG, Hans-Günter, Michael AUGE und Manfred HILZENBECHER (1986): *Verhaltenshypothesen und Familienzeitbudgets. Die Ansatzpunkte der „Neuen Haushaltsökonomik" für Familienpolitik.* Stuttgart: Kohlhammer (Schriftenreihe des BMJFG 182).

LÖHR, Henrike (1991): Kinderwunsch und Kinderzahl. In: BERTRAM, Hans (Hg.): *Die Familie in Westdeutschland. Stabilität und Wandel familialer Lebensformen.* Opladen: Leske + Budrich (Deutsches Jugendinstitut: Familiensurvey 1).

MARTINI, Ulrike und Wolfgang VOEGELI (1988): Die Ehe endet, die Beziehungen bleiben – Scheidung. In: DEUTSCHES JUGENDINSTITUT (Hg.): *Wie geht's der Familie. Ein Handbuch zur Situation der Familie heute.* München: Kösel, S. 179–188.

MELBECK, Christian (1992): Familien- und Haushaltsstruktur in Ost- und Westdeutschland. In: MOHLER, Peter Ph. und Wolfgang BANDILLA (Hg.): *Blickpunkt Gesellschaft 2. Einstellungen und Verhalten der Bundesbürger in Ost und West.* Opladen: Westdeutscher Verlag, S. 109–126.

MEYER, Thomas (1992): Struktur und Wandel der Familie. In: GEISSLER, Rainer: *Die Sozialstruktur Deutschlands. Ein Studienbuch zur Entwicklung im geteilten und vereinten Deutschland.* Opladen: Westdeutscher Verlag, S. 264–283.

MOHLER, Peter Ph. und Wolfgang BANDILLA (Hg.) (1992): *Blickpunkt Gesellschaft 2. Einstellungen und Verhalten der Bundesbürger in Ost und West.* Opladen: Westdeutscher Verlag.

MÖHWALD, Ulrich (1991): Keine Zeit für Familie – zeitliche Aspekte der japanischen Familie. In: *Japanstudien. Jahrbuch des Deutschen Instituts für Japanstudien der Philipp Franz von Siebold Stiftung* 2 (1990), S. 147–175.

MÖHWALD, Ulrich (1992): Wandel in der japanischen Familie in der Nachkriegszeit. In: JAPANISCH-DEUTSCHES ZENTRUM BERLIN und VEREINIGUNG FÜR SOZIALWISSENSCHAFTLICHE JAPANFORSCHUNG (Hg.): *Wissenschaftliche Jahres-*

tagung "Individualisierung in der japanischen Gesellschaft" 4.–6.12.1991. Berlin: Japanisch-Deutsches Zentrum Berlin, S. 88–107 (Veröffentlichungen des Japanisch-Deutschen Zentrums Berlin 14).

MÖHWALD, Ulrich (1994): Value Change in Japan: Some Aspects from the German Institute for Japanese Studies' Research Project. Paper für die 3. Tagung der Deutsch-Japanischen Gesellschaft für Sozialwissenschaften, Ōsaka, Kansai Universität 19.9.1994.

MÖHWALD, Ulrich (1994–1995): Value Patterns and Value Change in Germany and Japan 1, 2. In: *Kokusai kankei gakubu kiyō Journal of the College of International Studies Chubu University* 13 (Okt. 1993), S. 111–139; 14 (Feb. 1995), S. 91–131.

MÖHWALD, Ulrich (1995): Japanische Einstellungen zur geschlechtlichen Egalität im Wandel. Paper für das Symposium: Wertewandel in Industrienationen: Ein Vergleich Deutschland, Japan und Osteuropa. Bonn: Deutsches Institut für Japanstudien/Universität Bonn 28.4.1995.

NAVE-HERZ, Rosemarie (1988a): Kontinuität und Wandel in der Bedeutung, Struktur und Stabilität von Ehe und Familie in der Bundesrepublik Deutschland. In: NAVE-HERZ, Rosemarie (Hg.): *Wandel und Kontinuität der Familie in der Bundesrepublik Deutschland*. Stuttgart: Enke, S. 61–94 (Der Mensch als soziales und personales Wesen 8).

NAVE-HERZ, Rosemarie (1988b): *Kinderlose Ehen. Eine empirische Studie über die Lebenssituation kinderloser Ehepaare und die Gründe der Kinderlosigkeit.* Weinheim, München: Juventa.

OCHIAI Emiko (1994): *21-seiki kazoku e. Kazoku no sengo taisei no mikata, koekata* [Zur Familie des 21. Jahrhunderts. Sichtweise und Überwindung der Nachkriegsordnung der Familie]. Tōkyō: Yūhikaku.

ÖLSCHLEGER, Dieter, Helmut DEMES, Heinrich MENKHAUS, Ulrich MÖHWALD, Annelie ORTMANNS und Bettina POST-KOBAYASHI (1994): *Individualität und Egalität im gegenwärtigen Japan. Untersuchungen zu Wertemustern in bezug auf Familie und Arbeitswelt*. München: Iudicium (Monographie 7 des Deutschen Instituts für Japanstudien der Philipp Franz von Siebold Stiftung).

SCHNEIDER, Norbert E. (1994): *Familie und private Lebensführung in West- und Ostdeutschland. Eine vergleichende Analyse des Familienlebens 1970–1992*. Stuttgart: Enke (Soziologische Gegenwartsfragen 55).

SCHUBERT, Volker (1992): *Die Inszenierung der Harmonie. Erziehung und Gesellschaft in Japan*. Darmstadt: Wissenschaftliche Buchgesellschaft.

SŌMUCHŌ SEISHŌNEN TAISAKU HONBU (Hg.) (1994): *The Japanese Youth in Comparison with the Youth of the World: A Summary Report of the Fifth World Youth Survey, 1993*. Tōkyō: Ōkurashō Insatsu Kyoku.

SŌMUCHŌ TŌKEIKYOKU (Hg.) (1992): *Heisei 2-nen kokusei chōsa hōkokusho. 1990 Population Census of Japan* 2, 1. Tōkyō: Ōkurashō Insatsu Kyoku.

SŌMUCHŌ TŌKEIKYOKU (Hg.) (1995): *Heisei 2-nen kokusei chōsa saishū hōkokusho (shiryō-hen)*. *Final Report of the 1990 Population Census of Japan (Statistical Tables)*. Tōkyō: Ōkurashō Insatsu Kyoku.

STATISTISCHES BUNDESAMT (Hg.) (1990a): *Statistisches Jahrbuch für die Bundesrepublik Deutschland 1990*. Stuttgart: Metzler-Poeschel.

STATISTISCHES BUNDESAMT (Hg.) (1990b): *Familien heute. Strukturen, Verläufe, Einstellungen*. Stuttgart: Metzler-Poeschel.

STATISTISCHES BUNDESAMT (Hg.) (1991): *Bevölkerungsstruktur und Wirtschaftskraft der Bundesländer 1990/91*. Stuttgart: Metzler-Poeschel.

STATISTISCHES BUNDESAMT (Hg.) (1992): *Datenreport 5. Zahlen und Fakten über die Bundesrepublik Deutschland 1991/92*. München: Bonn Aktuell.

STATISTISCHES BUNDESAMT (Hg.) (1995): *Statistisches Jahrbuch für die Bundesrepublik Deutschland 1995*. Stuttgart: Metzler-Poeschel.

TŌKEI SŪRI KENKYŪJO KOKUMINSEI CHŌSA IINKAI (Hg.) (1994): *Kokuminsei no kenkyū dai 9-kai zenkoku chōsa. 1993-nen zenkoku chōsa* [Erforschung des Nationalcharakters. Die 9. repräsentative Erhebung von 1993]. Tōkyō: Tōkei Sūri Kenkyūjo (Tōkei sūri kenkyūjo kenkyū ripōto 75).

KOMMENTAR:
REGIONALE ASPEKTE DER FAMILIENSTRUKTUR IN DEUTSCHLAND UND JAPAN

Ralph LÜTZELER

Um die Besonderheiten eines bestimmten Gesellschaftssystems richtig erfassen zu können, bedarf es des Zeitvergleichs wie des räumlichen Vergleichs mit anderen Gesellschaftssystemen. In bezug auf das Phänomen „Familie" ist ersteres im Beitrag von Ochiai, letzteres anhand des vorangehenden Aufsatzes von Möhwald bereits geschehen. Der folgende Kommentar möchte sich daher auf eine kurze Skizzierung der regionalen Unterschiede von familienrelevanten Phänomenen innerhalb Deutschlands bzw. Japans konzentrieren. Erst durch das Aufzeigen der jeweiligen regionalen Bandbreite dürfte ein einigermaßen vollständiger Eindruck zum einen davon gewonnen werden, wie fern bzw. wie nah sich zwei unterschiedliche Gesellschaftssysteme, in diesem Falle Familiensysteme, wirklich sind; zum anderen läßt sich evaluieren, inwieweit überhaupt von *der* typischen Familie eines bestimmten Landes gesprochen werden kann, die etwa in fiktionalen Familiendarstellungen dargebotene Situation mithin überhaupt den realen Gegebenheiten in einem Land entspricht.

Hinsichtlich der deutschen Situation sind natürlich die Unterschiede zwischen den alten und den neuen Bundesländern von besonderer Ausgeprägtheit, in Anbetracht der früheren fundamentalen ideologischen Unterschiede eine wohl auch nicht anders zu erwartende Tatsache. Bereits im Beitrag von Möhwald kam zum Ausdruck, daß „Familie" in den neuen Bundesländern bis heute einen insgesamt höheren Stellenwert als in den alten Bundesländern besitzt. Weitere bis gegen Ende der achtziger Jahre zu beobachtende Unterschiede beziehen sich auf die folgenden Punkte:

1. Das Erstheiratsalter lag in der DDR deutlich unter dem der alten Bundesrepublik. Noch im Jahre 1990 heirateten ostdeutsche Männer im Durchschnitt mit 25,8 Jahren und ostdeutsche Frauen mit nur 23,7 Jahren, während die Vergleichswerte für die alten Bundesländer bei 28,4 bzw. 25,9 Jahren lagen (STATISTISCHES BUNDESAMT 1994: 76), sich demnach auf einem Niveau bewegten, das dem in Japan ziemlich genau entspricht (vgl. den Beitrag von Möhwald).
2. Weiterhin lag in der DDR der Anteil der permanent Ledigen insgesamt unter dem der alten Bundesrepublik (MELBECK 1992: 120). Unter

den 45–49jährigen waren zum Jahresende 1989 in den alten Bundesländern 10,1 % der Männer und 5,5 % der Frauen noch nie verheiratet, in der DDR lauteten die Ziffern 5,7 % bzw. 4,1 %. Bei den etwas jüngeren Alterskohorten tritt dieser Unterschied allerdings noch viel deutlicher zutage (STATISTISCHES BUNDESAMT 1992: 66).
3. Die Zahl der Kinder, die von einer Frau im gebärfähigen Alter geboren werden, erreichte zwar auch in der DDR mit einem Höhepunkt von 1,94 im Jahre 1980 nicht das zur vollständigen Reproduktion der Bevölkerung notwendige Niveau, lag jedoch auch noch zum Zeitpunkt der Wiedervereinigung markant über dem für die alten Bundesländer geltenden Wert. Die höhere Geburtenrate war freilich in erster Linie das Produkt einer weit geringeren Zahl kinderloser Ehepaare, während kinderreiche Familien mit mehr als drei Kindern in Ost wie West ein überaus seltenes Phänomen darstellten (vgl. MELBECK 1992: 121).
4. Die Scheidungsrate erreichte in der alten DDR ein deutlich über dem Westen liegendes Niveau: Gemessen an 10.000 bestehenden Ehen gab es 1989 in der DDR 122,8 Scheidungen, im alten Bundesgebiet hingegen nur 84,6 (STATISTISCHES BUNDESAMT 1992: 84). Noch niedriger, nämlich bei etwa 55 Scheidungsfällen, lag allerdings das Niveau in Japan (KŌSEISHŌ DAIJIN KANBŌ TŌKEI JŌHŌBU 1991: 84–85).
5. In der DDR wurde ein gegenüber der alten Bundesrepublik viel höherer Anteil an Kindern außerhalb der Ehe geboren. So verzeichnete man 1989 in der früheren DDR einen Wert von 33,6 %; im alten Bundesgebiet lag der Anteil nichtehelicher Geburten an allen Geburten hingegen bei nur 10,2 % (STATISTISCHES BUNDESAMT 1992: 74).
6. Schließlich lag der Anteil erwerbstätiger Frauen in der DDR auf einem extrem hohen Niveau. In den späten achtziger Jahren etwa waren über 90 % der Frauen zwischen 15 und 65 Jahren in der DDR in der einen oder anderen Form berufstätig (vgl. BRAUN und NOWOSSADECK 1992: 127); in der alten Bundesrepublik lag die Zahl dagegen bei knapp 60 % (STATISTISCHES BUNDESAMT 1992: 109) – auch dies ein Wert, der in etwa dem japanischen Niveau entspricht.

Über die Ursachen dieser Unterschiede liegt bereits eine Reihe von Veröffentlichungen vor (vgl. z. B. SCHULZ 1992; WENDT 1992; MELBECK 1992; BRAUN und NOWOSSADECK 1992; LAUX 1993), so daß im folgenden hierauf basierend nur grob auf die wichtigsten Erklärungsfaktoren eingegangen sei:

– Ein immer wieder genannter Punkt ist die von der früheren DDR-Führung betriebene Familienpolitik. Angesichts einer ständig angespannten wirtschaftlichen Situation, aber auch aus ideologischen Gründen war es das Ziel, zum einen einen maximalen Teil der erwerbsfähigen Bevölkerung, d. h. auch die weibliche Bevölkerung, in den Produktionsprozeß einzubinden; zum anderen sollte die Geburtenrate gesteigert und damit die fluchtbedingten Verluste von Bevölkerung v. a. während der fünfziger Jahre wieder ausgeglichen werden. Großzügige Regelungen in bezug auf Mutterschaftsurlaub, bezahlte Freistellung von der Arbeit zwecks Kindererziehung und die garantierte Unterbringung von Kleinkindern in Betriebskindertagesstätten bildeten die sicher bekanntesten Maßnahmen im Rahmen dieser Politik. Hinzu kamen sozialpolitische Maßnahmen, um die Situation nichtverheirateter Frauen mit Kindern bzw. von nichtverheirateten Paaren mit Kindern zu verbessern. Indirekt trug aber auch die Wohnungspolitik zum Ziel der Geburtensteigerung bei. So wurden bei der Vergabe neuer Wohnungen Paare mit wenigstens einem Kind klar bevorzugt (vgl. MELBECK 1992: 109–110; BRAUN und NOWOSSADECK 1992: 133; SCHULZ 1992: 670–671). Vermutlich ist selbst die hohe Scheidungsrate zumindest ein indirektes Ergebnis dieser Bevölkerungspolitik, da gerade solche Ehen, die in jüngerem Alter und primär zum Zwecke der Wohnungsfindung geschlossen wurden, sich als eher unstabil erwiesen.

- Es ist angesichts der Tatsache, daß trotz der gerade ab dem dritten Kind erheblichen finanziellen und sonstigen Anreize in der ehemaligen DDR Ein- und Zwei-Kind-Familien vorherrschten, jedoch fraglich, inwieweit die staatlichen Regelungen wirklich die wichtigsten Determinanten der oben genannten Situation waren. Als mindestens ebenso bedeutend müssen wohl vielmehr auch die allgemeinen Lebensverhältnisse in der früheren DDR angesehen werden: In einer Gesellschaft, in der Konsumwünsche nur unzureichend befriedigt werden konnten und beruflicher Aufstieg nur für einen kleinen systemtreuen Personenkreis möglich erschien, schoben sich natürlicherweise die eigene Familie bzw. Kinder in den Mittelpunkt des Lebens (MELBECK 1992: 125; WENDT 1992: 684; LAUX 1993: 205–206). In diesem Sinne dürfte wohl auch das von Möhwald präsentierte Umfrageergebnis zu verstehen sein.
- Ein zusätzlicher Ursachenkomplex, der frühe Heirat und frühe Elternschaft begünstigt haben dürfte, lag schließlich in der relativ frühen Festlegung des ferneren Lebenswegs. Wechsel des Berufs, des Betriebs oder gar des Ortes, an dem man seinem Beruf nachging, kamen höchst selten vor und ermöglichten somit eine frühe Lebensplanung (MELBECK 1992: 126).
- Seit der Wiedervereinigung ist nun ein je nach Bereich unterschiedlich schneller Anpassungsprozeß an die westdeutsche Situation zu beobachten, der hier nicht im einzelnen behandelt werden soll. Erwähnung finden soll allerdings der im Zusammenhang mit der unsicheren wirt-

schaftlichen Situation gerade von Frauen stehende dramatische Rückgang in der Zusammengefaßten Geburtenziffer (TFR) von 1,57 Kindern pro Frau im Jahre 1989 auf 0,98 Kinder im Jahre 1991 – ein bislang weltweit noch nie in Friedenszeiten erreichtes niedriges Niveau, das nicht einmal genügt, um auch nur die Hälfte der Elterngeneration numerisch zu ersetzen. In den alten Bundesländern hingegen wurde 1991 eine Fruchtbarkeitsrate von 1,42 erzielt, mithin wiederum ein Wert, der dem japanischen Niveau (1993: 1,46; KŌSEISHŌ JINKŌ MONDAI KENKYŪJO 1994: 43) in etwa entspricht (WENDT 1992: 682; STATISTISCHES BUNDESAMT 1994: 79).

Weniger drastische, aber wesentlich persistentere regionale Unterschiede lassen sich auch innerhalb des Gebiets der alten Bundesländer finden. Im einzelnen sind Stadt-Land-bezogene, wirtschaftsstrukturabhängige sowie kulturraumspezifische – d. h. zumeist mit der vorherrschenden Konfession in Zusammenhang zu bringende – Variationen von familienrelevanten Merkmalen festzustellen. Hier soll nur jeweils auf den erst- und letztgenannten Faktor eingegangen werden.

Bei einem Vergleich von urbanen mit ländlichen Räumen fallen für die Städte insbesondere die folgenden Merkmale auf:

- Hervorstechend ist vor allem ein weitaus höherer Anteil an Einpersonenhaushalten, speziell an solchen junger lediger Menschen (BERTRAM und DANNENBECK 1991: 88–89). So ergab die Volkszählung von 1987 für Gemeinden von unter 5000 Einwohnern einen Anteil an Einpersonenhaushalten von 20,9 %, während es in Städten von mehr als 100.000 Einwohnern 43,8 % aller Privathaushalte waren. Ähnlich liegt auch der Anteil nichtehelicher Lebensgemeinschaften in den Großstädten, insbesondere in solchen mit Universitätsstadtfunktion, deutlich über dem in ländlichen Gemeinden (BÄHR, JENTSCH und KULS 1992: 259).
- Weiterhin lebt in den Städten ein nur verschwindend geringer Anteil der Bevölkerung in Dreigenerationenhaushalten und anderen Lebensgemeinschaften verwandter Personen, die nicht dem Kernfamilientypus entsprechen. Freilich lag der Anteil solch komplexer Haushalte schon zu Ausgang der siebziger Jahre auch in agrarisch orientierten Peripherräumen der alten Bundesrepublik kaum über einem Niveau von 5 % aller Privathaushalte (vgl. KEMPER 1986: 36, 44).
- Schließlich sind auch eine wesentlich geringere durchschnittliche Kinderzahl pro Frau im gebärfähigen Alter und damit zusammenhängend auch ein höherer Anteil an kinderlosen jungen Ehepaaren Kennzeichen der großen Städte. Zusammengefaßte Geburtenziffern von kaum mehr als 1 bilden keine Seltenheit (BÄHR, JENTSCH und KULS 1992: 436–439).

Als eine Begründung dieser Spezifika wird immer wieder auf den materiellen Aspekt des Lebens in der Stadt verwiesen. Demnach sind in den Städten in der Regel die Einkommen höher und die Arbeitsmöglichkeiten vielfältiger, dies insbesondere für Frauen. Infolgedessen ist Alleinleben bzw. Unverheiratetsein ökonomisch hier eher möglich als auf dem Lande (vgl. KEMPER 1986: 39). Daneben spielt aber auch das vielfältigere Angebot an Lebensalternativen eine Rolle: In der Großstadt konkurrieren Familie bzw. Kinder mit einem hohen Konsum- oder Bildungsangebot sowie der Möglichkeit, sich durch Aufstieg beruflich zu verwirklichen – urbane Lebensformen, die zumeist auch in Wechselbeziehungen zu postmaterialistischen Werteorientierungen stehen (vgl. BERTRAM und DANNENBECK 1991: 108).

Auch für Japan, speziell in bezug auf den Gegensatz zwischen der Hauptstadtregion Tōkyō und dem Rest des Landes, lassen sich derlei Stadt-Land-spezifische Unterschiede ausmachen. Beispielsweise betrug die Zusammengefaßte Geburtenziffer 1993 in der Präfektur Tōkyō nur 1,1, während in den eher ländlich strukturierten Präfekturen ein Niveau von etwa 1,5 bis 1,7 Kindern pro Frau gebärfähigen Alters vorherrschte (KŌSEISHŌ JINKŌ MONDAI KENKYŪJO 1994: 176). Des weiteren erreichten die Anteile lediger Personen in der Altersgruppe der 35–39jährigen 1990 in der Präfektur Tōkyō bei den Männern den Wert von 28,5 % und bei den Frauen von 14,8 %, während der Landesdurchschnitt 19,0 % bzw. 7,5 % betrug (SŌMUCHŌ TŌKEIKYOKU 1994: 16–17).

Für Deutschland eigentümlich sind regionale Unterschiede in der Familienstruktur, die auf Unterschieden in der konfessionellen Zusammensetzung der Bevölkerung gründen und die die oben skizzierten Stadt-Land-Gegensätze oft überlagern. Vereinfacht gesagt zeichnen sich überwiegend katholische ländliche Gebiete gegenüber protestantischen ländlichen Regionen durch folgende Merkmale aus:

– Erstens liegt die von einer Frau durchschnittlich erreichte Kinderzahl in katholischen Räumen immer noch signifikant über der in evangelischen Räumen; ähnlich verhält es sich mit der Zahl der gewünschten Kinder (BERTRAM und DANNENBECK 1991: 102). In den rein katholischen Regionen Emsland, Eifel sowie Bayerischer Wald lag die Ziffer um 1980 noch bei etwa 1,8, während in protestantischen Regionen wie Holstein, dem östlichen Niedersachsen und Nordhessen Werte von maximal etwa 1,5 üblich waren (vgl. BÄHR, JENTSCH und KULS 1992: 437).
– Weiterhin ist die Rate der Scheidungen im allgemeinen niedriger, wenngleich auch hier eher eine Zweidimensionalität in dem Sinne zu beachten ist, daß die höchsten Werte in vorwiegend protestantischen

Städten und die geringsten Raten im katholischen ländlichen Raum erreicht werden (BERTRAM und DANNENBECK 1991: 88).
– Drittens bewegt sich der Anteil nichtehelicher Lebensgemeinschaften in den katholischen Regionen insbesondere des ländlichen Süddeutschlands auf einem sehr geringen Niveau. Es existiert innerhalb der Grenzen der alten Bundesrepublik ein Nord-Süd-Gefälle, das offenbar im Rahmen eines gesamteuropäischen Nord-Süd-Gefälles in Auftreten und Akzeptanz nichtehelicher Lebensgemeinschaften gesehen werden kann (vgl. KEMPER 1986: 38).
– Auch auf der Ebene der Einstellungen herrschen deutliche Unterschiede vor. So wird in katholischen ländlichen Regionen die Einstellung „Eine Frau sollte, wenn Kleinkinder vorhanden sind, auf eine Berufstätigkeit verzichten" weitaus häufiger bejaht als in von ihrer sozioökonomischen Struktur ansonsten identischen evangelischen ländlichen Regionen. Allerdings sind auch hier Stadt-Land-Unterschiede mindestens ebenso deutlich ausgeprägt (BERTRAM und DANNENBECK 1991: 103–104).

Da die katholische Kirche im Bereich „Familie" dezidierte Meinungen vertritt, die den für katholische Regionen konstatierten Merkmalen in starkem Maße entsprechen (Verbot von Ehescheidung, Konkubinat und künstlicher Geburtenkontrolle), liegt es nahe, hier einen Einfluß anzunehmen. Eine regional allerdings wesentlich komplexere Situation bietet sich bei der räumlichen Verteilung der Quote nichtehelich geborener Kinder dar: Wenngleich auch hier besonders hohe Raten vorzugsweise im protestantischen Nord(ost)deutschland erreicht werden, läßt sich ein zweiter Schwerpunkt im eher katholischen Bayern erkennen, während die niedrigsten Ziffern in den linksrheinischen Teilen Deutschlands sowie in Westfalen – ebenfalls überwiegend katholische Gebiete – verzeichnet werden.[1] Eine entsprechende Verteilung zeigt auch der Anteil alleinerziehender lediger Personen mit Kindern (vgl. KEMPER 1986: 37). Offensichtlich spielen hier noch andere kulturelle Einflüsse mit hinein, beispielsweise das traditionelle Erbrecht, das sich vor allem zwischen Südwestdeutschland (Realerbteilungsrecht) und Nordostdeutschland sowie Bayern (Anerbenrecht) unterschied.

In dem nicht durch konfessionelle Regionen geprägten Japan liegen ebenfalls kulturraumspezifische Unterschiede in der Familienstruktur vor, die mit bestimmten Erbsitten wenigstens teilweise zu erklären sind.

---

[1] Nach Bundesländern (nur Flächenstaaten im alten Bundesgebiet) etwa reichte 1992 die Spanne beim Anteil nichtehelich Geborener von 9,8 % in Rheinland-Pfalz bis 15,0 % in Schleswig-Holstein (STATISTISCHES BUNDESAMT 1994: 75).

Ein klassisches Beispiel ist der weitaus höhere Verbreitungsgrad von Kernfamilienhaushalten im südwestlichen Japan, der seine Begründung in erster Linie in der bei bäuerlichen Familien früher hier vorherrschenden Sitte des Ausgedinges (*inkyo*)[2] findet. Noch heute (1990) ist ein markanter Unterschied etwa zwischen der nordjapanischen Präfektur Yamagata mit 40,1 % und der südwestjapanischen Präfektur Kagoshima mit nur 9,8 % von nicht dem Kernfamilientyp zuzurechnenden Mehrpersonenhaushalten vorhanden (KŌSEISHŌ JINKŌ MONDAI KENKYŪJO 1994: 188).

Gewisse kulturraumspezifische Differenzen werden auch für die Scheidungsrate beschrieben. Die traditionell stärkere gesellschaftliche Position der Frau in von der Fischerei bestimmten Gebieten bzw. in der eher horizontal strukturierten Altersklassengesellschaft Südwestjapans soll demnach die noch heute tendenziell höheren Scheidungsraten in diesen Gebieten beeinflußt haben (KUMAGAI 1983: 103–104; ŌBAYASHI 1995).

Diese knappen Anmerkungen mögen genügen, um eine Vorstellung von der regionalen Komplexität der Familienstrukturen eines Landes zu geben. Mögen sich fiktionale Darstellungen – durchaus mit Recht, da hier nicht wissenschaftliche, sondern kommerzielle oder künstlerische Aspekte im Vordergrund stehen – auch auf eine als idealtypisch angesehene oder durchschnittliche Familiensituation berufen, so gilt es dennoch in Erinnerung zu behalten, daß es *die* deutsche Familie oder *die* japanische Familie eigentlich gar nicht gibt.

LITERATURVERZEICHNIS

BÄHR, Jürgen, Christoph JENTSCH und Wolfgang KULS (1992): *Bevölkerungsgeographie*. Berlin und New York: de Gruyter (Lehrbuch der allgemeinen Geographie 9).

BERTRAM, Hans und Clemens DANNENBECK (1991): Familien in städtischen und ländlichen Regionen. In: BERTRAM, Hans (Hg.): *Die Familie in Westdeutschland. Stabilität und Wandel familialer Lebensformen*. Opladen: Leske und Budrich, S. 79–110 (Deutsches Jugendinstitut: Familien-Survey 1).

---

[2] Hierbei übergab der Haushaltsvorstand frühzeitig, meist zu seinem 60. Geburtstag, sein Anwesen an seinen Erben und zog sich mit seinem Ehepartner und gegebenenfalls noch vorhandenen unmündigen Kindern in einen separaten Haushalt, dem „Ausgedinge", das allerdings häufig noch auf dem Hofgelände lag, zurück. Am Japanischen Meer sowie in Nordjapan hingegen verblieb der Haushaltsvorstand in der Regel bis zum Tode in seiner Funktion (vgl. u. a. SHIMIZU 1980; ŌBAYASHI 1995).

BRAUN, Michael und Sabine NOWOSSADECK (1992): Einstellungen zur Familie und zur Rolle der Frau. In: MOHLER, Peter Ph. und Wolfgang BANDILLA (Hg.): *Blickpunkt Gesellschaft 2. Einstellungen und Verhalten der Bundesbürger in Ost und West.* Opladen: Westdeutscher Verlag, S. 127–140.

KEMPER, Franz-Josef (1986): Regionale Unterschiede der Haushaltsstruktur in der Bundesrepublik Deutschland. In: *Erdkunde* 40, 1, S. 29–45.

KŌSEISHŌ DAIJIN KANBŌ TŌKEI JŌHŌBU (Hg.) (1991): *Rikon ni kansuru tōkei. Jinkō dōtai tōkei tokushu hōkoku* (Divorces. Special Report of Vital Statistics). Tōkyō: Kōsei Tōkei Kyōkai.

KŌSEISHŌ JINKŌ MONDAI KENKYŪJO (Hg.) (1994): *Jinkō no dōkō. Nihon to sekai. Jinkō tōkei shiryōshū* [Bevölkerungstrends: Japan und das Ausland. Bevölkerungsstatistische Materialiensammlung]. Tōkyō: Kōsei Tōkei Kyōkai.

KUMAGAI, Fumie (1983): Changing Divorce in Japan. In: *Journal of Family History* 8, 1, S. 85–108.

LAUX, Hans Dieter (1993): Grundzüge der Bevölkerungsentwicklung in den beiden deutschen Staaten bis zur Wiedervereinigung. In: BÖRSCH, Dieter (Hg.): *Bevölkerung und Raum.* Köln: Aulis Verlag, S. 197–207 (Handbuch des Geographieunterrichts 2).

MELBECK, Christian (1992): Familien- und Haushaltsstruktur in Ost- und Westdeutschland. In: MOHLER, Peter Ph. und Wolfgang BANDILLA (Hg.): *Blickpunkt Gesellschaft 2. Einstellungen und Verhalten der Bundesbürger in Ost und West.* Opladen: Westdeutscher Verlag, S. 109–126.

ŌBAYASHI, Taryō (1995): Traditionelle Gesellschaftstypen und Kulturprovinzen in Japan. In: *Japanstudien. Jahrbuch des Deutschen Instituts für Japanstudien der Philipp Franz von Siebold Stiftung* 6, 1994, S. 165–203.

SCHULZ, Erika (1992): Zur Entwicklung der Geburtenhäufigkeit im geeinten Deutschland: vom propagierten Leitbild zum Pluralismus. In: *Informationen zur Raumentwicklung* 1982, 9/10, S. 669–673.

SHIMIZU, Hiroaki (1980): Nōson rōjin no kyojū keitai – Miyagi-ken Shiwahime-machi to Kagoshima-ken Ōura-chō no hikaku kenkyū (Living Arrangement of Aged People in Rural Areas in Northeastern and Southwestern Districts). In: *Jinkō Mondai Kenkyū* 156, S. 39–53.

SŌMUCHŌ TŌKEIKYOKU (Hg.) (1994): *1995 shakai seikatsu tōkei shihyō. Todōfuken no shihyō* (1995 Social Indicators by Prefecture). Tōkyō: Nihon Tōkei Kyōkai.

STATISTISCHES BUNDESAMT (Hg.) (1992, 1994): *Statistisches Jahrbuch für die Bundesrepublik Deutschland.* Wiesbaden: Metzler-Poeschel.

WENDT, Hartmut (1992): Zur Entwicklung der Geburtenhäufigkeit im geeinten Deutschland: zwischen Assimilation und regionaler Divergenz. In: *Informationen zur Raumentwicklung* 1982, 9/10, S. 681–690.

SEKTION I:

FERNSEHDRAMEN UND ZEICHENTRICKSERIEN

DER WANDEL DER JAPANISCHEN FAMILIE AUS DER SICHT EINES DREHBUCHAUTORS*

FUSE Hiroichi

EINLEITUNG

Ich bin Autor von Fernsehserien und kein Wissenschaftler. An einer wissenschaftlichen Tagung nehme ich deshalb nicht ohne eine gewisse Verlegenheit teil. Als Drehbuchautor mache ich mir ständig Gedanken darüber, was ich als nächstes schreiben könnte. Leicht ist dies nicht, denn je mehr man sich zum Schreiben zwingt, desto schlechter geht es.

Ein wichtiges Thema von Fernsehdramen ist die Familie, von der es heißt, daß sie sich in einer Krise befindet. Von der Zeit vor dem Zweiten Weltkrieg bis zu den fünfziger Jahren war die japanische Familie recht einheitlich, denn es herrschte noch ungebrochen das patriarchalische System. Der Vater war der Angelpunkt, um den sich alles drehte. Auch in den Theaterstücken der Vorkriegszeit ging es meist um einen sturen, dickköpfigen Vater. An dessen Seite stand in der Regel eine kraftlose, schwache Mutter, die ohne ihren Mann nicht leben konnte. Dazu gehörte meist noch eine Tochter, die einen Mann heiraten wollte, der dem Vater nicht gefiel. Die Mutter nahm dann all ihren Mut zusammen und hielt zu ihrer Tochter, so daß der Vater letztlich weich wurde und unter Tränen seinen Segen gab. Die Stücke liefen meist nach demselben Schema ab, lediglich Berufe und Namen der Figuren änderten sich. Auch heute ist das patriarchalische System meiner Meinung nach in der japanischen Familie noch tief verankert, was zu Ungerechtigkeiten gegenüber der Frau führt.

Meine eigene Familie besteht jetzt nur noch aus meiner Frau und mir, nachdem mein Sohn und meine Tochter geheiratet haben. Ich selbst beteilige mich an den Haushaltspflichten, koche und mache den Abwasch. Da ich als Autor zu Hause schreibe, gibt es für mich keine Männer- oder Frauenarbeit. Wer gerade Zeit hat, macht den Haushalt. Ich nenne meine Frau beim Namen mit dem höflichen Suffix *-san* und sage auch nicht

---

* Die Übersetzung basiert auf der Transkription von Tonbandaufzeichnungen des Vortrags, weshalb der mündliche Stil beibehalten wurde. Der Text wurde von der Herausgeberin gekürzt und mit Anmerkungen versehen.

omae, sondern *anata*[1] zu ihr. In einer Fernsehserie wäre dies jedoch kaum möglich. Mich selbst kann ich schließlich nicht als Modell für die Figuren meiner Drehbücher nehmen, da die meisten Japaner andere Vorstellungen haben als ich.

Ich habe mich einmal mit einer jungen Drehbuchautorin unterhalten, die sogenannte „Trend-Serien" (*torendī dorama*) schreibt, in denen es meist um die Liebe geht. Wenn sie mit dem jungen Fernsehteam das Drehbuch bespricht, hört sie von allen Seiten: „Richtig, genau so ist es!" Vertrete ich jedoch bei meinen Familienserien die Auffassung, so ginge es in einer Familie zu, fragt man mich eher: „Ach, wirklich?" – Die Familien gleichen einander offenbar immer weniger.

DER VERLUST DES KOMMUNIKATIONSRAUMES

Familienserien wurden früher häufig „Mahlzeitenserien" (*meshikui dorama*) genannt, weil sie vornehmlich Szenen beim Essen zeigen. Dabei sitzen die Schauspieler in Form eines Hufeisens um den Tisch herum.[2] Dies wirkt zwar unnatürlich, doch die Kamera verlangt nach einer solchen Sitzordnung, denn Rückenansichten sind im Fernsehen genauso häßlich wie im Theater. Man sprach abwertend von diesen „Mahlzeitenserien", die kaum etwas mit der gesellschaftlichen Realität zu tun hatten. Inzwischen scheint allerdings die Zeit, die man gemeinsam beim Essen verbringt, immer geringer geworden zu sein. Die Familie kommt recht selten zusammen, sei es wegen der lang gewordenen Arbeitswege oder der zunehmend beengten Wohnverhältnisse. Als Autor von Fernsehdramen möchte ich jedoch unbedingt, daß weiterhin Szenen gedreht werden, in denen eine Familie zusammen eine Mahlzeit einnimmt.

Da das gemeinsame Essen ein wichtiger Bestandteil der Familienserien ist, wurde der unregelmäßig heimkehrende Firmenangestellte immer mehr aus den Dramen verdrängt. Statt dessen hat man sich Ladenbesitzer als Hauptfiguren einfallen lassen. Hier ist die ganze Familie im Hause, und alle arbeiten zusammen. Daher kann man ganz problemlos die ge-

---

[1] Die Anrede *anata* verweist auf eine partnerschaftliche Beziehung, *omae* hingegen eher auf eine hierarchische, da es sozial niedriger gestellten Personen gegenüber verwendet wird.

[2] Diese Aussage trifft vor allem auf die Anfangszeit der Fernsehdramen zu, als diese noch ganz im Stil von Bühnenstücken produziert und z. T. live gesendet wurden. Aber auch in den siebziger Jahren drehte man noch manche Fernsehdramen nach diesem Muster, wie etwa *Terauchi Kantarō ikka* [Die Familie von Terauchi Kantarō] (TBS 1975) von Mukōda Kuniko.

meinsamen Mahlzeiten darstellen. Nach einer Weile jedoch hatte man die vielen Serien mit kleinen Familienbetrieben satt. Nun waren, wenn ich mich recht entsinne, wieder die Angestellten gefragt. Auf diese Weise ist das Bild der Familie in den Serien immer verschwommener geworden.

Eine weitere Entwicklung besteht darin, daß sowohl im realen Leben als auch in den Serien die traditionellen japanischen Räume mit niedrigen Tischen immer seltener wurden und westliche Wohnküchen in Mode kamen. In den heutigen Fernsehdramen sieht man in den Familien jeden nach Belieben an den Kühlschrank gehen und allein essen. Ich glaube, es ist ganz selbstverständlich geworden, daß die Familienmitglieder die Mahlzeiten zu unterschiedlichen Zeiten einnehmen. Welch eine Schwierigkeit für das Fernsehdrama!

Ebenfalls nahezu aus den Fernsehdramen verschwunden ist die traditionell japanische *engawa*[3]; nur bei Einfamilienhäusern ist sie noch zu finden. In der Stadt ist hierfür kaum mehr Platz. Diese Veränderungen im Wohnbereich haben sicher auch die zwischenmenschlichen Beziehungen beeinträchtigt. Die *engawa* stellt eine Art Übergangszone dar, denn es ist nicht eindeutig, ob man sich dort bereits im Haus oder noch im Garten befindet. Daher können Leute, die vorbeikommen, erst einmal durch den Garten bis zur *engawa* gehen. Es steht den Hausbewohnern dann frei, ob man ihnen dort ein Sitzkissen hinlegt und Tee anbietet, oder ob der Gast hereingebeten wird. Solche Möglichkeiten sind heute durch die veränderten Wohnverhältnisse selten geworden. Auch dies wirkt sich negativ auf das Fernsehdrama aus. Bei Wohnungen mit einer einzigen Eingangstür steht man vor der Entscheidung, hineinzugehen oder draußen zu bleiben. Früher kam man hingegen selten durch den Hauseingang, sondern eher durch die Gartenpforte, setzte sich auf die *engawa* und mußte sich gar keine Gedanken darüber machen, ob man sich im Haus befand oder nicht.

Durch diese Entwicklung kommt es im Alltag offenbar zu einer distanzierten Haltung gegenüber den Mitmenschen, die zunehmend als „Eindringlinge" empfunden werden. Im positiven Sinne könnte man vielleicht annehmen, daß dadurch der Zusammenhalt der Familie enger geworden wäre, doch dies trifft wohl leider nicht zu. Ist nicht vielmehr auch innerhalb der Familie in letzter Zeit verstärkt die Tendenz zu beobachten, einander aus dem Weg zu gehen? Alltägliche Floskeln wie etwa „Wohin gehst du?" hört man kaum noch. Je mehr aber die Kommunikation schwindet, desto schwieriger wird es, ein Fernsehdrama zu schreiben. Ich weiß wenig von anderen Ländern, doch in Filmen sieht man oft,

---

[3] Ein an den Zimmern eines japanischen Hauses entlangführender Gang, dessen Glastüren zum Garten hin zu öffnen sind. Das Verbindungsglied vom Haus zum Garten bildet meist ein Naturstein, über den man hinabsteigen kann.

wie dort alte Männer und Frauen auf großen Plätzen miteinander plaudern. Genau das hat früher in Japan auf der *engawa* stattgefunden. Dieser Verlust des Kommunikationsraumes hat die Darstellung der japanischen Familie in Fernsehserien erschwert.

In meiner Heimat auf dem Lande bin ich früher auf der Straße von jedem gegrüßt worden. Man sagte sich „Guten Morgen!", „Guten Tag!" oder fragte „Wohin geht es?" In meiner heutigen Wohnung in einem Hochhaus in Tōkyō ist es jedoch so, daß die Leute einander nicht einmal im Fahrstuhl grüßen. Ich selbst habe dies mit Beharrlichkeit getan, aber ich glaube, es hat drei bis vier Jahre gedauert, ehe mein Gruß erwidert wurde. Es war wirklich verwunderlich, wie alle stur den Augenkontakt vermieden, wenn ich „Guten Morgen!" sagte.

In den Geschäftsvierteln ist es auch nicht anders. Im Tokyoter Stadtteil Meguro, wo ich wohne, herrscht eine *Downtown*-Atmosphäre, da sich nach dem großen Kantō-Erdbeben im Jahre 1923 viele Händler hier niedergelassen haben. Ich als Neuling, der hierher gezogen ist, werde weder beim Gemüsehändler noch beim Fleischer gegrüßt. Denn ich bin ein Unbekannter, ein Fremder. Weil dem so ist, heißt es zwar „Vielen Dank", wenn man in der Bäckerei einkauft; trifft man den Bäcker jedoch auf der Straße und sagt „Guten Tag", wird man keines Blickes gewürdigt. Es hat Jahre gedauert, bis ich gegrüßt wurde. Die Wohnsituation scheint offenbar auf allerlei Weise die zwischenmenschlichen Beziehungen zu beeinflussen. Natürlich herrscht nicht überall in Japan dieselbe Situation. Auf dem Lande gibt es noch viele Häuser alteingesessener Familien, die die alten Bräuche pflegen.

SEIN WAHRES GESICHT VERBIRGT MAN HINTER EINER MASKE

Viele Menschen setzen sich im gesellschaftlichen Leben eine Maske auf. Das heißt, sie spielen eine Rolle vor Leuten, die sie nicht kennen. Wenn man z. B. in der Vorstadt wohnt, aber unbedingt einen Wagen mit dem Kennzeichen für Shinagawa[4] fahren möchte, nimmt man sich eine Zweitwohnung in Tōkyō, besorgt sich ein Shinagawa-Kennzeichen und sucht sein Glück bei den Frauen. Es gibt auch junge Männer, die sich auf ihre Autodächer Surfbretter montieren, obwohl sie gar nicht surfen können. Um auch ein Beispiel aus der Damenwelt anzuführen: Frauen, die sich mondän geben wollen, begeben sich mit einer ausländischen Zeitschrift unter dem Arm in westliche Hotels und sitzen dort mit übergeschlagenen

---

[4] Autokennzeichen des Tōkyōter Stadtteils Shinagawa haben den höchsten Prestigewert in Japan.

Beinen in einem Café in der Lobby. Diese Menschen nehmen es offenbar ungeheuer wichtig, wie sie auf andere wirken. Sie sind beherrscht von dem Gedanken: Wie komme ich an? Wie sehen mich die Leute?

Ich frage mich, ob dieses Phänomen inzwischen nicht auch in der Familie zutage tritt. Um der Kinder willen beschäftigen sich die Eltern mit der Frage, wie sie gute Väter bzw. gute Mütter werden können. Die Mutter setzt sich folglich die Maske einer „guten Mutter", der Vater die eines „guten Vaters" auf, ohne es wirklich zu sein. Ich habe den Eindruck, daß bald alle Familienmitglieder diverse Masken tragen werden. Dieses Verhalten zeigen auch die Familien in den japanischen Fernsehserien. Daher gibt es in den „Trend-Serien", die seit einigen Jahren sehr beliebt sind, kaum noch so etwas wie eine „echte Familie".

Im Vergnügungsviertel von Roppongi trifft man heute oft Oberschülerinnen und sogar Mittelschülerinnen an. Wenn man sie fragt, ob ihre Eltern davon wüßten,[5] betonen alle einstimmig, sie wollten ihnen keine Sorgen bereiten, und es wäre peinlich, ertappt zu werden. Sie möchten die Eltern offenbar in dem Glauben belassen, daß sie brave Kinder seien. Daher müssen auch sie sich daheim eine Maske aufsetzen. Ich glaube, in der heutigen japanischen Familie denkt jeder nur daran, Konfrontationen aus dem Weg zu gehen. Weil man mit seiner Familie möglichst keinen Ärger haben möchte, hält man sich zurück, setzt eine freundliche Miene auf und spielt „heile Familie".

Wenn ich wieder einmal eine Serie schreibe, müßte ich wohl, um die Isolation der Individuen zum Ausdruck zu bringen, eine Familie schildern, in der das Ehepaar getrennte Schlafzimmer hat. Die Ehe gilt heute in Japan offenbar nicht mehr als das höchste Glück. Ob die Menschen dies resigniert hinnehmen oder sogar gutheißen, kann ich nicht beurteilen. Aber sollte man nicht wenigstens in den Fernsehserien darstellen, daß es noch so etwas wie einen Gemeinschaftssinn gibt?

ALTE UND NEUE KONFLIKTSITUATIONEN

In einem Fernsehdrama des Drehbuchautors Yamada Taichi (*1934) geht es um eine Familie, in der die Mutter darunter leidet, daß ihr Mann eine Geliebte hat und ihre Tochter im besten Heiratsalter noch nicht „unter der Haube" ist. Schon mehrfach hat die Mutter ihr Kandidaten vorgeschlagen, und immer wieder ermahnt sie die Tochter, doch endlich zu heiraten. Für diese kommt eine Hochzeit allerdings nicht in Frage, da sie ein Ver-

---

[5] Der Besuch von Vergnügungsvierteln gilt für Schülerinnen und Schüler in Japan als verwerflich und wird in den Regeln vieler Schulen ausdrücklich untersagt.

hältnis mit einem verheirateten Abteilungsleiter hat. Weil sie aber den wahren Grund verschweigen muß, greift sie auf die Ausrede zurück, eine Heirat habe keinen Wert. Als die Mutter gereizt entgegnet, die Ehe bedeute schließlich das Glück der Frau, kontert die Tochter: „Ja, und was ist mit dir und Vater? Kannst du von Glück reden, daß du geheiratet hast und von Vater betrogen wirst?" Da die Mutter die Tochter nicht in ihrer negativen Haltung zur Ehe bestätigen will, antwortet sie: „Zumindest muß ich nicht Hunger leiden." – Dies ist wirklich ein brisanter Text, der offen ausspricht, was wohl jeder in seinem Innersten über die Verlogenheit des Ehelebens denken mag. Ein solches Fernsehdrama regt dazu an, über die Bedeutung der Ehe nachzudenken.

Was die Beziehung von Eltern und Kindern betrifft, so beobachte ich in meinem Bekanntenkreis, daß sich die Eltern sehr stark in die Angelegenheiten ihrer Söhne und Töchter einmischen. Mütter, die dies tun, sind wohl im Grunde genommen unglücklich. Sie haben ihr Leben damit verbracht, Kinder aufzuziehen und sich für andere aufzuopfern, ohne ein einziges Mal über sich selbst bestimmen zu können. Deswegen gehen sie ganz darin auf, zumindest ihren Kindern gegenüber das Sagen zu haben. Es sind ihnen keine bösen Absichten zu unterstellen, doch sie benutzen die Kinder als ein Mittel zu ihrer Selbstverwirklichung.

Scheidungen stellen in der japanischen Gesellschaft inzwischen nichts Besonderes mehr dar und werden auch immer weniger in den Schlüsselszenen eines Fernsehdramas thematisiert, während früher die Trennung von Mann und Frau einen guten Stoff für eine Serie bot. Von der Vorkriegszeit bis etwa vor zehn Jahren wurde man, wenn man sich scheiden ließ, in Japan „jemand mit einem Makelkreuz" (*batsu-ichi*) genannt.[6] Über eine geschiedene Frau sagte man: „Sie ist eine, die zu ihren Eltern zurückgekehrt ist" (*demodori*). Heute regt sich niemand mehr über ein oder zwei „Makelkreuze" auf. Sogar die Eltern akzeptieren es mittlerweile, wenn eine Frau ins Elternhaus heimkehren möchte, weil es ihr in der Familie des Mannes nicht gefällt. Bei der Heirat sagen sie sogar: „Wenn es mit ihm nicht klappt, kannst du jederzeit zurückkommen". Die Eltern können es sich heute na-

---

[6] Die Bezeichnung *batsu-ichi* für jemanden, der einmal geschieden ist – und entsprechend dazu *batsu-ni* für zweifach Geschiedene – bezieht sich auf die Streichungen der Namen, die bei einer Scheidung im Familienregister (*koseki*) vorgenommen werden. Dies führte den Betroffenen gegenüber oft zu dem Vorwurf, das Familienregister „beschmutzt zu haben" (*koseki ga yogoreru*). Der Begriff *batsu-ichi* findet auch im Japan der neunziger Jahre noch Verwendung, hat jedoch in manchen Kreisen bereits seine pejorative Bedeutung verloren. So bezeichnen in der ersten Folge des Fernsehdramas *Otona no otoko* [Erwachsene Männer] (TBS 1997) die Firmenkollegen eine geschiedene Karrierefrau zwar als *batsu-ichi*, betonen jedoch, dies sei heutzutage gewissermaßen ein Statussymbol.

türlich auch finanziell leisten, ihren verheirateten Töchtern dieses Angebot zu machen. Was die Kinder aus einer gescheiterten Ehe anbelangt, so ist für die Eltern die Frage, ob sie die Enkel bei sich aufnehmen, nur noch von wirtschaftlichen Überlegungen abhängig. Fast niemand versetzt sich jedoch in die Lage der Kinder, deren Eltern sich getrennt haben.

Meine Frau arbeitet seit langem in der Schlichtungsstelle des Familiengerichts, bei der es um Scheidungen oder Erbstreitigkeiten geht. Es ist einmal vorgekommen, daß ein Ehepaar, das über seine Scheidung sprechen wollte, seinen Sohn, einen Mittelschüler, mitbrachte. Als meine Frau ihn bat, auf dem Flur zu warten, da es sich um eine Unterredung handle, die für seine Eltern von großer Bedeutung sei, weigerte er sich mit der Begründung: „Für niemanden ist das Gespräch wichtiger als für mich!" Meine Frau erzählte mir, daß sie zunächst verblüfft gewesen sei, ihm dann aber zustimmen mußte.

INTENTION UND WIRKUNG MEINER FERNSEHDRAMEN

Ich möchte nun einiges über die Resonanz auf meine eigenen Fernsehserien berichten. Vor einigen Jahren nahm ich aus dem Essay von Bīto Takeshi (*1947)[7] *Takeshi kun – Hai* [Takeshi – Hier!] den Stoff für eine Serie, die das Leben einer sehr armen Familie beschreibt. Der Vater, ein starker Trinker und Analphabet, ist ein sehr begabter Lackmaler, da er sich aber normalerweise den teuren Lack nicht leisten kann, muß er sich als Anstreicher verdingen. Dies hat wiederum zur Folge, daß er sein Talent nicht entfalten kann, dem Alkohol zuspricht und den ganzen Tag lamentiert.

Die Familie wohnt in einem äußerst engen Haus. In einem Zimmer mit sechs *tatami*[8] und einem zweiten Zimmer mit drei *tatami* leben die Großmutter, die Eltern und drei Kinder. Von jedem Winkel des Hauses kann man überblicken, was die einzelnen Familienmitglieder tun. Um sich ein wenig Taschengeld zu verdienen, gibt die Großmutter im kleineren Raum Gesangsunterricht. Im anderen Zimmer singt der Vater betrunken mit lauter Stimme Schlager; die drei Kinder sitzen über ihren Schulbüchern, und die Mutter verrichtet Heimarbeit.

Takeshi, ein frecher Junge, der nicht gerne lernt, obwohl er ein kluges Köpfchen ist, wird von seiner Mutter häufig für seine Streiche getadelt, so

---

[7] Einer der beliebtesten Entertainer des japanischen Fernsehens, der unter dem Namen Kitano Takeshi auch als Filmregisseur tätig ist und mit seinen Filmen international Anerkennung erringen konnte. *Hanabi* (dt. Feuerblume) wurde 1997 mit der Goldenen Palme von Cannes ausgezeichnet.

[8] Die Größe eines *tatami* (180 cm mal 90 cm) dient als Maßeinheit eines Raumes.

auch in der folgenden Szene, die ich näher beschreiben möchte. Weil Takeshi sich nirgends zurückziehen kann, bleibt er in ihrer Sichtweite und weint, an eine Wand gelehnt, leise vor sich hin. Die Mutter ist jedoch noch nicht bereit, ihm zu verzeihen. Hin und wieder wirft Takeshi ihr einen flüchtigen Blick zu und sieht, daß sie immer noch verärgert ist. Um Mitleid zu erregen, schluchzt er laut, doch die Mutter ignoriert ihn einfach. Als sie sich nach einer Weile nach ihm umsieht, hat er zu weinen aufgehört, läßt jedoch den Kopf hängen. Sie starrt ihn mißbilligend an. Nachdem die beiden eine Zeitlang nur still Blicke gewechselt haben, nutzt die Mutter einen günstigen Augenblick, nimmt ein Taschentuch zur Hand und reicht es ihm mit den Worten: „Wisch dir die Tränen ab!" Dann trocknet er sein Gesicht, und die Sache ist erledigt. Es war mein Anliegen, mit dieser Szene vorzuführen, wie sich in ständigem Blickkontakt miteinander die Gemüter von Mutter und Sohn allmählich beruhigten.

Heute leben wir im Zeitalter der Einzelzimmer, wo jeder seinen eigenen Raum hat, so daß man eine solche Szene gar nicht mehr gestalten könnte. Manche Kinder schließen sich nach Auseinandersetzungen sogar in ihr Zimmer ein und hängen ein Schild „Eintritt verboten!" an ihre Tür. Auf diese Weise können Spannungen nicht abgebaut werden. Wenn das Kind schließlich zum Essen aus seinem Zimmer herauskommt, befindet es sich noch immer im selben Gemütszustand wie zuvor.

Es hat mich damals sehr gefreut, daß dieses Fernsehdrama viele Zuschauer gewinnen konnte. Zahlreichen Leserbriefen war zu entnehmen, daß man besonders dem trinkenden, nichtsnutzigen Vater Sympathie entgegenbrachte. Als er seinen ältesten Sohn, der an der Tōkyō-Universität studieren möchte, beim Lernen antrifft, schimpft er: „Ich mag es nicht, wenn du in meinem Beisein lernst. Ich will schlafen. Also mach das Licht aus!" – Eigentlich gibt es keinen Grund, einen solch unmöglichen Vater, der seinen Sohn nicht lernen läßt, gernzuhaben. Die Zuschauer empfanden für diesen Vater jedoch großes Mitgefühl, wahrscheinlich weil er sich nicht verstellt und ihm nicht im geringsten daran liegt, die Maske des guten Vaters aufzusetzen. Die Beliebtheit dieser Figur mag auch darauf beruhen, daß Menschen, die kaum mehr streiten, vielleicht eine Familie beneiden, in der heftige emotionale Auseinandersetzungen stattfinden.

In diesem Zusammenhang möchte ich meine Familienserie *Ten made todoke* [Greift nach den Sternen!][9] erwähnen, die ebenfalls gute Einschaltquoten erringen konnte. Es ist die Geschichte einer – heutzutage recht ungewöhnlichen – Familie mit 13 Kindern. Der Vater ist Zeitungsreporter,

---

[9] Die Serie wurde erstmals 1991 gesendet und seither immer wieder fortgesetzt. Die 6. Staffel strahlte der Sender TBS vom 17.2. bis zum 11.4.1997 in 40 Folgen jeden Werktag aus. Der Autor publizierte auch ein Buch zu dieser Serie (s. Abb. 1).

Der Wandel der japanischen Familie aus der Sicht eines Drehbuchautors

Abb. 1: Einband des Buches *Ten made todoke. – Ā daikazoku* [Greift nach den Sternen – Eine Großfamilie] von Fuse Hiroichi. Tōkyō: Chōbunsha 1997

die Mutter Hausfrau. Ich bekam auch hier etwa drei Kartons Leserbriefe, die ich selbst gar nicht alle beantworten konnte. Der Produzent brauchte dafür ein halbes Jahr.

Diese Serie lief im Mittagsprogramm, das vornehmlich von Hausfrauen gesehen wird. Wie aus den Leserbriefen hervorging, schauten jedoch vor allem kleine Kinder, Grund-, Mittel- und Oberschüler zu. Eine Mutter schrieb: „Als ich die Serie sah, dachte ich, wie schön es doch sei, viele Kinder zu haben. Dabei wäre es bei meinen Verhältnissen völlig unmöglich, so viele Kinder in die Welt zu setzen. Mein kleiner Sohn meinte schließlich: ‚Mama, wenn du das nächste Mal wieder ein Kind kriegst, wünsche ich mir einen älteren Bruder.'" Ich weiß nicht, ob man *Ten made todoke* als erfolgreiche Serie bezeichnen kann, doch meiner Meinung nach wäre die Sendung abgesetzt worden, wenn sie nur gezeigt hätte, wie schwer es eine Familie mit 13 Kindern hat. Dafür reichen vier oder fünf Folgen, denn mehr wäre dem Publikum nicht zuzumuten.

In dieser Serie ging es mir vielmehr darum, eine Familie darzustellen, in der die Kinder zur Selbständigkeit erzogen werden. Weil es in der Wirklichkeit nur noch wenige kinderreiche Familien gibt, sehnen sich die Leute wohl danach. Daher erfreuen sich nicht nur Fernsehserien, sondern auch Reportagen über Großfamilien hoher Einschaltquoten. Die Fernsehanstalten suchen deshalb ständig im ganzen Land nach solchen Familien.

Ich glaube, daß in Familien mit mehr als zehn Kindern jedem eine andere Aufgabe zukommt. Das eine Kind lernt gut, das andere ist weniger begabt, dafür aber munter und aktiv; das dritte ist weder begabt noch munter, aber besonders lieb. Bei einem oder zwei Kindern hingegen sind die Erwartungen der Eltern zu hoch gesteckt. Sie verlangen häufig von den Kindern, daß sie gleichzeitig begabt, nett und zudem noch aufgeweckt sind. Einem solch großen Erwartungsdruck versuchen die Kinder zu entfliehen. Sie weichen den Eltern aus oder setzen sich einfach eine Maske auf. Sein wahres Gesicht zeigt man in der Familie deshalb immer weniger. Kinder aller Altersstufen haben sich das Fernsehdrama *Ten made todoke* vielleicht auch deshalb angesehen, weil sich hier die Eltern nicht einmischen, sondern vielmehr Freude daran haben, daß die Kinder auf eigenen Füßen stehen.

Mit diesem Fernsehdrama wollte ich zum Ausdruck bringen, daß Eltern mehr Geduld und Nachsicht gegenüber ihren Kindern üben sollten. Man darf den Schwierigkeiten nicht aus dem Wege gehen, die notwendigerweise bei der Selbstverwirklichung der Ehepartner und der Kinder entstehen, sondern muß sich mehr darum bemühen, die Probleme zu lösen. Der Verfall der Familie wird immer weiter voranschreiten, wenn in dieser Hinsicht nichts geschieht. Hierzu könnten künftige Fernsehdramen Anregungen bieten.

übersetzt von Dietmar Heidenreich

MACHT UND OHNMACHT DES FAMILIENOBERHAUPTS

ENTWICKLUNGEN IM GENRE FERNSEHDRAMA VON DEN ANFÄNGEN BIS ZUR GEGENWART*

HIRAHARA Hideo

1. DAS SOZIALKRITISCHE FERNSEHDRAMA DER JAHRE 1955 BIS 1965

Das japanische Fernsehen nahm 1953 seinen Betrieb auf. Zeitgleich startete auch das Genre Fernsehdrama als wichtigste Sendeform, das zwischen 1955 und 1965 zu seiner spezifischen Ausdrucksweise fand. Es wurden nun zahlreiche ein- bis zweistündige Dramen (*tanpatsu dorama*) produziert, meist als Wettbewerbs-Beiträge zu den regelmäßig stattfindenden Kunst-Festivals (*geijutsu-sai*). Man nannte sie sozialkritische Dramen (*shakai-ha dorama*), da sie sich mit der gesellschaftlichen Realität des Nachkriegsjapan auseinandersetzten. Das bekannteste Beispiel ist *Watashi wa kai ni naritai* [Eine Muschel möcht' ich werden] (Drehbuch: Hashimoto Shinobu / Regie: Okamoto Yoshihiko), das den Preis des Kunstfestivals des Jahres 1958 erhielt.

In diesem Fernsehdrama, das während der Besatzungszeit spielt, wird der Protagonist, der Friseur Toyomatsu, unter dem Verdacht, während des Krieges einen amerikanischen Kriegsgefangenen getötet zu haben, von der amerikanischen Militärpolizei verhaftet, als Kriegsverbrecher vor ein Kriegsgericht gestellt und zum Tode verurteilt. Die Schuld, die eigentlich dem System zugeschrieben werden müßte, das den Befehl eines Vorgesetzten absolut setzt,[1] wird somit auf den ehemaligen Soldaten Toyomatsu mit dem niedrigsten militärischen Rang abgewälzt. In der letzten Szene des Fernsehdramas, kurz vor der Vollstreckung des Urteils durch den Strang, vernimmt man die Worte, die Toyomatsu an seine Frau und seinen kleinen Sohn richtet: „Sollte ich je wiedergeboren werden, ein Mensch will ich nicht mehr sein. Wenn's schon nicht zu verhindern ist,

---

* Bei diesem Beitrag handelt es sich um die Übersetzung des gekürzten Manuskripts des Autors. Fußnoten und Literaturverzeichnis wurden von der Herausgeberin zusammengestellt.
[1] Die Darstellung läßt keinen Zweifel daran, daß der Soldat Toyomatsu erschossen worden wäre, wenn er dem Befehl, einen amerikanischen Kriegsgefangenen mit dem Bajonett zu erstechen, nicht Folge geleistet hätte.

dann laßt mich eine Muschel werden."² An dem Aufschrei dieses ehemaligen Soldaten nahm das Fernsehpublikum großen Anteil. Alle Zeitungen druckten lobende Zuschriften ab. Ein fünfzehnjähriger Schüler schrieb entsetzt: „*Ich* möchte keine Muschel werden!" (*Asahi Shinbun*, 5. November 1958).

In den Jahren zwischen 1955 und 1965 wurden in Japan im Hinblick auf die Revision des Japanisch-Amerikanischen Sicherheitsvertrages hitzige Diskussionen über die Wiederaufrüstung geführt, und es kam zu einer Verschärfung politischer und gesellschaftlicher Gegensätze. Auch die Darstellung der Familie im Fernsehdrama blieb davon nicht unberührt.

Ein Beispiel hierfür ist das Drama *Hitorikko* [Einzelkind], ein Beitrag des Fernsehsenders Kyūshū RKB für das Kunstfestival des Jahres 1962. Im Fernsehen konnte es aufgrund von Bedenken seitens der Sponsoren nie ausgestrahlt werden. In diesem Drama geraten ein Vater und eine Mutter anläßlich der bestandenen Aufnahmeprüfung zur Militärakademie ihres zweiten Sohnes in Streit. Während sich die Mutter gegen den Eintritt in diese Hochschule ausspricht, zeigt sich der Vater, der auch jetzt noch stolz auf seinen als Kamikaze-Pilot gefallenen ältesten Sohn ist, hoch erfreut. Als er schließlich seine Frau schlägt, stellt sich der Sohn auf die Seite der Mutter und verzichtet auf den Besuch der Militärakademie. Damit war der Vater seiner Macht enthoben. Weil sich dieses Fernsehdrama gegen die Wiederaufrüstungsbestrebungen der Regierung wandte, mußte es vom Fernsehprogramm gestrichen werden.

Wie an *Hitorikko* deutlich wurde, griff das sozialkritische Drama der Jahre 1955 bis 1965 die Familienproblematik im gesellschaftlichen Kontext auf und ließ damit neue Möglichkeiten und Richtungen des Genres Fernsehdrama erahnen. Diese wurden jedoch im Keim erstickt, da es im Verlauf der 60er Jahre häufig zu Einmischungen in die Programmgestal-

---

² Um die Interpretation dieser Schlüsselszene, aus der die ganze Verzweiflung des Protagonisten am Mensch-Sein spricht, zu erleichtern, sei hier der volle Wortlaut des Briefes angeführt: „Wenn ich wiedergeboren werde, möchte ich kein Japaner mehr werden, nein, überhaupt kein Mensch. Auch keine Kuh oder ein Pferd, denn sie werden von Menschen gequält. Wenn ich denn unbedingt wiedergeboren werden muß, dann als eine Muschel. Eine Muschel haftet einfach am Meeresgrund an einem Fels und ist ganz unbekümmert. Sie weiß von nichts, deshalb ist sie weder traurig noch glücklich. Sie braucht sich über nichts den Kopf zu zerbrechen und wird auch nicht als Soldat eingezogen. Krieg gibt es für sie nicht. Und sie muß sich nicht um Frau und Kind sorgen. Wenn ich denn unbedingt wiedergeboren werden muß, so laßt mich eine Muschel werden." (KATŌ 1997: 27) Ausführliche Informationen zu Hintergrund und Entstehung dieses Fernsehdramas bietet KATŌ (1997).

tung und zu Ausstrahlungsstops oder zu Programmabsetzungen aufgrund der Selbstzensur seitens der Sendeanstalten kam.[3]

2. DIE HEITEREN FAMILIENSERIEN DER JAHRE 1965 BIS 1975

Nachdem in der Anfangszeit des Fernsehens die ein- bis zweistündigen Fernsehdramen im Mittelpunkt standen, entwickelte sich die Sendeform der Serie, bei der weniger der Kunstanspruch als die Unterhaltung zählte, zur neuen Hauptströmung des Genres Fernsehdrama. Bereits Ende der fünfziger Jahre begann man in Japan, Familienserien nach amerikanischen Vorbildern wie *Father Knows Best*[4] zu drehen. Seit Mitte der 60er Jahre verzeichneten vor allem die sogenannten „mütterzentrierten Dramen" (*hahaoya chūshin-gata dorama*) einen sprunghaften Anstieg. Diese waren in der Hauptsache gefühlsbetonte Heim-und-Herd-Rührstücke, die – jeglicher sozialer Couleur beraubt – in Masse produziert wurden.

Die „mütterzentrierten Dramen" können aufgrund ihres Sendeplatzes grob in zwei Arten unterteilt werden. Die morgens bzw. mittags ausgestrahlten Fernseh-Fortsetzungsromane (*renzoku terebi shōsetsu*) der Sender NHK und TBS schilderten allesamt den Lebensweg einer Frau und basierten teilweise auf realen weiblichen Biographien. Der Lebensweg der Protagonistin war weitestgehend standardisiert: Durch Krieg oder Krankheit verliert sie ihren Mann, kämpft gegen widrige Umstände, erzieht ihre Kinder und geht als Frau, die auf eigenen Füßen steht, ihren Weg. Ein typisches Beispiel ist *Ohanahan* [Frau Ohana] (NHK 1966), der größte Erfolg der Anfangszeit dieser Serienform.[5]

Eine andere Richtung stellt die zur abendlichen Hauptsendezeit ausgestrahlte Familienserie dar. Beispiele hierfür sind *Kimottama kāsan* [Unerschütterliche Mutter] (TBS 1968), *Hosoude hanjōki* [Eine Frau setzt sich

---

[3] Zu den zahlreichen Fällen von Einflußnahme auf die Inhalte von Fernsehdramen aus politischen Gründen vgl. SATA und HIRAHARA (1991: 58–65). Im Japan der Gegenwart ist dies selten geworden, zumal politisch brisante Themen in diesem Genre heutzutage eher ausgespart werden. Zu Fremdeinfluß und Selbstkontrolle in den Medien vgl. auch GÖSSMANN (1996).
[4] In dieser amerikanischen Serie, die in Japan 1958 ausgestrahlt wurde, geht es um den Versicherungsvertreter Jim Anderson und seine Familie. 1947 in den USA als Radioserie entstanden, wechselte *Father Knows Best* 1954 ins Fernsehen, wo „die Andersons ihren Zuschauern neun Jahre lang vollkommenes Familienglück vorgaukelten" (SCHECK 1995: 81).
[5] Zu dem bekanntesten Fernsehroman der Gegenwart, der den Namen der Protagonistin, *Oshin*, trägt und in über 40 Ländern ausgestrahlt wurde, vgl. HARVEY (1995).

durch] (Yomiuri Terebi 1970), *Jikan desu yo* [Es ist Zeit!] (TBS 1970) und *Ohayō* [Guten Morgen] (TBS 1970). Meist ist hier der Schauplatz ein kleiner Laden. So betreibt etwa die Protagonistin von *Kimottama kāsan* einen Nudelimbiß. Sie arbeitet zusammen mit ihrem Sohn, dessen Frau und den Angestellten, ist jedoch die treibende Kraft im Hause.

Allen Protagonistinnen gemeinsam ist ihre Heiterkeit und ihre Lebenskraft, ihr Vertrauen, ihre Selbstlosigkeit und ihre Opferbereitschaft gegenüber ihrer Umgebung. Es sind also idealisierte Frauenfiguren. Das Heim, in dem sie walten, verkörpert die Wunschfamilie der Zuschauer. Alle Widersprüche und zwischenmenschlichen Probleme, mit denen man in der Realität konfrontiert wird, lösen sich in diesen Familien in einem herzerweichenden Finale. Der Machtverlust des männlichen Familienoberhaupts in der Nachkriegszeit und die Abwesenheit des Vaters, der im „Wirtschaftskrieg" zum „Unternehmenskrieger" (*kigyō senshi*) des Wirtschaftswachstums wurde, hat eine solche Wunschfamilie mit der Mutter als Zentrum hervorgebracht. In den Fernsehdramen der Jahre 1965 bis 1975 haben somit die Mütter den durch die Abwesenheit des Vaters in der Nachkriegsfamilie entstandenen Freiraum ausgefüllt.

3. Das Ende der harmonischen Familienserie Mitte der siebziger Jahre

Die Ölkrise im Jahr 1973 verabreichte dem bis dahin bestehenden Mythos vom Hochwachstum eine kalte Dusche und warf einen Schatten auf die Entwicklung der japanischen Wirtschaft. In dieser Situation trat nun eine neue Art von Fernsehdrama mit deutlich sozialkritischem Impetus auf den Plan; dem bis dahin sehr beliebten Heim-und-Herd-Drama stand das Ende bevor.

Das Fernsehdrama *Sorezore no aki* [Eines jeden Herbst] (1974) des Drehbuchautors Yamada Taichi[6] offenbart, was sich hinter der Fassade des Alltags einer gewöhnlichen Angestellten-Familie verbirgt, und zeigt so die wahre psychische Beschaffenheit der Familie der Gegenwart. Das Geschehen wird aus der Sicht des zweiten Sohnes dargestellt, der nach und nach die ihm bis dahin völlig unbekannten, verborgenen Seiten der anderen Familienmitglieder entdeckt: So ist seine jüngere Schwester, eine Oberschülerin, in schlechte Gesellschaft geraten; sein Vater Seiichi wird eines Abends von einem Gangster aufgesucht und zusammengeschlagen;

---

[6] Eine ausführliche Darstellung und Interpretation der wichtigsten Werke dieses bekannten Drehbuchautors bietet Hirahara (1994), eine Einführung in deutscher Sprache Kawamoto (1983).

die Geliebte seines älteren Bruders wiederum hat bereits von einem anderen Mann ein Kind und versucht sich umzubringen. Eines Tages bricht Seiichi, der an einem Hirntumor leidet, zusammen. Im Delirium überschüttet der gewöhnlich so wortkarge Mann seine Frau mit den heftigsten Vorwürfen.

In dieser Familie haben sowohl die Eltern als auch die Kinder jeweils ein „zweites Ich", das sich völlig von dem unterscheidet, das sie innerhalb jener Gruppe, die man gemeinhin Familie nennt, zeigen. Das Neue an diesem Fernsehdrama besteht darin, diese „Fremdheit" der dargestellten Figuren innerhalb der Familie aufzudecken. Dadurch, daß der Autor die Existenz jenes „zweiten Ichs", jenes selbst von der Familie nicht registrierten „Anderen" verdeutlicht, entwirft er ein Bild von der Isolation des gegenwärtigen Menschen. *Sorezore no aki* beleuchtet die den einzelnen Menschen inhärenten wahren Gegebenheiten und ist somit eine Absage an das wirklichkeitsfremde und rührselige Heim-und-Herd-Drama.

In *Kishibe no arubamu* [Fotoalben am Ufer] (1977) entwickelte Yamada Taichi das Hauptthema von *Sorezore no aki* weiter. Die Familie Tajima, die in einem auf Kredit gekauften Haus am Flußufer des Tamagawa in einem Vorort von Tōkyō wohnt, besteht aus vier Personen: dem Vater Kensaku, Abteilungsleiter einer Firma, der älteren Schwester, einer Studentin, dem Sohn, der die Vorbereitungsschule für die Universität besucht, und der Mutter Noriko, die unentwegt mit Hausarbeit beschäftigt ist. Auch dieses Drama nimmt mit dem friedlichen Alltag der Familie eines Angestellten seinen Anfang. Eines Tages jedoch erhält Noriko einen Anruf von einem fremden Mann, mit dem sie sich später auf eine Liebesaffäre einläßt. Wie im vorausgegangenen Beispiel wird auch dieses Drama aus dem Blickwinkel des Sohnes erzählt. Er entdeckt die Affäre der Mutter und erfährt von der Existenz eines jungen Amerikaners, mit dem die Schwester eine Beziehung hat. Und schließlich bleibt ihm auch nicht verborgen, daß die Firma seines Vaters Frauen aus Südostasien in Japan einschleust, um sie als Barhostessen zu vermitteln.

Die Struktur des Dramas entspricht genau der von *Sorezore no aki*. Während dort die Hausfrau jedoch lediglich eine passive Nebenrolle spielt, steht in *Kishibe no arubamu* die Ehefrau Noriko im Mittelpunkt. Mit ihrer Affäre bricht sie aus ihrem monotonen Alltag aus, in dem es keine Gesprächspartner gibt. Ihr Ehemann Kensaku ist ein typischer „Unternehmenskrieger", der zuhause durch Abwesenheit glänzt, wodurch er schließlich seine Frau in die außereheliche Affäre treibt. Der Ehemann Seiichi in *Sorezore no aki* hingegen kommt jeden Tag pünktlich nach Hause, obwohl er ein Angestellter ist; gleichwohl zeigt er sich seiner Frau gegenüber nicht gerade gesprächig. Er kann der Unzufriedenheit über seine Frau lediglich im Zustand des für Hirntumorpatienten eigentümlichen

Deliriums, also durch sein Unterbewußtsein, Ausdruck verleihen. Auf der Ebene des Bewußtseins ist er somit ebenfalls ein „Abwesender der Familie". Demnach sind Seiichi und Kensaku beide „abwesende Familienoberhäupter". Während sie die Probleme der Familie gänzlich auf ihre Frauen abwälzen, tun sie für die Firma alles. Indem die beiden Fernsehdramen dieses Bild des Mannes ans Tageslicht brachten, haben sie die bisherige Welt der Familienserie zum Einsturz gebracht.

Obschon häufig das Heim ohne Vater gezeichnet wurde, gab es jedoch auch Familienserien, in denen weiterhin der Vater im Mittelpunkt stand. Dies gilt vor allem für die Werke der bekannten Drehbuchautorin Mukōda Kuniko (1929–1981)[7]. In *Daikon no hana* [Rettichblüten] (1972) und *Terauchi Kantarō ikka* [Familie Terauchi Kantarō] (1974) werden anhand der Protagonisten, einem unerbittlichen ehemaligen Kreuzerkapitän und einem grobschlächtigen Steinmetz, auf komische und satirische Weise Situationen geschildert, die vom Verlust patriarchalischer Macht zeugen. Mukōda Kuniko hat nicht nur Qualitäten als Geschichtenerzählerin, ihre Stärke liegt auch in der Frische des Blickwinkels, mit dem sie Männer, die auf ihre väterliche Autorität pochen, karikiert. Gleichwohl verbirgt sich dahinter die Liebe der Autorin zu ihrem eigenen Vater, wodurch sich ihre Werke über die einfach nur komisch-rührseligen Heim-und-Herd-Serien erheben und zu menschlichen Dramen mit Tiefgang werden.

Mukōda Kunikos repräsentatives Werk *Kazoku netsu* [Familienfieber] (1977) erzählt die Geschichte von Tsuneko, einer 48jährigen geschiedenen Frau. In dem Wunsch, nach 13jähriger Trennung ihren früheren Mann Kuronuma und ihre Söhne wiederzusehen, kehrt sie zu seiner Familie zurück, in der jetzt seine 33jährige zweite Ehefrau lebt. Das hartnäckige Festhalten von Tsuneko an ihrem geschiedenen Mann und ihren Söhnen stellt die Autorin als „Sehnsucht einer aus dem Gleichgewicht geratenen Seele" dar. Wieder in der Familie ihres geschiedenen Mannes, verfällt Tsuneko dem Wahnsinn.

Bei dieser Tragödie geht es keineswegs nur um den Zwist der früheren und der jetzigen Ehefrau eines Mannes, sondern auch um die Männer der Familie, Kuronuma, Tsunekos Ehemann, und ihren Schwiegervater. Diese hatten seinerzeit stillschweigend zugesehen und geduldet, wie die Schwiegermutter Tsuneko drei Tage nach dem Tod ihrer dreijährigen Tochter aus der Familie vertrieb, weil sie ihr die Verantwortung für die Lungenentzündung des Kindes zugeschrieben hatte. Hinter diesem Werk verbirgt sich also ferner die Anklage der Autorin gegen die Abwesenheit, Ohnmacht und Verantwortungslosigkeit der Familienoberhäupter.

---

[7] Eine detaillierte Würdigung von Leben und Werk dieser Autorin bietet HIRAHARA (1993).

Das bekannte Fernsehdrama *Kita no kuni kara* [Aus dem Land im Norden][8] des Drehbuchautors Kuramoto Sō (*1935) zeichnet ein völlig anderes Bild des Mannes als die bisherigen Beispiele. Es schildert die Geschichte eines Vaters und seiner Kinder, die von der Ehefrau bzw. Mutter verlassen wurden und in der rauhen Natur von Hokkaidō leben. Besonders eindrucksvoll ist die Fortsetzung mit dem Titel *Kita no kuni kara, '92 sudachi* [Aus dem Land im Norden, 1992: Die Kinder werden erwachsen] (Fuji Terebi 1992). Es geht um die Beziehung zwischen Vater und Kindern und den Weg der jungen Menschen in ihr eigenes Leben. Thema ist dabei auch die geistige Loslösung des Vaters Gorō von seinen Kindern.

Gorō, der in einem neuerschlossenen Gebiet von Hokkaidō geboren wurde und aufwuchs, ging als Erwachsener nach Tōkyō, heiratete, wurde von seiner Frau verlassen, kehrte mit seinen beiden Kindern in die Heimat zurück und verbringt dort ein entbehrungsreiches Leben. Sein Vermächtnis, die Botschaft, die er als Vater seinen Kindern vermitteln möchte, besteht darin, daß es nichts anderes als eben dieser erbitterte Kampf gegen den Tod ist, der dem Leben Bedeutung verleiht. *Kita no kuni kara* fragt nach der Beziehung von Eltern und Kindern in der Nachkriegsfamilie und vor allem nach der Bedeutung des Vaters. Wohl auch deshalb hat dieses Werk großen Anklang bei der jungen Generation gefunden.

4. NEUE ANSÄTZE IN FERNSEHDRAMEN DER NEUNZIGER JAHRE

Im Oktober 1994 wurde vom Sender TBS eine Neuverfilmung des 1958 preisgekrönten Fernsehdramas *Watashi wa kai ni naritai* ausgestrahlt.[9] Sie basiert auf demselben Drehbuch wie die Erstverfilmung. Bei der Ausstrahlung der ersten Version des Dramas Ende der fünfziger Jahre wurde in Zusammenhang mit dem Japanisch-Amerikanischen Sicherheitsvertrag in der japanischen Gesellschaft eine hitzige Debatte über die Wiederbewaffnung geführt. Welchen Sinn aber kann nun die Verfilmung desselben Stoffes heutzutage, da der kalte Krieg zwischen Ost und West beendet ist, noch haben? Unter dem Aspekt der Familie betrachtet, versinnbild-

---

[8] Das Fernsehdrama wurde 1981 in 24 Folgen ausgestrahlt, aufgrund der großen Beliebtheit sendete man in den folgenden Jahren regelmäßig 2- bis 4stündige Fortsetzungen.

[9] Die Hauptrolle, die in der ersten Version Sakai Frankie übernahm, wurde in der Neuverfilmung mit dem bekannten Schauspieler Tokoro Jōji besetzt. Regie führte Yamaizumi Osamu.

licht der Tod des Protagonisten Toyomatsu, der ein Opfer des Militärs geworden ist, das Ende des Familienoberhaupts der Vorkriegszeit. Die Neuverfilmung von *Watashi wa kai ni naritai* vermittelt meiner Meinung nach die Botschaft, daß Menschen wie der Soldat Toyomatsu in der Gegenwart keineswegs verschwunden sind, sondern in den „Unternehmenskriegern" des hohen Wirtschaftswachstums weiterleben. Die heutigen „Unternehmenskrieger" verhalten sich, oberflächlich betrachtet, wie freie, moderne Menschen, sie haben jedoch ihre „private Denkweise" preisgegeben und sich von der „öffentlichen Denkweise" assimilieren lassen. Den Soldaten Toyomatsu und den „Unternehmenskrieger" verbindet das Gefühl, sich für das „Öffentliche" zu opfern. Die japanische Mentalität, das „Private" dem „Öffentlichen" unterzuordnen, ist also in der Vorkriegs- und der Nachkriegszeit gleichermaßen lebendig. Diese Haltung hat das Wirtschaftswunder überhaupt erst ermöglicht.

Das ebenfalls im Oktober 1994 ausgestrahlte, dreiteilige Fernsehdrama *Aki no ichizoku* [Eine Familie im Herbst] (NHK) von Yamada Taichi zeichnet ein verändertes Bild der Familie in der Zeit nach dem Zerplatzen der Seifenblasenwirtschaft Japans. Gewandelt hat sich insbesondere das Vaterbild. Der Protagonist Ezaki Shirō ist vor einigen Jahren von seiner Stellung als Abteilungsleiter einer Firma zurückgetreten und versieht nun in einem städtischen Archiv eine Aushilfsarbeit. Seit mehr als zehn Jahren ist er geschieden und lebt allein. Zu Beginn des Fernsehdramas taucht Ezakis frühere Ehefrau Natsu, die in Singapur im Überseehandel tätig ist, bei ihm auf und bittet ihn um Geld. Kurz darauf erhält er die Nachricht, daß sein einziger Sohn Tetsuya wegen Körperverletzung verhaftet worden ist. Auf einer Zugfahrt zusammen mit seiner schwangeren Frau Miho hatte ein Mann ihr ein Bein gestellt, so daß sie stürzte, woraufhin er den Mann schlug und ihm dabei eine Verletzung zufügte. Der Mann leugnet sein Vergehen, und die Polizei schenkt der Version von Tetsuya keinen Glauben, denn es gibt keine Zeugen, die seine Aussage bestätigen könnten. Da juristisch keine Aussicht auf Erfolg besteht, zahlt sein Vater schließlich an den Mann eine Million Yen für die Arztkosten und als Schmerzensgeld, wodurch die Angelegenheit beigelegt wird.

Nach der Freilassung seines Sohnes macht Ezaki den Vorschlag, sie sollten versuchen, das Geld von diesem Mann namens Kawada zurückzubekommen. Er will Kawada systematisch in die Enge treiben und dadurch zum Eingeständnis der Wahrheit zwingen. Vater und Sohn machen sich sogleich an die Umsetzung dieses Plans, sind aber zunächst nicht sonderlich erfolgreich. Tatkräftige Unterstützung bekommen die die beiden durch die Mutter. Durch dieses Gefühl der Solidarität findet die Familie wieder zusammen. Kawada kapituliert schließlich vor dem Bund der Familie Ezaki und gesteht ein, der schwangeren Miho mit Absicht ein Bein gestellt zu haben. Als Grund gibt er folgendes an: Da er als junger Mann von seiner Freundin wegen Vergewaltigung angezeigt worden war, leidet er an einem Komplex gegenüber Frauen und ist mit dreißig Jahren noch unverheiratet. Der Neid auf das junge Ehepaar sei die Ursache für sein Verhalten gewesen.

Der Vater Ezaki steht hier für einen neuen Menschentyp. Indem er das Schmerzensgeld zahlt, rettet er seinen Sohn vor dem Gefängnis. Darüber hinaus möchte er jedoch auch die Wahrheit ans Licht bringen, um so der „privaten Denkweise" Tetsuyas, die übergangen worden ist, zu ihrem Recht zu verhelfen. Der Kampf, dem sich auch Ezakis geschiedene Frau anschließt, hat letztlich den Sinn, die zerbrochene Familie wieder zusammenzuführen. Durch die Zurückgewinnung der „privaten Denkweise" der einzelnen Familienmitglieder wird die Familie wiederhergestellt.

Zwischen Ezaki in *Aki no ichizoku* und Gorō in *Kita no kuni kara* läßt sich eine Verbindung herstellen. Beide Väter setzen sich für die Zurückgewinnung dessen ein, was man inmitten des Wohlstands des hohen Wirtschaftswachstums aus den Augen verloren hat, und verkörpern damit einen neuen Typ des Familienoberhaupts im Genre Fernsehdrama.

übersetzt von Peter Kleinen

LITERATURVERZEICHNIS

GÖSSMANN, Hilaria (1996): Zwischen Fremdeinfluß und Selbstzensur. Literatur und Massenmedien im Japan der Gegenwart. In: SCHAUMANN, Werner (Hg.): *Gewollt oder geworden? Planung, Zufall, natürliche Entwicklung in Japan. Referate des 4. Japanologentages der OAG in Tokyo 17./18. März 1994.* München: Iudicium, S. 67–82.

HARVEY, Paul A. S. (1995): Interpreting Oshin – War, History and Women in Modern Japan. In: SKOV, Lise und Brian MOERAN: *Women, Media and Consumption in Japan.* Honululu: University of Hawaii Press.

HIRAHARA Hideo (1993): *Mukōda Kuniko no sekai.* [Die Welt von Mukōda Kuniko]. Tōkyō: Shōgakkan.

HIRAHARA Hideo (1994): *Yamada Taichi no kazoku dorama saiken.* [Untersuchung der Familiendramen von Yamada Taichi]. Tōkyō: Shōgakkan.

HIRAHARA Hideo und SATA Masanori (Hg.) (1991): *A History of Japanese Television Drama.* Tōkyō: Kaibunsha.

KAWAMOTO Saburō (1983): Die Entdeckung der Suburbia. Die Welt des Yamada Taichi. Übersetzt von Kimiko Brodmeyer et al. In: *Kagami. Japanischer Zeitschriftenspiegel* 1, S. 69–107.

KATO Tetsutarō (1997): *Watashi wa kai ni naritai* [Eine Muschel möcht' ich werden]. Tokyo: Shunjusha.

SCHECK, Denis (1995): *King Kong, Spock und Drella. Was Sie schon immer über amerikanische Pop-Kultur wissen wollten*. München: Knaur.

KOMMENTAR
ZU DEN BEITRÄGEN VON
FUSE HIROICHI UND HIRAHARA HIDEO

Suzuki Midori

Der Drehbuchautor Fuse Hiroichi hat in seinem Vortrag dargelegt, wie die Veränderungen in den Wohnverhältnissen zu einem Wandel der zwischenmenschlichen Beziehungen führen. Dem möchte ich noch hinzufügen, daß neben den materiellen Aspekten im Alltag der Menschen sicher vor allem auch die Medien in unserer heutigen Informationsgesellschaft Auswirkungen darauf haben, wie Menschen miteinander umgehen, wie Familien gestaltet werden und wie sich die unterschiedlichen Lebensformen entwickeln.

Weiterhin berichtete er, daß die Beziehungen in seiner eigenen Familie auf Gleichberechtigung basieren, doch interessanterweise hat er gezögert, eine solche Gleichberechtigung auch in seinen Fernsehdramen zu gestalten. Obwohl er selbst keine Anreden gegenüber seiner Frau verwendet, die als erniedrigend empfunden werden können, bleiben seine Dramen bei den althergebrachten Formen. Hierzu würde ich gerne noch etwas Genaueres hören, denn ich halte dies für einen wichtigen Aspekt unseres Themas.

Herr Hirahara hat in seinem Vortrag verschiedene bekannte Fernsehdramen vorgestellt. Ein Schlüsselbegriff, anhand dessen er den Entwicklungen in diesem Genre nachging, war das „Bild des Vaters". Ich konnte mich dabei des Eindrucks nicht erwehren, daß er zwar über Väter sprach, aber stillschweigend unterstellte, auf diese Weise Aussagen über das Leben aller Menschen zu einer bestimmten Zeit machen zu können. Es hat ganz den Anschein, als ob er Mann mit Mensch gleichsetzt, entsprechend dem Englischen *human*, das ja auch *man* enthält. Meines Erachtens sollte, wenn man über das Vaterbild spricht, nicht übersehen werden, daß es hier vor allem um die Geschlechterrollen in der Familie geht.

In diesem Zusammenhang möchte ich zunächst auf ein Grundprinzip der Populärkultur verweisen: Sie kann zwar progressiv sein, jedoch nicht radikal (vgl. hierzu DUNCAN 1994). Das heißt, populärkulturelle Produkte können durchaus auf recht progressive Weise Zeiterscheinungen erfassen oder sogar in die Zukunft vorausgreifen, was die Einschaltquoten in die Höhe treibt. Radikalität hingegen würde bedeuten, daß bestimmte Zeiterscheinungen grundsätzlich in Frage gestellt werden. Mit einer solchen

Haltung tut sich die Populärkultur jedoch recht schwer, da wirtschaftliche Erwägungen wie Einschaltquoten und Auflagenzahl immer eine große Rolle spielen. Dies sollte man bei der Analyse von Fernsehdramen nicht außer Acht lassen. Wenn man danach fragt, warum ein bestimmtes Fernsehdrama mit einem ganz bestimmten Vaterbild zu einem bestimmten Zeitpunkt ausgestrahlt wurde, sind diese ökonomischen Aspekte grundsätzlich mitzuberücksichtigen. Dies gilt selbstverständlich nicht nur für Japan. Nehmen wir zum Beispiel die Vereinigten Staaten. Während der Zeit der Bewegung gegen den Vietnam-Krieg, in einem gesellschaftlichen Klima, als Themen wie Gleichheit und Rechte von Individuen öffentlich diskutiert wurden, strahlten die drei großen Sendeanstalten eine Serie wie *All in the Family*[1] aus, die sehr großen Erfolg hatte. Die Zusammenhänge zwischen den jeweiligen Zeitumständen und einer Fernsehserie sollte man daher nicht aus den Augen verlieren.

Ich möchte hier auf das bekannte Buch der Amerikanerin Susan Faludi (1991) hinweisen, das auch in japanischer Übersetzung vorliegt (FALUDI 1994).[2] Die Autorin führt beispielhaft vor, wie man populärkulturelle Produkte kritisch, also gegen den Strich, lesen kann. Wichtig ist, sich nicht einfach nur in die Story hineinziehen zu lassen, sondern der Frage nachzugehen, was eigentlich jeweils als Ideal dargestellt wird und welche Wertvorstellungen dahinter stehen. Wenn man die Produkte der Populärkultur einfach nur passiv konsumiert, ohne kritisch zu hinterfragen, um was es sich dabei eigentlich handelt, ist die Gefahr, unbewußt beeinflußt zu werden, besonders groß. Die *media literacy*[3] ist in Japan jedoch noch recht wenig entwickelt.

Abschließend möchte ich noch einmal betonen, daß meiner Meinung nach ein Fernsehdrama nicht unbedingt nur deshalb Erfolg hat, weil es dem Zeitgeist entspricht. Wenn z. B. heute die sogenannten Trend-Dramen (*torendī dorama*) hohe Einschaltquoten verzeichnen, so darf man daraus nicht vorschnell schließen, dies läge daran, daß sie den Verfall der Familie widerspiegeln.

übersetzt von Hilaria Gössmann

---

[1] Diese zwischen 1971 und 1991 in den USA gesendete Serie wurde nach dem Muster der britischen Serie *Till Death Do Us Part* produziert, die auch als Vorbild der bekannten deutschen Serie *Ein Herz und eine Seele* diente. *All in the Family* galt Anfang der 70er Jahre in den USA als revolutionär, weil Tabuthemen wie die Rassendiskriminierung provokant aufgegriffen wurden (SCHECK 1995: 21).

[2] In der japanischen Übersetzung ist das Kapitel zu Fernsehserien nicht enthalten.

[3] Zum Begriff *media literacy*, der im Deutschen am ehesten mit „Medienkompetenz" wiedergegeben werden kann, vgl. SUZUKI (1997).

LITERATURVERZEICHNIS

DUNCAN, Barry (1994): American vs Canadian Television Families. In: *Mediacry* 16, 2, S. 1 und S. 10–11.
FALUDI, Susan (1991): *Backlash. The Undeclared War Against American Women*. New York: Doubleday.
FALUDI, Susan (1994): *Bakkurasshu. Gyakushū sareru onna-tachi* [Backlash. Der Gegenangriff gegenüber den Frauen]. Übersetzt von Itō Yukiko und Katō Makiko. Tōkyō: Shinchōsha.
SCHECK, Denis (1995): *King Kong, Spock und Drella. Was Sie schon immer über amerikanische Pop-Kultur wissen wollten*. München: Knaur.
SUZUKI Midori (Hg.) (1997): *Media riterashī o manabu hito no tame ni* [Für das Studium der *media literacy*]. Tōkyō: Sekai Shisōsha.

DISKUSSION ZU SEKTION I, TEIL 1

Moderation: SHIOYA *Chieko*

Shioya Chieko: Nachdem Fuse Hiroichi und Hirahara Hideo, die beide selbst am Entstehungsprozeß von Fernsehdramen beteiligt sind oder waren,[1] in bezug auf die Fernsehdramen eher die Sicht der Produzierenden vertraten, hat sich Suzuki Midori in ihrem Kommentar nun auf die Seite des Publikums gestellt. Sie verwies dabei auf die Notwendigkeit, die Fähigkeit zur Entschlüsselung der Botschaften von Fernsehdramen zu entwickeln. Ich bitte nun um weitere Wortmeldungen.

Hilaria Gössmann: Ich möchte mich Suzuki Midori anschließen und Herrn Fuse die Frage stellen, warum er es als unmöglich erachtet, anstelle von *omae* neue, auf Egalität verweisende Anredeformen in seinen Drehbüchern für Fernsehdramen zu verwenden.

Fuse Hiroichi: In meinen Werken geht es nicht um mich selbst, sondern eher um die Menschen, die ich im Alltagsleben beobachte. Mein Eindruck ist, daß vielen Familien noch das alte Prinzip der Frauenverachtung[2] zugrunde liegt. Es gibt sehr viele Frauen, die wegen Gewalttätigkeiten seitens ihres Mannes die Scheidung einreichen, auch im Fall von jungen Paaren. Für diese jungen Männer muß die Familie, in der sie groß wurden, offensichtlich ein Ort gewesen sein, wo sie ihren Egoismus entfalten konnten und nichts erdulden mußten, was ihnen zuwider war. Wenn sie nun selbst eine Familie gegründet haben, geht natürlich nicht alles nur nach ihrem Willen. Die Ehefrau ist ja schließlich ein Mensch und keine Maschine. Aber wenn sie nicht so funktioniert, wie der Mann es möchte, verliert er die Geduld und schlägt zu.
Andererseits gibt es durchaus junge Frauen, die sich direkt wünschen, *omae* genannt zu werden, weil dies nun einmal die traditionelle Anrede einer Ehefrau ist. Ich kenne sogar einige Töchter aus gutem Hause, die ganz offen bekennen: „Ich habe mich gefreut, als er endlich *omae* zu mir

---

[1] Hirahara war lange als Produzent beim NHK-Fernsehen tätig, bevor er Lehraufträge an Universitäten übernahm.
[2] Fuse verwendet hier den Begriff *danson johi* [Verehrung des Mannes und Herabwürdigung der Frau], der für die misogyne (neo)konfuzianische Geschlechterordnung steht.

sagte." Der Sprachgebrauch in Japan ist schon etwas Seltsames. So hört ein Mann zum Beispiel auf, das höfliche Suffix *san* an den Namen der Partnerin zu hängen, sobald er das Bett mit ihr geteilt hat. All diese Menschen sind die Modelle für die Figuren meiner Dramen. Ich habe den Eindruck, daß es unecht oder konstruiert erscheinen würde, wenn ich die Figuren in meinen Fernsehdramen so sprechen ließe, wie wir es in meiner Familie tun.

Diskussionsteilnehmer A: Meine Frage an Herrn Hirahara hat ebenfalls etwas mit Sprache zu tun. Sie haben in ihrem Vortrag durchgängig das Wort „Familienoberhaupt" (*kachō*) benutzt. Sind Sie denn der Auffassung, daß für eine Familie der Ehemann das Oberhaupt zu sein hat und wir zu dieser Familienform zurückkehren sollten? Dies impliziert zumindest Ihr Sprachgebrauch.

Hirahara Hideo: Es gibt die Worte *kachō* (Familienoberhaupt) und *kafuchō* (männliches Familienoberhaupt). Ersteres kann auch eine Frau sein. In dem bekannten Fernsehdrama *Kimottama kāsan* [Unerschütterliche Mutter], das ich in meinem Vortrag erwähnt habe, fungiert ja auch eine Frau als Familienoberhaupt. In Japan herrscht zwar eher die Tendenz, die Heim-und-Herd-Dramen geringzuschätzen, aber ich teile diese Meinung nicht. Ich denke, es war von großer Bedeutung, daß in diesen Fernsehdramen eine Frau als Oberhaupt einer Familie gezeigt wurde.

Diskussionsteilnehmer B: Ich gehöre der sogenannten *Baby-Boom*-Generation an. Mein Eindruck ist, daß die traditionellen Wertvorstellungen in Japan längst verschwunden sind. Was heute im Vordergrund steht, ist die Haltung, dem persönlichen Vorteil höchste Priorität einzuräumen. – Ich habe zwei Kinder, bin mir jedoch nicht sicher, ob es mir gelingt, ein neuer Vater zu werden. Deshalb meine Frage an Herrn Hirahara: Worin besteht Ihrer Meinung nach denn das Neue an den Vaterbildern der Fernsehdramen der Gegenwart? Sind die Väter, die hier dargestellt werden, nicht selbstbezogen? Kann man sie wirklich als neue Väter bezeichnen?

Hirahara Hideo: Ja, und zwar in dem Sinne, daß es sie bisher in dieser Form noch nicht gegeben hat. Dies steht im Kontrast zu dem unveränderten Menschenbild in den beiden Versionen von *Watashi wa kai ni naritai* [Eine Muschel möcht' ich werden]. Was die Neuverfilmung betrifft, war ich wirklich erstaunt, daß sich die Darstellung des Protagonisten im Grunde nicht von der ersten Verfilmung unterscheidet. In beiden Fällen ist er überhaupt nicht in der Lage, sich selbst zu behaupten. Der ehemalige Soldat Toyomatsu hätte doch eigentlich so viel zu seiner Verteidigung zu sagen, aber er stirbt schließlich ohne aufzubegehren. Dies gilt auch für die Firmen-Menschen der Gegenwart. Sie passen sich der Logik der Firma an. – Das patriarchalische System als solches sollte in Japan eigentlich mit der Demokratie der Nachkriegszeit überwunden sein. Auf der Ebene des Bewußtseins ist ein solches Denken jedoch keineswegs verschwunden. Auch ich selbst bin nicht frei davon.

Yoshida Kiyohiko: Ein altes Familien-Bewußtsein (*ie ishiki*) weist meiner Meinung nach nur noch die Generation vor dem *Baby-Boom* auf. Ich glaube, daß die jetzigen Dreißigjährigen ganz andere Wertvorstellungen vertreten als die vorige Generation. Die wichtigsten Schlüsselbegriffe für sie sind „Ich", „Jetzt" und „Spaß". Die Generation vor ihnen hat sich selbst aufgeopfert und dem „Öffentlichen" den Vorrang vor dem „Privaten" gegeben. Sie lebten nach dem Prinzip, wenn ich jetzt verzichte, werde ich es einmal besser haben – oder vielleicht auch erst die nächste Generation. Deshalb stellten sie ihre eigenen Ansprüche zurück und opferten das „Jetzt". Die nächste Generation hat jedoch angesichts des materiellen Wohlstands von klein auf gelernt, daß man auf nichts zu verzichten braucht und schon heute Spaß haben kann.

Diese Generation hat bereits begonnen, eine neue Gesellschaft aufzubauen. Die Bewegung für unterschiedliche Namen von Ehepartnern (*fūfu bessei undō*)[3] ist nur ein Beispiel dafür. Für diese Generation steht nicht mehr das Öffentliche an erster Stelle. Heute gilt es, sich selbst und die Gegenwart hochzuschätzen und etwas zu tun, was Freude macht. Diesen Zeitgeist haben die Fernsehdramen noch nicht eingefangen. Ich werde auf diesem Symposium über Fernsehwerbung referieren und aufzuzeigen versuchen, daß sich hier vergleichsweise schnell gegenwärtige Entwicklungen widerspiegeln. In der Welt der Werbung zählt eben die Meinung der Zwanzig- und Dreißigjährigen. Es ist wirklich bedauerlich, daß man – wie wir gehört haben – als Autor von Fernsehdramen seine eigenen Wertvorstellungen nicht einbringen kann.

Hirahara Hideo: Ein Drehbuchautor allein ist schließlich nicht in der Lage, ein Fernsehdrama zu produzieren. Er befindet sich nun einmal im

---

[3] Da es bei einer Eheschließung bis dato noch verpflichtend ist, sich für den Familiennamen des Mannes oder der Frau zu entscheiden (98 % der Paare wählen erstere Möglichkeit), ist das Ziel dieser etwa seit den achtziger Jahren aktiven Bewegung eine Gesetzesänderung, die die Beibehaltung des eigenen Familiennamens nach der Eheschließung ermöglicht. Am Arbeitsplatz wird dies bereits von vielen Frauen praktiziert, indem sie auch nach der Heirat dort weiterhin ihren eigenen Familiennamen führen.

Diskussion zu Sektion I – Teil 1

Medium Fernsehen, das verschiedenen Zwängen ausgesetzt ist. Als einzelner Autor kann man hier recht wenig ausrichten.

Muramatsu Yasuko: Herr Fuse hat darauf hingewiesen, daß in den Familien der Gegenwart das Bewußtsein von der Gemeinschaft schwindet und verstärkt die Individuen in den Vordergrund treten. Ich arbeite auch über Fernsehdramen, bin allerdings der Meinung, daß die Individualisierung in der japanischen Gesellschaft in diesem Genre kaum adäquat dargestellt wird. Man vermittelt lediglich die Vorstellung, daß Familien früher eine Gemeinschaft bildeten, diese Haltung heute jedoch immer mehr abhanden kommt. Die Fernsehdramen der Vergangenheit, die auf diese Gemeinschaft pochten, haben lediglich die Familie als einen engen, von der Außenwelt abgeschlossenen Raum dargestellt und nicht die Beziehung nach außen hin. Heute zeigen die Dramen zumindest etwas deutlicher, daß alle Familienmitglieder auch ihre eigene Individualität haben. Diese Entwicklung ist meiner Meinung nach nicht einfach nur als die Auflösung der Familie zu begreifen.

Fuse Hiroichi: Ich glaube, daß die Vorstellung, es müsse ein Familienoberhaupt geben, schon bald der Vergangenheit angehört. Die Familie wird dann zu so etwas wie die Vereinigten Staaten, in denen die einzelnen Länder eigene Rechte haben. Nicht die Erwachsenen führen die Kinder, sondern auch die Kinder behaupten sich. Dies erfordert allerdings Auseinandersetzungen, denen die *Baby-Boom*-Generation aus dem Wege zu gehen versucht.

Um über diese junge Generation zu sprechen, möchte ich noch einmal auf das von Herrn Hirahara vorgestellte Beispiel des Dramas *Watashi wa kai ni naritai* zurückkommen. Der größte Unterschied zwischen dem Original und seinem Remake ist hier die Schlußszene. In der ersten Version besteht die schauspielerische Leistung von Frankie Sakai darin, den Protagonisten Toyomatsu, der die Tragik seiner eigenen Geschichte erkannt hat, Anklage erheben zu lassen. In der neuen Verfilmung hingegen vermittelt der Schauspieler Tokoro Jōji den Eindruck, daß Toyomatsu gar nicht recht weiß, was ihm eigentlich geschieht, und er sich der Tragik seiner eigenen Situation überhaupt nicht bewußt ist. Der Film von 1958 endet damit, wie Toyomatsu die 13 Stufen zur Hinrichtungsstätte hinaufsteigt. Die moderne Version zeigt hingegen weiter, wie Toyomatsu seinen Kopf in die Schlinge steckt. Er resigniert einfach, weil ihm nichts anderes übrigbleibt. Offenbart sich hierin wohl die heute völlig andere Haltung zum Krieg? Unerträglich für meine Generation waren auch die Werbeunterbrechungen – es wurden übrigens vornehmlich Werbespots gezeigt, in denen der Hauptdarsteller des Dramas, Tokoro Jōji, auftritt. Menschen meiner Generation erscheint es einfach als unglaublich, daß solch bewegende Szenen durch Werbespots unterbrochen werden. Aber die jungen Leute finden das scheinbar nicht problematisch. Für sie bilden Film und Werbung wohl eine Einheit. Sie sind vielleicht gar nicht in der Lage, das Ausmaß der hier dargestellten Tragik zu erfassen.

Shioya Chieko: Wir haben bezüglich der Fernsehdramen sowohl über Väter gesprochen als auch über Familienoberhäupter, die männlich oder weiblich sein können. Deutlich wurde auch, daß man leicht über Fernsehdramen diskutieren kann, es jedoch nicht so einfach ist, Fernsehdramen zu schreiben, da man den Gesetzen des Produktionsprozesses unterworfen ist. Frau Suzuki hat in ihrem Kommentar die Fragen aufgeworfen, auf welche Weise man aus den Fernsehdramen Zeittendenzen ablesen kann und ob wir über die Fähigkeiten verfügen, dies auf adäquate Weise zu tun. Hierüber sollten wir auch im Anschluß an die nächsten drei Vorträge zu Fernsehdramen und Zeichentrickfilmen weiter diskutieren.

redigiert und übersetzt von Hilaria Gössmann

DIE FAMILIENBEZIEHUNGEN IN DEN FERNSEHDRAMEN

EINE ANALYSE DER SENDUNGEN VOM OKTOBER 1994

SHIOYA *Chieko*

1. EINLEITUNG

Meine bisherige Forschung zu Fernsehdramen besteht aus einer Analyse von 15 Dramen, die ich im Herbst 1991 in Hinblick auf das darin dargestellte Frauenbild und das Thema Scheidung durchführte (SHIOYA 1993). Im vorliegenden Beitrag möchte ich auf der Grundlage aktueller Daten eine neue, eigens für dieses Symposium angefertigte Untersuchung vorstellen.

Es gibt – grob unterteilt – zwei Methoden, Fernsehdramen zu analysieren, die Längsschnitt- und die Querschnittmethode. In ersterem Fall überprüft man repräsentative Werke, die in ihrer Zeit ein großer Erfolg waren, in chronologischer Abfolge auf Veränderungen hin. Bei der Querschnittmethode hingegen dienen nicht nur die herausragenden Beispiele, sondern alle während eines bestimmten Zeitraums gesendeten Dramen als Untersuchungsobjekte. Dem vorliegenden Beitrag liegt letztere Vorgehensweise zugrunde. Für die Querschnittsanalyse lassen sich im Gegensatz zur ersteren Methode, an der sich viele Untersuchungen orientieren, bisher nur wenige Beispiele finden. Nach meiner Kenntnis des japanischen Forschungsstandes existieren lediglich die Studien von MURAMATSU (1974) sowie MURAMATSU und MAKITA (1984). Nach weiteren zehn Jahren folgt nun meine eigene Analyse, die sich ein wenig von der Vorgehensweise meiner Vorgängerin unterscheidet. Muramatsu hat eine umfassende Analyse der Figuren, der Darstellung der Familie etc. in allen Dramen, die innerhalb von zwei Wochen ausgestrahlt wurden, angefertigt und 1974 den thematischen Schwerpunkt auf das Frauenbild, 1984 auf die Thematik, die Figuren und die Darstellung der Familie gelegt. Ich habe mich hingegen für einen längeren Untersuchungszeitraum von einem Monat, und zwar den Oktober 1994, entschieden und mich dabei auf das Bild der Familie beschränkt.

Was sind es nun für Familien, die in den Fernsehdramen auftreten? Das Bild der Familie innerhalb der Gesellschaft setzt sich aus den beiden Ebenen Realität und Imagination zusammen. Über die Situation der realen Familie geben Volkszählungen etc. Auskunft. Die Familien in den Fernsehdramen wiederum stehen für die Ebene der Imagination, denn sie sind eine Projektion der Bilder, die sich viele Menschen von der Familie machen. Aus diesem Grunde kommt den Fernsehdramen bei Untersuchungen zur Familie eine große Bedeutung zu.

2. UNTERSUCHUNGSMATERIAL UND -METHODE

Als Untersuchungszeitraum wurde die Zeit vom 1. bis 31. Oktober 1994 gewählt. Untersuchungsobjekte sind 47 moderne Fernsehdramen aller Art, die die Fernsehanstalten der Tōkyō-Region (NHK, NTV, TBS, Fuji Terebi, TV Asahi, TV Tōkyō; Satellitensendungen und NHK Education ausgenommen) zwischen 20 und 24 Uhr ausstrahlten. Alle zu untersuchenden Dramen wurden auf Video aufgezeichnet. Nach einer Analyse in Hinblick auf Familienstruktur, Scheidung und Heirat, Schwangerschaft und Abtreibung, Liebe und Ehe habe ich jeweils die Struktur der menschlichen Beziehungen, die typischen Grundmuster der Fernsehdramen und die in ihnen dargestellten Themen herausgearbeitet.

Meine Untersuchung beschränkt sich auf die Hauptsendezeit, in der am meisten ferngesehen wird. Fernsehdramen machen insgesamt ein Viertel aller Sendungen aus und stehen in der Publikumsgunst gleich an zweiter Stelle nach den Quiz- und Showsendungen. Unter den 60 Dramen, die im Monat Oktober von den sechs Fernsehstationen gesendet wurden, habe ich 47 als Untersuchungsobjekt herangezogen und 13 Dramen mit historischem Inhalt ausgeklammert, wobei ich unter „modernen Fernsehdramen" solche verstehe, die nach dem Zweiten Weltkrieg spielen. Eine Auflistung der analysierten Fernsehdramen findet sich im Anhang des vorliegenden Beitrags. Es handelt sich dabei um 26 abgeschlossene, ein- bis zweistündige Fernsehdramen (*tanpatsu dorama*), 19 Fortsetzungs-Fernsehdramen (*renzoku dorama*) und zwei Kurzzeitserien des NHK-Fernsehens (*obi dorama*). Im Fall der Fortsetzungsdramen konnte ich während des Untersuchungszeitraums lediglich die erste bis höchstens vierte Folge berücksichtigen. Während sich Muramatsu Yasuko bei ihren Analysen jeweils auf eine einzige Folge eines Fortsetzungsdramas beschränkte, erachte ich den gesamten Verlauf als wichtig. Deshalb habe ich auch die weitere Entwicklung der in den Fortsetzungsdramen dargestellten Probleme und deren Ausgang in der letzten Folge in meine Analyse einbezogen. Von Bedeutung ist beispielsweise, ob etwa eine Liebesbeziehung zur Ehe führt. Häufig kommt es nämlich auch vor, daß es in der ersten Folge um Scheidung geht, sich die Partner danach jedoch wieder versöhnen.

Weiterhin sei darauf hingewiesen, daß 11 der 26 Fernsehdramen dem Genre „Krimi" (*sasupensu*) angehören. Hier stellt sich die Frage, ob sich

Kriminalfilme überhaupt als Material für eine Untersuchung zum Familienbild eignen. Es zeigte sich jedoch, daß ein Grundmuster dieser Krimis gerade darin besteht, daß die Liebe zur Familie zum Motiv eines Verbrechens wird, indem z. B. eine Tochter ihren Vater rächt, der durch die Hand eines Mörders sein Leben verloren hat. Selbst wenn ein Drama auf den ersten Blick ein ganz anderes Thema wie etwa die Geschichte einer Firma aufzugreifen scheint, so stellt sich häufig heraus, daß in Wirklichkeit familiäre Probleme das Gerüst der Handlung bilden. Letztendlich sind somit alle Fernsehdramen für das Thema Familie von Interesse.

3. ANALYSE UND UNTERSUCHUNGSERGEBNISSE

3.1 Die Charakteristika der dargestellten Familien

3.1.1 Familienstruktur

Die Hauptfiguren der Dramen sind meist im Alter zwischen dem zwanzigsten und dreißigsten Lebensjahr. Abgesehen von Singles und allein auftretenden Figuren, deren familiäre Situation unklar bleibt, kommt man auf insgesamt 81 Familien, die in den Dramen eine wichtige Rolle spielen. Tabelle 1 zeigt, wie sich diese Familien zusammensetzen.

Tab. 1: Zusammensetzung der Familien in den analysierten Fernsehdramen

Familientypen	Anzahl		
Ehepaar allein	7		
Ehepaar und Kind	24	Kernfamilie:	57
Vater und Kind	14		
Mutter und Kind	12		
Ehepaar und Eltern	3		
Ehepaar, Kind und Großeltern	5	weitere blutsverwandte Haushalte:	24
Geschwister allein	9		
Sonstige	7		
Summe	81		

Anm.: Zu den 7 Fällen des Familientyps „Sonstige" zählen: Alleinerziehende oder Großeltern und Kind(er) (5), Großmutter und Enkelkind (1) und 1 Ehepaar, das mit den Eltern der Ehefrau und ihrer unverheirateten, jüngeren Schwester zusammenwohnt.

Obwohl heutzutage vielfältige neue Familienformen wie z. B. die aus
nicht blutsverwandten Personen bestehende Familie erprobt werden, tritt
in den Fernsehdramen nur die traditionelle Familie auf. Tabelle 2 stellt
diese der realen Familie in der japanischen Gesellschaft gegenüber. Es
wird deutlich, daß im Gegensatz zu dem Ergebnis der Volksbefragung
der Prozentsatz von „alleinerziehenden Elternteilen", also Vater und
Kind bzw. Mutter und Kind und „Geschwister allein", in den Fernsehdramen extrem hoch ist. Sie haben nämlich die Tendenz, nicht die vollständige, glückliche Familie darzustellen, sondern Haushalte, in denen ein
Familienmitglied fehlt, sei es, daß ein Elternteil nicht anwesend ist oder
die Familie aufgrund der Abwesenheit der Eltern nur aus Kindern besteht.

Tab. 2: Vergleich der Familienzusammensetzung im Genre Fernsehdrama und in
der japanischen Gesellschaft (Einheit: Prozent)

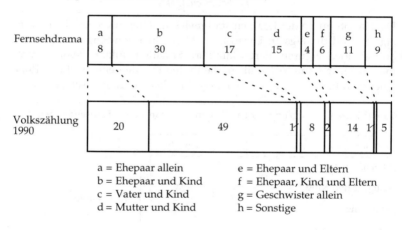

	a	b	c	d	e	f	g	h
Fernsehdrama	8	30	17	15	4	6	11	9
Volkszählung 1990	20	49	1	8	2	14	1	5

a = Ehepaar allein
b = Ehepaar und Kind
c = Vater und Kind
d = Mutter und Kind

e = Ehepaar und Eltern
f = Ehepaar, Kind und Eltern
g = Geschwister allein
h = Sonstige

3.1.2 Scheidung und Wiederheirat

In 23 Dramen, also in der Hälfte der Beispiele, wird das Thema Scheidung
angesprochen, und in sechs Dramen ergeben sich konkrete Scheidungsprobleme. Es findet sich jedoch kein einziger Fall, in dem es tatsächlich
zur Scheidung kommt, sondern am Ende steht immer die Versöhnung
und die Rückkehr zum Partner. Hat sich ferner ein Paar in der Vergangenheit scheiden lassen, geht es häufig wieder miteinander die Ehe ein. Der
Anlaß hierzu besteht in erster Linie in dem gemeinsamen Kind oder den
Kindern, nicht jedoch darin, daß sich ein Ehepaar miteinander ausgesprochen und wieder vertragen hat.

Eine Wiederheirat wird in sieben Dramen thematisiert. Allerdings geben die Betroffenen entsprechende Pläne in fünf Fällen wieder auf, weil die Kinder Einspruch erheben. Lediglich in zwei Fällen, in denen die Betroffenen kinderlos sind, wird sie tatsächlich realisiert. Wenn es in der Vergangenheit trotzdem zu einer Wiederverheiratung gekommen ist, so wirkt sich dies auf jeden Fall schlecht auf die Beziehung zum Kind aus. Sie kann nämlich deshalb nicht funktionieren, weil nur durch Blutsverwandtschaft verbundene Eltern und Kinder als wirkliche Eltern und Kinder dargestellt werden. Es ist also festzuhalten, daß die Dramen den Eindruck vermitteln, sowohl Scheidung als auch Wiederverheiratung üben einen negativen Einfluß auf das Verhältnis zum Kind aus. Die Eltern-Kind-Beziehung hat damit bezeichnenderweise Vorrang vor den Problemen des Ehepaars.

3.1.3 Schwangerschaft und Geburt

Die Geburt eines Kindes wird in den Dramen grundsätzlich willkommen geheißen. So bietet eine Schwangerschaft Anlaß, sich zur Heirat zu entschließen, oder führt Paare, die vor der Trennung stehen, wieder zusammen. Dies gilt jedoch nur für verheiratete Paare, denn bei einem unehelichen Kind liegt der Fall ganz anders. Das Kind der Geliebten eines vermögenden und angesehenen Mannes ist z. B. zu einer Schattenexistenz mit dunklem Schicksal verurteilt. Ansonsten kommt es häufig zu einer Abtreibung oder Fehlgeburt, worin sich die Ablehnung gegenüber unehelichen Kindern widerspiegelt. In den zwei Fällen, in denen es um eine alleinstehende Mutter geht, wird die Beziehung beendet, da der Mann bereits verheiratet ist. Am Ende des Dramas übernimmt jeweils die Frau die alleinige Verantwortung für das Kind. In einem Drama sagt sie: „Das Kind ziehe ich allein groß. Ich werde dir nicht zur Last fallen. Hab' Dank für die vielen schönen Erinnerungen an unsere Liebe." (Nr. 30, „Ninshin desu yo" [Sie sind schwanger])[1] Wirklich ein Ende ganz im Sinne des Mannes, der weder Probleme mit der rechtlichen Anerkennung der Vaterschaft noch mit Erziehungskosten bekommt.

3.1.4 Liebe und Heirat

Was die Thematisierung von Liebe betrifft, so habe ich sie in Tabelle 3 in die Typen I–IV eingeteilt, je nachdem, welcher Bezug zur Ehe besteht, und jeweils angekreuzt, welcher Typ in dem Drama vorkommt, um schließlich ihre Gesamtsumme festzustellen.

---

[1] Die Nummern der Fernsehdramen beziehen sich auf die Liste der analysierten Dramen im Anhang des vorliegenden Beitrags.

Tab. 3: Das Thema Liebe in den Fernsehdramen

Drama Nr.	I Zu Verlobung bzw. Heirat führende Liebe	II Liebesbeziehung mit einer verheirateten Person	III Liebe ohne Bezug zu Heirat	IV vorübergehende Verliebtheit
2		x		
4	x			
	(Auslassung)			
Summe	21 Fälle	8 Fälle	9 Fälle	9 Fälle

Am häufigsten wird die „zu Verlobung bzw. Heirat führende Liebe" (Typ I) thematisiert. Auf „Liebe ohne Bezug zu Heirat" (Typ III) trifft man vor allem im Fall von Jugendlichen. Man kann jedoch davon ausgehen, daß auch diese Fälle im Laufe der Zeit in Typ I übergehen. Bezieht man sie mit ein, hat man es folglich größtenteils mit Liebe zu tun, die in eine Ehe mündet. Typ II, die Beziehung mit einer verheirateten Person, meint eine das Ehesystem bedrohende Liebe, für die Trennung oder einseitige Liebe charakteristisch ist. Und selbst wenn es um gegenseitige Liebe geht, werden solche Beziehungen meist in Zusammenhang mit einem Verbrechen dargestellt und erscheinen somit in einem schlechten Licht. Auch hier wird wieder wie im Fall der unehelichen Kinder deutlich, daß in den Dramen die Normen des Ehesystems gewahrt werden.

3.2 Die Beziehungsmuster innerhalb der Familie

Welcher Aspekt wird nun in bezug auf die Familie in den einzelnen Fernsehdramen vor allem gestaltet? Um die Grundstruktur der Dramen zu erfassen, habe ich jeweils die Entwicklung aller dargestellten menschlichen Beziehungen analysiert. In Tabelle 4 bildet die mit W (= Ehepaar) gekennzeichnete Spalte die Grenzlinie. Auf der linken Seite sind Beziehungen von „Eltern/Kind" bis hin zu V = „andere Verwandte" verzeichnet. Hier hat man es mit Familie im Sinne von Blutsverwandtschaft zu tun, rechts davon mit nicht-verwandtschaftlichen Beziehungen. Die Rubrik „Mann/ Frau" wurde unverändert aus Tabelle 3 übernommen. Weiterhin habe ich jeweils die wichtigsten Beziehungen innerhalb der Dramen mit „x" markiert.

Die Familienbeziehungen in den Fernsehdramen

Tab. 4: Die in den Fernsehdramen thematisierten Beziehungen

Drama Nr.	Eltern/Kind				Geschwister				V	W	Mann/Frau				Arbeits-platz		X	Y
	A–C	A–D	B–C	B–D	E–F	E–H	G–F	G–H			K	L	M	N	R–S	T		
1	x		x												x		x	
2		x							x	x								
(Auslassung)																		
47	x	x	x							x								
Anzahl	17	23	10	13	5	9	1	2	3	18	20	9	10	9	4	8	5	6
Summe	63				17						48							

Erläuterungen zu Tabelle 4:
A = Vater
B = Mutter
C = Sohn
D = Tochter
E = älterer Bruder
F = jüngerer Bruder
G = ältere Schwester
H = jüngere Schwester
K = zu Verlobung bzw. Heirat führende Liebe
L = Liebe zu Verheirateten (Ehebruch)
M = Liebe ohne Beziehung zu Heirat
N = vorübergehende Verliebtheit
R = Vorgesetzte
S = Untergebene
T = Kollegen
V = andere Verwandte
W = Ehepaar
X = Freunde
Y = andere

Demonstrieren wir die Beziehungsmuster am Beispiel von Drama Nr. 1, das von der Umstrukturierung eines Unternehmens handelt. Zunächst wird die Beziehung zwischen dem Vater, der die Firma gegründet hat, und dem ältesten Sohn, der als sein Nachfolger den Betrieb weiterführt, dargestellt. Als nächstes tritt der jüngere Bruder in der Rolle als zweiter Sohn auf, der dem ältesten Sohn zur Seite steht. Es bildet sich die Beziehung „älterer Bruder – jüngerer Bruder" (E – F). Begeben wir uns weiter rechts zu dem Feld „Arbeitsplatz". Der stellvertretende Direktor der Mutterfirma übt Druck auf den Betrieb aus, indem er droht, die Tochterfirma aus dem Konzern auszusondern. Somit gerät die Firma in eine Krise zwischen „Vorgesetzten und Untergebenen" (R – S). Als Folge verbünden sich die Angestellten und halten zusammen, so daß eine gewisse Kollegialität entsteht.

Reduziert man auf diese Weise alle Dramen auf die Beziehungsmuster, so kommt man zu folgendem Ergebnis: Die Eltern-Kind-Beziehung steht an erster Stelle und damit über der Frau-Mann-Beziehung. Man assoziiert mit Fernsehdramen häufig Liebesdramen, doch das sind sie nur auf den ersten Blick. Bei genauerer Betrachtung wird deutlich, daß die Eltern-Kind-Beziehung dominiert und damit bei weitem wichtiger ist als die Beziehung zwischen Liebespaaren. Das Drama Nr. 47, „Kuroshio no koibitotachi" [Die Liebenden am Kuroshio], z. B. handelt von der Liebe zwischen einem jungen Fischer und einer Studentin auf der Insel Ōshima. Es existiert jedoch ein zweiter Handlungsstrang, die Rückkehr des seit 15 Jahren totgeglaubten Vaters des Fischers. Ferner wird auf seiten der Studentin ein Assistenzprofessor an ihrer Universität ins Geschehen eingebracht. Er hat einen Sohn von einer Frau, mit der er früher zusammenlebte. Dieser wächst nun in der Obhut seines älteren Bruders auf. Seine leibliche Mutter besucht ihn dort und stirbt nach dem Wiedersehen an einer Krankheit. Aufgrund der Heftigkeit dieser beiden Wiedersehensdramen zwischen Eltern und Kindern gerät die Liebesgeschichte zwischen der Studentin und dem Fischer in den Hintergrund. Auch in anderen Dramen stellt sich im Vergleich zu der Stärke der Eltern-Kind-Beziehung die Liebesbeziehung als eher brüchig heraus. Es zeigt sich etwa die Tendenz, sich aus einer Beziehung zurückzuziehen, sobald ein Rivale auftaucht.

Hauptthema dieser Dramen ist offensichtlich, um es auf einen Nenner zu bringen, die Bestätigung der Familienbande. Die Dramen sind insgesamt stark von einem Krisengefühl durchzogen. Dies mag mit dem Einfluß der von wirtschaftlicher Flaute und Umstrukturierung geprägten heutigen Zeit zusammenhängen. Bildet die Familie nun also den letzten Rückhalt, wenn nichts mehr Sicherheit verspricht?

Die Betonung der Eltern-Kind-Beziehung kommt auch darin zum Ausdruck, daß häufig Haushalte mit nur einem Elternteil dargestellt werden. In einer solchen Familie ist die Bindung zwischen dem alleinerziehenden Elternteil und dem Kind natürlich besonders eng. Eine wichtige Rolle kommt auch der Geschwisterbeziehung zu. Dabei ist der Prozentsatz von Fällen hoch, in denen die Familie nur aus Geschwistern besteht, weil die Eltern nicht mehr da sind. In diesem Fall übernimmt der älteste Sohn die Rolle des Familienoberhaupts. Zwischen Geschwistern herrscht normalerweise eigentlich eine horizontale Beziehung. In diesem Fall entsteht jedoch so etwas wie eine vertikale Eltern-Kind-Beziehung. Bildlich läßt sich dieser Sachverhalt in den folgenden Abb. 1 und 2 wiedergeben.

Auf der linken Seite von Abb. 1 sind die Eltern A und B sowie das Kind C verzeichnet. Elternteil B fällt aufgrund von Scheidung oder Tod aus. In diesem Fall könnte der fehlende Teil durch Wiederheirat ersetzt werden. Dies ist jedoch mit negativen Vorstellungen behaftet, und es wird die Botschaft vermittelt, daß das Kind dadurch in eine bedauernswerte Situation gerät. Folglich kommt es nicht zu einer erneuten Heirat. Statt dessen wechselt A seinen Platz, und es entsteht eine enge vertikale Beziehung zwischen A und C. Auf der Grundlage dieser verstärkten, vertikalen Beziehung gerät nun A oder C in eine Lebenskrise, wodurch eine dramatische Situation entsteht. Dies ist das Grundmuster vieler Fernsehdramen.

Abb. 1: Die Bande zwischen Eltern und Kind bei Verlust eines Elternteils

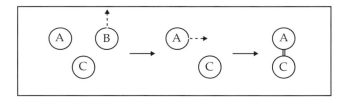

Abb. 2: Die Bande zwischen den Geschwistern bei Verlust der Eltern

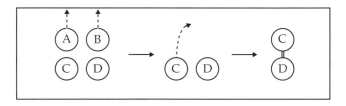

Der linke Teil der Abbildung 2 zeigt die Eltern A und B sowie die Kinder C und D. Wenn die Eltern A und B beide wegfallen, tritt als Folge eines der Kinder, hier C, an die Stelle der Eltern, und die horizontale Beziehung C – D verwandelt sich in eine vertikale, so daß sie dieselbe Form wie in Abb. 1 annimmt. Allerdings trifft man in den analysierten Dramen bei unterschiedlichem Geschlecht der Geschwister häufig auf die Konstellation älterer Bruder – jüngere Schwester. Treten dann gewisse erotische Gefühle hinzu, entsteht eine starke Liebesgeschichte. Der Bruder gibt seiner Schwester den Vorrang, auch wenn er eine Freundin oder Verlobte hat. Ihm bedeutet wohl seine Schwester, mit der ihn das gleiche Blut verbindet, mehr als irgendeine Frau, von der er nicht weiß, woher sie kommt. Er beschützt seine Schwester mit all seiner Kraft und ist auch bereit, sich für sie aufzuopfern. Dies trifft z. B. auf das Drama Nr. 31, „Imōto yo" [Meine kleine Schwester] zu, das sich unter den Sendungen im Oktober 1994 der höchsten Einschaltquote erfreute.

Wenn wir uns unter diesen Voraussetzungen erneut Tabelle 4 zuwenden, ist die Geschwisterbeziehung eigentlich unter die Eltern-Kind-Beziehung zu subsumieren. Charakteristisch für die Einschätzung einer Ehebeziehung ist die folgende Redeweise: „Eheleute sind Fremde" (*fūfu wa tanin*). Wie man bei Scheidung und Wiederverheiratung sieht, ist der Prozentsatz von Fällen hoch, in denen die Kinder die Priorität besitzen. Man kann also von einer vom Kind bestimmten Ehepaarbeziehung sprechen. Ich habe eingangs festgestellt, daß die Fernsehdramen alle Familiendramen sind. Vor dem Hintergrund, daß in der Familie die Eltern-Kind-Beziehung im Mittelpunkt steht, kann man sogar von „Eltern-Kind-Dramen" sprechen. Tatsächlich gibt es häufig Dialoge wie der folgende, in denen die Eltern-Kind-Beziehung als Synonym für Familie angewandt wird:

> „Ein Ehepaar, das sind zwei Menschen, die sich kennengelernt und geheiratet haben. Aber wenn sie ein Kind bekommen, dann sind sie eine wirkliche Familie."
> (Nr. 30, „Ninshin desu yo" [Sie sind schwanger])

Dies trifft auch auf alleinerziehende Elternteile zu. In dem bereits erwähnten Drama Nr. 47 tritt der Assistenzprofessor, der nach dem Tod der Mutter aus Rücksicht auf seine Karriere die Existenz seines Kindes verschwieg und es in die Obhut seines Bruders gab, zum ersten Mal seinem Sohn als Vater gegenüber:

> „Akira, möchtest du nicht mit dem Onkel zusammenleben? Der Onkel ist nämlich ein Feigling und hat Angst, allein zu sein."
> „Onkel, bist du in Wirklichkeit mein Vater?"
> „Wär' das nicht gut so? Dann sind wir eine Familie! Vater und Sohn!
> (Nr. 47, „Kuroshio no koibito-tachi" [Die Liebenden am Kuroshio])

Welche Bedeutung den Familienbanden nun innerhalb der Handlung der Dramen zukommt, soll im folgenden anhand von vier Schlüsselszenen aus den analysierten Dramen vorgeführt werden.

Szene 1 (aus Nr. 33, „Watashi no unmei" [Mein Schicksal])

Die Szene beginnt mit einem Gespräch zwischen einem jungen Paar, das miteinander verlobt ist. Während des Vorspanns wird dann die junge Frau als Kind beim *obon*, dem buddhistischen Totenfest, gezeigt. Als sie, umgeben vom Kreis der für die verstorbenen Seelen Tanzenden, zu weinen anfängt, kommt ihr älterer Bruder und klopft ihr sanft auf die Schulter. Sie klammert sich an ihn, und er nimmt sie fest in seine Arme. Schließlich faßt er sie bei der Hand, und sie gehen gemeinsam zum Flußufer hinunter, um eine Laterne anzuzünden und sie auf dem Fluß dahintreiben zu lassen.[2] In einer Großaufnahme sieht man die beim *obon*-Fest auf dem Fluß hinabtreibenden Lichtopfer. Inmitten der Laternen, die im Dunkel der Nacht erscheinen, stehen die Geschwister und halten sich fest an den Händen.

Obwohl die Szene mit einer Liebesgeschichte zwischen Mann und Frau eingeleitet wird, ist der Angelpunkt des Dramas eigentlich die Liebe des Bruders zu seiner jüngeren Schwester, die er beschützt und um die er sich kümmert. Es geht also um die Bande zwischen älterem Bruder und jüngerer Schwester.

Szene 2 (aus Nr. 45, „Ore wa ō-gata, ohitsujiza" [Ich habe Blutgruppe Null, und mein Sternzeichen ist Widder])

Die Szene zeigt die Bestattung eines Fabrikbesitzers, der sich das Leben genommen hat, da sein Betrieb wegen der Umstrukturierung der Mutterfirma in finanzielle Schwierigkeiten geraten ist. Von seinen Angehörigen ist niemand anwesend, da er geschieden war und getrennt von Frau und Kind lebte. An ihrer Stelle erweist ihm ein Freund die letzte Ehre. Gerade als dieser sagt, „Ich glaube an ‚Vorahnungen'. Bestimmt sind die Verwandten gerade auf dem Weg hierher, und auch der Verstorbene wartet darauf", fährt ein Lastwagen vor und der älteste Sohn des Fabrikbesitzers mit einem ungefähr fünfjährigen Jungen auf dem Arm steigt aus. Dieser sagt zu seinem Sohn, „Das ist dein Großvater", und zeigt ihm das Bild des Verstorbenen.

Es handelt sich hierbei also um die Bestätigung der patriarchalen Linie, nämlich Großvater —> Vater —> Kind.

Szene 3 (aus Nr. 37, „Onna no iibun" [Einwände einer Frau])

In dieser Szene widersetzt sich eine Mutter der Heirat ihrer einzigen Tochter, mit der sie allein zusammenlebt. Zunächst war sie über die bevorstehende Heirat erfreut, ändert ihre Haltung aber, als sie erfährt, daß der Schwiegersohn nicht als Adoptivsohn in ihr Familienregister eingetragen wird[3] und sie nicht mit dem Paar zusammenleben soll, sondern die Tochter das Haus zu verlassen beabsichtigt. Als diese erwidert, daß eine

---

[2] Mit diesem Brauch werden am Ende des alljährlich stattfindenden *obon*, bei dem man den Besuch der Ahnen in der Welt der Lebenden feierlich mit Tänzen und Opfergaben begeht, die Seelen der Verstorbenen wieder in das Jenseits entsandt.

[3] Die Adoption des Schwiegersohnes war in Japan lange ein übliches Verfahren, wenn keine männlichen Nachkommen vorhanden sind. Im Gegenwartsjapan

Heirat der freien Entscheidung des Individuums überlassen sei und nichts mit „Familie" zu tun habe, geht die Mutter mit ihr zum buddhistischen Hausaltar und macht sie auf die Bindung zu den Ahnen aufmerksam: „Glaube ja nicht, daß du von allein groß geworden bist! Daß es dir so wohlergeht, hast du nur deinen Vorfahren zu verdanken."

Wie dieses Beispiel offenbart, zeigen auch Frauen in den Fernsehdramen ein Familienbewußtsein.

Szene 4 (aus Nr. 11, „Yo ni mo kimyōna monogatari" [Allerlei seltsame Geschichten])

Hier geht es um einen Mann, der wegen der Umstrukturierung seiner Firma arbeitslos geworden ist und nun zu Geld kommt, indem er Stück für Stück sein Gedächtnis verkauft. Um die Operationskosten für seinen kranken Sohn aufzubringen, verkauft er in dieser Szene schließlich auch das, was ihm bis zuletzt geblieben ist: die Erinnerungen an seine Familie. Auf die Warnung hin, er werde ein Krüppel werden, wenn er auch noch diese verkauft, erwidert er: „Das ist egal. Ich verkaufe mein ganzes Gedächtnis. Schicken Sie das Geld meiner Frau." Gerade als der Knopf gedrückt werden soll, der seine Erinnerungen auslöscht, ruft er: „Moment! Nur noch einmal!", und nimmt aus seiner Jackentasche Familienfotos heraus. Kaleidoskopartig tauchen daraufhin in seinem Gedächtnis alle Erinnerungen an seinen Sohn wieder auf: sein Geburtstag, wie er laufen lernte, wie er sich mit ihm im Wasser tummelte und sie Fangball spielten. Schließlich sagt der Mann: „Das genügt!", und der Knopf wird gedrückt. Mit dem lachenden Gesicht des Sohnes, der auf seinen Schultern sitzt, als letztem Bild vor Augen, verliert der Mann sein Bewußtsein.

In der Familie dieses Mannes spielen weder seine Eltern noch seine Frau eine wichtige Rolle. Betont wird ausschließlich die Erinnerung an den Sohn, für den der Vater sich schließlich opfert.

4. Schlussbetrachtung

In der vorliegenden Untersuchung trat unter den verschiedenen familiären Beziehungen die Eltern-Kind-Beziehung in den Fernsehdramen besonders hervor. Aber ist dies nicht im Falle der japanischen Familie schon immer so gewesen? Nehmen wir als Beispiel den 1953 entstandenen Film „Tōkyō monogatari" [Eine Geschichte aus Tōkyō] des berühmten Regis-

---

wird es jedoch immer weniger praktiziert. Vgl. hierzu die Ausführungen von Ochiai im vorliegenden Band.

seurs Ozu Yasujirō, der in seinen Werken die japanische Familie darstellt. Der Kritiker Satō Tadao weist darauf hin, daß Ozu in jungen Jahren begeistert von amerikanischen Filmen war und fast alle seine Werke nach amerikanischen Vorlagen gestaltet hat. Die stoffliche Grundlage zu „Eine Geschichte aus Tōkyō" ist der Film „Make way for tomorrow" aus dem Jahr 1937. Man trifft auf denselben Plot, jedoch mit einer anderen Schwerpunktsetzung. Im Gegensatz zum amerikanischen Film, in dem die Liebe zwischen einem alten Ehepaar vom Lande beschrieben wird, geht es in der japanischen Version um eine Geschichte von Eltern und Kindern. Im japanischen Film wird die horizontale Beziehung zwischen den Eheleuten also in eine vertikale Eltern-Kind-Beziehung umgewandelt.

Die Anthropologin Nakane Chie verwies darauf, daß eine enge Verbindung zwischen der Vorstellung von Familie und den gesellschaftlichen Strukturen existiert, und bezeichnete die japanische Gesellschaft als eine „vertikale Gesellschaft" (NAKANE 1967). Dieses vertikale Prinzip steht nun in enger Beziehung zur Kulturform, ebenso wie das Japanische im Gegensatz zur horizontalen Schreibweise der westlichen Sprachen eine vertikale Schreibweise aufweist. In bezug auf den Vorrang der Eltern-Kind-Beziehung vor der Ehepaar-Beziehung habe ich bisher an den Fernsehdramen keine neuen Erkenntnisse, sondern lediglich schon Erforschtes nachgewiesen. Im folgenden möchte ich jedoch als neue Hypothese etwas vorbringen, was Nakane nicht behandelt hat, indem ich die folgende Frage stelle: Ist auch in der Liebe zwischen Mann und Frau das vertikale Prinzip am stärksten?

Zunächst einmal können wir in der vorliegenden Untersuchung das besonders häufige Vorkommen einer Beziehung zwischen älterem Bruder und jüngerer Schwester als charakteristisch für die Fernsehdramen festhalten. Das durch Liebe zustandegekommene Verhältnis zwischen Mann und Frau in Fernsehdramen erweist sich im Vergleich dazu als relativ schwach. Hingegen entsteht bei elternlosen Geschwistern von unterschiedlichem Geschlecht, die in einer Quasi-Eltern-Kind-Beziehung zueinander stehen, eine starke, jedem Hindernis trotzende Liebe.

Es heißt, daß im Falle einer vertikalen Gesellschaftsstruktur wie in Japan die Liebe zwischen Mann und Frau dann am stärksten zum Ausdruck kommt, wenn das vertikale Prinzip herrscht. Interessanterweise haben im Altertum zur Zeit der Gedichtsammlung *Man'yōshū* [Sammlung der zehntausend Blätter] die Liebenden untereinander eine Geschwisterbeziehung nachgeahmt und sich gegenseitig „Bruder" und „Schwester" genannt. Dies demonstriert die Stärke geschwisterlicher Liebe.

Als weiteren Punkt möchte ich auf das vertikal strukturierte Familienbewußtsein eingehen. Die vertikale Eltern-Kind-Beziehung hat sich in Japan als das *ie*-System, ein Familiensystem mit geradliniger Erbfolge, etabliert. Wie an der zweiten und dritten Szene gesehen werden konnte, ist dieses *ie*-Bewußtsein heute noch vorhanden. Allerdings beschränkt es sich nicht unbedingt auf die Blutsverwandtschaft zwischen Familienvorstand und Erbe, sondern akzeptiert auch Adoptivsöhne. Das auffallende Merkmal der Fernsehdramen besteht jedoch in der besonderen Betonung der Blutsverwandtschaft. Damit wird deutlich, daß die Legitimität der Erbfolge auf der Blutsverwandtschaft basiert, diese also das bestimmende Merkmal für Familie ist. Aber stellt dies andererseits nicht ein kaum zu übersehendes Anzeichen für das in seinen Grundfesten erschütterte *ie*-System dar? Gerade weil es nämlich im Verfall begriffen ist – in einer Zeit, die auf einen Wandel des Familienbewußtseins drängt –, verbleibt nur die Blutsverwandtschaft als Mittel, die Familie zu bestätigen. Inmitten des heute herrschenden, starken Krisengefühls besinnt man sich offenbar in den Fernsehdramen wieder auf die familiären Bande.

übersetzt von Renate Jaschke

LITERATURVERZEICHNIS

MAKITA Tetsuo und MURAMATSU Yasuko (1985): Ima, terebi dorama wa nani o egaite iru ka (1)–(3) [Was wird zur Zeit in den Fernsehdramen dargestellt?]. In: *Hōsō kenkyū to chōsa*, September, S. 2–11; Oktober, S. 26–37; November, S. 30–45.
MURAMATSU Yasuko (1975): Terebi dorama no egaku joseizō [Das Frauenbild in den Fernsehdramen]. In: *Bunken geppō*, Oktober, S. 20–32.
NAKANE Chie (1967): *Tate shakai no ningen kankei* [Die menschlichen Beziehungen in einer vertikalen Gesellschaft]. Tōkyō: Kōdansha Gendai Shinsho.
NHK SEIRON CHŌSABU (1992): *Zusetsu nihonjin no seikatsu jikan 1990* [Illustration: Das Leben der Japaner 1990]. Tōkyō: Nihon Hōsō Shuppankai.
SATŌ Tadao (1978): *Katei no yomigaeri no tame ni – hōmu doramaron* [Für eine Renaissance der Familie – Über das Familiendrama]. Chikuma Shobō.
SHIOYA Chieko (1993): Terebi dorama no joseizō – rikon o meguru bunseki to kōsatsu [Das Frauenbild in den Fernsehdramen – Untersuchung und Betrachtung zur Scheidung]. In: *Shōwa joshi daigaku josei bunka kenkyūjo kiyō* 11, S. 57–68.

ANHANG

Auflistung aller im Oktober 1994 zwischen 20 und 24 Uhr gesendeten Fernsehdramen

Nr. 01–26: 26 abgeschlossene Fernsehdramen (*tanpatsu dorama*)
Nr. 27–45: 19 Fortsetzungsdramen der Privatsender (*renzoku dorama*)
Nr. 46–47: 2 Kurzzeit-Serien des NHK-Fernsehens (*obi dorama*)

Nr.	Titel	Sender	Sendetag	Sendezeit
01	*Keiretsu II (zenpen: hōkai no jokyoku)* (Der Konzern II, Teil A: Präludium zum Untergang)	NHK	01.10.	21:00–22:15
	Keiretsu II (kōhen: jiritsu e no tabidachi) (Der Konzern II, Teil B: Aufbruch in die Selbständigkeit)	NHK	08.10.	"
02	*Takushī doraibā no suiri nisshi* IV (Kriminalistisches Tagebuch eines Taxifahrers, Teil 4)	TV Asahi	01.10.	21:02–22:51
03	*Sukiyanen tōchan* (Papa, ich hab' dich lieb)	TBS	02.10.	21:00–22:54
04	*21sai no betsuri* (Abschied mit einundzwanzig)	TBS	04.10.	21:00–22:54
05	*Waga machi* V (Meine Stadt, Teil 5)	NTV	04.10.	21:33–23:24
06	*Dare yori mo kimi no koto* (Du stehst an erster Stelle)	TV Asahi	06.10.	20:00–21:48
07	*Sasurai ryōrichō no kakushi aji* (Geheimrezepte eines wandernden Küchenchefs)	TBS	07.10.	21:00–22.54
08	*Tōkyō–Sapporo–Kushiro tokkyū ōzora satsujin jiken* (Der Mord im Ōzora-Expreß Tōkyō–Sapporo–Kushiro)	TV Asahi	08.10.	21:02–23:21
09	*Hadaka no taishō – Kiyoshi no dekanshobushi* (Der nackte General – Das Dekansho-Lied von Kiyoshi)	Fuji Terebi	09.10.	21:00–22:24
10	*Yokohama furansu-bashi satsujin jiken* (Der Mordfall an der Französischen Brücke in Yokohama)	TBS	10.10.	21:00–22:54

Nr.	Titel	Sender	Sendetag	Sendezeit
11	Yo ni mo kimyōna monogatari – Aki no tokubetsu hen (Allerlei seltsame Geschichten – Herbst-Special)	Fuji Terebi	10.10.	21:00–22:54
12	Hanzai shinri bunsekikan (Der Kriminal-Psychologe)	NTV	11.10.	21:03–22:52
13	Kisetsu hazure no kaigan monogatari (Geschichten von der Küste außerhalb der Saison)	Fuji Terebi	13.10.	22:00–23:24
14	Kaette kita OL sannin tabi (Die Reise der drei „office ladies" II)	Fuji Terebi	14.10.	21:00–22:52
15	Aki no ichizoku (Eine Herbstreise) ① Gōryū chiten de (Teil 1: Am Punkt des Zusammenflusses) ② Mawari no akari (Teil 2: Das Licht im Umkreis) ③ Yakusoku (Teil 3: Das Versprechen)	NHK	15.10. 22.10. 29.10.	21:00–22:15 " "
16	Kon'yoku roten-buro renzoku satsujin (Mord in der gemischten Freilufttherme)	TV Asahi	15.10.	21:02–22:51
17	Oniyuri kōchō hashiru! (Direktorin Oniyuri in Fahrt!) ① Boku tenkō wa iya da (Teil 1: Ich will die Schule nicht wechseln) ② Sensei yamechau no (Teil 2: Frau Lehrerin, verlassen Sie uns etwa?) ③ Nusunda no wa boku da (Teil 3: Ich bin der Dieb)	Fuji Terebi	16.10. 23.10. 30.10.	21:00–21:54 " "
18	Hagi/Tsuwano ni kieta onna (Die in Hagi/Tsuwano verschwundene Frau)	TBS	17.10.	21:00–22:54
19	Marie no kyaku (Der Gast von Marie)	NTV	18.10.	21:03–22:54
20	Uchidate Makiko dorama – Teyandee! (Uchidate Makiko-Drama: Was is'?)	Fuji Terebi	21.10.	21:02–22:52
21	Tantei jimusho (Das Detektivbüro)	TV Asahi	22.10.	21:02–22:51
22	Basu gaido Aiko 2 – Michinoku no koi (Bus-Schaffnerin Aiko, Teil 2: Liebe in Michinoku)	TBS	24.10.	21:00–22:54
23	Shinmin hanji ho (Der neue Gerichtsassessor)	NTV	25.10.	21:03–22:54

Nr.	Titel	Sender	Sendetag	Sendezeit
24	*Kachō Shima Kōsaku* 3 (Abteilungsleiter Shima Kōsaku, Teil 3)	Fuji Terebi	28.10.	21:08–23:21
25	*Soshite dare mo inakunaru* (Und dann waren alle fort)	TV Asahi	29.10.	21:08–23:21
26	*Watashi wa kai ni naritai* (Eine Muschel möcht' ich werden)	TBS	31.10.	21:00–23:24
27	*Sasurai keiji ryojō-hen supesharu* (Erlebnisse des wandernden Polizisten)	TV Asahi	05.10. 12.10. 19.10.	20:00–21:48 21:00–21:54 21:00–21:54
28	*Onīchan no sentaku* 1~4 (Die Wahl meines großen Bruders, Folge 1–4)	TBS	09.10. 16.10. 23.10. 30.10.	21:00–21:54 " " "
29	*Tōkyō daigaku monogatari* 1~4 (Geschichten von der Tōkyō-Universität, Folge 1–4)	TV Asahi	10.10. 17.10. 24.10. 31.10.	20:00–20:54 " " "
30	*Ninshin desu yo* 1~4 (Sie sind schwanger, Folge 1–4)	Fuji Terebi	10.10. 17.10. 24.10. 31.10.	22:00–22:54 " " "
31	*Imōto yo* 1~3 (Meine kleine Schwester, Folge 1–3)	Fuji Terebi	17.10. 24.10. 31.10.	21:00–21:54 " "
32	*Yagami-kun no katei no jijō* 1~2 (Die Familienverhältnisse bei Yagami, Folge 1 und 2)	TV Asahi	11.10. 18.10.	20:00–20:54 "
33	*Watashi no unmei* 1~3 (Mein Schicksal, Folge 1–3)	TBS	11.10. 18.10. 25.10.	21:00–21:54 " "
34	*Wakamono no subete* 1~2 (Alle jungen Leute, Folge 1 und 2)	Fuji Terebi	19.10. 26.10.	21:00–21:54 "
35	*Yoru ni dakarete* 1~2 (Umgeben von der Nacht, Folge 1 und 2)	NTV	19.10. 26.10.	22:00–22:54 "
36	*Otoko wa iranai!* 1~2 (Männer brauchen wir nicht! Folge 1 und 2)	NTV	20.10. 27.10.	21:00–21:54 "
37	*Onna no iibun* 1~3 (Einwände einer Frau, Folge 1–3)	TBS	13.10. 20.10. 27.10.	21:00–21:54 " "

Nr.	Titel	Sender	Sendetag	Sendezeit
38	Mama no beddo e irasshai 1~2 (Komm in Mamas Bett, Folge 1 und 2)	TV Asahi	13.10. 20.10.	21:00–21:54 "
39	29sai no kurisumasu 1~2 (Weihnachten mit 29 Jahren, Folge 1 und 2)	Fuji Terebi	20.10. 27.10.	22:00–22:54 "
40	Kazoku A 1~3 (Familie A, Folge 1–3)	TBS	13.10. 20.10. 27.10.	22:00–22:54 " "
41	Shizuka naru Don 1~2 (Der stille Boß, Folge 1 und 2)	NTV	21.10. 28.10.	20:00–20:54 "
42	Hanjuku tamago 1~2 (Ein weichgekochtes Ei, Folge 1 und 2)	Fuji Terebi	21.10. 28.10.	20:00–20:54 "
43	Yume miru koro o sugite mo 1~3 (Auch wenn die Zeit der Träume vorbei ist, Folge 1–3)	TBS	14.10. 21.10. 28.10.	21:00–21:54 " "
44	Boku ga kanojo ni shakkin o shita riyū 1~3 (Warum ich von ihr Geld geliehen habe, Folge 1–3)	TBS	14.10. 21.10. 28.10.	22:00–22:54 " "
45	Ore wa ō-gata, ohitsujiza 1~2 (Ich habe Blutgruppe Null, und mein Sternzeichen ist Widder, Folge 1 und 2)	NTV	22.10. 29.10.	21:00–21:54 "
46	Yunomachi kōshin kyoku 1~16 (Der Thermalbad-Marsch, Folge 1–16)	NHK	19.09. bis 13.10.	20:40–21:00
47	Kuroshio no koibito-tachi 1~16 (Die Liebenden am Kuroshio, insgesamt 16 Folgen)	NHK	17.10. bis 10.11.	20:40–21:00

REALITÄTSSPIEGELUNG ODER IDEALISIERUNG?

DAS BILD DER EHE IN FERNSEHSERIEN DER JAHRE 1992–1994

Hilaria GÖSSMANN

1. EINLEITUNG

Im Rahmen eines Forschungsprojekts am Deutschen Institut für Japanstudien zum Thema „Gesellschaftlicher Wandel seit der Nachkriegszeit am Beispiel der Familie" beschäfige ich mich anhand japanischer Fernsehserien (*renzoku dorama*) mit der fiktionalen Darstellung von Familie.[1] Unter den verschiedenen Arten von Fernsehdramen weisen die während der Hauptsendezeit zwischen 20 und 23 Uhr ausgestrahlten Serien der Privatsender den höchsten Grad an Popularität auf und bilden ein beliebtes Gesprächsthema in Familie, Schule und am Arbeitsplatz. Da diese Serien über einen Zeitraum von etwa drei Monaten wöchentlich ausgestrahlt werden und dabei stark auf eine Identifikation des Publikums mit den Figuren der Dramen zielen, ist anzunehmen, daß sie einen stärkeren Eindruck hinterlassen als die abgeschlossenen ein- bis zweistündigen Dramen.

Bei den japanischen Fortsetzungsdramen handelt es sich nicht um Endlos-Serien wie etwa die amerikanischen Seifenopern, sondern sie bestehen aus durchschnittlich zwölf Folgen, innerhalb derer die dargestellte Handlung einen Abschluß findet. Der Turnus dieser Serien entspricht den vier Jahreszeiten: Sie beginnen auf allen Kanälen jeweils im Januar, April, Juli und Oktober. Während einer Saison werden von den Privatsendern Nihon Terebi, TBS, Fuji Terebi und Terebi Asahi pro Woche insgesamt durchschnittlich 12 Fortsetzungsdramen gesendet.[2] Ihre Thematik reicht von Kriminalfällen über den Schulalltag, die Lebenssituation junger Menschen und die Arbeit einer bestimmten Berufsgruppe wie z. B. Ärzte bis hin zu den besonders beliebten Serien, in denen es um eine Familie geht.

Ein Charakteristikum von Fernsehserien in Japan wie in Deutschland ist die Verquickung von Realitätsspiegelung und Idealisierung. Das Ver-

---

[1] Eine ausführlichere Version des vorliegenden Beitrags wurde als Arbeitspapier 1995/1 des Deutschen Instituts für Japanstudien vorgelegt (GÖSSMANN 1995).
[2] Von den fünf in Tōkyō ansässigen Privatsendern produziert lediglich Terebi Tōkyō keine Fernsehdramen.

hältnis von Gesellschaft und Familienserie geht jedoch keineswegs in monokausalen Beziehungen auf; die Fernsehserie erscheint vielmehr als ein „Psychometer, das Auskunft gibt über gesellschaftliche und individuelle Befindlichkeiten" (ROGGE 1986: 202). Eine weitere typische Eigenschaft der Fernsehdramen ist die didaktische Tendenz, die sie mit Serien im englischsprachigen Raum verbindet:

> The dual force of the televisual melodramatic serial as a (mythical) storyteller and as an (mass) entertainer endows it with a special ability to provide a ground for educational learning. Such learning can inhibit or faciliate social change; that is, it could reaffirm traditional social structures, or legitimize social change. (LOZANO und SINGHAL 1993: 118)

Der Frage, ob die Serien im Fall von Japan eher die herrschenden sozialen Strukturen abbilden, bestimmte Rollenbilder idealisieren oder zum gesellschaftlichen Wandel beitragen können, gilt es im folgenden anhand der Analyse der Serieninhalte nachzugehen. Als Untersuchungsmaterial dienen 15 Fortsetzungsdramen aus dem Zeitraum Juli 1992 bis Dezember 1994, in denen ein Ehepaar im Mittelpunkt steht. Um zu analysieren, welche Veränderungen sich im Bild der Ehe in den Fernsehdramen der neunziger Jahre abzeichnen, ist zunächst auf die Darstellung der Familie von den sechziger bis zu den achtziger Jahren einzugehen.

2. DAS FAMILIENBILD DER FERNSEHDRAMEN BIS ZU DEN ACHTZIGER JAHREN

Die Familienform, die in der Anfangszeit der Fernsehdramen vornehmlich gestaltet wurde, war die Mehrgenerationenfamilie. Hierin offenbarte sich eine gewisse Nostalgie, die Sehnsucht nach der „guten alten Zeit", da sich in der gesellschaftlichen Realität der sechziger Jahre immer mehr die Lebensform der Kernfamilie durchsetzte. Die Väter in den Fernsehdramen, die alle Probleme ihrer Kinder lösten, erscheinen als Projektionen der Firmenchefs zur Zeit der wirtschaftlichen Hochwachstumsphase (HIRAHARA 1994: 51). Ende der sechziger Jahre wurden die Dramen mit einem Vater im Mittelpunkt abgelöst von den sogenannten „mutterzentrierten Familiendramen" (*haha-oya chūshin-gata hōmu dorama*), in denen die Mutter, meist als Witwe, die Krisen meisterte und die Familie zusammenhielt. Hierin spiegelte sich die Entwicklung in der japanischen Gesellschaft zur Zeit des hohen Wirtschaftswachstums wider, als die Männer aufgrund ihrer Arbeit immer weniger Zeit für die Familie aufbringen konnten und den familiären Bereich ganz ihren Frauen überließen. Es machte jedoch keinen großen Unterschied, ob in den Fernsehdramen eine

Mutter oder ein Vater im Mittelpunkt stand; in jedem Fall war die Familie der Ort, an dem die Familienmitglieder Ruhe fanden und das Oberhaupt alle Probleme löste.

Was das Frauenbild in den Fernsehdramen bis Mitte der siebziger Jahre betrifft, so gab es zwei typische Heldinnen, die „Mutter, auf die man sich verlassen kann" (*tanomoshii haha*) und die (noch) unverheiratete „leidende Frau" (*taeru onna*) (MURAMATSU 1979: 93). Auf diese Weise wurde die Botschaft vermittelt, daß Frauen innerhalb der Familie Macht und Einfluß haben, jedoch schreckliche Erfahrungen machen müssen, sobald sie den sicheren Bereich von Haus und Familie verlassen und sich in die „feindliche" Welt hinaus begeben (MURAMATSU 1979: 127).

Als sich in den siebziger Jahren sowohl beim Publikum als auch bei den in der Produktion Beschäftigten ein gewisser Überdruß einstellte in bezug auf die heile Welt in den Fernsehfamilien, die sich vom wirklichen Leben der Menschen immer mehr entfernte, entstanden die „bitteren Familiendramen" (*karakuchi hōmu dorama*), die sich Themen wie der Entfremdung von Familienmitgliedern zuwandten. Eine wichtige Rolle bei der Entwicklung dieser kritischen Fernsehdramen spielten die Werke von Yamada Taichi. Er gilt als ein Autor, der „die jeweils herrschenden Zustände in Japan, die Zeitumstände, geschickt verarbeitet" (ŌYAMA 1993: 466). Neuartig an seinen Werken war zum einen, daß sie nicht mehr die Familie als den Ort der Harmonie darstellen, und zum anderen, daß sie das Leben einer Kernfamilie schildern. Schauplatz der meisten Dramen sind Vororte von Tōkyō, in denen es keine gewachsene Nachbarschaft mehr gibt, weshalb die Hausfrauen, die tagsüber allein sind, unter ihrer Isolation leiden. Besonderes Aufsehen erregte das Fernsehdrama „Kishibe no arubamu" (1977, Die Fotoalben am Ufer), in dem eine etwa 50jährige Hausfrau und Mutter ihren monotonen Alltag nicht mehr erträgt und eine außereheliche Beziehung eingeht. Dieses Drama erscheint typisch für eine Tendenz vieler populärkultureller Produkte: Das als unmoralisch geltende Verhalten einer Figur wird im Handlungsverlauf durch eine tragische Entwicklung „bestraft". Im Fall dieses Dramas, in dem auch der Ehemann und die Tochter mit den gesellschaftlichen Normen brechen, geschieht dies in Form einer Flutkatastrophe, durch die das Haus der Familie zerstört wird. Im Happy-End finden die Familienmitglieder wieder zusammen.[3]

Die kritische Auseinandersetzung mit Problemen der japanischen Familie im Genre Fernsehdrama hielt auch in den achtziger Jahren weiter

---

[3] Vor der Ausstrahlung als Serie wurde die Romanversion in der Tageszeitung *Tōkyō Shinbun* publiziert. Zu den Werken dieses Autors siehe KAWAMOTO (1983), SATA und HIRAHARA (1991: 182–184) und HIRAHARA in diesem Band.

an. Ausgespart bleibt jedoch die Darstellung von Ehepaaren, bei denen Mann und Frau berufstätig sind (MAKITA und MURAMATSU 1987: 44). Die zunehmende Berufsorientierung japanischer Frauen in den achtziger Jahren fand zu dieser Zeit noch kaum Eingang in die Welt der Fernsehdramen.[4]

Nachdem das Thema Familie in der zweiten Hälfte der achtziger Jahre in den Fernsehdramen eine Zeitlang in den Hintergrund trat und statt dessen in den sogenannten *torendī dorama* („trendy drama") die Liebesgeschichten und das konsumorientierte Leben von Singles im Mittelpunkt standen, wurden mit dem Ende des Wirtschaftsbooms Anfang der neunziger Jahre erneut viele Fernsehdramen gesendet, die das Leben einer Familie schildern.

3. DIE ROLLENVERTEILUNG DER EHEPARTNER IN DEN FORTSETZUNGSDRAMEN DER NEUNZIGER JAHRE

Ein zentraler Aspekt bei der Frage nach dem Bild der Familie in den Fernsehdramen ist die Rollenverteilung in der Ehe. Aus diesem Grunde wurden die zu analysierenden 15 Fernsehdramen der Jahre 1992–94 je nach der Art der zu Beginn der Handlung herrschenden Rollenverteilung in die Modelle A bis D eingeteilt:

A Ehemann: Beruf; Ehefrau: Familie und Haushalt
B Ehemann: Beruf; Ehefrau: Familie, Haushalt und Teilzeitarbeit bzw. ehrenamtliche Tätigkeit
C Beide Ehepartner berufstätig, Doppelbelastung der Ehefrau durch Haushalt und Beruf
D Beide Ehepartner berufstätig, partnerschaftliche Aufteilung der Hausarbeit

Bei der Analyse der Fernsehdramen gilt es, die gesamte Entwicklung von der ersten bis zur letzten Folge mit einzubeziehen. Im Anhang des vorliegenden Beitrags findet sich eine Auflistung der analysierten Serien, wobei jeweils die Veränderungen, die sich in bezug auf die Rollenverteilung bis zur letzten Folge vollziehen, verzeichnet sind; die Nummern, die jeweils bei den Titeln der Fernsehdramen genannt werden, verweisen auf diese Tabelle.

---

[4] Vgl. hierzu MAKITA und MURAMATSU: „Although some women were portrayed as both married and employed, the job-holding rate did not approach the actual figure in Japanese society, where around one-half of all married women did some outside job." (1987: 64–65).

Im folgenden soll dargestellt werden, welche Handlungsmuster den Dramen der unterschiedlichen Modelle zugrunde liegen und welche Leitbilder sie vermitteln. Einen Indikator dafür, welche der Modelle A bis D als positive Beispiele einer Lebensplanung gelten können, bildet jeweils der Zufriedenheitsgrad der Hauptfigur.

A Ehemann: Beruf; Ehefrau: Familie und Haushalt

Auch in den neunziger Jahren herrscht in vielen Serien zumindest in der ersten Folge die geschlechtsspezifische Rollenverteilung nach dem Muster: Der Mann ist berufstätig und die Frau für Haushalt und Familie zuständig. Eine recht positive Darstellung findet die Hausfrauenehe in zwei besonders populären Dramen des Untersuchungszeitraums, „Zutto anata ga suki datta", [Ich habe dich immer geliebt] (Nr. 1) und der Fortsetzung „Dare ni mo ienai" [Ich kann es niemandem sagen] (Nr. 3).

Die Hauptfigur in „Zutto anata ga suki datta" läßt sich kurz vor ihrem 30. Geburtstag von ihrem Vater zu einer Ehe auf Vermittlung (*omiai kekkon*) überreden und gibt anläßlich ihrer Heirat ihren Beruf auf. Als sie bemerkt, daß ihr Ehemann völlig von seiner Mutter dominiert wird, zieht sie aus der gemeinsamen Wohnung aus und sucht sich einen Job. Nachdem sie sich mit ihrem Mann versöhnt hat, kündigt sie ihre Stellung sofort wieder, weil er möchte, daß sie zuhause bleibt. Der Beruf erscheint somit lediglich als Mittel zum Geldverdienen. Ausschlaggebend dafür, daß die Ehe letztendlich doch scheitert, ist der Mutterkomplex des Mannes. Die Hauptfigur erträgt es nicht mehr länger, daß seine Mutter ständig Macht über ihn und auch sie selbst auszuüben versucht. Sie läßt sich scheiden und heiratet einen Jugendfreund. Die Verhaltensweise einer Mutter, die ihren Sohn so sehr in Abhängigkeit hält, daß dieser unfähig wird, mit anderen Menschen zu kommunizieren, was zum Scheitern der Ehe führt, erfährt in diesem Drama zwar eine äußerst kritische Darstellung,[5] die Problematik einer Hausfrauenehe wird jedoch nicht direkt gestaltet.

In den meisten Dramen des Untersuchungszeitraums sehen die Frauen die geschlechtsspezifische Rollenverteilung keineswegs mehr als naturgegeben und unveränderbar an, sondern empfinden sie zunehmend als unbefriedigend. In vier Beispielen für Modell A (Nr. 2, 5, 7 und 8) versuchen die Hausfrauen, aus ihrem Alltag auszubrechen, was im folgenden an einigen Fällen aufgezeigt werden soll.

In „Kono ai ni ikite" [Für diese Liebe leben] (Nr. 7) kommt die Hauptfigur nach sechs Ehejahren zu dem Schluß, daß es eigentlich nur noch das

---

[5] Eine ausführliche Auseinandersetzung mit der Problematik des Mutterkomplexes in diesem Fernsehdrama findet sich in GÖSSMANN (1997).

gemeinsame Kind ist, das sie und ihren Ehemann miteinander verbindet. Als sie erfährt, daß sich ihr Mann regelmäßig mit seiner Ex-Frau trifft, geht sie selbst eine außereheliche Beziehung ein. Während sie sich mit ihrem Geliebten trifft, wird ihr Sohn entführt und schließlich ermordet – wiederum ein typisches Beispiel für die „Bestrafung" ihres als unmoralisch eingestuften Verhaltens. Sie macht sich auf die Suche nach dem Mörder und tötet ihn. Nachdem sie festgenommen worden ist, klagt sie beim Verhör über ihre Lebenssituation und die Einsamkeit, die sie empfunden hat, als sie für ihren Mann nichts anderes mehr als die Mutter ihres Kindes war. In dieser Situation sagt der Polizist: „Ich habe das Gefühl, als hörte ich meine eigene Frau reden." Auf diese Weise wird deutlich, daß die Probleme der Hauptfigur nicht nur individueller Art sind, sondern viele Frauen betreffen.

Auch in „Onna no iibun" [Einwände einer Frau] (Nr. 8) scheint die Hauptfigur stellvertretend für viele Frauen zu sprechen. Der 51jährigen Hauptfigur Ai, die ihren Ehemann ständig zu bedienen hat, reißt bei den Umzugsvorbereitungen wegen der Versetzung des Mannes nach Hokkaidō der Geduldsfaden, und sie bringt all ihren angestauten Ärger und ihre Unzufriedenheit mit ihrer Lebenssituation zur Sprache:

> Ehefrau: „Du hast mich jetzt lang genug für dumm verkauft. Für wen hältst du mich eigentlich? Wer oder was bin ich denn überhaupt für dich?"
> Ehemann: „Meine Frau!"
> Ehefrau: „Ach so? Was weißt du überhaupt von mir? Wann bin ich zum Beispiel geboren?"
> Ehemann: „Wie soll ich mich daran so plötzlich erinnern?"
> Ehefrau: „Meine Körpergröße? Mein Gewicht? Meine Blutgruppe? Was ist denn meine Lieblingsfarbe, mein Lieblingsessen? Wie kannst du sagen, daß ich deine Frau bin, wo du rein gar nichts von mir weißt. Ich bin für dich nichts anderes als eine Hausangestellte ohne Gehalt oder eine Zimmerwirtin. Ich heiße weder ‚eh-du-da' noch ‚Mutter'. Ich bin Azuma Ai, geboren am 17. November 1942, 51 Jahre alt, meine Lieblingsfarbe ist weiß, meine Lieblingsblumen sind Wikken, mein Lieblingsessen ist Eierspeise. Ich bin eine Frau aus Fleisch und Blut. Aber für dich bin ich nur eine dumme Haushälterin. Alles, was Haus und Kind betrifft, schiebst du auf mich ab. Immer hast du nur deine Arbeit im Kopf. Frühmorgens gehst du aus dem Haus und kommst erst um Mitternacht wieder. Und sonntags stehen dann Golf oder die Pachinko-Spielhalle auf dem Programm. Selbst als ich mit Grippe im Bett lag, hast du mitten in der Nacht Gäste heimgebracht und wolltest Sake und etwas zu essen serviert haben. Hast du auch

nur ein einziges Mal darüber nachgedacht, was ich eigentlich empfinde? So war mein Leben in den 25 Jahren seit unserer Heirat! Hast du überhaupt eine Vorstellung davon, wie ich mich fühle? Immer heißt es nur ‚Ich ernähre dich schließlich'. Du hältst mich einfach für eine dumme Frau, die von nichts eine Ahnung hat, dabei weißt du rein gar nichts über mich. Ich bin dieses Leben leid! Ich bin es leid, mich immer zurückzustellen und so zu tun, als ob ich glücklich sei, obwohl ich es eigentlich gar nicht bin. Ab heute werde ich mich selbständig machen und so leben, wie ich es möchte. (*Sie wirft ihm demonstrativ ihre Schürze vor die Füße*). Ich werde nicht mit nach Sapporo gehen!"

Die Selbständigkeit dieser Ehefrau beschränkt sich zunächst darauf, daß sie, nachdem der Ehemann allein an seinen neuen Dienstort gezogen ist, das Haus in Tōkyō hütet. Um auch einmal das Arbeitsleben kennenzulernen, nimmt sie eine Stellung in einem Restaurant an. Anläßlich der Heirat des Sohnes kommt es zu einer Versöhnung mit ihrem Mann, der ihr ihre Lieblingsblumen mitgebracht hat, und sie ist nunmehr bereit, zu ihm nach Sapporo zu ziehen.

Obwohl sich die Ehefrau in diesem Drama gleich zu Beginn weigert, die Rolle der Hausfrau weiter zu erfüllen und ihren Mann anklagt, sie nicht als Partnerin, sondern als Hausangestellte behandelt zu haben, kommt es hier zu keiner dauerhaften Veränderung der Rollenverteilung. Nachdem sie mit Schwierigkeiten im Arbeitsleben zu kämpfen hatte, kehrt sie sozusagen „geläutert" zu ihrem Ehemann zurück, wodurch die ursprüngliche Ordnung wiederhergestellt wird.

Ein seltenes Beispiel für ein Drama, in dem ein Mann sich mit der geschlechtsspezifischen Rollenverteilung auseinandersetzt, stellt „Otona no kisu" [Küsse von Erwachsenen] (Nr. 5) dar. In der ersten Folge verläßt die Ehefrau ihren Mann, da ihr bewußt geworden ist, daß er in ihr nichts anderes als eine Mutter sieht, und sie möchte – bevor es zu spät ist – sich noch einmal „als Frau fühlen". Der Mann ist nun mit seinem Sohn ganz auf sich allein gestellt. Sie haben sich offensichtlich schon seit Tagen von Fertigmenüs ernährt, bis sozusagen als *deus ex machina* ein ehemaliger Schulkamerad auftaucht. Er quartiert sich bei den beiden ein, da seine Frau, eine Zahnärztin, ihn wegen ständiger Affären vor die Tür gesetzt hat. Die beiden Männer sind als äußerst gegensätzlich gezeichnet, der Hauptdarsteller als ein Ehemann, der sich von seiner Frau hat bemuttern lassen, und sein ehemaliger Schulkamerad als ein Mann, der alle Aufgaben im Haushalt mit Bravour meistert. Er weiht den Hausherrn und seinen kleinen Sohn nun in die Geheimnisse der Haushaltsführung ein. Bereits am ersten Morgen in diesem frauenlosen Haushalt wird er automatisch in die Rolle der Hausfrau hineingedrängt. In dieser satirisch wirkenden Situation – so wird er vom Hausherrn z. B. gefragt, wo denn die Strümpfe seien – tritt die Hilflosigkeit eines von seiner Frau abhängigen Mannes besonders deutlich zutage. Im Lauf dieser Serie kommt es bei diesem Ehemann, der zusammen mit seinem Sohn sogar lernt, Brot zu backen, jedoch zu einem Prozeß des Umdenkens. Am Schluß trifft er wieder mit seiner inzwischen berufstätigen Frau zusammen und bittet sie, einen Neuanfang zu wagen. Es zeichnet sich die Möglichkeit ab, daß sie in Zukunft eine partnerschaftliche Rollenverteilung realisieren werden.

Wie diese Beispiele von Hausfrauen zeigen, ist die alle Probleme meisternde, verläßliche Mutter nicht mehr die typische Frauenfigur der neunziger Jahre. An ihre Stelle getreten sind Frauen, die sich dagegen auflehnen, lediglich die Funktion einer Haushälterin zu erfüllen oder ausschließlich auf die Mutterrolle festgelegt zu werden. Die Isolation und Unerfülltheit einer Hausfrau, die bereits 1977 von Yamada Taichi gestaltet wurde, bleibt somit auch in den Fortsetzungsdramen der neunziger Jahre noch ein wichtiges Thema. Die Auflehnung gegen die Rolle der Hausfrau kann inzwischen sogar als ein Topos der Fernsehdramen bezeichnet werden.

Der Zufriedenheitsgrad der weiblichen Figuren mit ihrem Leben erweist sich bei den Beispielen für Modell A, der Hausfrauenehe, als besonders niedrig. Durch die Darstellung aus der Perspektive der betroffenen Frauen erscheint ihr Ausbrechen aus der Hausfrauenrolle keineswegs in einem schlechten Licht, und es wird nur in Ausnahmefällen durch eine negative Entwicklung „bestraft". Im Gegenteil, der Ausbruch hat für die Frau meist sogar positive Folgen, indem entweder der Ehemann zum Umdenken ermuntert wird wie in „Otona no kisu" (Nr. 5), oder indem es der Frau gelingt, sich ein neues, selbständiges Leben aufzubauen wie in „Wagamama na onna-tachi" [Eigenwillige Frauen] (Nr. 2).

B Ehemann: Beruf; Ehefrau: Familie, Haushalt und Teilzeitarbeit bzw. ehrenamtliche Tätigkeit

Während für die Frauen in den Fernsehdramen der siebziger Jahre als Ausbruchsmöglichkeit aus der Ehe nur die „Flucht in die Arme eines anderen Mannes" in Frage zu kommen schien, gibt es in den neunziger Jahren zunehmend Beispiele, in denen Frauen ihrer Unzufriedenheit mit der eigenen Lebenssituation durch eine ehrenamtliche oder berufliche Tätigkeit begegnen.

In „Sangenme no yūwaku" [Die Versuchung in der Nachbarschaft] (Nr. 9) geht es um die Entfremdung der Familienmitglieder untereinander. Die Hauptfigur arbeitet ehrenamtlich für einen Verein, der die Versorgung alter Menschen in der Nachbarschaft übernimmt. Zu Beginn des Dramas wird sie auch aufgrund dieser Aufgabe als recht zufrieden dargestellt. Im Laufe der Folgen erkennt sie allerdings, daß sie für ihre Familie, ihren Mann und die zwei fast erwachsenen Kinder, die noch zuhause leben, eigentlich nichts anderes als eine Haushälterin ist. Nach einigen verzweifelten Versuchen, die Familie zusammenzuhalten, beschließt sie, sie zu verlassen. Sie hat sich durch ihre ehrenamtliche Tätigkeit die berufliche Qualifikation der Altenpflege erworben und beginnt nun, in einem Altersheim zu arbeiten. Nachdem die Familie das Haus verkauft hat und fortan jedes Familienmitglied allein lebt, kommen sie in der letzten Folge noch einmal zusammen und veranstalten ein Picknick am Meeresstrand – sicherlich eine Anspielung auf „Kishibe no arubamu", wo sich die Versöhnung der Familie am Flußufer abspielt, als ihr Haus ein Opfer der Überschwemmung des Tamagawa geworden ist. Auch in „Sangenme no yūwaku" zeichnet sich die Möglichkeit ab, daß es für die Ehepartner einen Neuanfang gibt. In „Kishibe no arubamu" und in „Sangenme no yūwaku" ist die Rollenverteilung von Mann und Frau jeweils sehr deutlich ausgeprägt. Die Frau versucht, die Familie zusammenzuhalten, während der Ehemann und Vater seine Rolle darin erfüllt sieht, daß er für seine Familie ein Haus gebaut hat.

In dem zweiten Beispiel für Modell B, „Ninshin desu yo" [Sie sind schwanger] (Nr. 10) hilft die Hauptfigur in der gynäkologischen Praxis ihres Mannes aus. Sie leidet darunter, nicht schwanger zu werden, hat jedoch durch ihre Mithilfe in der Praxis eine Aufgabe, die sie mit großem Engagement erfüllt. Auch wenn der unerfüllte Kinderwunsch die als sehr harmonisch geschilderte Beziehung des Paares trübt, vermitteln doch beide Beispiele für Modell B durchaus die Botschaft, daß eine berufliche oder ehrenamtliche Tätigkeit zur Zufriedenheit der Frau beitragen kann.

C Beide Ehepartner berufstätig, Doppelbelastung der Ehefrau durch Haushalt und Beruf

Im Untersuchungszeitraum wurden mehrere Serien ausgestrahlt, in denen die Ehefrau einer beruflichen Tätigkeit nachgeht. Wie die Beispiele für Modell C zeigen, bedeutet dies für die Frau allerdings meist die Doppelbelastung von Beruf und Familie; denn der Beitrag der Ehemänner beschränkt sich auf Hilfsdienste wie etwa das Hinaustragen von Müll. Diese Darstellung entspricht weitgehend der Situation in der Realität – *de facto* beteiligen sich japanische Ehemänner recht wenig an den Haushaltspflichten, auch wenn ihre Frauen berufstätig sind (vgl. hierzu MÖHWALD in diesem Band). Auf der Ebene der Einstellungen zeigt sich jedoch ein ganz anderes Bild. In einer Umfrage des Deutschen Instituts für Japanstudien aus dem Jahr 1991 erklärten sich 32,7 % der Befragten mit der Aussage einverstanden: „Wenn beide Ehepartner berufstätig sind, sollte auch der Mann kochen, waschen und putzen", und 37,1 % waren „eher dieser Meinung", zusammen also 69,8 %. Lediglich 12,4 % waren „eher nicht" und 12,3 % „nicht der Meinung" (ÖLSCHLEGER *et al.* 1994: 404). Auch in einer Umfrage des Amts des Ministerpräsidenten zur Lebensweise von Männern sprachen sich 55,1 % der Männer und 58,0 % der Frauen dafür aus, daß Männer sich „bis zu einem gewissen Grad aktiv am Haushalt beteiligen" (NAIKAKU SŌRIDAIJIN KANBŌ KŌHOKUSHITSU 1993: 25). In dieser Hinsicht spiegeln die Fernsehdramen also keineswegs den Wandel im Bewußtsein der Bevölkerung wider.

Das Fernsehdrama „Daburu Kitchin" [Double Kitchen] (Nr. 11) offenbart, daß sich die Berufstätigkeit einer Ehefrau als besonders schwierig erweisen kann, wenn sie mit ihrer Schwiegermutter unter einem Dach lebt. Schauplatz ist ein Zwei-Familien-Haus mit getrennten Haushalten, eine Wohnform, die aufgrund der hohen Bodenpreise in den Großstadtregionen Japans weite Verbreitung findet. Der frisch verheiratete Sohn lebt mit seiner Frau Miyako, die in der Redaktion einer Zeitschrift arbeitet, im Obergeschoß und seine Eltern im Parterre. Wie bereits im Titel deutlich wird, ist auf beiden Etagen eine eigene Küche vorhanden. Durch die getrennte Haushaltsführung können die Schwierigkeiten zwischen der Schwiegermutter und ihrer Schwiegertochter Miyako jedoch keineswegs vermieden werden. Als Miyako z. B. eines Abends erst nach Mitternacht heimkehrt, weil sie Überstunden machen mußte, stellt die Schwiegermutter sie zur Rede und weist sie darauf hin, daß sie trotz ihres Berufes in erster Linie Hausfrau sei. Im übrigen habe sie festgestellt, daß sie ihren Sohn nicht richtig versorge; er sehne sich nach Miso-Suppe zum Frühstück, die sie ja nicht für ihn koche. Am folgenden Morgen greift im Parterre die Mutter nach ihrer Handtrommel, in der Küche im Obergeschoß macht sich Miyako daran, Gemüse für eine Miso-Suppe zu schneiden. In dieser Szene, in der jeweils die Bilder aus dem Ober- und dem Untergeschoß in schnellem Wechsel gezeigt werden, schreien beide ihre Gefühle heraus, die sie von Angesicht zu Angesicht nicht äußern könnten:

> Schwiegertochter: „Dann koch ich halt eine Miso-Suppe, wenn es unbedingt sein muß!"
> Schwiegermutter: „Ich nörgele ja nicht rum, weil es mir Spaß macht …"
> Schwiegertochter: „Ich bin ja auch nicht aus Spaß so spät heimgekommen …"
> Schwiegermutter: „Mein Sohn wird völlig vernachlässigt …"

Schwiegertochter: „Sie hat ja keine Ahnung, was ich alles durchmache ..."
Schwiegermutter: „Immer redet sie nur von ihrer Arbeit ..."
Schwiegertochter: „Warum betont sie immer, daß ich älter bin als ihr Sohn? Ist doch nur ein Jahr Unterschied."
Schwiegermutter: „Sie soll sich endlich entscheiden! Entweder Beruf oder Familie!"
Schwiegertochter: „Ich bemüh' mich doch, beides zu schaffen, Familie und Beruf!"

Der Konflikt zwischen Schwiegermutter und -tochter wird in diesem Fernsehdrama nicht direkt ausgetragen, sondern beide reagieren ihre Aggressionen auf ihre Weise ab. Trotz der ständigen Kritik ihrer Schwiegermutter bleibt die Ehefrau auch nach der Geburt eines Kindes weiter berufstätig. Als ihr Ehemann nach England versetzt wird, gibt sie ihre Stelle jedoch ohne weiteres Bedauern auf, um ihm zu folgen.

Typisch für die Dramen, in denen mit der Berufstätigkeit der Ehefrau eine gewisse Veränderung der Rolle der Frau zutage tritt, ist die Tatsache, daß am Schluß oft doch wieder eine Kehrtwendung vollzogen wird und die Ehefrau ihre Arbeit aufgibt, wenn ihre Familie sie braucht. In „Yome no deru maku" [Jetzt ist die Schwiegertochter gefragt] (Nr. 13) kündigt die Hauptfigur nach dem Tod der Schwiegermutter ihre Stellung als Verkäuferin, um für die neun jüngeren Geschwister ihres Mannes zu sorgen. Auch in „Chōnan no yome" [Die Frau des ältesten Sohnes] (Nr. 12) wird der Ehemann in der letzten Folge versetzt, allerdings nicht ins Ausland, sondern nach Ōsaka, und seine Frau steht vor der Wahl, ob sie mitkommt oder in Tōkyō bleibt. Sie entscheidet sich schließlich dafür, in Tōkyō bei der Familie ihres Mannes zu bleiben, zum einen, um für seine Mutter und seinen pflegebedürftigen Großonkel zu sorgen, zum anderen, um weiter ihren Beruf als Kindergärtnerin ausüben zu können. Sie gibt ihre Arbeit zwar nicht auf, bemüht sich jedoch, diese mit ihren Familienpflichten zu vereinbaren.

Diese drei Dramen, in denen es jeweils um eine Mehrgenerationenfamilie geht, vermitteln ganz den Eindruck, als sollte nun die junge Generation von Frauen die Rolle der alle Probleme meisternden, verläßlichen Mutter (*tanomoshii haha*) der Dramen bis zu den siebziger Jahren erfüllen. In allen drei Fällen wird an die Hauptfigur appelliert, die Verantwortung zu übernehmen, die traditionell der Ehefrau des ältesten Sohnes einer Familie zukommt. Im Gegensatz zu den Ausbruchsversuchen von Hausfrauen in den Dramen des Modells A und B wird hier also die Rückkehr von Frauen in die Familie beschworen.

D Beide Ehepartner berufstätig, partnerschaftliche Aufteilung der Hausarbeit

Berufstätige Ehepaare, die sich beide an Haushaltspflichten beteiligen, sind im Genre Fernsehdrama noch kaum vertreten. In „Kazoku A" [Die Familie A] (Nr. 15) lebt das Ehepaar mit dem Vater und den Schwestern der Ehefrau zusammen. Dies steht im Gegensatz zu den drei Beispielen für Modell C, in denen das junge Paar jeweils das Haus mit der Familie des Ehemannes teilt.

Der Ehemann in „Kazoku A", ein großer Fan von Fernsehserien, sehnt sich nach einer richtigen Familie „wie in einem Fernsehdrama". Da in dieser Familie jedoch alle ihre eigenen Wege gehen, beschließt er in der ersten Folge, regelmäßig ein Abendessen für alle Familienmitglieder zuzubereiten. Es geht ihm also nicht in erster Linie darum, seine berufstätige Ehefrau zu entlasten, sondern um die Schaffung einer harmonischen Familie. Seine Bemühungen um ein heiles Familienleben scheitern jedoch. Seine Ehefrau ist eine Beziehung mit einem seiner Kollegen eingegangen und erwartet ein Kind von ihm. Nachdem sie sich schließlich doch für ihren Ehemann entschieden hat, erleidet sie eine Fehlgeburt. In der letzten Folge verzichtet sie – als eine Art selbst auferlegte Strafe für ihren „Fehltritt" – auf ihre berufliche Karriere und wird Hausfrau. Auch hier kehrt die Ehefrau also in die Familie zurück.

Unter den analysierten Fernsehdramen wird die partnerschaftliche Aufteilung der Hausarbeit lediglich in einem einzigen Beispiel, „Onna kenji no sōsa fairu" [Die Untersuchungsakte der Staatsanwältin] (Nr. 14) bis zur letzten Folge durchgehalten. In dieser Krimiserie werden die Hauptfigur, eine Staatsanwältin, und ihr Ehemann, ein Journalist, immer abwechselnd bei der Hausarbeit gezeigt. Allerdings ist die Beziehung der beiden nicht das Hauptthema des Fernsehdramas, sondern es geht in erster Linie um die Kriminalfälle, die sie gemeinsam lösen. Offensichtlich ist es im Genre Krimiserie eher möglich, unkonventionelle Lebensformen vorzuführen als in einer Familienserie.

4. Resümee

Wie die vorgeführten Beispiele der Modelle A bis D zeigen, läßt sich in den analysierten Fernsehdramen eine gewisse Pluralisierung der Darstellung von Ehebeziehungen feststellen, indem zunehmend auch berufstätige Ehefrauen auftreten. Ebenso wie in den achtziger Jahren reproduzieren jedoch zahlreiche Fernsehdramen nach wie vor die geschlechtsspezifische Rollenverteilung nach dem Muster, der Mann arbeitet außer Haus und die Frau hütet das Heim. Insofern wird der Tatsache, daß über die Hälfte der japanischen verheirateten Frauen einer außerhäuslichen Tätigkeit nachgehen, kaum Rechnung getragen. Eine Idealisierung der Rolle der Hausfrau findet sich jedoch in den meisten Fortsetzungsdramen nicht mehr. Im Gegenteil, die Unzufriedenheit von Hausfrauen mit ihrer Rolle und ihre Ausbruchsversuche sind inzwischen zu einem Topos der Dramen geworden. Berufstätige Ehefrauen erscheinen insgesamt als eher zufrieden, auch wenn sie mit den Schwierigkeiten der Vereinbarkeit von Beruf und Haushaltspflichten zu kämpfen haben. Es wird allerdings auch positiv dargestellt, wenn einige von ihnen am Ende ihren Beruf aufgeben.

Des weiteren ist festzuhalten, daß die Fernsehdramen nicht einfach als Spiegel der realen Verhältnisse angesehen werden können, sind doch gewisse Entwicklungen in den Serien denen in der gesellschaftlichen Realität diametral entgegengesetzt. Kurz nachdem die Meldung über die sinkende Geburtenrate in den japanischen Medien für Aufruhr gesorgt hatte,[6] kam es in den Fernsehdramen zu einem regelrechten „Babyboom". In „Chōnan no yome" (Nr. 12) erwarten in der letzten Folge alle drei Schwägerinnen ein Kind, und am Ende von „Onna no iibun" (Nr. 8) wird bei einer 45jährigen Karrierefrau, der Schwägerin der Hauptfigur, eine Schwangerschaft festgestellt. Nachdem im Oktober 1994 im TBS-Fernsehen das Fortsetzungsdrama „Ninshin desu yo" (Nr. 10) begann, das in der Praxis eines Geburtshelfers spielt, startete das öffentlich-rechtliche NHK-Fernsehen im selben Jahr eine Kurzzeitserie mit dem Titel „Aka-chan ga kita" [Das Baby ist da], so als wollte es nun auch seinen Beitrag zur Steigerung der Geburtenrate leisten. In fast drei Viertel der analysierten Fortsetzungsdramen wird eine Schwangerschaft thematisiert (Nr. 1, Nr. 2, Nr. 4, Nr. 6, Nr. 7, Nr. 8, Nr. 10, Nr. 11, Nr. 12, Nr. 13, Nr. 15). Man kann sich des Eindrucks nicht erwehren, daß den zahlreichen Dramenheldinnen, die sich für ein Kind entscheiden, eine Vorbildfunktion für die japanischen Frauen zukommt.[7] In bezug auf eine stärkere Beteiligung von Männern an Kinderversorgung und Haushalt – m. E. eine geeignetere Methode, um Frauen zu ermutigen, ein Kind zu bekommen – mangelt es jedoch noch an neuen Rollenmodellen, obwohl Umfrageergebnissen zufolge eine solche Beteiligung von Männern bei weiten Teilen der japanischen Bevölkerung keineswegs auf Ablehnung stößt.

Obwohl die Produzierenden der Fernsehdramen als ein Zugeständnis an die Veränderungen in der Rolle der Frau zunehmend Emanzipations-

---

[6] Die Geburtenrate sank in Japan 1993 auf 1,46 % und unterschritt damit erstmals die 1,5 %-Marke.
[7] In einem zweistündigen Fernsehdrama der Sendereihe „Kin'yō entateinmento" [Unterhaltung am Freitag] vom 14.6.1994 sagt ein Arzt sogar explizit, die Japaner müßten mehr Kinder bekommen, damit das japanische Volk nicht ausstirbt.

versuche thematisieren – anderenfalls würden sie sich auch dem Vorwurf der Realitätsferne aussetzen –, so vermitteln doch zahlreiche Fernsehdramen nach wie vor die Botschaft, die Verantwortung für die Familie liege in erster Linie bei der Frau. Wenn man davon ausgeht, daß zumindest ein Teil des Fernsehpublikums – sei es bewußt oder unbewußt – in den Fernsehdramen nach Orientierungshilfen für die eigene Lebensgestaltung sucht,[8] so können sie damit zur Festschreibung der konventionellen Rollen von Mann und Frau in der Gesellschaft beitragen.

Auch wenn die analysierten Fernsehdramen mit Ehepaaren im Mittelpunkt in der Darstellung der geschlechtsspezifischen Rollenverteilung dem Bewußtsein der japanischen Gesellschaft eher „hinterherhinken",[9] so ist diese Beobachtung jedoch nicht unbedingt zu verallgemeinern. Vor allem die Fernsehdramen, die nicht eine Familie, sondern die Lebenssituation junger lediger Menschen schildern, zeichnen durchaus ein anderes Bild der Geschlechter. Ein herausragendes Beispiel hierfür ist „Nijūkyūsai no kurisumasu" [Weihnachten mit 29 Jahren], der Hit der Wintersaison 1994. Der Titel spielt darauf an, daß Weihnachten, d. h. der 24. 12., in Japan ein Fest der Liebenden ist, und es als recht erbärmlich gilt, an diesem Tag ohne Begleitung zu sein, vor allem, wenn eine Frau schon fast dreißig Jahre alt ist.[10]

Das Fortsetzungsdrama schildert das Zusammenleben von zwei Frauen, Noriko und Aya, und einem Mann in einer Wohngemeinschaft, in der keine geschlechtsspezifische Rollenverteilung herrscht. Die Hauptfigur Noriko wehrt sich dagegen, von ihren Eltern in eine Ehe gedrängt zu werden, und vertritt die Auffassung, unverheiratet zu bleiben sei eine ganz normale Lebensweise. Ihre oberste Lebensmaxime besteht darin, daß man sein Leben lieben muß. In der letzten Folge ist der Mann aus der Wohngemeinschaft ausgezogen, um zu heiraten, und die beiden Frauen leben nun zu zweit zusammen. Noriko erfährt von ihrer Freundin Aya, daß diese beschlossen hat, als ledige Mutter ein Kind zur Welt zu bringen.

---

[8] Einer Untersuchung zum weiblichen Medienverhalten in Japan zufolge betrachten Frauen die Fernsehdramen meist nicht nur als reine Unterhaltung, sondern als eine Möglichkeit, „Anregungen für die eigene Lebensweise und den Alltag" zu gewinnen (MASUMEDIA BUNKA TO JOSEI NI KANSURU CHŌSA KENKYŪKAI 1986: 109).

[9] Ähnliches gilt auch für die Situation in Deutschland: „Das Fernsehen hinkt mit einem ‚timelag' hinter den gesellschaftlichen Entwicklungen in Richtung egalitärer Geschlechterrollen hinterher" (NEVERLA und RÖSER 1997: 9).

[10] Das Alter, bis zu dem nach allgemeinen Vorstellungen Frauen in Japan möglichst verheiratet sein sollten, hat sich seit den achtziger Jahren auf 30 verschoben, während bis dahin der Spruch galt: „Bei Frauen verhält es sich wie mit Weihnachtstorten. Am besten finden sie bis zum 24. (Geburtstag) Absatz; ab dem 25. sinkt ihr Wert rapide."

Zunächst ist Noriko dagegen, weil uneheliche Kinder gesellschaftlich diskriminiert werden; als sie jedoch merkt, das dies die Lebensweise ist, für die sich Aya entschieden hat, verspricht sie ihr, sie zu unterstützen:

> „Wenn du so darauf bestehst, dann krieg das Kind. Krieg es! Wenn du mal einen Vater dafür brauchst, was soll's, dann werd' ich halt der Vater. Wenn eine Tante vonnöten ist, dann werd' ich Tante oder von mir aus auch Onkel. Wenn du einen Babysitter brauchst, o.k., auch das übernehm' ich. Wenn dein Geld zu Ende ist, dann mach' ich kräftig Überstunden und schaffe die Kohle ran. Falls jemand auftaucht und wegen des Familienregisters Schwierigkeiten macht, kriegt er von mir eins übergebraten. Ich bleib' an deiner Seite, du kannst das Kind ruhig bekommen."

Noriko hat offenbar das Selbstbewußtsein, sowohl die sogenannte männliche als auch die weiblichen Rolle erfüllen zu können. In diesem Drama zeigen sich somit Ansätze zur Überwindung der geschlechtsspezifischen Rollenverteilung, indem das Zusammenleben von zwei Frauen an die Stelle der Ehe tritt.

Wie diese recht unterschiedlichen Beispiele für den Umgang mit den Geschlechterrollen in den Fernsehdramen offenbaren, kann die Frage, ob sie die gesellschaftliche Wirklichkeit widerspiegeln, der Realität hinterherhinken oder sogar in die Zukunft verweisen, nicht pauschal beantwortet werden. Auch wenn in vielen Fernsehdramen eine eher konservative Tendenz vorherrscht, hat dieses Genre durchaus das Potential, Lebensformen darzustellen, die in der gesellschaftlichen Realität noch recht selten vertreten sind.

Szene aus *Sangenme no yūwaku* [Versuchung in der Nachbarschaft]

Szene aus *Nijūkyūsai no kurisumasu* [Weihnachten mit 29 Jahren]

LITERATURVERZEICHNIS

Gössmann, Hilaria (1995): *Das Bild der Ehe und der Familie in den Fernsehdramen der 90er Jahre*. Tōkyō: Deutsches Institut für Japanstudien der Philipp Franz von Siebold Stiftung (Arbeitspapier 1995/1).

Gössmann, Hilaria (1996): Karrierefrauen und Familienväter. Das Bild der „neuen Frau" und des „neuen Mannes" in japanischen Fernsehdramen der 90er Jahre. In: Mae Michiko und Ilse Lenz (Hg.): *Bilder, Wirklichkeit, Zukunftsentwürfe. Geschlechterverhältnisse in Japan* (Düsseldorfer Schriftenreihe Geschlechterforschung zu Japan 1). Düsseldorf: Universität Düsseldorf, S. 61–75.

Gössmann, Hilaria (1997): Neue Rollenmuster für Frau und Mann? Kontinuität und Wandel der Familie in den japanischen Fernsehdramen der Gegenwart. In: Mae Michiko und Ilse Lenz (Hg.): *Getrennte Welten, gemeinsame Moderne? Geschlechterverhältnisse in Japan*. Opladen: Leske & Budrich, S. 96–122.

Hirahara Hideo (1994): *Yamada Taichi no kazoku dorama saiken* [Untersuchung der Familiendramen von Yamada Taichi]. Tōkyō: Shōgakkan.

Kawamoto Saburō (1983): Die Entdeckung der Suburbia. Die Welt des Yamada Taichi. Übersetzt von Kimiko Brodmeyer et al. In: *Kagami. Japanischer Zeitschriftenspiegel* 1, S. 69–107.

Lozano, Elizabeth und Arvind Singhal (1993): Melodramatic Television Serials: Mythical Narratives for Education. In: *Communications. The European Journal of Communication* 18, p. 115–125.

Makita Tetsuo und Muramatsu Yasuko (1987): Changing Themes and Gender Images in Japanese TV Dramas 1974–1984. In: *Studies of Broadcasting* 23, S. 51–72.

Masumedia bunka to josei ni kansuru chōsa kenkyūkai (Hg.) (1986): *Masumedia bunka to josei ni kansuru chōsa kenkyū*. [Untersuchungen zum Thema Kultur der Massenmedien und Frauen]. Tōkyō: Tōkyō-to Seisatsu Bunka Kyoku.

Muramatsu Yasuko (1979): *Terebi dorama no joseigaku*. [Frauenforschung zum Thema Fernsehdrama]. Tōkyō: Sōtakusha.

Naikaku sōridaijin kanbō kōhokushitsu (Hg.) 1993: *Dansei no raifu sutairu ni kansuru yoron chōsa* [Meinungsumfrage zur Lebensweise von Männern]. Tōkyō: Sōrifu.

Neverla, Irene und Jutta Röser (1997): Frauenrollen im Fernsehen und ihre Rezeption. In: Unabhängige Landesanstalt für das Rundfunkwesen (Hg.): *Bad Girls – Good Girls. Das Frauenbild im Fernsehen: Klischee oder Realität?* Kiel, S. 9–17.

Ölschleger, Dieter et al. (1994): *Individualität und Egalität im gegenwärtigen Japan. Untersuchungen zu Wertemustern in bezug auf Familie und Arbeits-*

welt. München: Iudicium (Monographien aus dem Institut für Japanstudien 7).

ŌYAMA Katsumi (1993): Kaisetsu [Kommentar]. In: YAMADA Taichi: *Kishibe no arubamu* [Die Fotoalben am Ufer]. Tōkyō: Kadokawa Shoten, S. 465–474.

ROGGE, Jan Uwe (1986): Tagträume oder warum Familienserien so beliebt sind. Zur Geschichte, Machart und psycho-sozialen Funktion von Familienserien im deutschen Fernsehen. In: *Der Bürger im Staat* 36, 3, S. 201–206.

SATA Masanori und HIRAHARA Hideo (Hg.) (1991): *A History of Japanese Television Drama*. Tōkyō: Kaibunsha.

ANHANG

Die Rollenverteilung in den Fortsetzungsdramen 1992–1994

A Ehemann: Beruf; Ehefrau: Familie und Haushalt
B Ehemann: Beruf; Ehefrau: Familie, Haushalt und Teilzeitarbeit bzw. ehrenamtliche Tätigkeit
C Beide Ehepartner berufstätig, Doppelbelastung der Ehefrau durch Haushalt und Beruf
D Beide Ehepartner berufstätig, partnerschaftliche Aufteilung der Hausarbeit

Ausgangssituation zu Beginn	Veränderungen im Laufe des Dramas
A Ehemann: Beruf; Ehefrau: Familie und Haushalt	
Nr. 1 *Zutto anata ga suki datta* [Ich habe dich immer geliebt] TBS, Juli bis Sept. 92	Scheidung auf Wunsch der Ehefrau wegen Mutterkomplex des Mannes, Wiederheirat der Hauptfigur mit Jugendfreund
Nr. 2 *Wagamama na onna-tachi* [Eigenwillige Frauen] Fuji Terebi, Okt. bis Dez. 92	Scheidung auf Wunsch der Ehefrau wegen Unzufriedenheit mit ihrer Situation als Hausfrau. Sie erlernt einen Beruf und lebt allein
Nr. 3 *Dare ni mo ienai* [Ich kann es niemandem sagen] TBS, Juli bis Sept. 93	Nach Ehekrise durch das Auftauchen des ehemaligen Geliebten der Frau Versöhnung, keine Veränderung
Nr. 4 *Kachō-san no yakudoshi* [Das Unglücksjahr des Herrn Abteilungsleiters] TBS, Juli bis Okt. 93	Veränderung zu B zur Finanzierung der Schulbildung der Kinder
Nr. 5 *Otona no kisu* [Küsse von Erwachsenen] Nihon Terebi, Okt. bis Dez. 93	Trennung auf Wunsch der Frau wegen Unzufriedenheit mit ihrer Situation. Nach Versöhnung Veränderung zu D angedeutet
Nr. 6 *Deatta koro no kimi de ite* [Bleib die, die du warst, als wir uns trafen] Nihon Terebi, Okt. bis Dez. 94	Scheidung auf Wunsch des Mannes aufgrund außerehel. Beziehung der Frau, Tod des Mannes kurz nach der Wiederheirat
Nr. 7 *Kono ai ni ikite* [Für diese Liebe leben] Fuji Terebi, April bis Juli 94	Scheidung auf Wunsch der Frau wegen Unzufriedenheit mit ihrer Situation, in der neuen Partnerschaft Wandel zu B
Nr. 8 *Onna no iibun* [Einwände einer Frau] TBS, Okt. bis Dez. 94	Ehekrise und Getrennt-Leben des Paares wegen Unzufriedenheit der Frau mit ihrer Situation, Versöhnung

Ausgangssituation zu Beginn	Veränderungen im Laufe des Dramas
B Ehemann: Beruf; Ehefrau: Familie, Haushalt und Teilzeitarbeit bzw. ehrenamtliche Tätigkeit	
Nr. 9 *Sangenme no yūwaku* [Die Versuchung in der Nachbarschaft] Nihon Terebi, April bis Juni 94	Nach der Trennung auf Wunsch der Frau macht sie ihre ehrenamtliche Tätigkeit zum Beruf
Nr. 10 *Ninshin desu yo* [Sie sind schwanger] TBS, Okt. bis Nov. 94	Es bleibt offen, ob die Ehefrau nach der Geburt ihres Kindes weiter in der Praxis ihres Mannes arbeitet
C Beide Ehepartner ganztags berufstätig, Doppelbelastung der Ehefrau durch Haushalt und Beruf	
Nr. 11 *Daburu Kitchin* [Double Kitchen] TBS, April bis Juni 93	Frau gibt ihren Beruf auf, um ihrem Mann ins Ausland zu folgen
Nr. 12 *Chōnan no yome* [Die Frau des ältesten Sohnes] TBS, April bis Juli 94	Frau bleibt bei Versetzung des Mannes mit dem Kind in seinem Elternhaus, um für die Familie ihres Mannes zu sorgen und weiter ihren Beruf auszuüben
Nr. 13 *Yome no deru maku* [Jetzt ist die Schwiegertochter gefragt] Terebi Asahi, April bis Juli 94	Frau kündigt ihre Stelle, um nach dem Tod der Schwiegermutter die neun Geschwister ihres Mannes zu versorgen
D Beide Ehepartner ganztags berufstätig, partnerschaftliche Aufteilung der Hausarbeit	
Nr. 14 *Onna kenji no sōsa fairu* [Die Untersuchungsakte der Staatsanwältin] Terebi Asahi, Okt. bis Dez. 93	keine Veränderung der Rollenverteilung
Nr. 15 *Kazoku A* [Die Familie A] TBS, Okt. bis Dez. 94	Ehefrau gibt ihren Beruf auf, um nach einer außerehelichen Beziehung ihre Ehe zu retten

DER WANDEL DER FAMILIE IM SPIEGEL DER ZEICHENTRICKSERIEN *SAZAE-SAN*, *CRAYON SHIN-CHAN* UND *COOKING PAPA*

NAKANO Emiko

1. EINLEITUNG

Zeichentrickfilme (*anime*) zählen zu den häufigsten und beliebtesten Fernsehsendungen für Kinder. Da sie bereits in jungem Alter gesehen werden, ist davon auszugehen, daß die darin vertretenen Wertvorstellungen einen nicht geringen Einfluß auf die kindliche Entwicklung haben.

Im Januar 1995 wurden von den fünf Fernsehanstalten NHK, Nihon Terebi, TBS, Fuji Terebi und Terebi Asahi in der Zeit von 17 bis 20 Uhr insgesamt 20 Zeichentrickserien gesendet. Abb. 1 verdeutlicht den jeweiligen Anteil der verschiedenen Kategorien der im Untersuchungszeitraum ausgestrahlten Zeichentrickserien (vgl. hierzu Tab. 1). Sie reichen von Familie über Action, Sport und Erzählung (*monogatari*) bis hin zu Gag (*gyagu*). Am zahlreichsten sind Serien, in denen es um eine Familie geht, gefolgt von Actionserien.

Abb. 1: Die verschiedenen Kategorien der Zeichentrickserien (Untersuchungszeitraum 15.–21. Januar 1995)

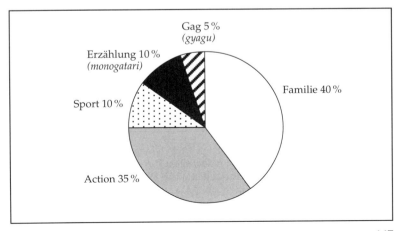

Tab. 1: Die im Untersuchungszeitraum (15.–21. Januar 1995) ausgestrahlten Zeichentrickserien

Sender	Sendezeit	Name der Sendung	Kategorie
NHK	Sa, 18:10–18:45	Montana Jōnzu [Montana Jones]	Erzählung
	Mo–Fr, 17:50–18:00	Nintama Rantarō	Gag
NTV	Mo, 17:30–18:00	Anpanman	Action
	Mo, 19:30–20:00	Mahō kishi reiyāsu [Magic Knight Rayearth]**	Action
	Di–Fr, 17:30–18:00	Rupan sansei [Lupin III]**	Action
TBS	Sa, 18:00–18:30	Tonde Būrin [Die fliegende Būrin]	Familie
Fuji Terebi	So, 18:00–18:30	Chibi Maruko-chan [Die kleine Maruko]	Familie
	So, 18:30–19:00	Sazae-san	Familie
	So, 19:00–19:30	Kiteretsu daihyakka [Die Annalen der Familie Kiteretsu]	Familie
	So, 19:00–19:30	Romio no aoi sora [Romios blauer Himmel]	Erzählung
	Mo–Fr, 17:30–18:00	Doragon bōru (Wiederholung) [Dragon Ball]**	Action
	Di, 19:00–19:30	Sazae-san (Wiederholung)	Familie
	Mi, 19:00–19:30	Doragon bōru	Action
	Fr, 19:30–20:00	Kyaputen Tsubasa J* [dt. Die tollen Fußballstars]	Sport
Terebi Asahi	Mo, 19:00–19:30	Kureon Shin-chan [Crayon Shin-chan]**	Familie
	Do, 19:00–19:30	Kukkingu papa [Cooking Papa]**	Familie
	Fr, 17:00–17:30	Gandamu [Gundam]**	Action
	Fr, 19:00–19:30	Doraemon	Familie
	Sa, 19:00–19:30	Sailor Moon* [dt. Sailor Moon – Das Mädchen mit den Zauberkräften]	Action
	Sa, 19:30–20:00	Suramu danku [Slam Dunk]**	Sport

Anm. der Hg.: Bei den nicht übersetzten Titeln handelt es sich um Eigennamen. Serien, die bereits im deutschen Fernsehen ausgestrahlt wurden, sind mit * gekennzeichnet, wobei der jeweilige deutsche Titel angegeben wird. In Japan gebräuchliche englische Titel der Serien sind mit ** gekennzeichnet.

Von den acht im Untersuchungszeitraum ausgestrahlten Zeichentrickserien, in denen eine Familie im Mittelpunkt steht (Tab. 2), habe ich für meine Analyse drei Sendungen ausgewählt: *Sazae-san*, eine Serie, die bereits seit 25 Jahren ausgestrahlt wird und damit zum Prototyp für die nachfolgenden Familienserien im Genre Zeichentrickfilm wurde, die besonders beliebte Sendung *Crayon Shin-chan* und schließlich *Cooking Papa* als einziges Beispiel einer Zeichentrickserie, in der auch die Mutter berufstätig ist und beide Eltern die Verantwortung für die Kindererziehung tragen (vgl. hierzu Tab. 2). Nachfolgend werden jeweils die Zeichentrickversionen mit den zugrundeliegenden *manga*[1] verglichen und anschließend die Rollen der Familienmitglieder sowie die Darstellung der Kinderfiguren analysiert.

Tab. 2: Die Zeichentrickserien der Kategorie „Familie"
(Untersuchungszeitraum 15.–21. Januar 1995)

Sender	Name der Sendung	Protagonist/in	Mutter	Vater	andere Familienmitglieder
TBS	*Tondebūrin*	Mädchen	H + K	J	jüngerer Bruder
Fuji Terebi	*Chibi Maruko-chan*	Mädchen	H + K	A	ältere Schwester, Großmutter und Großvater
	Sazae-san	Frau	H + K	A	Eltern, jüngerer Bruder, jüngere Schwester, Ehemann, Sohn
	Kiteretsu daihyakka	Junge	H + K	A	Roboter
Terebi Asahi	*Crayon Shin-chan*	Junge	H + K	A	keine[a]
	Cooking Papa	Junge	J + K	A+H+K	jüngere Schwester
	Doraemon	Junge	H + K	A	Roboter

Anm.: A = Angestellter
H = Haushalt
J = Journalist/in
K = Kinderversorgung
[a] Seit 1997 hat der Protagonist Shin-chan eine kleine Schwester.

---

[1] Um auf die Spezifik der japanischen Comics hinzuweisen, wird hier der japanische Begriff *manga* beibehalten.

2. SAZAE-SAN

2.1 Das manga und die Zeichentrickserie

Das *manga Sazae-san*[2], das die Vorlage für die Zeichentrickserie bildet, wurde ursprünglich als ein aus vier Bildern bestehendes Panel konzipiert. Die Autorin Hasegawa Machiko (1920–1992) veröffentlichte dieses *manga* ab 1946 in der in Kyūshū erscheinenden Lokalzeitung *Fukunichi* in Fortsetzungen. Von 1949 bis 1974 wurde *Sazae-san* dann regelmäßig in der Abendausgabe der überregionalen Tageszeitung *Asahi Shinbun* publiziert.

Die in *Sazae-san* dargestellte Epoche beginnt etwa in der zweiten Hälfte der vierziger Jahre und endet mit den frühen siebziger Jahren. Das *manga* wird gerne als Anschauungsmaterial zum Alltagsleben der Bevölkerung in der Nachkriegszeit herangezogen. Schauplatz der Handlung ist eine Wohnsiedlung in der Nähe einer großen Stadt. Die Figuren, die interessanterweise alle Namen tragen, die mit dem Meer in Verbindung stehen,[3] arbeiten in typisch städtischen Berufen wie z. B. als Büroangestellte, Zeitungsreporter und Romanschriftsteller.

Im Mittelpunkt der nach der Hauptfigur benannten Geschichten steht das Leben einer Dreigenerationenfamilie. Das ältere Ehepaar Namihei und Fune, Sazaes Eltern, ist stets in Kimono gekleidet und verkörpert die Vorkriegsgeneration, während das jüngere Ehepaar, Sazae und Masuo, die Wertvorstellungen der Nachkriegsgeneration repräsentiert. Diese beiden Paare sind deutlich unterschiedlich gezeichnet, angefangen von der Kleidung bis hin zu ihrem Sprachgebrauch. Die jüngeren Kinder von Fune und Namihei, Sazaes Geschwister Katsuo und Wakame, gehören – wie auch Sazaes Sohn Tara – bereits der nächsten Generation an, der sogenannten „Generation, die den Krieg nicht kennt". Katsuo und Wakame sind lebhafte, aber keineswegs immer brave Kinder, die relativ unbeschwert aufwachsen und kindlichen Unfug treiben.

---

[2] Im vorliegenden Band konnte leider kein Auszug aus *Sazae-san* abgedruckt werden, da im Fall dieses *manga* dafür grundsätzlich keine Genehmigungen erteilt werden. Unter den vorgestellten *manga* weist *Sazae-san* zweifellos den höchsten Bekanntheitsgrad auf; einige Bände erschienen im Verlag Kōdansha International in englischer Übersetzung. (Anm. der Hg.)

[3] Sazae selbst heißt „Kreiselschnecke", der Name ihres Ehemannes Masuo enthält die Bedeutung „Forelle" (*masu*), ihr Sohn Tara und ihr Bruder Katsuo tragen Fischnamen, ihre Schwester heißt Wakame [Seetang]. Fune, der Name von Sazaes Mutter, bedeutet „Schiff", und der erste Teil des Namens ihres Vaters Namihei enthält das Schriftzeichen für „Welle". (Anm. der Hg.)

Seit 1969 wird *Sazae-san* auch als Trickfilmfassung (*anime*) im Fernsehen gezeigt.[4] Der *anime*, der durchgängig Einschaltquoten von etwa 20% verzeichnen kann, steht in der Zuschauergunst noch vor den meisten Fernsehdramen. Wenn von *Sazae-san* die Rede ist, wird häufig das Original mit der Zeichentrickserie verwechselt, die zwar auf dem *manga* basiert, aber in einigen zentralen Aspekten von ihrem Vorbild abweicht. So wird in der Fernsehversion beispielsweise der geschichtliche Hintergrund vollkommen ausgeblendet. Statt dessen ist man bemüht, *Sazae-san* als eine „Geschichte der Gegenwart" zu präsentieren. Durch die Vernachlässigung der Zeitumstände bleiben von dem Original nur noch die Charaktere übrig, die ihrerseits modifiziert worden sind.

Im Vergleich zum Original sind die Kinder der Trickfilmversion eher als „artige Kinder" zu bezeichnen. Wakame zeichnet sich durch gute Schulleistungen aus und hilft viel im Haushalt mit. Katsuo ist ebenfalls kein schlechter Schüler, wenn auch nicht ganz so gut wie Wakame. In vielen Szenen wird gezeigt, wie auch er sich zu Hause nützlich macht. Sogar die Hauptfigur Sazae benimmt sich im Vergleich zum *manga* in der Zeichentrickserie deutlich ordentlicher und gesitteter.

2.2 Das durch die Sitzordnung symbolisierte patriarchalische Familiensystem

Sazae hat bei ihrer Hochzeit den Namen Fuguda angenommen. Sie wohnt jedoch mit Ehemann und Kind im Haus ihrer Eltern, d. h. mit ihrer Herkunftsfamilie Isono, zusammen. Isono Namihei und Fuguda Masuo sind Firmenangestellte, Fune und Sazae Hausfrauen. Sie kümmern sich gemeinsam um die drei Kinder in diesem Haushalt: Sazaes dreijährigen Sohn Tara, ihren jüngeren Bruder Katsuo, der in die fünfte Klasse geht, und ihre Schwester Wakame, eine Erstklässlerin. Sazaes Vater, Isono Namihei, steht diesem siebenköpfigen Dreigenerationenhaushalt vor. Seine Frau Fune verwendet ihm gegenüber die Höflichkeitssprache (*keigo*), während er sich allen Familienmitgliedern gegenüber einer höflichkeitsneutralen Ausdrucksweise bedient.

In der am 15. Januar 1995 ausgestrahlten Folge *Namihei, tako o ageru* [Namihei läßt einen Drachen steigen] wird in einer Tischszene die familiäre Rangordnung besonders deutlich. Zunächst sieht man, wie Fune mit Kimono und Kittelschürze bekleidet Futons zum Trocknen aufhängt und andere Hausarbeiten verrichtet, und wie Sazae, die ebenfalls eine Schürze trägt, aus der Küche kommt. In der nächsten Szene ist die Familie um den

---

[4] Die Serie wird vom Sender Fuji Terebi sonntags um 18:30 Uhr ausgestrahlt und jeweils dienstags um 19:00 Uhr wiederholt. Die 30minütigen Sendungen enthalten jeweils drei Folgen.

viereckigen Eßtisch versammelt (Abb. 2). Namihei und Masuo besetzen jeweils eine Seite des Tisches. Sie trinken Sake und essen dazu Vorspeisen.[5] An der dritten Seite des Tisches sitzen Fune und Sazae nebeneinander, vor den beiden steht kein Essen. Die drei Kinder sind an der vierten Seite aufgereiht, sie essen Reis mit Suppe und Beilagen. Da die beiden Männer jeweils eine Tischseite für sich beanspruchen, kommt ihnen somit wesentlich mehr Raum zu als den Frauen und Kindern. Namihei und Masuo benötigen so viel Platz, weil vor ihnen alkoholische Getränke und mehrere kleine Gerichte stehen. Die Frauen dagegen essen nichts, da sie den Männern Sake einschenken und sich um die Kinder kümmern müssen. Diese wiederum sind auf ein Drittel des Platzes der Männer zusammengepfercht, streiten sich aber nicht, sondern benehmen sich sehr ordentlich.

Abb. 2: Die Sitzordnung der Familienmitglieder in der Zeichentrickserie *Sazae-san*

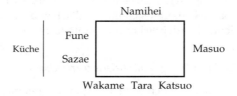

Hingebungsvoll servierende Ehefrauen, wohlerzogene Kinder, ihren Abendtrunk genießende Männer, eine Familie also, die sich geradezu wie in der Meiji- und Taishō-Zeit um den Eßtisch versammelt – wo gibt es so etwas noch im Japan der neunziger Jahre? In dieser Szene offenbart sich das patriarchalische System der Familie Isono und der auf der geschlechtsspezifischen Arbeitsteilung beruhende niedrige Status der Frauen.

2.3 Die Festschreibung der geschlechtsspezifischen Rollenverteilung in der Dreigenerationenfamilie

In den einzelnen Folgen der Trickfilmfassung werden jeweils unterschiedliche Familienmitglieder zur Hauptfigur. Episoden, in denen Fune im Mittelpunkt steht, sind allerdings ausgesprochen selten. Im allgemeinen ist sie eher als eine Figur gezeichnet, die kaum eine eigene Persönlichkeit besitzt und völlig im Hintergrund bleibt. Eine der seltenen Folgen

---

[5] Es ist ein in Japan bis in die Gegenwart von manchen Männern praktizierter Brauch, vor dem eigentlichen Abendessen Sake oder andere alkoholische Getränke zusammen mit einigen kleinen Gerichten einzunehmen. (Anm. der Hg.)

mit Fune in der Hauptrolle wurde am 12. Februar 1993 ausgestrahlt. Der Inhalt dieser Folge mit dem Titel *Fune no furī taimu* [Funes freie Zeit] läßt sich folgendermaßen zusammenfassen: Die Kinder beschließen, daß Fune, die sich tagaus, tagein unermüdlich um die anderen Familienmitglieder kümmert, jeden Nachmittag die Zeit von zwei bis vier Uhr zur eigenen Verfügung haben soll. Fune freut sich zunächst darüber, weiß schließlich jedoch mit ihrer Freizeit nichts anzufangen.

In der Folge vom 29. Januar 1995 mit dem Titel *Sazae, kyō tomo-bataraki o mezasu* [Sazae möchte heute auch arbeiten gehen] probiert Sazae aus, wie es ist, berufstätig zu sein. Sie gibt ihren kleinen Sohn in die Obhut seiner Großmutter Fune und tut so, als würde sie am Morgen zur Arbeit gehen. Das gemeinsame Mittagessen mit Masuo macht ihr zwar Spaß, aber als sie abends in der überfüllten Bahn heimkehrt, kommt sie zu dem Schluß: „Arbeiten gehen ist schrecklich, ich lasse es wohl lieber bleiben."

In *Kaji no buntan* [Die Aufteilung der Hausarbeit], gesendet am 19. Februar 1995, sieht Namihei bei einem Besuch bei Freunden, wie die Hausarbeit unter allen Familienangehörigen aufgeteilt wird, und beschließt, dies zuhause ebenfalls einzuführen. Er entscheidet ganz allein über die jeweiligen Aufgaben der Familienmitglieder, schreibt dies auf einem Stück Papier nieder und verkündet es der Familie. Keines der Familienmitglieder protestiert gegen seine Vorgehensweise. Schließlich sieht man ihn und seinen Schwiegersohn beim Geschirrspülen in der Küche stehen, aber die beiden kommen damit nicht zurecht. Folglich wird der Plan wieder aufgegeben, so daß Sazae erleichtert aufatmen kann: „Wenigstens sind die Teller nicht kaputtgegangen." Auf die hier beschriebene Weise wird auch in anderen Folgen der Serie versucht, zunächst dem gesellschaftlichen Wandel mit einer Änderung der Rollen der Familienmitglieder gerecht zu werden, was letztendlich jedoch zu der Erkenntnis führt, daß es doch besser sei, die ursprüngliche Ordnung wiederherzustellen. Dies bedeutet eine weitere Festschreibung der geschlechtsspezifischen Rollenverteilung in der Familie.

2.4 Die Pflege vielfältiger verwandtschaftlicher und zwischenmenschlicher Beziehungen

Neben Sazaes Familie spielen auch das in der Nachbarschaft wohnende Ehepaar Norisuke und Taiko sowie deren Sohn Ikura eine wichtige Rolle. Norisuke ist ein Neffe von Namihei, den Katsuo und Wakame „Onkel" nennen. Sowohl die Kinder als auch die Erwachsenen haben viel Kontakt miteinander. Masuo und Norisuke etwa gehen häufig gemeinsam in eine Kneipe, Sazae und Taiko zum Einkaufen, und sie lassen ihre gleichaltrigen Kinder zusammen spielen. Darüber hinaus bestehen gute Kontakte zu anderen Menschen in der Nachbarschaft. Die Figuren pflegen somit vielfältige zwischenmenschliche Beziehungen. Beispielsweise treten allein in den zehn Minuten der Folge *Namihei, tako o ageru* 15 Personen auf. Bei der Erziehung der Kinder ist ein besonderer Spielraum spürbar. Das mag an der großen Zahl der Erwachsenen liegen, die auf die Kinder ein Auge haben und untereinander Erziehungsweisheiten weitergeben können. Wenn etwa Sazae und Taiko bei der Erziehung Probleme haben, so gibt es stets jemanden aus der Nachbarschaft oder Verwandtschaft, der ihnen zur Seite steht und die Dinge wieder geraderückt. Es kommt nicht vor, daß die Erwachsenen die Kinder anschreien. Wenn sie Unfug treiben, werden sie von den Erwachsenen in ihrer Umgebung aufgefangen und getadelt oder zurechtgewiesen. Es gibt weder körperliche Strafen oder Gewalt, noch leisten die Kinder Widerstand, und so folgt ein friedlicher Tag dem anderen.

2.5 Die Erziehung des Sohnes als Aufgabe des Vaters

In der bereits erwähnten Episode *Namihei, tako o ageru* prahlt Namihei: „Ich war als Kind sehr gut im Kalligraphie-Schreiben und wurde oft vom Lehrer gelobt." Er fordert deshalb von seinem Sohn Katsuo, daß dieser ebenfalls gute Noten in diesem Fach bekommt. Als Katsuo am darauffolgenden Tag spielen gehen möchte, wird er von seiner Schwester Sazae zurückgehalten, die damit die Erziehung des Vaters unterstützt. Widerwillig beginnt Katsuo mit seinen Übungen. Neben ihm sitzt der Vater, der ihn beobachtet und auf seinen Wunsch, lieber spielen zu gehen, keine Rücksicht nimmt. Seine Autorität ist absolut, und die Kinder folgen seinen Anordnungen. Katsuo macht den Erwartungen seines Vaters gemäß Fortschritte. In der Schule wird er vom Lehrer ebenfalls gelobt und seine Kalligraphie ausgezeichnet. Als Katsuo sie nach Hause bringt, erntet er auch dort Lob. Die Geschichte endet damit, daß Namihei vor Freude aus der Kalligraphie einen Drachen bastelt und diesen steigen läßt. Katsuo ist tatsächlich ganz nach Wunsch des Vaters ein wohlerzogenes Kind, mit dem Namihei in der Nachbarschaft ein wenig prahlen kann.

Hin und wieder stellt Katsuo zwar Unfug an oder spielt einen Streich, dies wird aber als ein Zeichen dafür angesehen, daß er ein „gesunder Junge" ist. Er erscheint als ein freundlicher und guter Sohn, der, obwohl er noch ein Kind ist, Hilfsbereitschaft gegenüber der ganzen Familie zeigt. Wenn man ihn z. B. zu Botendiensten in die Nachbarschaft oder zu Verwandten schickt, widersetzt er sich nicht, sondern tut dies durchaus gern. Dabei tritt er in der Rolle des ältesten Sohnes auf, von dem erwartet wird, daß er in Zukunft die Verantwortung als Oberhaupt der Familie Isono übernimmt.

2.6 Die Heirat als Lebensziel eines Mädchens

Namihei kümmert sich ausgiebig um Katsuo, während er mit seiner Tochter Wakame kaum Berührungspunkte hat. Sie wird überwiegend von ihrer älteren Schwester Sazae und ihrer Mutter Fune erzogen. In der am 30. August 1994 ausgestrahlten Folge *Wakame no hanayome shugyō* [Wakames Brautschulung] schaut sich Wakame ein Album mit Fotos von Sazaes Hochzeit an und möchte nun ihrerseits eine Braut werden. Sazae erzählt ihr, daß sie bei der Brautschulung Teezeremonie und Blumenstecken sowie Kochen und Nähen gelernt hat. Als Fune und Sazae am nächsten Morgen das Frühstück zubereiten, erscheint Wakame mit einer Schürze bekleidet in der Küche und verkündet, daß sie helfen möchte – sie will schließlich eine Braut werden.

Auf Vermittlung ihrer Mutter bekommt sie die Gelegenheit, an einer Teezeremonie im Haus einer Nachbarin teilzunehmen. Auch die Nachbarn unterstützen also ihren Wunsch und geben verschiedene Ratschläge. Als Wakame im Schaufenster eines Geschäfts ein Hochzeitskleid sieht, wird sie in ihrer Absicht noch verstärkt. Im Familienverband fragt sie ein wenig unsicher, ob sie wohl eine gute Braut werde, worauf Katsuo sie mit den Worten neckt: „Klar wirst du das, vorausgesetzt, daß du einen Mann findest." Sogar der dreijährige Tara äußert die Hoffnung: „Ich möchte bald sehen, wie Wakame heiratet!", und auch Masuo versichert ihr: „Du wirst sicher eine freundliche und liebevolle Braut." Allein ihr Vater ist verwirrt und wirft mit gerötetem Kopf ein: „Das geht aber nicht, sie ist doch noch viel zu jung!", worauf er von den anderen Familienmitgliedern ausgelacht wird. Seine heftige Reaktion bedeutet jedoch nicht, daß er die Zukunftspläne seiner Tochter grundsätzlich zurückweist. Die ganze Familie bestärkt somit Wakame in ihrem Wunsch, „eine Braut zu werden".

2.7 Zusammenfassung

In dieser Familie herrschen ganz offensichtlich traditionelle Wertvorstellungen: Der Mann arbeitet draußen, und die Frau hütet das Haus. Die väterliche Autorität kommt sowohl in der Sprache als auch in der Haltung von Namihei zum Ausdruck. Die Mutter hingegen tritt in der Familie kaum in den Vordergrund. Dies wird besonders bei dem älteren Ehepaar Fune und Namihei deutlich. Fune steht zwar mit ihrer Tochter Wakame in engem Kontakt; Szenen, in denen sie mit ihrem Sohn Katsuo spricht, sind jedoch sehr selten. Sazae als ältere Schwester ermahnt Katsuo zwar und kümmert sich im Alltag um ihn, das letzte Wort hat aber gewöhnlich Namihei, bei dem die Hauptverantwortung für die Erziehung seines Sohnes liegt. Er macht ihm gelegentlich Vorwürfe, tadelt ihn wegen Unfugs und kümmert sich um seine Schulaufgaben. Das bedeutet aber nicht, daß er sich grundsätzlich die Erziehungsarbeit mit der Mutter teilt.

In der Haltung von Namihei offenbart sich die aus der Samuraizeit stammende, traditionelle japanische Auffassung, daß die Erziehung des Sohnes Aufgabe des Vaters sei. Dementsprechend kümmert er sich so gut wie gar nicht um die Hausaufgaben von Wakame. Die Kinder wiederum leisten keinen Widerstand gegenüber ihren Eltern und deren Wertvorstellungen, sondern folgen gehorsam. In Katsuos Haltung als ältester Sohn und Wakames Wunsch, eine Braut zu werden, zeigt sich die ungebrochene Weitergabe eines traditionellen Weltbildes. Zugleich vermitteln die vielfältigen, stabilen und häufig auf Blutsverwandtschaft beruhenden zwischenmenschlichen Beziehungen, die in *Sazae-san* dargestellt werden, dem Fernsehpublikum ein Gefühl von Sicherheit, was ein Grund für die große Beliebtheit der Serie sein dürfte.

3. CRAYON SHIN-CHAN

3.1 Sexistische Darstellungen im manga *und in der Zeichentrickserie*

Das *manga Crayon Shin-chan*, dessen Verfasser Usui Yoshito in den Dreißigern ist, wurde zunächst in der wöchentlich erscheinenden *manga*-Zeitschrift für Erwachsene *Manga Action* in Fortsetzungen veröffentlicht. Es handelt sich um die Geschichte einer Kernfamilie, wobei die Mutter und ihr fünfjähriger Sohn Shin-chan im Mittelpunkt stehen.

In diesem *manga* finden sich viele Stellen, in denen Vater und Sohn Frauen mit Obszönitäten belästigen. Insbesondere der als Alter ego erwachsener Männer auftretende Shin-chan legt sexistische Verhaltensweisen an den Tag. In einem Hamburger-Restaurant beispielsweise tut er so, als wolle er der Bedienung etwas auf der Speisekarte zeigen und faßt ihr dabei an den Busen, oder er legt sich auf den Boden und schaut ihr unter den Rock. Hier handelt es sich ganz offensichtlich um sexuelle Belästigung, wobei Dinge, die erwachsene Männer nicht ungestraft tun könnten, auf das Kind übertragen und dadurch als Scherz kaschiert werden. Hierin offenbart sich eine Verachtung gegenüber der Frau. Es wird jedoch nicht nur die Menschenwürde der Frau mißachtet, sondern auch die des Kindes, das in dem *manga* dazu mißbraucht wird, solche Handlungen auszuführen. Aus diesem für ein relativ kleines Publikum konzipierten *manga* entstand eine Fernsehfassung für die Allgemeinheit.[6]

---

[6] Die Serie wird vom Sender Terebi Asahi ausgestrahlt. Die 30minütigen Sendungen enthalten jeweils 3 Folgen.

Nach Aussage des Produzenten ist man in der Trickfilmversion vorsichtig mit den für das Original so charakteristischen „sexistischen Nekkereien". In einem Interview betonte einer der für die Sendung Verantwortlichen: „Wir wollen den Charakter von Shin-chan zwar weiterleben lassen, üben jedoch äußerste Zurückhaltung in bezug auf sexuelle Belästigung und Sexszenen." (*Asahi Shinbun*, 9.8.1993). Das, was in der Fernsehfassung gezeigt wird, halten die Produzenten der Sendung also offensichtlich auch für die jüngeren Zuschauer für zumutbar.

In der Trickfilmfassung finden sich in der Tat viele Szenen, in denen es um die Familie, den Kindergarten oder ähnliche kindgerechte Themen geht. Auf der anderen Seite enthält die Fernsehfassung jedoch, genauso wie die *manga*-Vorlage, Szenen, in denen Shin-chan Frauen belästigt. Wenn er beispielsweise in eine Buchhandlung geht, schaut er sich keine Kinderbücher an, sondern Aktfotos. Mädchen mit Mini-Röcken werden häufig aus einem niedrigen Blickwinkel heraus dargestellt, der der Augenhöhe von Shin-chan entspricht. Wie der Ausschnitt aus dem *manga* in Abb. 3 zeigt, spricht Shin-chan auch Passantinnen auf der Straße an. Seine taktlosen Bemerkungen seiner Mutter und anderen, nicht mehr ganz jungen Frauen gegenüber wie etwa „Du hast keine Taille", „Du bist wabbelig", „Du hast kleine Brüste" und „Verschrumpelte Alte", sind Beispiele für verbale sexuelle Belästigung.

Doch nicht nur Frauen, sondern auch Homosexuelle werden in *Crayon Shin-chan* mit Schimpfworten und sexistischen Witzen lächerlich gemacht. So taucht beispielsweise mehrfach das Wort „Tunte" (*okama*) auf, das in Gesprächen von Shin-chan und seinen Freunden etwa folgendermaßen benutzt wird: „Wie eine Tunte. Da kann einem ja schlecht werden!" In einer 1993 ausgestrahlten Sendung tritt ein Außerirdischer auf, der den heimlichen Plan hegt, die Erde zu erobern. Im Laufe der Geschichte entpuppt sich dieser jedoch als „Tunte" und seine Anhänger als Homosexuelle (*homo*). Hier tritt unverblümt eine diskriminierende Haltung gegenüber gleichgeschlechtlichen Liebespaaren zutage.

3.2 Die Festschreibung der traditionellen Rollenverteilung in der Kernfamilie

Die in der Geschichte auftretende dreiköpfige Familie besteht aus den Eltern und ihrem Sohn Shin-chan. Sie wohnen in einem Einfamilienhaus in einem Vorort. Im Gegensatz zu *Sazae-san* verwendet die Ehefrau hier dem Ehemann gegenüber nicht die Höflichkeitssprache, die auf ein hierarchisches Verhältnis verweisen würde. Die Ehepartner benutzen jedoch unterschiedliche Anredeformen: Während der Ehemann seine Frau mit ihrem Vornamen Misae ohne das höfliche Suffix *san* anredet, spricht sie ihn mit dem eher neutralen *anata* [du] an und bezeichnet ihn anderen gegen-

Abb. 3: *Crayon Shin-chan*, 1. Seite der Folge „Ich bin der Super-Held des Kindergartens!" © Usui Yoshito, Futabasha

Anm.: Während Shin-chan auf das bestellte Taxi warten soll, spricht er eine Passantin an: „Hey, junge Frau, ganz allein? Wie wär's mit einem Glas Milch?"

über als *shujin* [mein Ehemann][7]. Hierin offenbart sich das Machtverhältnis in der Ehe. Auch in der Rollenverteilung entspricht die Familie in *Crayon Shin-chan* dem traditionellen Muster: Die Mutter bleibt zu Hause, der Vater geht arbeiten.

In der Folge vom 15. November 1993 mit dem Titel *Okyaku-sama o motenasu zo* [Wir bewirten einen Gast] bringt der Ehemann unangekündigt einen Kollegen aus der Firma mit nach Hause und erwartet ganz selbstverständlich, daß seine Frau ihm eine Mahlzeit serviert. Diese macht jedoch zunächst ihrem Unmut darüber Luft, daß er ihr nicht früher Bescheid gegeben hat. Daraufhin kanzelt der Ehemann sie jedoch mit den Worten ab: „Es ist ja wohl die Aufgabe einer Ehefrau, jederzeit etwas zum Essen bereit zu haben!" Sie sagt sich schließlich, „Gerade in einer solchen Situationen gilt es für eine Frau zu zeigen, was sie kann!", krempelt die Ärmel hoch und macht sich ans Kochen. Die tradierten Vorstellungen von der Rolle einer Ehefrau werden hier also keineswegs grundsätzlich in Frage gestellt.

Auch in der Serie *Sazae-san* kommen häufig Gäste von Namihei zu Besuch, die ganz selbstverständlich von Ehefrau Fune und Tochter Sazae bewirtet werden. Wenn sich Misae in *Crayon Shin-chan* im Gegensatz dazu über unerhofften Besuch beschwert, gewinnt man auf den ersten Blick den Eindruck, als würde hier die traditionelle Rollenverteilung negiert. Letztendlich nimmt Misae aber die Ermahnung ihres Ehemannes über die „Aufgabe der Ehefrau" ohne weiteren Widerspruch hin und handelt gemäß den Rollenerwartungen. Auch wenn sie ihre Unzufriedenheit zum Ausdruck bringt, hat sie doch verinnerlicht, daß die Rolle der Ehefrau darin besteht, den Ehemann zu unterstützen (*naijo no kō*). Die auf den ersten Blick neu erscheinende Familienstruktur der Kernfamilie in *Crayon Shin-chan* und das Machtverhältnis zwischen den Ehepartnern unterscheiden sich somit nicht grundsätzlich von *Sazae-san*.

3.3 Kindesmißhandlung als Folge der Isolation von Müttern

Der Ehemann in dieser Serie ist ein Firmenangestellter, der nur an Feiertagen zu seinem Kind Kontakt pflegt und mit ihm spielt. Das Verhältnis zu seinem Sohn ist wie das zu einem Freund oder Spielgefährten; mit seinem Alltagsleben hat er kaum etwas zu tun. Die Erziehung ist alleinige Aufgabe der Mutter. Da Mutter und Sohn tagsüber ein Leben zu zweit führen, treten in vielen Episoden lediglich Misae und Shin-chan auf. Dies

---

[7] Bei diesem Begriff handelt es sich zwar um die allgemein übliche Bezeichnung für den Ehemann; da er jedoch ursprünglich die Bedeutung „Herr" im Sinne von „Gebieter" hat, wird er von immer mehr Frauen abgelehnt. (Anm. der Hg.)

steht in krassem Gegensatz zu der Zeichentrickserie *Sazae-san*, in der immer eine große Anzahl von Personen vorkommt. Da die Familie von Shin-chan in einer vorstädtischen Neubausiedlung wohnt, hat sie keine Verwandtschaft in der Nähe. Das Verhältnis zu den Nachbarn ist ebenfalls nicht sehr eng, und die Mutter hat auch kaum Zeit, andere Menschen zu treffen. Die Kindererziehung stellt damit den einsamen Mittelpunkt ihres Lebens dar.

Das Miteinander von Mutter und Sohn ist von Lieblosigkeit und Brutalität gekennzeichnet. In der oben erwähnten Folge *Okyaku-sama o motenasu zo* beispielsweise benimmt sich Shin-chan schlecht gegenüber dem Gast und ärgert seine Mutter. Sie kneift ihn daraufhin dreimal ins Hinterteil und versetzt ihm schließlich einen Faustschlag ins Gesicht. Obwohl der Vater anwesend ist, äußert er sich nicht zur Erziehung des Kindes. Die alltäglichen Gewalttätigkeiten der Mutter gegenüber ihrem Sohn werden von ihm entweder ignoriert oder stillschweigend akzeptiert.

Die Mutter ist dem frühreifen Jungen ganz offensichtlich nicht gewachsen und mit seiner Erziehung völlig überfordert. Dies zeigt sich auch in der am 25. Oktober 1993 ausgestrahlten Folge *Osentaku o suru zo!* [Wir waschen!]. In dieser Geschichte hängt die Mutter an einem sonnigen Tag mit Hilfe von Shin-chan Wäsche auf. Angesichts der Streiche ihres Sohnes gerät sie dabei in solche Wut, daß sie ihn mit sich überschlagender Stimme anschreit und wiederholt mißhandelt. In der Fernsehfassung fällt in diesem Zusammenhang auf, daß Shin-chan eine für sein kindliches Alter unangemessen tiefe Stimme hat, die von einer Frau mit besonders niedriger Stimmlage gesprochen wird, während seine Mutter in hohen Piepstönen quietscht. Ferner werden die Mißhandlungen in der Darstellung im Zeichentrickfilm ebenso wie im *manga* überzeichnet und karikiert: Die Ohrfeigen, die Shin-chan erhält, erscheinen als überdimensionale Beulen am Kopf.[8]

3.4 Shin-chan als Repräsentant eines neuen Zeitgeistes

Shin-chan ist alles andere als ein liebenswürdiges und vorbildliches Kind. Er ist ein gerissener Junge, der sich nicht nach dem Willen der Erwachsenen richtet und stets mit Widerworten aufzuwarten weiß. Wenn die Mutter beispielsweise ruft, „Kannst Du mal eben herkommen?", entgegnet der spielende Shin-chan: „Ich bin beschäftigt!" Auf das erneute Rufen, „Jetzt reicht's, komm sofort her!", kontert er: „Komm doch selbst!" (*jibun de kurebā*). Widerworte, Frechheiten und eine aufmüpfige Haltung erlaubt sich Shin-chan nicht nur der Mutter, sondern allen Personen gegenüber,

---

[8] Vgl. hierzu das Bild unten links in Abb. 3.

die in irgendeiner Form Autorität repräsentieren wie etwa die Kindergärtnerin oder der Vorgesetzte seines Vaters.

In *Okyaku-sama o motenasu zo* ist die Mutter durch die unerwartete Ankunft eines Gastes in Eile versetzt und bittet ihren Sohn aufzuräumen. Dies veranlaßt ihn zu der hämischen Bemerkung, „Siehst du, das hast du nun davon, daß du immer alles rumliegen läßt!", woraufhin er von der Mutter in die Wangen gekniffen wird. Den Gast fragt er, „Onkel, wie alt bist du?", und kommentiert die Antwort „vierundzwanzig" mit den Worten, „Puh! Du bist ganz schön alt!". Als der Gast höflich bemerkt, „Mmh, das sieht ja lecker aus. Die Hausfrau kann wirklich gut kochen!", erwidert er: „Du hast es doch noch gar nicht probiert!" In einer anderen Szene entgegnet er auf den Vorwurf seiner Mutter, er sei den ganzen Tag nur in *manga* vertieft: „Kinder lesen nun einmal *manga*!" Er hat also immer das letzte Wort.

Diese frechen Sprüche sind charakteristisch für die Titelfigur dieser Serie. In der Auflehnung dieses Jungen gegenüber den Erwachsenen spiegelt sich offensichtlich der Zeitgeist in Japan wider. Man muß hier jedoch kritisch anmerken, daß diese Darstellungsweise ursprünglich für ein erwachsenes Lesepublikum gedacht war und somit keineswegs kindgerecht ist. Die sogenannten „Shin-chan-Sprüche" und die ungewöhnlich tiefe Stimme Shin-chans waren allerdings eine Zeitlang bei Kindern äußerst beliebt.

In dieser Zeichentrickserie wird jedoch nicht einfach nur die aufmüpfige Haltung eines Jungen dargestellt, sondern allgemein die Sichtweise von Kindern zum Ausdruck gebracht. In der Folge *Yappari kaze o hiita zo!* [Also doch erkältet!] vom 23. Januar 1995 bekommt Shin-chan eine fiebrige Erkältung, nachdem er tags zuvor seinen üblichen „Popo-Tanz" aufgeführt hat, bei dem er mit heruntergezogener Hose und herausgestrecktem Hintern herumhüpft. Als die Mutter ihn tadelt: „Das kommt davon, wenn man den Hintern rausstreckt!", entgegnet er: „Wieso hast Du mich denn nicht davon abgehalten? Als Mutter war das unverantwortlich!".

In der Tat haben Kinder das Recht, in Gesundheit aufzuwachsen und zu spielen, ohne nach Gutdünken der Erwachsenen kontrolliert zu werden. In diesem Sinne ist auch das „Shin-chan-Lied" zu verstehen, das zum Ende jeder Sendung erklingt: „Laßt die Träume blühen – Kinder, jetzt seid ihr an der Reihe! Die Kinder geben nun den Ton an!" Natürlich stehen Kindern die grundsätzlichen Menschenrechte zu. Das Lied „Jetzt seid ihr an der Reihe" entspricht somit ganz dem Zeitgeist. Die Beliebtheit der Serie auch bei manchen Erwachsenen ist möglicherweise darauf zurückzuführen, daß hier Dinge zur Sprache kommen, die diese selbst in ihrer Kindheit nicht haben artikulieren können.

3.5 Zusammenfassung

Crayon Shin-chan ist die erste Fernseh-Zeichentrickserie für Kinder, in der Obszönitäten vorkommen. In dieser Hinsicht hege ich große Zweifel in bezug auf die oben zitierte „Zurückhaltung" des Produzenten der Sendung. Ein weiteres Charakteristikum der Serie besteht darin, daß der Titelheld sich nicht der Autorität von Erwachsenen beugt, dafür jedoch von seiner Mutter mißhandelt wird. Eine solch gewalttätige Mutterfigur gab es m. E. bisher ebenfalls noch nicht in japanischen Zeichentrickserien.

Während in *Sazae-san* die Kinder ihre Eltern mit Respekt behandeln, besitzen die Eltern in *Crayon Shin-chan* keinerlei Autorität mehr. Shin-chan nennt seine Mutter bisweilen – so wie sein Vater – beim Vornamen, was sie wütend macht. Sprache und Handlungsweise von Shin-chan gegenüber den Erwachsenen lassen keinen Zweifel daran, daß er glaubt, sich mit ihnen auf gleicher Ebene zu befinden.

Welche Art von Beziehung sollte in einer Zeit, in der Kinder die gleichen grundsätzlichen Menschenrechte genießen und gleichberechtigte Menschen sind, zwischen Eltern und Kinder bestehen, und wie sollten sich Erwachsene Kindern gegenüber verhalten? In *Crayon Shin-chan* findet sich hierzu keine Antwort. Der Vater, der nicht weiß, wie er mit seinem Sohn umgehen soll, begegnet ihm auf der Ebene eines Kameraden, hat jedoch keine wirkliche Beziehung zu ihm. Wenn die Mutter vor seinen Augen das Kind mißhandelt, schreitet er nicht ein. Auch die Mutter weiß nicht, mit ihrem Kind umzugehen, denn je mehr sie versucht, es nach traditionellen Wertvorstellungen zu erziehen, desto schwieriger gestaltet sich das Verhältnis zu ihm. Auf diese Weise wird die Kindesmißhandlung schließlich zur Alltäglichkeit.

4. COOKING PAPA

4.1 Manga und Zeichentrickserie

Ueyama Tochi, der Autor des *manga Cooking Papa*, ist ebenso wie der Verfasser von *Crayon Shin-chan* ein Mann in den Dreißigern. Das *manga* wurde in Fortsetzungen in *Shūkan Mōningu*, einer wöchentlich erscheinenden Zeitschrift für Erwachsene, publiziert. Es handelt sich dabei um ein sogenanntes *gurume manga* [Gourmet-Comic], das dem in letzter Zeit zu beobachtenden „Koch-Boom" Rechnung trägt. Schauplatz des *manga* ist jedoch kein Restaurant, sondern eine häusliche Küche, denn es geht um die Zubereitung von „Hausmannskost".

Gekocht wird in einer vierköpfigen Familie, bestehend aus dem als Büroangestellten arbeitenden Vater, der die Hauptfigur darstellt, seiner

Abb. 4: Auszug aus dem *manga Cooking Papa:* Die Titelfigur hat für seine Familie und zwei Freunde des Sohnes einen Kuchen gebacken.
© Ueyama Tochi, Kōdansha Shūkan Mōningu: Kukkingu Papa

Frau, die als Journalistin bei einer Zeitung arbeitet, seinem Sohn Makoto, der die Grundschule besucht, und der zweijährigen Miyuki, die in einen Kinderhort geht. Die Zeichentrickserie[9] ist dem Original sehr ähnlich. Zu Ende einer jeden Sendung wird, wie im *manga*, die Zubereitung der in der jeweiligen Folge vorkommenden Gerichte genau erklärt. Während die ebenfalls 30minütigen Sendungen *Sazae-san* und *Crayon Shin-chan* in je drei unterschiedliche Episoden aufgeteilt sind, besteht eine Folge von *Cooking Papa* jeweils nur aus einer einzelnen Geschichte.

---

[9] Die Serie wird vom Sender *Terebi Asahi* gesendet. Die 30minütigen Sendungen enthalten jeweils eine Folge. Seit 1998 wird sie auch vom JSTV-Satellitenfernsehen, das eine Auswahl aus dem japanischen Programm verschiedener Sender bietet, in Europa ausgestrahlt.

4.2 Die Aufhebung der geschlechtsspezifischen Rollenverteilung in der Kernfamilie

Cooking papa ist insofern einmalig im Vergleich zu den bisherigen Zeichentrickfilmserien, als hier eine berufstätige Mutter auftritt. Sie kümmert sich zwar gemeinsam mit ihrem Mann um die Kindererziehung, kann jedoch nicht kochen. Eine weitere Besonderheit dieser Serie besteht darin, daß nicht nur das Familienleben, sondern auch die Situation an den jeweiligen Arbeitsplätzen der Ehepartner thematisiert wird. Die Mutter ist häufig unterwegs, um vor Ort zu recherchieren, während der Vater mehr Zeit mit den Kindern zu Hause verbringt. Kochen sieht er als sein Hobby an. Wenn er aus der Firma kommt, bindet er sich erst mal eine große Schürze um und geht in die Küche. Er tut dies auch, wenn die Mutter zu Hause ist, denn er hat grundsätzlich die Aufgabe des Kochens übernommen. Der Sohn, der im Grundschulalter ist, steht häufig neben dem Vater in der Küche, hilft ihm und lernt so, verschiedene Gerichte zuzubereiten.

In der Folge, die am 27. Januar 1994 unter dem Titel *Tsumetakute atsui okurimono* [Ein kaltes und zugleich heißes Geschenk] gesendet wurde, muß die Mutter für einige Tage beruflich verreisen. Da sie am Morgen ihrer Abfahrt den Eindruck hat, ihr Sohn Makoto fühle sich nicht wohl, ruft sie am Arbeitsplatz ihres Mannes an. Dieser beginnt, sich Sorgen zu machen, ob Makoto einen Schirm dabei hat, falls es regnen sollte. Wie erwartet, erkältet sich der Junge, bekommt Fieber und wird ins Krankenzimmer der Schule gebracht. Schließlich fährt ihn der Vater eines Klassenkameraden, der Makotos Familienverhältnisse kennt, nach Hause.

Als der Vater daheim anruft und Makotos schwache Stimme hört, ist er so besorgt, daß er sich nicht mehr auf seine Arbeit konzentrieren kann. Er hört die „Stimme seines Herzens": „Was ist wichtiger, die Arbeit oder das Kind?" Obwohl eigentlich eine wichtige Besprechung ansteht, schwingt er sich im strömenden Regen auf sein Motorrad, wird unterwegs wegen Raserei von der Polizei aufgehalten und gelangt schließlich nach Hause. Ein Klassenkamerad seines Sohnes hat inzwischen bereits die kleine Miyuki vom Hort abgeholt, und ein Kollege und eine Kollegin sind gekommen, um den kranken Makoto zu versorgen. Die junge Frau bereitet Reisbrei für ihn zu, Makoto hat jedoch keinen Appetit. Daraufhin zeigt der Vater, was er kann: Er macht Bratäpfel, die er seinem Sohn zu essen gibt, um dessen Leib und Seele aufzuwärmen. Diese Geschichte zeigt nicht nur, wie eine Familie, in der beide Elternteile arbeiten, Probleme meistert, die durch eine plötzliche Erkrankung eines Kindes hervorgerufenen werden, sondern auch die inneren Konflikte, die der Vater in dieser Situation lösen muß.

In dieser Folge treten insgesamt 14 Personen auf. Dies sind neben der vierköpfigen Familie Makotos Schulfreund, dessen Eltern, die Kindergärtnerin, Kollegen und Kolleginnen des Vaters sowie weitere Figuren. In dieser Hinsicht bestehen Gemeinsamkeiten mit *Sazae-san*. In *Cooking Papa* handelt es sich bei den Personen, mit denen die Familienmitglieder Kontakt pflegen, jedoch nicht um Blutsverwandte.

In der Familie im Mittelpunkt dieser Serie ist die geschlechtsspezifische Arbeitsauftilung nach dem Muster „Der Mann arbeitet, die Frau bleibt zu Hause" aufgehoben. Die Kollegen des Vaters und die Nachbarn dieser Familie werden allerdings keineswegs als ebenso modern denkende Menschen dargestellt. So träumt etwa ein junger Kollege aus der Firma des Vaters davon, eine Frau zu heiraten, die ihn von vorne bis hinten bedient. „Papa" bringt zur Arbeit immer ein selbst zubereitetes Lunch-Paket mit. Gemäß der traditionellen Rollenmuster glaubt man am Arbeitsplatz jedoch, seine Frau habe es liebevoll zusammengestellt. Bezeichnend ist außerdem, daß in der Firma alle verantwortungsvollen Posten mit Männern besetzt sind und die Frauen ausnahmslos untergeordnete Positionen innehaben.

4.3 Ein Kind, das sich für seine Familie mitverantwortlich fühlt

Hauptperson dieser Serie ist nicht ein Kind, sondern der „Papa". Sein Sohn Makoto spielt jedoch eine wichtige Nebenrolle. Er verbringt sehr viel Zeit mit seinem Vater und ist für diesen ein wichtiger Partner im Alltag. Er ist ein ausgesprochen freundliches und wohlerzogenes Kind. Im Gegensatz zu einigen starrköpfigen und unartigen Jungen unter seinen Freunden verhält er sich sowohl in der Schule als auch zu Hause vorbildlich.

In der oben zusammengefaßten Geschichte versucht Makoto, obwohl es ihm nicht gut geht, seine Umgebung mit den Worten zu beruhigen: „Ich bin schon o. k.!" Sein bewundernswerter Charakter zeigt sich auch darin, daß er trotz Fieber aufzustehen versucht, um seine kleine Schwester vom Hort abzuholen. Bei genauer Betrachtung dieser Figur des Jungen, der sich für die Familie aufopfert und sich um seine kleine Schwester kümmert – obwohl er doch eigentlich in einem Alter ist, wo Kinder lieber spielen –, fragt man sich allerdings, ob diese Aufopferung nicht vielleicht irgendwann eine Gegenreaktion auslöst.

In der Serie werden außer dem Jungen noch weitere Kinder gezeigt, die sich in einer mit Makoto vergleichbaren Situation befinden. So müssen in der Familie eines Klassenkameraden die Kinder regelmäßig das Abendessen kochen, weil ihre Eltern beide im Familienbetrieb, einer kleinen Werkstatt, arbeiten. Ein anderer Klassenkamerad, der in ähnlichen

Familienverhältnissen lebt, muß sich an dem Tag, an dem es keine Schulspeisung gibt, selbst sein Lunch-Paket zubereiten. Mit diesen Kindern versteht sich Makoto besonders gut, da sie gemeinsame Erfahrungen verbinden.

Der Junge in dieser Serie unterscheidet sich von den Kindern in *Sazae-san*, die folgsam alles tun, was die Erwachsenen ihnen sagen. Er hebt sich aber andererseits ebenfalls von Shin-chan ab, der den Erwachsenen nicht gehorcht und seinen eigenen Standpunkt vertritt. Makoto ist nämlich so brav und duldsam, daß man sich fast schon Sorgen um ihn macht. Zugleich offenbart sich hier aber auch das Bild eines Kindes, das gemeinsam mit seinen Eltern Verantwortung für die Familie übernimmt, wodurch ein eher partnerschaftliches Verhältnis zu Vater und Mutter entsteht.

5. Schlussbemerkung

Die drei Serien *Sazae-san, Crayon Shin-chan und Cooking Papa* unterscheiden sich vor allem im Bild des Vaters. In *Sazae-san* übernimmt Namihei zwar Verantwortung für die Erziehung seines Sohnes, kümmert sich jedoch kaum um seine Tochter. Für den jungen Vater in *Crayon Shin-chan* ist der Sohn so etwas wie ein Freund, mit dem er in seiner Freizeit spielt; mit dem Alltagsleben seines Kindes hat er jedoch wenig zu tun. Letztendlich liegt die Verantwortung für die Kindererziehung allein bei der Mutter, und so entwickelt sich auch kein tiefergehendes Verhältnis zwischen Vater und Sohn. Der Vater in *Cooking Papa* hingegen hat sowohl zu seinem Sohn als auch zu seiner Tochter eine enge Beziehung und fühlt sich für die Erziehung der Kinder mitverantwortlich. Daß die Mutter arbeiten geht, wird als ganz natürlich angesehen, und die Eheleute kooperieren bei der Kindererziehung.

Die Darstellung der Familie in *Sazae-san* zeichnet eine bestimmte Zeitepoche nach. Die enge Beziehung der Menschen zu ihren Blutsverwandten erinnert an den Zusammenhalt der dörflichen Gemeinschaft in einer Agrargesellschaft. In der engen Beziehung zu den Nachbarn findet sich in diesem Nachkriegswerk aber auch die nachbarschaftliche Gemeinschaft der Kriegszeit. Im Gegensatz hierzu spiegelt sich in *Crayon Shin-chan* das Bild der Kernfamilie der neunziger Jahre wider, in der es nur noch Mutter und Kind gibt, was Grausamkeiten der Mutter gegenüber ihrem Kind zur Folge haben kann. Besonders problematisch ist, daß Kindesmißhandlung in *Crayon Shin-chan* als etwas völlig Normales dargestellt wird. In dieser Serie offenbart sich aber auch ein Wandel der Beziehung von Erwachsenen und Kindern, die sich immer mehr von einem Autoritätsverhältnis zur Gleichberechtigung hin entwickelt.

Die Rollen von Ehemann und Ehefrau basieren sowohl in *Sazae-san* als auch in *Crayon Shin-chan* gleichermaßen auf der geschlechtsspezifischen Arbeitsteilung. Lediglich in *Cooking Papa* zeigt sich eine in Zeichentrickserien bisher noch nie dagewesene Tendenz: Ein gleichberechtigtes Ehepaar tritt auf, von denen beide einen Beruf ausüben und sich die Hausarbeit teilen. Hier offenbart sich ein völlig neues Familienbild.

übersetzt von Barbara Gatzen

KOMMENTAR
ZU DEN BEITRÄGEN VON SHIOYA CHIEKO, HILARIA GÖSSMANN UND NAKANO EMIKO

MURAMATSU Yasuko

In den Jahren 1974, 1984 und 1994 habe ich jeweils eine Analyse von Fernsehdramen vorgenommen und mich deshalb mit einigen der Beispiele, die hier vorgestellt wurden, selbst befaßt. Da es mir nicht möglich war, bis zum Zeitpunkt dieses Symposiums die Ergebnisse meiner letzten Analyse vorzulegen, beschränke mich auf einen Kommentar.

Ich möchte zunächst auf drei Punkte eingehen, die mir im Zusammenhang mit der Fernsehdramen-Analyse besonders wichtig erscheinen. Der erste Punkt ist die Frage, wie man bei der Analyse eigentlich die Veränderungen, die sich in den Dramen abzeichnen, fassen kann. Wenn in der Zeichentrickserie „Sazae-san" die Figur der Fune im Hintergrund bleibt, so handelt es sich hier offenbar um das gleiche Muster, das auch den Großfamilien der Fernsehdramen der sechziger Jahre zugrunde liegt. In anderen Beispielen offenbart sich hingegen ein Wandel. Zweifellos haben sich, wie Hilaria Gössmann vorgeführt hat, die Frauen in den Dramen ein wenig verändert und sicherlich auch die Kinder in den Zeichentrickserien, was im Beitrag von Nakano Emiko deutlich wurde. Aber sollte man nicht diejenigen Aspekte, die sich gewandelt haben, und diejenigen, die sich nicht verändern, sorgfältig voneinander abgrenzen und analysieren? Man neigt leicht dazu, sich ausschließlich auf den Wandel zu konzentrieren; es ist jedoch auch wichtig festzuhalten, was gleichgeblieben ist.

Der zweite Punkt, auf den ich verweisen möchte, bezieht sich darauf, daß man allgemein annimmt, in den Fernsehdramen spiegele sich das Bewußtsein der Menschen und deren Wertvorstellungen. Aber es ist wohl eher so, daß uns die Dramen und Zeichentrickfilme die Sicht vermitteln, die als „normal" gilt, und sie auf diese Weise dazu beitragen, eine ganz bestimmte „Wirklichkeit" zu konstruieren.

Der dritte Punkt, der mir bei der Analyse wichtig erscheint, ist die Rolle, die dem Fernsehen beim Publikum zukommt. Ich denke, daß sich diese in den letzten Jahrzehnten sehr verändert hat. In den siebziger Jahren nahm das Fernsehen nicht nur eine überwältigende Stellung im Freizeitleben ein, sondern war auch eine äußerst wichtige Informationsquelle. Deshalb hat man die Inhalte der Fernsehdramen begierig aufgenommen.

Da es inzwischen jedoch die unterschiedlichsten Möglichkeiten gibt, sich zu informieren, und die Menschen auch immer mehr gesellschaftlichen Umgang pflegen, wird man sich wohl allmählich dessen bewußt, daß das Fernsehen nicht alles ist.

Als ich 1974, also kurz vor dem „Internationalen Jahr der Frau", meine erste Inhaltsanalyse von Fernsehdramen durchführte, galt mein grundlegendes Interesse dem Frauenbild. Da besonders Frauen sich diese Fernsehdramen gerne ansehen, wollte ich der Frage nachgehen, was sie eigentlich aus den Dramen herauslesen und welche Bedeutung diese Botschaften für die Lebensrealität der Frauen haben. Wie Hilaria Gössmann bereits zitiert hat, kam ich bei meiner Analyse zu dem Ergebnis, daß die typischen Frauenfiguren der Dramen die „verläßliche Mutter" (*tanomoshii haha*) und die „erduldende Frau" (*taeru onna*) sind. Eine solche Darstellung impliziert: Solange die Mutter im Haus bleibt, ist sie verläßlich, wenn sie jedoch einen Schritt aus dem Haus tut, wartet das Unglück auf sie. Hier handelt es sich ganz offenbar um ein nostalgisches Mutterbild, das als Ideal präsentiert und von großen Teilen des Publikums auch so gesehen wurde.

Bei meiner Analyse im Jahr 1984 kam ich zu dem Schluß, daß die Darstellung in den Dramen realistischer geworden ist. Wie etwa das Beispiel „Kishibe no arubamu" [Fotoalben am Ufer] zeigt, war man inzwischen dazu übergegangen, reale Probleme zu gestalten. Dabei wurden die Hausfrauen zu den Heldinnen der Dramen. In den Familien der breiten Mittelschicht von Firmenangestellten (*sararīman*) entstand bei den Hausfrauen eine gewisse Verunsicherung und Unzufriedenheit, die schließlich auch zu außerehelichen Beziehungen führte. In jenen Fernsehdramen kam es bei vielen Paaren zu Krisen, und man hatte fast den Eindruck, daß das Thema Scheidung schon zum festen Bestandteil dieser Serien gehörte.

1974 hatte man zwar das Leid von Frauen beschrieben, aber auch die Schönheit der Liebe; 1984 ging es hingegen fast nur noch um den Konflikt zwischen Mann und Frau. Wenn man in diesem Sinne die Jahre 1974, 1984 und 1994 miteinander vergleicht, so denke ich, daß sich die Darstellung 1984 am ehesten der Realität annäherte. Allerdings lag den Dramen dieser Zeit das Muster zugrunde, daß durch eine Krise der Zusammenhalt der Familie letztendlich gestärkt wird; eine andere Art der Darstellung gab es nicht.

In der Auswertung meiner Untersuchung aus dem Jahr 1994 bin ich noch nicht sehr weit fortgeschritten, ich habe jedoch die meisten Dramen zumindest gesehen. Meiner Meinung nach tendiert man in einigen Dramen dazu, sich von der gesellschaftlichen Wirklichkeit zu lösen. Suzuki Midori hat in ihrem Kommentar das Wort „Backlash" benutzt, und auch ich glaube, daß der „Rückschritt" das Schlüsselwort der Gegenwart ist.

In den neunziger Jahren sind die meisten Fernsehdramen offenbar eher auf ein junges Publikum ausgerichtet. Damit mag zusammenhängen, daß die Mütter dieser Generation häufig als eine Art Karikatur erscheinen. Diese Tendenz zeigt sich insbesondere bei den Dramen, in denen die Schauspielerin Nogiwa Yōko auftritt.[1] Hier sind die Mütter wieder ausschließlich auf ihre Kinder fixiert – sie haben nichts anderes im Leben. Der Baby-Boom in den Fernsehdramen hängt ganz offenbar mit der sich verringernden Kinderzahl in Japan zusammen. Es ist schon auffällig, daß wiederum die Beziehung zwischen Mutter und Kind betont wird, und daß abermals Mütter, denen nichts außer dem Wohl ihrer Kinder wichtig ist, in den Vordergrund treten.

In dem Drama „Onna no iibun" [Einwände einer Frau] beschwert sich die Hauptfigur, gespielt von Yachigusa Kaoru, zwar über ihre Situation, aber wenn man bedenkt, daß genau dieselbe Schauspielerin schon 1977 in „Kishibe no arubamu" die unzufriedene Hausfrau mimte, so ist eigentlich alles beim Alten geblieben. Hierin sehe ich eher eine Karikatur als eine realistische Darstellung der Frauen.

Ein „Backlash" ist auch in bezug auf die Botschaften der Fernsehdramen zu konstatieren. Zwar sind sich die jungen Zuschauer von heute wohl eher dessen bewußt, daß es sich bei den Dramen um Fiktion handelt, dennoch erkenne ich an den Äußerungen meiner Studentinnen und Studenten, wie direkt sie die jeweilige Botschaft aufnehmen. Dies wird deutlich, wenn sie sich in den Seminararbeiten mit Fernsehdramen auseinandersetzen.

Nehmen wir zum Beispiel das besonders erfolgreiche Fortsetzungsdrama „Imōto yo" [Meine kleine Schwester], eine Aschenputtel-Geschichte. Hier wird letzten Endes vermittelt, daß es das Glück der Frau sei, vom Prinzen mit einem Schimmel abgeholt zu werden. In der letzten Folge benutzt der Mann beim Heiratsantrag Worte, die er wahrscheinlich irgendwo gehört hat: „Ich werde dich mein ganzes Leben lang beschützen" (*boku wa isshō kakete anata o mamorimasu*). Meinen Studentinnen und Studenten wurde gar nicht bewußt, daß es sich hierbei um eine Parodie handelt. Als ich sie zu dem Stellenwert der Fernsehdramen befragte, antworteten sie zwar, „Es handelt sich um reine Fiktion", und „Ich wähle sie nicht wegen der Story aus, sondern wegen der Stars, die darin auftreten", dennoch habe ich den Eindruck, daß sie durchaus gewisse Lebensweisheiten aus diesen Dramen übernehmen. Letztendlich sind die Fernsehdramen für sie doch ein Mittel, sich zu informieren, wie „die Realität" ist. Ich habe den Eindruck, daß die jungen Leute die Dramen recht unkritisch rezipieren, und mir wurde wiederum bewußt, wie wichtig die Förderung

---

[1] Vgl. hierzu die Fernsehdramen Nr. 1, 3, 11 und 12 im Beitrag von Gössmann.

der Medienkompetenz (*media literacy*) eigentlich ist. Von Bedeutung erscheint mir in diesem Kontext auch, nicht nur eine einzige Folge eines Fortsetzungsdramas, sondern die gesamte Entwicklung im Auge zu behalten, so wie es Frau Shioya und Frau Gössmann vorgeführt haben.

Weil 1994 das „Internationale Jahr der Familie" war, wurden in der ersten Jahreshälfte Fernsehdramen mit Mehrgenerationenfamilien ausgestrahlt. Da sie jedoch größtenteils nicht die erwünschten Einschaltquoten erzielten, wandte man sich schnell dem Thema „Geschwister" zu. Dabei stand das Muster älterer Bruder – jüngere Schwester in der Tat im Vordergrund. Außerdem gab es auch Dramen, in denen es um zwei Schwestern ging. Die Beziehung ältere Schwester – jüngerer Bruder wurde jedoch überhaupt nicht thematisiert. Offenbar muß, so wie in „Imōto yo", der führende Part männlich sein, und die Person, die er beschützt, weiblich. Vor zehn Jahren gab es ebenfalls hauptsächlich Geschwisterbeziehungen dieser Art. In den zugrundeliegenden Wertvorstellungen der Fernsehdramen läßt sich also eine gewisse Kontinuität feststellen.

Wenn ich Drehbuchautoren und Produzenten befrage, wie sie eigentlich zu ihrem Frauenbild kommen, so antworten sie zumeist: „Meine Ehefrau ist so". Vor dem Hintergrund, daß es bei den Medien nur sehr wenige weibliche Beschäftigte gibt, erscheint es mir problematisch, daß denjenigen, die in der Produktion von Fernsehdramen tätig sind, offenbar nur die Frauen aus ihrer direkten Umgebung als Modelle dienen. Das Frauenbild der Fernsehdramen wird somit hauptsächlich von diesen Männern geprägt. Dennoch vertreten sie die Auffassung, daß sie in ihrer Darstellung den realen Verhältnissen entsprechen. Würden die Drehbuchautoren und Produzenten ihr Blickfeld ein wenig erweitern, so träfen sie auf die unterschiedlichsten Frauen und bekämen Anregungen für eine andere Art der Darstellung. Ich beende meinen Kommentar in der Hoffnung, daß in den Fernsehdramen in Zukunft eine größere Pluralität zutage tritt.

übersetzt von Ina Hein

DISKUSSION ZU SEKTION I, TEIL 2

Moderation: MOROHASHI *Taiki*

Ulrich Möhwald: Frau Muramatsu hat in ihrem Kommentar darauf hingewiesen, daß es in den Fernsehdramen jeweils Aspekte gibt, die sich verändert haben, und solche, die völlig gleichgeblieben sind. Hierzu möchte ich ergänzen, daß wir hier am Deutschen Institut für Japanstudien im Rahmen des Projektes zum Wertewandel in Japan ebenfalls zu dem Ergebnis kamen, daß im Fall von neuen Werten nicht unbedingt die alten ganz über Bord geworfen werden. Es kommt vielmehr zu einer Pluralisierung der Werte, wobei auch die alten durchaus erhalten bleiben. So entsteht eine Mischung von Neuem und Altem.

Wichtig erschien mir auch ein weiterer Punkt, und zwar die Frage, wie die junge Generation sich die Fernsehdramen ansieht. Welche Rolle spielen überhaupt die in den Fernsehdramen vertretenen Werte, also die Werte, die einem von den Medien aufgezwungen werden? Früher konnte man Werte vielleicht auf diese Weise vermitteln, aber wie ist es heute? Die junge Generation, für die man den Begriff der „neuen Menschen" (*shinjinrui*) geprägt hat, sie lassen sich von solchen Werten vielleicht gar nicht mehr beeinflussen.

Diskussionsteilnehmer: Ich habe eine Frage bezüglich „Crayon Shinchan". Meinen Sie wirklich, daß man das Verhalten der Mutter als „Kindesmißhandlung" bezeichnen kann? Es wird doch eher als komisch dargestellt.

Nakano Emiko: Obwohl ich selbst Sozialarbeiterin bin, ist mir dieser Aspekt zunächst auch nicht aufgefallen. Als wir jedoch im Rahmen unserer regelmäßigen Veranstaltungen des Forum for Citizens' Television (FCT) gemeinsam ein Video analysierten, kommentierte jemand die Handlungen der Mutter jeweils mit „Jetzt hat sie ihn viermal gekniffen" und „Dies waren nun die vierten Schläge". Dabei wurde mir erst bewußt, wie leicht man diese ständigen Mißhandlungen übersieht. Natürlich handelt es sich hier um eine bestimmte Ausdrucksform der Serie. So erscheint z. B. der Begriff *genkotsu* [Faust] jeweils als Schriftzug auf dem Bildschirm, und dann wachsen überdimensionale Beulen am Kopf von Shin-chan. Dies wird als eine Kommunikationsform der Mutter mit ihrem Sohn gezeigt, von der ich nicht hoffe, daß sie auf diese Weise Verbreitung findet.

Als bei der FCT-Veranstaltung diese Darstellung von Mißhandlungen problematisiert wurde, gab es auch Gegenargumente aus dem Publikum wie etwa: „So etwas erleben doch die meisten Kinder", oder: „Ab und zu eine Ohrfeige, das mache ich auch". Eine Teilnehmerin fühlte sich sogar durch diese Zeichentrickserie beruhigt und sagte: „Ich schlage mein Kind ja auch ab und zu, aber so schlimm wie die Mutter von Crayon Shin-chan bin ich nicht." Ich halte es doch für sehr problematisch, aus der Darstellung in „Crayon Shin-chan" eine Entschuldigung für das eigene Fehlverhalten zu ziehen.

Ochiai Emiko: Ich habe alle drei Beiträge sowie den Kommentar mit sehr großem Interesse verfolgt. Einer Aussage von Frau Muramatsu möchte ich jedoch widersprechen. Sie haben es als ein Phänomen des „Backlash" bezeichnet, wenn Mütter auftauchen, die sich für nichts anderes als ihre Kinder interessieren. Ich meine, daß es sich hier ganz klar um die Darstellung der gesellschaftlichen Realität handelt und nicht um ein „Backlash"-Phänomen. Die jungen Menschen von heute gehören der Generation an, die kaum Geschwister hat. Sie können sich nicht von den Eltern emanzipieren. Im Gegensatz zu der vorigen Generation ist es ihnen auch nicht möglich, die Versorgung der Eltern einfach dem ältesten Bruder zu überlassen. Auf diese Weise wird die Eltern-Kind-Beziehung sehr eng, ein Phänomen, das das Genre Fernsehdrama immer wieder aufgreift.

Es scheint das Ideal der jungen Paare zu sein, mit den Eltern beider Partner einen gleich engen Umgang zu pflegen, aber dies läßt sich nur schwer verwirklichen. In der Realität führt es meist dazu, daß der Mann mit seinen Eltern und die Frau mit den ihren Umgang hat. Auf diese Weise entfernen sich die Ehepartner immer mehr voneinander, und schließlich bleibt nur die Eltern-Kind-Beziehung erhalten. Die Vereinzelung in der Familie führt in Japan wohl dazu, daß man sich letztendlich für die Eltern-Kind-Beziehung entscheidet. Diese Tendenz trat ja auch im Vortrag von Frau Shioya zutage. Ich bin direkt erschrocken, wie deutlich manche Dinge in den Dramen auf den Punkt gebracht werden.

Muramatsu Yasuko: Natürlich haben Sie in dem Punkt recht, daß es solche Mütter, die sich ausschließlich auf ihre Kinder konzentrieren, in der Realität tatsächlich gibt. Wahrscheinlich sollte man es sogar würdigen, daß dieses Problem thematisiert wird. Negativ finde ich nur die Überbetonung. In meiner Generation gibt es doch ganz unterschiedliche Frauen, die keineswegs alle so wie diese Mütter sind. Ich sehe lediglich die Überbetonung dieses Aspektes als ein Phänomen des „Backlash" an.

Shioya Emiko: Ich bin in meinem Vortrag nicht darauf eingegangen, aber die häufigste Beziehung, die in den von mir analysierten Fernsehdramen dargestellt wird, ist die Vater-Tochter-Beziehung, die im Schatten des Mutter-Sohn-Verhältnisses steht. Auch hierauf sollten wir unser Augenmerk richten.

Ochiai Emiko: So bleibt noch die Mutter-Tochter-Beziehung, die zwar in den Fernsehdramen kaum eine Rolle spielt, bei psychologischen Beratungsgesprächen aber von immenser Bedeutung ist. Hier sind häufig auch die Ursachen für Eßstörungen wie z. B. Magersucht bei Mädchen zu sehen. Würde man sich in einem Fernsehdrama ernsthaft mit einer Mutter-Tochter-Beziehung auseinandersetzen, entstünde sicher eine äußerst problematische Geschichte.

redigiert und übersetzt von Hilaria Gössmann

SEKTION II:

FERNSEH-WERBUNG

WORKSHOP:
ANALYSE JAPANISCHER UND DEUTSCHER WERBESPOTS ZUM THEMA FAMILIE

Leitung: SHINKAI Kiyoko und Hilaria GÖSSMANN

Hilaria GÖSSMANN: Nachdem das Publikum am ersten Tag des Symposiums nur wenig Gelegenheit hatte, sich an der Diskussion zu beteiligen, beginnen wir den zweiten Tag nun mit einem Workshop, bei dem Sie selbst Werbespots analysieren. Wir haben hierfür jeweils fünf japanische und fünf deutsche Werbespots, in denen eine Familie oder ein Teil einer Familie auftritt, nach dem Zufallsprinzip zusammengestellt. Selbstverständlich wird nicht der Anspruch erhoben, daß die Werbespots repräsentativ sind, aber ich glaube doch, daß in ihnen einige charakteristische Merkmale der Werbung in beiden Ländern zutage tritt.

Für diese Art von Workshops, die das „Forum for Citizens' Television" (FCT) nun schon seit über zehn Jahren regelmäßig durchführt, wurden spezielle Analysebogen entwickelt. Frau Shinkai vom Organisationskomitee des FCT wird Sie nun über den Ablauf des Workshops informieren.

SHINKAI Kiyoko: Wir werden Ihnen nun mehrmals die Werbespots vorführen und bitten Sie anschließend, auf dem Analysebogen in die einzelnen Spalten Ihre Beobachtungen einzutragen. Was die visuelle Ebene betrifft, so sind dies das Alter und die äußere Erscheinung der auftretenden Figuren sowie die Rolle, in der sie gezeigt werden. In der Spalte zur akustischen Ebene vermerken Sie bitte, was gesprochen oder gegebenenfalls gesungen wird. Im Fall der deutschen Werbung sind die sprachlichen Elemente auf ihrem Analysebogen ins Japanische übersetzt, so daß der Werbespot auch ohne Kenntnis der deutschen Sprache verstanden werden kann.

Wenn Sie für alle zehn Beispiele – fünf japanische und fünf deutsche – den Analysebogen ausgefüllt haben, bitten wir Sie, sich in vier Arbeitsgruppen zusammenzufinden, um auf der Basis der Daten, die Sie in ihre Bögen eingetragen haben, gemeinsam über das Familienbild der Werbespots zu diskutieren. Dabei bestimmen Sie bitte eine Person, die anschließend die Ergebnisse der Diskussion vorträgt. Die Deutschen unter Ihnen sollten sich bitte auf die vier Gruppen verteilen, um bei Verständnisfragen bezüglich der deutschen Werbespots zur Verfügung zu stehen.

Der Sinn dieses Workshops besteht in erster Linie darin, sich einmal nicht nur allein die Werbespots anzusehen, sondern sich mit anderen anhand konkreter Fragestellungen darüber auszutauschen. Als Hilfestellung haben wir einen Fragenkatalog zusammengestellt, den Sie diskutieren können. Sie brauchen selbstverständlich nicht alle Fragen zu berücksichtigen, sie sollen Ihnen lediglich zur Anregung dienen. Es gibt natürlich keine „richtigen" Antworten auf die Fragen, sondern es geht darum herauszubekommen, wie unterschiedlich Werbung rezipiert werden kann.

FRAGENKATALOG ZUM FAMILIENBILD DER WERBESPOTS

1. Was fällt Ihnen als charakteristisch für die Darstellungsweise von Mann und Frau auf? Welche Muster liegen hier vor?
2. Diskutieren Sie die Beziehung von Ehepartnern untereinander sowie die von Eltern und Kindern. Herrscht hier eine hierarchische Beziehung? Welche Person hat jeweils die aktive Rolle inne?
3. Worin sehen Sie die Unterschiede zwischen den japanischen und den deutschen Werbespots?
4. Worin unterscheidet sich Ihrer Meinung nach das Bild der Familie in den Werbespots und in der Gesellschaft?

Workshop: Analyse japanischer und deutscher Werbespots zum Thema Familie

Tab. 1: Analysebogen zum Familienbild in japanischen Werbespots

Nr.	Name des Produkts	Visuelle Ebene: die auftretenden Personen			Akustische Ebene	
		Rolle	Alter	äußere Erscheinung	Handlung	Gespräche/Kommentar (K)/Musik (M)/ Gesang(G)
1	Vereinigung zur Förderung des Reisverzehrs	Tochter	ca. 35	blaues Kleid und beiger Rollkragen-Pullunder	Die Dreigenerationen-Familie sitzt am Tisch. Die beiden Frauen unterhalten sich beim Abendessen. Dabei sind in jedem Bild eine gefüllte Reisschale oder der dampfende Reis im Reiskocher zu sehen. Die Enkelin verlangt lautstark nach mehr Reis. Der Vater füllt zwei Schalen mit Reis, und der Schwiegersohn hält das Tablett mit den Reisschalen, während sie sich unterhalten. Schließlich sitzen alle am Tisch und heben ihre Reisschalen hoch.	Tochter: „Der Reis, den man zuhause ißt, schmeckt doch einfach am besten." Mutter: „Ja, wirklich! Es schmeckt einfach besser im Kreis der Familie." Enkelin: „Noch eine Schale!" Schwiegersohn: „Der Reis schmeckt deshalb so gut, weil *wir* ihn gekocht haben, nicht wahr, Schwiegervater?" Vater: „Selbstverständlich." M+G: „Sprechen wir über Reis." K (männl.): „Vereinigung zur Förderung des Reisverzehrs!"
		Mutter	ca. 60	rosa Kleid		
		Enkelin	ca. 10	bunter Pullover		
		Schwiegersohn	ca. 35	Baumwollhemd		
		Vater	ca. 60	dunkler Pullover		
2	Vereinigung zur Förderung des Reisverzehrs	Freund der Tochter	ca. 25	hellblaues Hemd, Schlips	Mutter, Vater und Freund der Tochter sitzen am Tisch und essen, die Tochter bereitet im Hintergrund noch etwas zu. Als der Freund die Tochter mit dem Vornamen anredet und um eine weitere Schale Reis bittet, blicken ihn die Tochter und die Eltern entsetzt an. Ihm wird bewußt, daß er damit sein doch schon sehr vertrautes Verhältnis zur Tochter verrät, und schiebt leise ein „-san" nach. Demonstrativ serviert ihm die Mutter den Reis, der Freund faßt sich verlegen an den Kopf.	Mutter: „Sie leben allein, Herr Yamada?" Freund: „Ja." Vater: „Na, dann essen Sie mal tüchtig." Freund: „Ja gern – Mariko --- san." M+G: „Sprechen wir über Reis." K (männl.): „Vereinigung zur Förderung des Reisverzehrs!"
		Mutter	ca. 50	gelber Pullover		
		Vater	ca. 50	grauer Pullover		
		Tochter	ca. 25	grünes Kleid, Schürze		

#	Produkt	Person	Alter	Kleidung	Szene	Dialog
3	Mitsukan Ajipon und Yuzupon (Sauce)	Mutter	ca. 40	gelber Pullover, weiße Schürze	Der Vater ruft auf dem Heimweg zuhause an, daß er heute unerwartet früh nach Hause kommt. Die Hausfrau schaut in den Kühlschrank und entscheidet sich sofort für ein am Tisch schnell zubereitetes *nabe*-Gericht mit der fertigen Sauce. Die ganze Familie sitzt vergnügt um den heißen Topf herum und genießt das Gericht im Familienkreis.	Mutter: „Was, du kommst heute früher heim?" Vater: „Ja, tut mir leid." Mutter: „Na gut, dann gibt's heute abend *nabemono*.[a] Zu den üblichen Zutaten tue ich noch Spinat und Schweinefleisch – hm, ein Festessen!" Vater: „Auch morgen wieder ..." Alle: „... wird's ein Festessen!" K (männl.): „Für gesellige Abende ..." M+G: „... Mitsukan Ajipon, Yuzupon."
		Vater	ca. 45	unterwegs Trenchcoat, zuhause hellbrauner Pullover		
		Tochter	ca. 12	hellblaues Hemd		
		Sohn	ca. 10	gelbe Trainingsjacke		
		Tochter	ca. 8	rosa Pullover		
4	Mitsubishi Q-Serie Reiskocher	Ehefrau	ca. 30	gestreifter Pyjama und graue Jacke, später weißes Hemd und dunkelblaue Schürze	Die Hausfrau wäscht den Reis und setzt ihn im Reiskocher auf. Aus dem geöffneten Speicher im Küchenboden holt sie einen Topf mit eingelegten Pflaumen (*umeboshi*) und probiert eine davon. Auf den fertigen, dampfenden Reis in der Schale wird in Großaufnahme eine *umeboshi* gesetzt. Das Paar sitzt vergnügt beim Essen und unterhält sich.	M: Song von J-WALK Ehefrau: „Für Dich möchte ich immer den besten Reis kochen. Oh, sie sind fertig ... hm, lecker, oh wie sauer!" K (männl.): „Der IH & Inverter Reiskocher von Mitsubishi." Ehefrau: „Ab heute essen wir jeden Tag Reis." Ehemann: „Prima." K (männl.): „Mit Freude Ehefrau sein – Mitsubishi Q-Serie."
		Ehemann	ca. 30	hellblaues Hemd		
5	Daiwa-House (Fertighäuser)	Freund der Tochter	ca. 14	hellgrünes Hemd, Jeans	Der zu Besuch kommende Freund der Tochter wird an der Tür von der Mutter empfangen. Er überreicht ihr eine Schachtel mit Kuchen. Die Tochter kommt dazu und begrüßt ihn ebenfalls herzlich. Als beide auf ihr Zimmer gehen und die Mutter ein Tablett mit Kuchen und Tee vorbereitet und ins Zimmer der Tochter trägt, schauen ihr Vater und Sohn besorgt und neugierig (eifersüchtig?) zu.	M: Daiwa-House-Musik (teilweise absichtlich lauter als der Text) Freund: „Guten Tag." Mutter: „Herzlich willkommen!" Freund: „Hier, das ist für Sie." Mutter: „Vielen Dank." Tochter: „Willkommen." Mutter: „Der Tee ist fertig!" (klopfend) „Ich komme jetzt rein." K (männl.): „Das vollendete Glück – das Daiwa-Haus."
		Mutter	ca. 40	helle, bunte Bluse, hellgrauer Rock		
		Tochter	ca. 14	blaue Bluse, dunkelgrauer Rock		
		Vater	ca. 40	weißes Oberhemd		
		Sohn	ca. 10	hellblauer Sweater		

[a] Zu *nabemono* siehe die Fußnote 1 auf Seite 205.

Workshop: Analyse japanischer und deutscher Werbespots zum Thema Familie

Tab. 2: Analysebogen zum Familienbild in deutschen Werbespots

Nr.	Name des Produkts	Visuelle Ebene: die auftretenden Personen				Akustische Ebene Gespräche/Kommentar (K)/Musik (M)/ Gesang(G)
		Rolle	Alter	äußere Erscheinung	Handlung	
6	Contramutan (Erkältungsmedizin)	Vater	ca. 40	Rollkragen-Pullover, Schal	Vater und Sohn, beide schwer erkältet, sitzen auf einem Sofa. Die Mutter betritt den Raum mit Medizin und „vertreibt" damit – zum großen Erstaunen von Vater und Sohn – die Bakterien und Viren. Schließlich sitzen alle drei vergnügt auf dem Sofa. Der Sohn, der auf Mutters Schoß sitzt, zieht dem Vater den Schal weg.	K (weibl.): „Greifen Sie bei Erkältungen zu Contramutan, denn Contramutan bekämpft Erkältungen und grippale Infekte mit rein pflanzlichen Wirkstoffen. Geben Sie der Erkältung Contra. Contramutan."
		Sohn	ca. 10	kariertes Baumwollhemd		
		Mutter	ca. 40	Bluse, Jacke, Hose		
7	Rama (Margarine)	Vater	ca. 30	weißes Hemd, Schlips	Der Vater sitzt fröhlich am Frühstückstisch und bestreicht sich Hörnchen mit Rama, die ihm aber nach und nach von der vorbeihuschenden Ehefrau und zwei Kindern entwendet werden. Dabei herrscht eine herzliche Atmosphäre, z. B. streicht ihm die Ehefrau über den Kopf, und die Tochter gibt ihm einen Kuß. Als letzte stibitzt sich die kleinste Tochter ein Hörnchen von unter dem Tisch.	M: fröhlich, positiv, mit Rama-Motiv G: „Rama – es lebe das Frühstück."
		Mutter	ca. 30	weiße Bluse		
		Sohn	ca. 10	farbiges Hemd und Trainingsjacke		
		Tochter	ca. 14	? (zu kurz im Bild)		
		Tochter	ca. 2	rote Hose, blaues Hemd		
8	Alete (Babynahrung)	Mutter	20 bis 30	Jeans-Hemd	Eine Mutter hält ihren Säugling auf dem Arm. Kühe grasen auf der Alm, und fließende Vollmilch wird in Zeitlupe gezeigt. Die Mutter füttert ihr Kind mit einem Löffel. Schließlich schläft das Kind friedlich ein.	K (männl.): „Zeit für Babies, schlafen zu gehen – Zeit für Alete Abendbrei. Eßfertig im Gläschen. Mit frischer Vollmilch zubereitet. Hmm – das ist gut, und das schmeckt gut. Alete Abendbrei. In 3 leckeren Sorten. Traumhaft frischer Geschmack. Alete. Alles Gute für Ihr Kind." M: Wiegenlied „Weißt du, wieviel Sternlein stehen?"
		Kind	ca. 1	gelber Strampler mit weißem Kragen		

203

9	Vizir (Voll-Waschmittel)	Mutter	ca. 30	strahlend-weißer Kittel	Kinder toben auf dem Spielplatz und machen sich schmutzig. Die Mutter zieht den Schmutz mit Hilfe des Waschpulversäckchens wieder aus der Kleidung wie mit einem Magneten. Bei strahlender Sonne dreht sich die Wäschespinne im Wind, voll mit wohlriechender Wäsche; ins Sparschwein rollen einige Münzen.	M: fröhlich, positiv K (weibl.): „Nach der Schule ist Spielplatzzeit. Klar, daß die guten Sachen vor Schmutz fast stehen. Aber mit Vizir Ultra bin ich bestens gerüstet, denn Vizir Ultra zieht am Flecken-Chaos wie ein Magnet und macht die Wäsche …" G: „… sonnensauber, windfrisch, vizir-günstig."
		Sohn	ca. 9	gelbe Baseballmütze, weißes Hemd, beige Hose		
		Sohn	ca. 11	gelbes Hemd, hellblaue Hose		
10	Wick DayMed (Erkältungsmedizin)	Ehemann	ca. 50	blaues Hemd, beige Hose	Der Ehemann bringt seiner Frau, die an einer Erkältung leidet, ein Frühstückstablett ans Bett. Er bereitet ihr Wick DayMed im Wasserglas zu, was sie erleichtert trinkt. Die nächste Szene zeigt die beiden gesund und vergnügt vor dem Pariser Eiffelturm.	Ehemann: „Aufstehen, Paris wartet!" Ehefrau: „Nicht auf mich. Ich habe Schnupfen, Husten und so einen Kopf. Und das am Hochzeitstag! Ich bleib' hier und trink' heißen Tee." Ehemann: „Ich hab' was Besseres. Wick DayMed." Ehefrau: „Und das allein hilft gegen alles?" Ehemann: „Sogar gegen vermasselte Hochzeitstage, hm?" K (männl.): „Wick DayMed – wenn Sie etwas Besseres vorhaben als eine Erkältung. Wick DayMed. Die Erkältungsmedizin gegen Husten, Schnupfen, Kopf- und Gliederschmerzen."
		Ehefrau	ca. 45	helles Nachthemd, Halstuch		

BERICHT DER ARBEITSGRUPPE 1

Zunächst zu den Charakteristika der Darstellungsweise der Geschlechter. Was die Kleidung betrifft, so tragen die japanischen Hausfrauen fast alle Schürzen, im Fall der deutschen Werbung lediglich die Frau, die wäscht. Dies entspricht der realen Situation in den jeweiligen Ländern. Japanerinnen tragen ja bei der Hausarbeit eine Schürze, was Frauen in Deutschland wohl ablehnen, weil sie als ein Symbol des Hausfrauenstatus erscheint.

Nun zur zweiten Frage, der Beziehung von Ehepaaren untereinander sowie von Eltern und Kindern. Hier zeigen sich in den japanischen Spots durchaus festgefahrene Vorstellungen, die man auch als konfuzianisch bezeichnen kann. Die Rollen der Geschlechter sind genau festgelegt. Die Reis-Werbung (Nr. 2), bei der der Freund der Tochter des Hauses zum ersten Mal zu Besuch ist, offenbart, wie schon bei einem jungen Paar, das noch gar nicht verheiratet ist, bereits die Rollen klar definiert sind: Die Frau ist diejenige, die den Reis auffüllt. Sie wird also bereits in ihrer Rolle als künftige Ehefrau oder Schwiegertochter gezeigt. Auch in der Werbung für das Daiwa-Haus (Nr. 5) tritt die als typisch geltende Haltung eines Vaters zutage, als die noch recht junge Tochter Besuch von ihrem Freund erhält.

Kommen wir zum Unterschied in der Eltern-Kind-Beziehung in den japanischen und den deutschen Spots. Zur Rama-Werbung (Nr. 7), in der sich trotz der morgendlichen Eile alle mit Küssen voneinander verabschieden, hieß es von deutscher Seite, dies sei doch ein wenig übertrieben, ganz so herzlich ginge es keineswegs in jeder Familie zu. Vergleicht man übrigens die japanische Werbung mit der Realität, so ist festzustellen, daß Häuser und Möbel immer etwas luxuriöser sind als bei den meisten Menschen. Diese Diskrepanz scheint im Fall von Deutschland nicht ganz so groß zu sein.

Der Symbolwert der Werbung erschien uns insgesamt im Fall der japanischen Beispiele größer. Die Szene, als der Ehemann anruft, er käme heute früher nach Hause als sonst, und die Frau die Ärmel hochkrempelt, um als Abendessen *nabemono*[1] vorzubereiten (Nr. 3), erinnert an die Folge der Zeichentrickserie „Crayon Shin-chan", in der die Hausfrau sich bemüht, dem unverhofft zu Besuch gekommenen Kollegen ihres Mannes etwas aufzutischen.

---

[1] *Nabemono* ist ein Gericht, das bei Tisch in einem großen Tontopf zubereitet wird. Die verschiedenen Beilagen wie Gemüse, Fleisch oder Fisch werden in einer Brühe gekocht und vor dem Verzehr in eine Sauce getunkt. Für diese Sauce, die es fertig zu kaufen gibt, wird in dem Spot geworben.

Bericht der Arbeitsgruppe 2

Wir haben uns vornehmlich auf die Fragen konzentriert, wie die Beziehungen zwischen Ehepartnern sowie Eltern und Kindern dargestellt werden und welche Person in der Familie eine aktive Rolle innehat. In der japanischen Familie erscheint die Ehefrau als die Hauptperson, der Ehemann tritt weniger als Handelnder in Erscheinung.

In den deutschen Werbespots steht das Ehepaar eindeutig im Mittelpunkt, während den Kindern nur eine Nebenrolle zukommt. Würde zum Beispiel die Rama-Werbung in Japan gedreht, so säßen die Kinder sicher zwischen den Eltern. In Deutschland hingegen geht es in erster Linie um das Ehepaar. Im Gegensatz zu Deutschland werden im Fall von Japan keinerlei körperliche Kontakte zwischen Eltern und Kindern gezeigt. Hierin offenbaren sich wohl die jeweiligen Gepflogenheiten.

Bericht der Arbeitsgruppe 3

Wir haben hauptsächlich über die Unterschiede der deutschen und japanischen Werbung gespochen. Die geschlechtsspezifische Rollenverteilung trat in den deutschen Spots wesentlich deutlicher zutage, als wir es erwartet hatten. So besorgt eine Mutter die Wäsche (Nr. 9), und eine Mutter füttert das Baby (Nr. 8). Lediglich in der Werbung für das Erkältungsmittel (Nr. 10) versorgt der Mann seine Frau, aber sie ist ja auch krank. Als das Ehepaar zusammen nach Paris fährt, haben wir uns gefragt, wer denn die Kinder versorgt, denn das Paar ist ja in einem Alter, wo man davon ausgehen kann, daß sie Kinder haben. In Japan würden die Kinder sicher mit auf die Reise genommen; in Deutschland geht es hingegen ausschließlich um das Paar.

In der Rama-Werbung (Nr. 7) fiel uns auf, daß der Ehemann sich seine Brötchen selbst schmiert. Im Fall von Japan würde dies wohl eher die Ehefrau tun, auch wenn sie noch so beschäftigt ist. Sie tritt im Werbespot aber nur ganz kurz auf und verabschiedet sich zärtlich von ihrem Mann. Als nächstes tauchen die Kinder eines nach dem anderen auf, die Mutter ist jedoch nicht mehr anwesend. In Japan bliebe die Mutter während des Frühstücks normalerweise dabei, und so würde es wohl auch in der Werbung gezeigt werden. Wenn schließlich auch noch ein ganz kleines Kind auftaucht, so fragt man sich, wer es wohl in den Kinderhort bringen wird. Etwa der Mann? Die Frau scheint ja offensichtlich berufstätig zu sein. Aber auch dann würde ihr Auftreten in Japan wohl als unnatürlich empfunden, denn schließlich kümmert sie sich überhaupt nicht um die Kinder.

In der Daiwa-House-Werbung (Nr. 5) hat die Tochter des Hauses offensichtlich ihren Freund eingeladen, und es hat den Anschein, als empfängt die Familie in ihrem neuen, großen Haus erstmals Besuch. Bei den Deutschen in unserer Arbeitsgruppe stieß es übrigens auf Erstaunen, daß man den Freund der Tochter so förmlich als Gast behandelt. Der Vater scheint irgendwie darüber beunruhigt zu sein, daß seine Tochter mit einem Jungen allein in ihrem Zimmer ist; die Mutter hingegen kommt gar nicht auf die Idee, sich Sorgen zu machen, vor lauter Freude darüber, daß sie nun in einem schönen großen Haus wohnt, in dem jedes Kind ein eigenes Zimmer hat und Freunde einladen kann. Glücklich bringt sie Tee und Kuchen in das Zimmer der Tochter; der Vater hingegen grübelt nur darüber nach, ob man die Tochter und ihren Freund im Obergeschoß des Hauses allein lassen kann. Ein Mitglied unserer Arbeitsgruppe, der selbst Vater einer Tochter ist, ärgerte sich über diese stereotype Darstellung, die unterstellt, ein Vater wolle seine Tochter nicht „an einen anderen Mann abgeben".

BERICHT DER ARBEITSGRUPPE 4

Die meisten Aspekte, die wir diskutiert haben, sind inzwischen bereits angesprochen worden, wie etwa, daß in der japanischen Werbung dem Vater eine recht schwache Rolle zukommt. Dennoch ist zu bedenken, daß er in fast allen Spots zumindest am Rande erscheint, was bei der deutschen Werbung nicht der Fall ist. Hier gibt es z. B. die ausschließliche Beziehung von Mutter und Säugling, oder der Mann tritt nur als Ehemann, nicht jedoch als Vater auf. In der Rama-Werbung entspricht der Vater allerdings so gar nicht dem Bild eines „Familienoberhaupts".

Interessant fanden wir den zweiten Werbespot für Reis (Nr. 2). Der Freund der Tochter des Hauses verrät durch die Anrede gegenüber seiner Freundin – er nennt sie beim Vornamen ohne das höfliche Suffix -san –, wie vertraut er bereits mit ihr ist. Die Eltern scheinen zunächst darüber erschrocken zu sein, aber schließlich füllt die Mutter dem Freund Reis auf, wodurch er sozusagen in die Familie aufgenommen wird.

Was die Mutterrolle betrifft, hatten wir den Eindruck, daß sie in Deutschland ebenfalls recht festgelegt zu sein scheint. Allerdings übernimmt die Mutter in den Werbespots konkrete Funktionen wie das Versorgen bei Krankheit oder das Wäschewaschen. Ihre Rolle ist offenbar weniger emotional besetzt, wie auch die Werbung für Erkältungsmedizin zeigt. In Japan scheint man eher an die Mütter zu appellieren, mit ihrer Liebe die Kinder zu heilen, im Fall von Deutschland eher durch Medizin.

Hilaria Gössmann: Vielen Dank für die zahlreichen interessanten Beobachtungen zu den japanischen und deutschen Werbespots, über die man sicher noch sehr lange weiterdiskutieren könnte. Ich war erstaunt, daß niemand auf den Kommentar in der Werbung für einen Reiskocher (Nr. 4), „Mit Freude Ehefrau sein" (*tanoshiku nyōbo suru*), eingegangen ist, der bereits in einer ganzen Serie von Werbespots dieser Firma auftauchte. Dieser Slogan erscheint mir symptomatisch dafür, wie selbstverständlich in der Werbung die Rolle der Ehefrau und die der Hausfrau miteinander verknüpft werden.

In diesen zehn Werbespots, die im Jahr 1994 in Deutschland und Japan im Fernsehen gezeigt wurden, spiegelt sich in der Tat der Wandel der Familie in beiden Ländern kaum wider. Ein etwas anderes Bild der japanischen Werbung offenbart jedoch die Analyse der Veränderungen in den japanischen Werbespots der letzten zehn Jahre, zu denen Yoshida Kiyohiko als nächstes referieren wird.

redigiert und übersetzt von Hilaria Gössmann

VERÄNDERUNGEN IM FAMILIENBILD VON WERBESPOTS DER JAHRE 1984–1994

YOSHIDA Kiyohiko*

1. DIE „AKTIONSGRUPPE ZU DEN GESCHLECHTERROLLEN IN DER FERNSEHWERBUNG"[1]

Unsere Gruppe, die nur aus wenigen Aktiven besteht, nahm im Oktober 1984 ihre Tätigkeit auf und kann somit bereits auf eine über zehnjährige Geschichte zurückblicken. Die Gründung hängt zusammen mit dem Ende der „UNO-Dekade der Frau". Als 1975 das Jahr der Frau ausgerufen wurde, hatte die „Frauen-Aktionsgruppe anläßlich des Internationalen Jahres der Frau" (Kokusai fujinnen o kikkake toshite kōdō o okosu onna-tachi no kai), die sich heute nur noch „Frauen-Aktionsgruppe" (Kōdō o okosu onna-tachi no kai) nennt, eine Protestbewegung gegen einen Fernseh-Werbespot organisiert. Stein des Anstoßes war ein Slogan für Instantnudelsuppen: „Die Frau kocht – der Mann ißt." Dies war die erste Aktion, die in Japan gegen Geschlechterdiskriminierung in der Werbung stattfand.

Als die Dekade der Frau 1985 zu Ende ging, hatte sich in der japanischen Fernsehwerbung kaum etwas verändert. Die Werbespots vermittelten nach wie vor das stereotype Rollenbild der Geschlechter: Männer gehen außerhalb des Hauses ihrem Beruf nach, während Frauen im Haus die Hausarbeit verrichten und die Kinder erziehen.

Manche Menschen sind der Ansicht, daß Werbung dumm sei und man sie sich deshalb nicht anzusehen brauche. Aber sie durchdringt unser Alltagsleben und ergreift aufgrund der ständigen Wiederholungen ganz von selbst und unbemerkt Besitz von unserem Denken. Sie schleicht sich auf sanfte Weise in unser Bewußtsein ein und hat damit eine größere Wirkung, als wenn uns laut und deutlich die entsprechenden Geschlechterrollen aufgezwungen würden. In Anbetracht des Ausmaßes der Beein-

---

* Der Vortrag wurde gemeinsam mit Ogawa Machiko erarbeitet, beim Symposium konnte jedoch aus terminlichen Gründen nur Yoshida Kiyohiko anwesend sein.
[1] Der genaue Name dieser Gruppe lautet: „Gruppe, die die Geschlechterrollen in der Fernsehwerbung kritisch hinterfragt" (Komāsharu no naka no danjo yakuwari o toinaosu kai).

flussung durch Werbung kamen wir zu der Überzeugung, daß jemand dagegen ankämpfen muß.

Bei der Gründung unserer Gruppe einigten wir uns auf die folgenden Punkte:

- Zielgruppe sind sowohl die Produzenten von Werbung als auch die Sendeanstalten;
- kontinuierliche Aktivitäten unserer Bewegung;
- keine Beschränkung auf reinen Protest, sondern Anstreben von Verbesserungen;
- Durchhaltevermögen durch Enthusiasmus.

Wir wollten uns von den herkömmlichen Bewegungen abheben, die lediglich in Einzelfällen protestieren mit Argumenten wie „Dieser Werbespot ist schrecklich, also Schluß damit". Eine solche Art von Protest veranlaßt die Unternehmen vielleicht, die betreffende Werbung einzustellen, aber das ist auch alles. Man kann nicht erwarten, auf diese Weise bei den Werbeproduzenten und Sendeanstalten eine wirkliche Bewußtseinsveränderung zu bewirken. Zwar erzielt man insofern ein Ergebnis, als der schlechte Werbespot von der Bildfläche verschwindet. Deshalb ist eine auf Protest beruhende Bewegung auch keineswegs überflüssig. Kaum hat man jedoch erreicht, daß der eine Werbespot abgesetzt wird, entsteht schon wieder ein anderer, der ganz ähnlich ist, so daß sich letztendlich alles wiederholt und man nur Sisyphusarbeit[2] leistet. Dies empfanden wir als unbefriedigend und wollten daher eine Bewegung gründen, die das Bewußtsein der Produzenten zu verändern vermag und eine Atmosphäre schafft, in der es zu einer wirklichen Auseinandersetzung mit ihnen kommt, eine Bewegung also, die einen direkten Kontakt zu den Produzenten herstellt. Zu diesem Zwecke erschien es uns notwendig, unsere Tätigkeit mindestens fünf Jahre lang fortzusetzen. Da es bei einem länger andauernden Engagement wichtig ist, nicht die Freude an der Arbeit zu verlieren, faßten wir den Entschluß, eine auf Verbesserung ausgerichtete Bewegung ins Leben zu rufen. Lediglich zu protestieren führt rasch zu Ermüdungserscheinungen und Abnutzungseffekten, so daß wir unsere

---

[2] Im Japanischen wird hierfür der sehr plastische Ausdruck *mogura tataki* [Maulwürfe schlagen] verwendet, der das Bild des aussichtslosen Kampfes gegen Maulwürfe wiedergibt, was zu einem beliebten Spiel in Spielhallen wurde. Man schlägt dabei mit einem Hammer auf einen auftauchenden Plastik-Maulwurf, der dadurch verschwindet; an anderen Stellen erscheinen jedoch laufend neue Maulwürfe, die man nicht alle gleichzeitig treffen kann. Im übertragenen Sinne wird also hier auf die Zufälligkeit der Protestaktionen verwiesen.

Gruppe unter das Motto „Durchhaltevermögen durch Enthusiasmus" gestellt haben.

Konkret beschlossen wir, zweimal im Jahr – jeweils im Frühling und im Herbst – einen Wettbewerb für Fernseh-Werbespots zu veranstalten. Dabei rufen wir dazu auf, aufgrund des Geschlechts diskriminierende Werbespots, die wir als „unerwünschte Werbung"[3] bezeichneten, und „erwünschte Werbung"[4] zu nennen. Unter letzterem verstehen wir eine Art von Werbung, von der wir uns erhoffen, daß sie häufiger produziert würde. Bei der „unerwünschten Werbung" wurde ferner festgelegt, Vorschläge zu machen, wie man sie verbessern könnte.

Wir führen jedesmal eine Umfrage bei ungefähr hundert Personen durch. Diese dient den Organisatoren unserer Gruppe als Basis für Interviews und zum Erstellen einer Rangliste. Die Ergebnisse publizieren wir in unserer Zeitschrift, die wir an die Massenmedien und verschiedene Unternehmen verschicken. Von den großen Werbeagenturen wie Dentsū und Hakubōdō gab es auch Anfragen nach einem Abonnement der Zeitschrift, so daß wir für den Versand ein Entgelt entgegennahmen. Nachdem unsere Bewegung nun schon zehn Jahre besteht, sind wir der Überzeugung, daß unsere Meinung inzwischen auch von seiten der Produzenten und Sendeanstalten zur Kenntnis genommen wird.

Jährlich sammeln wir insgesamt etwa tausend Werbespots der Kategorien „erwünschte Werbung" und „unerwünschte Werbung". „Erwünschte" bzw. „unerwünschte" Werbespots standen dabei in all den Jahren etwa im Verhältnis eins zu vier, d. h. „unerwünschte Werbung" taucht noch bei weitem häufiger auf. Von den inhaltlichen Veränderungen einmal abgesehen, ist allein vom Zahlenverhältnis her betrachtet in der Zeit von 1984 bis 1994 der Anteil der „erwünschten Werbung" nur geringfügig gestiegen. Bis etwa 1990 betrug das Verhältnis von „erwünschter Werbung" zu „unerwünschter Werbung" zwei zu fünf, und danach ist der Anteil der positiv bewerteten Werbespots sogar noch gesunken. Bei den Wettbewerben haben wir jedesmal eine Rangliste der „besten" bzw. „schlechtesten zehn" aufgestellt. Etwa dreißig der besten und der schlechtesten Werbespots stellten wir jeweils in unserer Zeitschrift vor.

---

[3] Die genaue Bezeichnung lautet: *sorosoro yamete komāsharu* [Werbung, mit der man allmählich aufhören sollte].
[4] Die genaue Bezeichnung lautet: *naka naka kōkan komāsharu* [Werbung, die einen recht guten Eindruck macht].

2. Das Bild der Geschlechter in der Fernsehwerbung von 1984 bis 1994

Bevor wir auf das Thema Familie in der Werbung eingehen, sollen zunächst kurz unsere Untersuchungen zum Wandel des Frauen- und Männerbildes in der japanischen Werbung innerhalb des letzten Jahrzehnts von 1984–1994 vorgestellt werden. Einen Wendepunkt markierte das Jahr 1986, in dem das Gesetz zur Gleichstellung von Mann und Frau am Arbeitsplatz (*danjo koyō kikai kintōhō*) in Kraft trat. Was sich konkret verändert hat bzw. was gleichgeblieben ist, haben wir in die drei Kategorien „deutliche Veränderungen", „keine Veränderungen" und „Verschlechterungen" unterteilt.

2.1 Deutliche Veränderungen

Unter den „deutlichen Veränderungen" sind vier Punkte zu nennen: Erstens gibt es jetzt mehr Männer, die Hausarbeit verrichten, zweitens treten in großer Zahl Frauen auf, die im Büro arbeiten; drittens ist eine Entwicklung erkennbar von der Darstellung des männlichen „Arbeitstiers" hin zum Werbespot „Mach mal Pause, Japan", und viertens gibt es eine Veränderung vom Slogan „Der Mann ist wohlauf und zum Glück nicht zuhause" (*teishu wa rusu de genki ga ii*)[5] hin zur „Heimkehr des Vaters". Ausführlicher soll hier nur auf die beiden letzten Punkte eingegangen werden, da sie mit unserem eigentlichen Thema, den Veränderungen im Familienbild, in Beziehung stehen.

Vor der Verabschiedung des Gleichstellungsgesetzes wurden die Männer in der Werbung immer nur rücksichtslos dazu aufgefordert, am Arbeitsplatz um jeden Preis durchzuhalten. „Können Sie 24 Stunden lang kämpfen?" hieß es im Werbespot für das Aufputschmittel „Regain" von Santomo. Nach Inkrafttreten des Gleichstellungsgesetzes jedoch konnten wir in einem Werbespot der Eisenbahngesellschaft JR Tōkai die Botschaft vernehmen: „Mach mal Pause, Japan". Nun sollten sich auch Männer, wenn sie erschöpft sind, einmal ausruhen können.

In bezug auf den vierten Punkt ist festzuhalten, daß tatsächlich bis etwa 1986 in den häuslichen Familienszenen der japanischen Werbung kaum Väter zu sehen waren, sondern nur Mütter und Kinder. Dies ist darauf zu-

---

[5] Dieser Slogan hat in Japan bis heute einen sehr hohen Bekanntheitsgrad und gilt als Ausdruck des Lebensgefühls vieler Hausfrauen, für die der Ehemann hauptsächlich als Ernährer der Familie von Bedeutung ist. Deshalb ist es wünschenswert, wenn er gesund, d. h. arbeitsfähig und ständig am Arbeitsplatz präsent ist. (Anm. der Hg.)

rückzuführen, daß während der Abendessenszeit, die gewissermaßen symbolisch für das traute Familienleben steht, die Väter noch arbeiteten oder berufliche Kontakte pflegten und daher noch nicht zuhause sein konnten. Nach der Verabschiedung des Gleichstellungsgesetzes traten in den Werbespots nach und nach mehr Väter auf. Insbesondere nach dem Niedergang der sogenannten Seifenblasenwirtschaft im Jahr 1991 kam es in der Realität wie in der Werbung immer häufiger vor, daß Väter abends früher heimkehrten, denn Überstunden und Verzicht auf freie Tage waren nicht mehr in solchem Maße erforderlich. Ferner waren immer häufiger Szenen zu beobachten, in denen die Väter zuhause recht verunsichert erschienen und nach ihrem Platz in der Familie suchten.

2.2 Keine Veränderungen

Unter die Rubrik „keine Veränderungen" fallen die folgenden beiden Punkte: Nach wie vor gilt erstens, „Frauen sind an die Küche gefesselt", und zweitens, „Frauen waschen die Wäsche, während Jungen sie schmutzig machen". Was den ersten Punkt anbelangt, so zeigt man häufig in einer Ecke des Bildschirms Frauen in der Mutterrolle, ohne daß es dafür eine inhaltliche Notwendigkeit gäbe. Bei genauerer Betrachtung fällt auf, daß sie alle eine Schürze tragen und in der Küche stehen. An dieser Darstellungsweise hat sich kaum etwas geändert.

Was den zweiten Punkt betrifft, zeigt sich zwar ein wenig die Tendenz, daß auch Männer waschen; in fast allen Fällen – ungefähr zu 98 % – wird diese Arbeit jedoch von Frauen erledigt, als stelle sie deren letzte Domäne im Haus dar. Gleichzeitig treten Jungen oder Väter und Ehemänner in der Rolle derjenigen auf, die die Wäsche wieder schmutzig machen. Angesichts dieser kontinuierlich gleichbleibenden Werbung gewinnt man den Eindruck, daß solche Vorstellungen von Familie fest im Bewußtsein der Produzenten verankert sind und sie derartige Werbespots aus voller Überzeugung drehen.

2.3 Verschlechterungen

Was die „Verschlechterungen" betrifft, sei auf zwei Punkte aufmerksam gemacht, die uns vor allem seit Mitte der achtziger Jahre aufgefallen sind: zum einen geht es um die „Vermarktung von Sexualität", zum anderen um „die Rückkehr zum Japanischen". Mit allen nur erdenklichen Mitteln werden hartnäckig die verschiedensten Ausdrucksformen eingesetzt, um Sexualität zu vermarkten. Sicherlich ist dies im Zusammenhang mit dem veränderten Bewußtsein der Gesellschaft gegenüber „Sexualität" und „Nacktheit" zu sehen, und offenbar hat sich auch die Einstellung gegenüber weiblicher Sexualität gewandelt. Dies wird beispielsweise an der Sonderausgabe der Frauenzeitschrift *Anan* unter dem Motto „Sex macht schön" (Mai 1992) deutlich, deren 1,2 Millionen Exemplare noch am selben Tag ausverkauft waren, oder an der Aufforderung berühmter Fotografen an die Leserinnen derselben Zeitschrift, Modell für Aktfotos zu stehen, was Tausende von Bewerbungen zur Folge hatte (Oktober 1992).

In der momentanen gesellschaftlichen Situation sind der Forderung nach einer Eliminierung von Nacktheit und Sexualität aus der Werbung natürlich Grenzen gesetzt, und es lassen sich durchaus Argumente dagegen vorbringen. Im Falle einer pornographischen oder voyeuristischen Darstellungsweise von Nacktheit und Sexualität jedoch, also einer ungleichgewichtigen Darstellungsweise im Sinne von „Mann = betrachtendes Geschlecht, Frau = zu betrachtendes Geschlecht", muß unserer Meinung nach scharfe Kritik geübt werden.

Die „Rückkehr zum Japanischen" kann man mit anderen Worten auch als „nostalgische Werbung" bezeichnen. Damit sind anachronistische Werbespots gemeint wie z. B. der der Firma Ajinomoto, in dem eine traditionell-japanisch gekleidete Frau das Frühstück zubereitet, oder die Werbung von Shimaya für „Instant-Fischbrühe", in der die Männer schon mit dem Essen begonnen haben, während die Frauen in der Küche noch emsig arbeiten und eine von ihnen dazu bemerkt: „Das macht doch überhaupt nichts". Werbung dieser Art hat in letzter Zeit wieder auffallend zugenommen.

3. Das bild der Familie in der Fernsehwerbung von 1984 bis 1994

Zunächst möchten wir kurz auf eine im September 1985 durchgeführte Studie des „Forum for Citizens' Television" (FCT) eingehen, die 1986 unter dem Titel „Das Fernsehen und die Menschenrechte des Kindes" (*Terebi to kodomo no jinken*) als Folge 5 der regelmäßig zusammengestellten Untersuchungsberichte zur Fernsehanalyse publiziert wurde (FCT 1986). Darin heißt es, daß „in Werbespots, in denen Kinder auftreten, wider Erwarten Familienbeziehungen und Familienleben nur in sehr geringem Maße dargestellt werden". In den abends zwischen 6 und 8 Uhr ausgestrahlten Werbespots treten in 28 % Kinder auf, und davon in nur 23 % der Fälle auch deren Familie. Anders ausgedrückt sieht man in 72 % aller Werbung mit Kindern keine Erwachsenen, wohingegen der Anteil von Familien mit Kindern in Werbespots insgesamt lediglich 6 % beträgt. Im Jahr 1985 spielte also in der japanischen Werbung die Familie kaum eine Rolle. Des weiteren macht bei der Personenzusammensetzung der Werbespots, in denen Familien auftreten, die Konstellation Mutter und Kind 64 %, Vater und Kind 13 %, Geschwister 22 % und Großeltern und Enkel 1 % aus. Außerdem ist eine eindeutige Geschlechtertrennung erkennbar, denn wenn Mutter und Kind gezeigt werden, ist die Konstellation Mutter und Tochter extrem häufig, bei Vater und Kind hingegen überwiegt die Kombination Vater und Sohn.

Für diesen Beitrag sind wir anhand von 400 Werbespots, die wir in zwanzig Wettbewerben der vergangenen zehn Jahre als die „besten zehn" oder die „schlechtesten zehn" ausgewählt hatten, den Veränderungen des Familienbildes in der Fernsehwerbung nachgegangen. Im folgenden sollen zunächst die in dieser Hinsicht wesentlichen Entwicklungen aufgezeigt und jeweils anhand repräsentativer Beispiele vorgestellt werden. Die Entwicklung in den Jahren 1984 bis 1994 vollzog sich in den folgenden Schritten:
1. Familien, in denen die geschlechtsspezifische Arbeitsteilung herrscht;
2. das Auftreten von Männern, die Hausarbeit verrichten;
3. das Auftreten von berufstätigen Frauen;
4. die Entwicklung zum „lieben Papa".

3.1 Familien, in denen die geschlechtsspezifische Arbeitsteilung herrscht

Wie bereits dargestellt, ist Werbung, die eine stereotype geschlechtsspezifische Arbeitsteilung in der Familie zeigt, d. h. daß die Frau häusliche Arbeiten wie Waschen, Kochen, Putzen und Kindererziehung verrichtet, während der Mann außerhalb des Hauses seinem Beruf nachgeht, auch nach dem Inkrafttreten des Gleichstellungsgesetzes nicht allzu sehr zurückgegangen. Man zeigte weiterhin Werbespots mit Frauen, die an die Küche gefesselt sind, und das Muster „Die Frau kocht – der Mann ißt" blieb bestehen. Eine häufig zu beobachtende Tendenz war nach wie vor, daß Männer die Hauptrolle und Frauen lediglich die Nebenrolle als schmückendes Beiwerk spielen. Außerdem traten lausbubenhafte, fröhliche Jungen in der Rolle derjenigen, die etwas schmutzig machen, und Männer als Sporttreibende auf; Frauen hingegen feuerten sie an und trösteten sie.

Ein gängiges Muster war ferner der kranke Mann und die Frau, die ihn pflegt. Bezeichnenderweise traten in der Werbung für Erkältungs- oder Magenmedizin, die 9 % der japanischen Werbung ausmacht, nur Männer als Kranke auf, während die Frauen so gut wie nie krank sind und ihnen stets die Rolle der Pflegerin zugewiesen wird. In diesem Zusammenhang ist auch Werbung mit „Mini-Ehefrauen" von Interesse, in der kleine Töchter im Kindergarten- oder unterem Schulklassenalter die Ehefrau- oder Mutter-Rolle übernehmen, indem sie ihre Väter bedienen oder sich um ihre Brüder kümmern.

Als ein weiteres Charakteristikum der Darstellung stereotyper, geschlechtsspezifischer Arbeitsteilung in der Familie ist die Aufteilung in Frauen- bzw. Männergruppen zu nennen. Wie schon aus der oben erwähnten FCT-Studie hervorging, bediente man sich in der japanischen Familienwerbung besonders häufig der Konstellation „Frauen unter Frauen" und „Männer unter Männern" wie etwa Mutter und Tochter oder Vater und Sohn. Meist erledigen dabei die Frauengruppen irgendetwas im Haus, während sich die Männergruppen außerhalb des Hauses betätigen. Diese in der Werbung dargestellte geschlechtsspezifische Arbeitsteilung in der Familie soll an einigen repräsentativen Beispielen demonstriert werden.

„Monogen yuni" von P&G (Waschmittel, 1984):[6]
Im ersten Teil des Werbespots hat ein junger Mann seine Wäsche überall auf dem Boden verteilt und wirkt verzweifelt. Dabei singt eine Männerstimme: „Die Junggesellen-Wäsche macht nur Ärger, sie läuft ein und verfärbt sich ..." Im zweiten Teil sitzt der Mann, ein Buch lesend, auf einem Stuhl und bekundet: „Nun kümmert sich zum Glück meine Frau darum." Im Hintergrund wird das Lied gesungen: „Pullover und Blusen wäscht meine Frau nur mit Monogen yuni."

„Miso" von Takeya (Suppenpaste, 1984):
Ein Mann und eine Frau sitzen nebeneinander an einem Springbrunnen im Park. Er flüstert ihr zu: „Liebling, willst Du für mich Miso-Suppe kochen? Für immer?" Auf dem Bildschirm erscheint der Schriftzug „Miso-Suppe ist Liebe"; damit wird verdeutlicht, daß es sich bei dieser Szene um einen Heiratsantrag handelt.

„Contac" von SK & F (Hustenmedizin, 1985):
Mitten in der Nacht läuft eine Frau im Kimono durch die Stadt. Ihr hustender Ehemann, ein Samurai, liegt auf dem Futon darnieder. In Großaufnahme erscheint das Gesicht der Ehefrau, die sich beim Laufen den Schweiß von der Stirn wischt, und eine Männerstimme verkündet: „Bei Husten in der Nacht helfen nur die Liebe einer Ehefrau und Contac."

„Daiwa hausu" von Daiwa House (Fertighäuser, 1985):
Mutter und Tochter sehen von der Küche aus zu, wie der Vater dem Sohn einen Judoanzug anzieht. Eine Frauenstimme sagt: „Mein Sohn und mein Mann reden miteinander von Mann zu Mann. Was für ein

---

[6] Die Zahlen in Klammern beziehen sich jeweils auf das Jahr, in dem der Werbespot zum ersten Mal gesendet wurde.

wunderschönes Bild. Mit den Kindern sprechen und sie heranwachsen sehen." Eine männliche Stimme fügt hinzu: „Wir haben den Kindern einiges mitzugeben." Am Ende werden auf dem Bildschirm die beiden Sätze eingeblendet: „Zusammen sein, miteinander sprechen" und „Das Haus umhüllt die Liebe".

„Ōbun renji" von National (Mikrowellengerät mit Backofen, 1984): Ein Vater sitzt einsam am Küchentisch und trinkt Bier, während seine etwa fünfjährige Tochter, die eine Schürze umgebunden hat, tiefgefrorenen Fisch in der Mikrowelle auftaut und ihm als *sashimi*[7] serviert. Schließlich schenkt sie ihm Bier ein und fragt: „Ist Mutter immer noch wütend?"

„Oishiku takeru" von Shōin (elektrischer Reiskocher, 1991): Im vorderen Bereich des Bildes schneiden Mutter und Tochter Rettich und schälen Möhren, während im Hintergrund Vater und Sohn am Eßtisch sitzen und fernsehen. Auf die Bemerkung seines Sohnes hin: „Mit einem Fuzzy-Logik-Reiskocher könnte Mutter besser kochen", fragt der Vater nur geistesabwesend: „Ist das Essen noch nicht fertig?" Die Tochter sagt zur Mutter: „Vater denkt nur ans Essen." Die beiden sehen sich an und lachen.

3.2 Das Auftreten von Männern, die Hausarbeit verrichten

Seit der parlamentarischen Ratifizierung des Abkommens zur Aufhebung der Frauendiskriminierung im Juni 1985 und dem Inkrafttreten des Gleichstellungsgesetzes im April 1986 zeichnet sich im Familienbild der Werbespots ein Veränderungsprozeß ab. Japan hat übrigens das Abkommen zur Aufhebung der Frauendiskriminierung als letztes aller sogenannten hochindustrialisierten Länder unterzeichnet, und zwar erst, als die Dekade der Frau ihrem Ende entgegenging. Die Regierung hatte offenbar kein allzu großes Interesse an der Aufhebung der Diskriminierung aufgrund des Geschlechts. Auch auf Unternehmerseite reagierte man ablehnend. Somit übte die Dekade der Frau keinen allzu starken Einfluß auf die japanische Werbung aus.

Dem Inkrafttreten des Gleichstellungsgesetzes wurde hingegen mehr Aufmerksamkeit geschenkt. Wollte man nicht als einsamer Außenseiter dastehen, hatte man eigentlich keine andere Wahl, als dieses Gesetz zumindest der Form halber zu verabschieden. Im Grunde handelt es sich um ein lückenhaftes Gesetz, das bei Verstößen keine strafrechtlichen

---

[7] In Scheiben geschnittener, roher Fisch ist eine Delikatesse der japanischen Küche. (Anm. der Hg.)

Sanktionen festlegt, also zwar einerseits von gutem Willen zeugt, andererseits jedoch keine wirkliche Autorität besitzt. Dennoch stieg in der Folgezeit die Zahl der Arbeitnehmerinnen an, da Japan unmittelbar vor einem großen Wandel in der Beschäftigungs- und Wirtschaftsstruktur stand. In dieser Situation erkannte man auch auf Unternehmerseite, daß man sich dieser Entwicklung anpassen muß, wenn man nicht hinter der Zeit zurückbleiben will. Zweifellos führte dies um das Jahr 1986 herum auch zu Veränderungen in der Werbung.

Bereits vor dem Inkrafttreten des Gleichstellungsgesetzes hatte sich die Tendenz abgezeichnet, daß in immer mehr Werbespots Männer Hausarbeit verrichten. Zunächst waren dies einfache Tätigkeiten wie etwa Geschirrspülen. Für die Geschichte der Werbung unseres Landes aber, in dem lange Zeit der Grundsatz galt: „Männern ist der Zutritt zur Küche verboten", war dies geradezu revolutionär. Im weiteren Verlauf zeigte man Männer als Hobby-Köche; das Kochen als alltägliche häusliche Arbeit wurde jedoch erst nach dem Gleichstellungsgesetz auch von Männern dargestellt. In der Folgezeit wurde sogar das Zusammensein von Männern mit Säuglingen und Kleinkindern zum Inhalt von Werbespots. Seit Beginn der neunziger Jahre trifft man – wenn auch insgesamt noch in geringem Maße – auf Werbung, in der Männer putzen, waschen und bügeln.

3.2.1 Unsicherheit und Zögern in der Anfangsphase

Wenn im Fernsehen auch in immer mehr Szenen die Hausarbeit von Männern dargestellt wurde, bedeutete dies noch lange nicht, daß die Männer, die hier auftraten, dieser Arbeit von Anfang an positiv und mit Wohlwollen gegenüberstanden. In vielen Fällen bekommt man den Eindruck, daß für Männer Hausarbeit „unter ihrer Würde ist", wohl auch deshalb, weil nur wenige Werbeproduzenten über eigene Erfahrungen im Haushalt verfügen. Vermutlich haben sie diese Art von Werbung mit einem gewissen Gefühl des Widerwillens hergestellt und waren im Grunde der Ansicht, daß so etwas eigentlich keine Männerarbeit ist, aber man als Unternehmer auf der Strecke bleibt, wenn man sich diesem Trend widersetzt. Diese Haltung schlug sich natürlich auch in der Werbung nieder. So wurden zwar in vielen Fällen Werbespots produziert, in denen Männer im Haushalt arbeiten, jedoch läßt man sie allerlei Rechtfertigungen dafür vorbringen, wie z. B.: „Meine Frau ist nämlich erkältet." Damit wird klar, daß der Mann diese Art von Arbeit eigentlich nicht machen will und normalerweise auch nicht macht.

Aus demselben Grund tritt in der Anfangszeit dieser Art von Werbung auch häufig eine „unerwartete Wendung" ein. Dabei sind die Szenen so angelegt, daß man zunächst in dem Glauben gelassen wird, eine Frau arbeite im Haushalt; am Ende jedoch bemerkt man, daß es sich in Wirklichkeit um einen Mann handelt. Durch diese Rechtfertigungen oder „unerwarteten Wendungen" kommt die zögerliche Haltung und Verlegenheit der Produzenten gegenüber Hausarbeit von Männern zum Ausdruck. Ziemlich lange wurde Hausarbeit von Männern nur unter Einsatz solcher Vorwände dargestellt. Heutzutage hingegen sind gewiß mehr Männer auf dem Bildschirm zu sehen, die auf natürliche und ungezwungene Weise im Haushalt arbeiten, aber von einer mehrheitlichen Strömung kann man noch immer nicht sprechen. Diese unterschiedlichen Tendenzen sollen nun an einigen repräsentativen Beispielen verdeutlicht werden.

„Bikkusu beporappu" von P&G (Erkältungsmedizin, 1984):
Ein Vater hantiert in der Küche eifrig mit einer Bratpfanne. Sein Sohn kommt herein und stellt fest: „Papa, es riecht angebrannt!" Als er bemerkt, daß seinem Vater beim Kochen ein Mißgeschick passiert ist, meint er: „Ach, wenn Mutters Erkältung doch bald vorbei wäre."

„Maxim regular coffee" von Ajinomoto-AGF (Instant-Kaffee, 1985):
Eine Frau putzt die Fenster, während ihr Mann Zeitung liest. Auf seine Frage hin, ob er Kaffee kochen soll, antwortet sie, daß in der Warmhaltekanne noch heißes Wasser ist. Nachdem gezeigt wurde, wie er den Kaffee zubereitet hat, lobt sie ihn: „Den hast du aber gut gemacht." Auf dem Bildschirm wird eingeblendet: „Endlich."

„Dashi no moto" von Shimaya (Fischbrühe, 1985):
Eine ältere Frau, die bei einer jüngeren, frisch verheirateten Frau zu Besuch ist, unterhält sich mit ihr. Die ältere: „Du siehst glücklich aus." Die jüngere: „Oh ja. Schließlich sagt man bei uns Sätze wie ‚Du kochst ausgezeichnet' und ‚Du bist eben ein Kochgenie'." Die ältere: „Hat *er* zu *dir* gesagt?" Die jüngere: „Hab' *ich* zu *ihm* gesagt." Die nächste Szene zeigt einen jungen Mann, der in der Küche steht und das Essen abschmeckt.

3.2.2 Vorgeschmack auf eine neue Zeit

Bereits vor dem Gleichstellungsgesetz entstand, wenn auch in geringer Zahl, Werbung, die von dem Geist des Gesetzes erfüllt war und die Gleichheit von Mann und Frau thematisierte. Repräsentativ sind in diesem Zusammenhang die folgenden beiden Werbespots.

„Hasegawa kōmuten" (Baufirma, 1984):
In einem geräumigen, sonnendurchfluteten Wohnzimmer liegt auf einem großen Tisch eine schneeweiße Leinendecke. An der einen

Tischseite studieren Vater und Sohn – ersterer hat eine Schürze umgebunden – mit ernsthaften Gesichtern ein Kochbuch. Als das Essen schließlich fertig ist, stellt es der Sohn auf den Tisch vor seine Eltern und seine Schwester. Eine Männerstimme sagt: „Voller Licht und Leichtigkeit. Freiheit ist unsere Lebensdevise. Eine schöne Zeit mit der Familie und der Baufirma Hasegawa."

„Chāmī gurīn" von Lion (Geschirrspülmittel, 1985):
Ein junges Paar trocknet gemeinsam in der Küche das Geschirr ab. Im Hintergrund spielt das Lied: „Mit Chāmī gurīn faßt man sich an den Händen." Die Szene wechselt nach draußen, wo die beiden jungen Leute leichten Fußes händchenhaltend durch die Stadt laufen. Beide tragen Einkaufstüten. Ein älteres Ehepaar, ebenfalls Hand in Hand, sieht ihnen nach.

Zur Werbung für „Hasegawa kōmuten" sei noch erläuternd hinzugefügt, daß sie mit den herkömmlichen Vorstellungen der getrennten Lebenswelten von Männern und Frauen bricht. Mit dem Slogan „Freiheit ist unsere Lebensdevise" wird deutlich die Botschaft verkündet: „Ist es nicht besser, wenn verschiedene Lebens- und Denkweisen nebeneinander existieren, unabhängig von den traditionellen Männer- und Frauenrollen?" Diese Werbung verdient es, im Gedächtnis haften zu bleiben, da sie Symbolwert für die damals bevorstehende Einführung des Gleichstellungsgesetzes besitzt. Sie nahm auf unserem allerersten Wettbewerb den ersten Platz bei der „erwünschten" Werbung ein.

Auf die Werbung für „Chāmī gurīn" von Lion sind wir erst 1985 gestoßen. Vermutlich wurde sie aber schon 1984 ausgestrahlt, also in dem Jahr, in dem wir unsere Aktivitäten begonnen haben. Sie wird übrigens noch immer gesendet und zeichnet sich somit durch besondere Langlebigkeit aus. Ein junges Paar spült hier also vergnügt und auf selbstverständliche Weise in der Küche zusammen das Geschirr und trocknet es ab. Inzwischen ist dies nichts Ungewöhnliches mehr, aber 1985 hatte ein Paar, das gemeinsam in der Küche steht, noch etwas Revolutionäres an sich. Wohl auch deshalb war diese Werbung eine Zeitlang unter Studentinnen so populär, daß diese sich sogar wünschten, in Zukunft einmal „ein Paar wie in der Chāmī-gurīn-Werbung zu werden". Es ist sicher nicht verwunderlich, daß dieser Spot auch bei unseren Umfragen unter Studentinnen immer einen Platz unter den drei besten Werbespots errang.

Des höchsten Beliebtheitsgrades bei Studentinnen jedoch erfreute sich bis vor einigen Jahren die Werbung für Coca-Cola. Daß diese Werbung ein positives Lebensgefühl vermittelt, liegt wohl nicht nur an der sich im Tempo steigernden, schnellen Abfolge von Bildern, sondern vermutlich auch wegen des völlig unbefangen Umgangs von jungen Männern und

Frauen in dem Spot, ohne daß dabei eine geschlechtsspezifische Rollenverteilung zutage tritt.

3.3 Das Auftreten von berufstätigen Frauen

Werbespots, in denen Männer im Haushalt tätig sind, haben zwar zugenommen, aber wie die bisher aufgeführten Beispiele zeigen, bleibt es im Unklaren oder wird absichtlich nicht dargestellt, ob die Partnerinnen der Männer einem Beruf nachgehen oder Hausfrauen sind. Im Bewußtsein der Produzenten herrschte wohl noch die Denkweise vor, daß eine Frau selbstverständlich Hausfrau wird, sobald sie heiratet, spätestens aber, wenn sie ein Kind bekommt. Aus diesem Grunde sind auch in der Werbung, die Männer bei der Hausarbeit zeigt, die Frauen mit großer Wahrscheinlichkeit Hausfrauen. Und selbst wenn sie berufstätig sein sollten, handelt es sich vermutlich um einen Teilzeitjob, der es ihnen ermöglicht, abends noch vor Mann und Kindern nach Hause zurückzukehren. Erst als das Inkrafttreten des Gleichstellungsgesetzes Frauen eine Karriere erleichterte, sah man sich in der Werbebranche gezwungen, auch in den Spots immer mehr berufstätige Frauen auftreten zu lassen.

3.3.1 Die Doppelbelastung durch Haushalt und Beruf

Seit es das Gleichstellungsgesetz gibt, stieg zweifellos der Anteil der Werbung, die Frauen an ihrem Arbeitsplatz zeigte, zahlenmäßig an. Darüber hinaus ist es als gewaltiger Fortschritt zu werten, daß Frauen bei der Ausübung einer normalen beruflichen Tätigkeit gezeigt werden. Vor dem Gesetz traten sie zwar auch am Arbeitsplatz auf, so z. B. in der Werbung für „OA Werkzeugmaschinen", wurden jedoch – im Minirock freundlich lächelnd neben den Geräten stehend – nur als erotischer Blickfang eingesetzt, als „Blume am Arbeitsplatz" oder, noch schlimmer, als „Verführerin".

Anfangs war ein großer Teil der dargestellten berufstätigen Frauen in den Zwanzigern, unverheiratet und lebte in Single-Haushalten. Somit wurde dem Fernsehpublikum vorenthalten, ob sie heiraten oder nicht, und wenn ja, ob sie dann ihren Beruf weiter ausüben wollen und auf welche Weise sie die Hausarbeit zwischen sich und dem Ehemann aufteilen. Wie bereits erwähnt, waren die Produzenten zu dieser Zeit offenbar der festen Überzeugung, daß Hausarbeit Frauensache sei. Daher erwartete man von verheirateten, berufstätigen Frauen, daß sie den Haushalt nicht vernachlässigen. Dieser Denkweise liegt die Doppelmoral zugrunde, daß die Arbeit des Mannes im Vordergrund steht und Männer deshalb lediglich gelegentlich im Haushalt helfen; Frauen sind hingegen in erster Linie für den Haushalt zuständig und müssen – wenn sie denn unbedingt arbeiten wollen – Beruf und Haushalt bewältigen. Dies zeigt die Werbung ganz unverhohlen.

In der Werbeserie für das Nahrungsergänzungsmittel „Kyūpī kōwa gōrudo" von Kyōwa Shin'yaku spiegelt sich diese Haltung besonders deutlich wider. Erfreulich ist diese Werbung nur insofern, als im Einklang mit dem Gleichstellungsgesetz die sonst in Erscheinung tretenden Männer nun durch Frauen ersetzt wurden. Die Reihe von Spots mit Frauen im Mittelpunkt begann in der ersten Hälfte des Jahres 1987 und wurde jeweils mit zwei neuen Produktionen pro Jahr fortgesetzt. Der erste Spot ist folgendermaßen gestaltet:

> „Kyūpī kōwa gōrudo" von Kyōwa Shin'yaku (Nahrungsergänzungsmittel, 1987):
> Eine Frau in einem Kostüm kommt nach Hause. Während sie ihre Schultertasche abnimmt, sagt sie: „Wollen wir heute nicht einmal essen gehen? Bitte, ich bin einfach zu müde, um noch etwas zuzubereiten. Morgen koche ich dann wieder." Darauf wird eine Männerstimme eingespielt: „Bei Erschöpfung hilft Kyūpī kōwa gōrudo."

Der Ehemann tritt in dieser Szene nicht auf. Da er jedoch offenbar als erster nach Hause gekommen ist, hätte er ruhig das Essen schon einmal vorbereiten können. Aber er bzw. der männliche Produzent scheint eine solche Möglichkeit gar nicht in Erwägung zu ziehen.

Bei weiteren Werbespots für dieses Produkt hören wir u. a. die folgenden Äußerungen von Frauen: „Das Essen ist fertig. Deine Krawatte habe ich rausgelegt. Du mußt dann nur noch die Tür zuschließen" (1987, 2. Jahreshälfte); „Gute Nacht. Morgen muß ich früh raus. Irgendwie haben Frauen ja doch mehr zu tun. Das ermüdet." Nach dem fünften Spot im Jahr 1989 wurde die Serie schließlich eingestellt, mit der resignierenden Bemerkung einer Frau zum Abschluß: „Mein Körper will einfach nicht mehr, obwohl ich heute noch soviel zu erledigen habe. Ob mein Mann wohl recht hat, wenn er sagt, daß Haushalt und Beruf zusammen einfach nicht zu schaffen sind?" Damit wird deutlich zu verstehen gegeben, daß Frauen den Beruf aufgeben und sich ausschließlich dem Haushalt widmen sollen, weil beides nicht miteinander zu vereinbaren ist. Auf die Idee einer gerechten Arbeitsteilung, daß die berufstätigen Partner den Haushalt gemeinsam erledigen, kam man damals bedauerlicherweise noch nicht.

Trotz des Gleichstellungsgesetzes und der zunehmenden Zahl von berufstätigen Frauen waren also die Männer zu einer wirklichen Bewußtseinsänderung noch nicht in der Lage. Ganz im Gegenteil, manche befürchteten wohl eher, daß durch das gesellschaftliche Vorankommen der

Frau die erworbenen Rechte des Mannes verletzt und seine Macht und Vorherrschaft zerstört werden könnten. Für Männer, die an den bestehenden Wertvorstellungen festhielten, waren daher die Jahre nach Inkrafttreten des Gleichstellungsgesetzes eine Zeit, in der sie zwischen Verlegenheit, Widerstand, Änderung ihrer Einstellung und Verlust von Selbstvertrauen schwankten. Eine Zeitlang schlug sich dieses für eine Übergangsphase natürliche Phänomen des Hin- und Herschwankens auch im Familienbild der Werbung nieder.

3.3.2 Das Muster „Starke Frauen und bedauernswerte Männer"

Typisch für die recht ambivalente Haltung in der Anfangsphase der Darstellung berufstätiger Frauen waren Werbespots, die den Eindruck hinterließen, daß Männer an Format verlieren, lächerlich gemacht und vernachlässigt werden, wenn Frauen an Stärke gewinnen. Der Slogan „Der Mann ist wohlauf und zum Glück nicht zuhause" in einer Werbung der Firma Kinchō aus dem Jahr 1986 ist charakteristisch für „Männer, die an Format verlieren" und soll daher kurz inhaltlich wiedergegeben werden.

„Gon" von Kinchō (Mottenschutzmittel, 1986):
In einer Versammlung sitzen einige Frauen zusammen. Die Vorsitzende steht vorn im Raum vor einer Tafel und spricht: „Kommen wir also zum Spruch des Monats. Gon in den Schrank, Gon in den Schrank. Der Mann ist wohlauf ..." Hier fallen die anderen Teilnehmerinnen im Chor ein: „... und zum Glück nicht zuhaus."

Anders ausgedrückt bedeutet das: Es ist gut, wenn der Mann fleißig arbeitet und Geld verdient. Ist er zuhause, fällt er nur zur Last.

Übrigens ist bei dieser Werbung in einer Ecke des Bildschirms undeutlich ein Mann mit einem Kind zu sehen, der niedergedrückt wirkt. Unterschwellig wird damit nicht nur angedeutet, daß Männer, die Hausarbeit verrichten, bedauernswerte Geschöpfe sind und unter dem Pantoffel ihrer Ehefrauen stehen, sondern dem Ganzen haftet auch etwas von einer Warnung an, daß sich Männer unglücklich fühlen, wenn ihre Frauen nicht zu Hause bleiben.

„Ryūkakusan" (Erkältungsmedizin, 1986):
Ein Mann mittleren Alters hustet und fragt mit mitleiderregender Stimme: „Ist denn niemand da? Haben wir kein Ryūkakusan mehr?" Die Ehefrau ist derweil beim Tennisspielen zu sehen. Der Mann hat sich in die Apotheke begeben und verlangt schwer hustend nach „Ryūkakusan". Am Schluß des Werbespots werden die Schriftzüge „Bei Erkältung Ryūkakusan" und „Bitte auf Vorrat kaufen" eingeblendet.

Hier ist die Botschaft zu vernehmen: „So elend fühlt sich der Mann, wenn die Frau nicht zuhause ist." Es geht also nach wie vor um das bereits erwähnte alte Muster, daß bei einer Erkältung des Mannes die Frau gesund bleibt und die Rolle der Pflegerin zu übernehmen hat. Neu an diesem Werbespot ist der Hilferuf eines Mannes, der sich der neuen, durch das Gleichstellungsgesetz repräsentierten Zeit nicht anzupassen vermag.

3.3.3 Proklamationen von Frauen

Die Haltung der Männer in der Werbung bis Mitte der achtziger Jahre läßt sich auf die folgende Weise beschreiben: Zögernd, verlegen oder widerstrebend taten sie einen Schritt nach vorn und einen zurück oder bewegten sich verwirrt im Kreise, bis ihnen mit einem Schlag die Augen geöffnet wurden. Dies geschah mit der im Herbst 1986 gestarteten Werbeserie von Sharp für „neue Bedarfsartikel", in denen die Frauen eine gänzlich andere Haltung proklamieren.

„Kukkingu reizōko" von Sharp (Mikrowellen-Kühlschrank-Kombination, 1986):
Hinter einem Eßtisch steht ein großer Kühlschrank. Links davon liest ein Mann im Schlafanzug Zeitung, während neben ihm ein etwa dreijähriger Junge sitzt und gähnt. Rechts vom Eßtisch erklärt eine Frau in einem Kostüm den Vorteil des neuen Geräts: „Mit der Mikrowellen-Kühlschrank-Kombination von Sharp holt man das Essen aus dem Kühlschrank und kann es direkt erwärmen." Dann richtet sie den Kragen ihres Kostüms, sagt zu ihrem Mann, „Um das Abendessen kümmere du dich bitte", und geht fort. Der Mann blickt von seiner Zeitung auf und fragt irritiert: „Was?"

„Ōbun tōsutā renji" von Sharp (Mikrowellengerät mit integriertem Backofen und Toaster, 1986):
Nachdem zunächst das Toasten von Brot gezeigt wurde, erscheint das Gesicht einer Frau in Großaufnahme, die mit vollem Mund sagt: „Das ist das erste Mikrowellengerät mit Backofen und Toaster. Toasten und Erwärmen, beides mit nur einem Gerät." Dann fährt sie mit verändertem, kühleren Tonfall fort: „Damit kann man sich das Essen selbst zubereiten." Während sie in einem Kostüm rechts vom Eßtisch steht, liest auf der linken Seite ihr Mann im Schlafanzug Zeitung. Einen Moment lang macht er ein verwirrtes Gesicht und zuckt dann resignierend mit den Schultern.

3.4 Die natürliche und ungezwungene Darstellung der Hausarbeit von Männern

Das so „liebevolle" Ausbrechen von Frauen aus den Haushaltspflichten ließ auch konservative Männer resignieren und zwang sie dazu, ihr Bewußtsein zu ändern. In der jungen Generation der Zwanzig- und Dreißigjährigen stellt inzwischen Hausarbeit von Männern meist nichts Besonderes mehr dar. Darüber hinaus gibt es inzwischen auch schon Männer, die die gleichmäßige Aufteilung von Beruf, Haushalt und Kindererziehung zwischen Mann und Frau als etwas Selbstverständliches betrachten. Solche Paare, die man wohl als „Gleichstellungsgesetz-Paare" bezeichnen kann, sind zweifellos auch im Fernsehen immer öfter zu sehen.

3.4.1 Das neue Phänomen der „Gleichstellungsgesetz-Paare"

Im folgenden sollen außer dem bereits erwähnten Paar in „Chāmī gurīn" noch andere repräsentative „Gleichstellungsgesetz-Paare" in der Werbung vorgestellt werden.

„Shin panshiron" von Rōto Seiyaku (Magenmedizin, 1987):
Der Schauspieler Go Hiromi und seine Ehefrau gehen zusammen auf einem Markt in New York einkaufen. Beide tragen mehrere Einkaufstaschen. Sie: „Krokodilswurst." Er: „T-bone-Steak vom Büffel." Sie: „King-Kong-Tempura." Er: „Spezialitäten aus aller Welt wild durcheinander." Sie: „Oh je!" Er: „Heute abend wollen wir einmal so richtig schlemmen." Sie: „Du darfst auch danach abwaschen." Er: „Oh je!"

In dieser Werbung ist nicht zu sehen, wie der Mann kocht. Aber in anderen 1988 ausgestrahlten Werbesendungen wird bewußt gezeigt, wie der Mann in einer modernen Küche das Essen zubereitet, während seine Frau ihm gegenüber am Tisch eine Schreibarbeit verrichtet.

„Arinamin V" von Takeda Seiyaku (Nahrungsergänzungsmittel, 1987):
Ein Amerikaner geht in der Morgendämmerung eiligen Schritts eine Straße in New York entlang. Er trägt einen kleinen Jungen auf dem Arm, als Hintergrundsmusik der bekannte Titel „Take five".

Bedauerlicherweise spielt diese rührende Szene, in der ein Mann mit einem kleinen Kind auf dem Arm zur Arbeit geht, nicht in Japan. Offenbar konnte man sich wohl 1987 ein solches Verhalten noch nicht bei einem japanischen Mann vorstellen, so daß man sich eines Amerikaners in New York bedienen mußte.

Nachdem das Einkaufen, das Kochen und die Kinderversorgung von Männern vorgeführt worden war, entstanden als nächstes auch Werbespots, in denen ein Paar gemeinsam putzt.

„Majikkurīn" von Kaō (Allzweckreiniger, 1988):
Zunächst preist eine Frau allein ein Putzmittel für die Zimmerreinigung an. Unterdessen gesellt sich ihr Ehemann dazu, und sie stellen, während sie Bad und Toilette putzen, abwechselnd die verschiedenen Produkte vor. So ist die Frau etwa der Überzeugung, daß damit der Großputz zum Kinderspiel wird, und der Mann weist auf „Majikkurīn von Kaō als neutralen WC-Reiniger" hin.

„Q-shirīzu" von Mitsubishi (Haushalts-Elektroartikel, 1991):
Einträchtig macht ein junges Paar gemeinsam das Zimmer sauber. Während die Frau auf dem Boden sitzt und die Glasschiebetür putzt, reinigt der Mann mit einem Staubsauger die Tatami-Matten. Schließlich setzt er sich hin und beginnt, zusammen mit der Frau die Gebrauchsanweisung zu lesen, während er darüber erstaunt ist, daß der Staubsauger sogar Leuchtsensoren besitzt. Darüber schwebt die Stimme aus dem Off: „Für alle jungen Paare die Q-Serie."

Übrigens wurden bei unserem 14. Wettbewerb von der im ersten Halbjahr 1991 gesendeten Werbung immerhin drei Werbespots für Einbauküchen als „erwünschte Werbung" unter die zehn besten gewählt. Hier standen Männer in der Küche, so daß es gar nicht unwahrscheinlich ist, wenn heutzutage nicht die Braut, sondern der Bräutigam die Einbauküche mit in die Ehe bringt.

3.4.2 Von der Hausarbeit junger Paare zur Hausarbeit der ganzen Familie

Betrachtet man die bisher vorgestellten japanischen „Gleichstellungsgesetz-Paare", so sind sie alle in den Zwanzigern und haben daher vermutlich keine Kinder. Haushalte mit Kindern bzw. „Gleichstellungsgesetz-Familien" in den Vierzigern oder Fünfzigern waren zum damaligen Zeitpunkt in der japanischen Werbung noch eher eine Ausnahmeerscheinung. Seit 1990 trifft man allerdings vermehrt auf Darstellungen von Männern im trauten Familienkreis mit Kindern, die sich im Haushalt betätigen. Schließlich entstand sogar eine Werbung, in der die ganze Familie gemeinsam die Hausarbeit erledigt:

„Jūjū" von Tiger (Tischbratgerät, 1990):
Nach dem Essen wäscht die ganze Familie gemeinsam ab. Die Mutter nimmt die Platte des Tischbratgeräts vom Eßtisch und gibt sie ihrem Sohn und dieser seiner Schwester, die die Platte dem Vater reicht, der

mit einer Schürze an der Küchenspüle steht. In Großaufnahme sind seine Hände zu sehen, wie er die Platte spült. Die ganze Familie macht einen äußerst fröhlichen Eindruck und singt ein Lied.

Werbung, in der Männer kochen, war zwar inzwischen zu einem selbstverständlichen Anblick geworden, spülende Männer hingegen sind bis dato noch nicht aufgetreten, einmal abgesehen von dem jungen Paar in dem Spot für „Chāmī gurīn". Da wir es im vorliegenden Fall sogar mit einer Spülszene zu tun haben, an der die ganze Familie vergnügt beteiligt ist, wählten wir diese Werbung als „erwünschte Werbung" im ersten Halbjahr 1990 auf den ersten Platz.

3.5 Die Einsicht der überarbeiteten Männer: Vom „Arbeitstier" zu „Mach mal Pause, Japan"

Der Gedanke der gleichmäßigen Aufteilung von Beruf, Hausarbeit und Kindererziehung zwischen Mann und Frau hat seinen Ursprung nicht nur in der Erkenntnis, daß es letztendlich auf Kosten der Familie geht, wenn in herkömmlicher Weise nur der Mann angestrengt für Frau und Kinder außer Haus arbeitet. Man hat sich nämlich auch bewußt gemacht, daß unter solchen Umständen auf den Betroffenen selbst womöglich das Schicksal vom „Tod durch Überarbeitung" (*karōshi*) wartet, er also Schaden nimmt, wenn er nicht das Leben genießen und sich an seiner Familie erfreuen kann. Dazu ist es aber notwendig, daß die Männer, die bis spät abends arbeiten und sogar auf ihre freien Tage verzichten, ihrer Situation als „Arbeitstiere" entfliehen. Männer, die diese Problematik erkannten, begannen nun, Werbung zu produzieren mit der Botschaft: „Männer, hört endlich auf, euch kaputtzumachen."

Zahlenmäßig ist diese Art von Werbung noch nicht so stark vertreten, aber zumindest wurden schon 1988, nachdem ein Jahr zuvor der „Tod durch Überarbeitung" als gesellschaftliches Problem thematisiert worden war, die folgenden Werbespots gesendet.

„Chiobita" von Taihō Yakuhin (Nahrungsergänzungsmittel, 1988): Mit gedämpfter Stimme unterhalten sich zwei Schwestern im Etagenbett. Die jüngere (etwa fünf Jahre alt) sagt: „Du, Papa sagt doch immer, daß er soviel zu tun hat und ganz müde ist. Der arme Papa. Er soll doch einfach morgen bei dieser Firma aufhören, findest du nicht?" Als Hintergrundmusik spielt ein ruhiges Violinstück.

Hier wird also im Jahr 1988 der revolutionäre Vorschlag gemacht, „bei der Firma aufzuhören". Mitzuerleben, daß die japanische Werbung diesen Punkt erreicht hat, war wirklich sehr bewegend. Bezeichnenderweise je-

doch läßt man es die Tochter sagen, denn im Falle der Ehefrau würde es wohl übertrieben klingen und nicht von Realitätssinn zeugen.
Unmittelbar darauf kam die Werbung „Mach mal Pause, Japan" von der Eisenbahngesellschaft JR Tōkai auf den Bildschirm, eine Art Comicstrip. Das letzte Bild zeigt einen liegenden Mann mittleren Alters in einem Baumwollkimono, der einen entspannten Eindruck macht. Er befindet sich vermutlich auf einer Reise. Dieser Spot ist nicht das alleinige Produkt japanischer Werbemacher, sondern es handelt sich um die Zeichnung eines aus Hongkong stammenden Karikaturisten, die die Überarbeitung japanischer Angestellter auf ironische Weise darstellt. Diesen Comicstrip hat man übernommen und damit die Kampagne „Mach mal Pause, Japan" gestartet. Als sich somit langsam die Tendenz zeigte, auf das Phänomen der Überarbeitung zu reagieren, war gerade das Jahr 1991 angebrochen. Die Seifenblasenwirtschaft brach zusammen, die Konjunktur kühlte rasch ab, und da Überstunden nicht mehr erforderlich waren, kehrten die Väter tatsächlich in die Familie zurück.

3.6 Das Auftreten des „lieben Papas"

Seit dieser Zeit avancierte Werbung, in der ein „lieber Papa" auftrat, zum aktuellen Gesprächsthema. Dabei handelt es sich um Szenen, die das unbefangene Zusammensein zwischen Vater und Kind darstellen und in erster Linie deshalb Aufmerksamkeit auf sich zogen, weil diese Art von Werbung bis dahin kaum vertreten war.

„Karē kōbō" von House (Instant-Curry, 1991):
Ein etwa sechsjähriges Mädchen kommt mit einem Schreibheft zu seinem Vater, der Curry-Reis ißt, und sagt: „Sieh mal, Papa. Hab' ich nicht viel geschrieben?" „Ja, wirklich. Nur das Wort ‚viel' hast du ein wenig zu groß geschrieben." Er ißt seinen Curry-Reis weiter. Eine Stimme aus dem Off sagt: „Auch in unserem Curry ist *viel* drin. Rindfleisch-Curry mit viel Gemüse."

„Utsurun desu" von Fuji Color (Wegwerfkamera, 1992):
Ein Vater fährt mit seinem Fahrrad hinter einem Bus her, in dem seine etwa sechsjährige Tochter zu einem Ausflug fährt, und ruft laut: „Atchan, Deine Lunchbox!" Unter Einsatz aller Kräfte versucht er, ihr das Essen und die Kamera zu übergeben.

„Tebura kōdo rusu" von Sanyō (Home-Handy mit Freisprech-Einrichtung, 1993):
Ein Vater und seine etwa sechsjährige Tochter machen gemeinsam ein Videospiel, als die Mutter von außerhalb anruft. Beide nehmen

das Gespräch entgegen, ohne das Video-Spiel unterbrechen zu müssen. „Lernst du auch fleißig, Yuki?" will die Mutter wissen. „Ja, natürlich", antwortet diese. Und auf die Frage, ob der Vater schon die Wäsche gewaschen habe, antwortet dieser ebenfalls: „Ja, natürlich", und flüstert seiner Tochter zu: „Eigentlich soll man ja nicht lügen." Eine Frauenstimme aus dem Off verkündet: „Telefonieren, ohne den Telefonhörer zu halten. Das schnurlose Telefon mit Freisprech-Einrichtung von Sanyō."

Beide Werbespots kamen sehr gut an, zumal zuvor die Darstellung des trauten Zusammenseins zwischen Vater und Kind eher eine positive Ausnahme war. Im Normalfall allerdings könnte man den Vater nicht im Haus antreffen, und wenn er ausnahmsweise doch einmal anwesend war, befand er sich vermutlich nicht in einer unterhaltsamen Stimmung. Obwohl er, wie es z. B. in dem Lied der Werbung der Aomizu-Baufirma (1991) heißt, „mittags in der Firma ganz fit" sei, „wälzt er sich hingegen an seinen freien Tagen zuhause nur wie ein Seelöwe faul gähnend herum".

Um so begrüßenswerter ist es daher, daß in den Werbeszenen immer mehr „liebe Papas" auftreten, die mit ihren Kindern die Zeit verbringen und spielen. Aber dabei gibt es auch einen weniger erfreulichen, problematischen Aspekt. So trifft man in den oben erwähnten drei Werbeszenen ausschließlich auf die Konstellation Vater und Tochter. Das scheint zunächst insofern eine positive Veränderung zu sein, als sie wegführt von der althergebrachten, aus Vater und Sohn bestehenden „Männergruppe". Aber im Grunde liegt genau hier das Problem. Der Vater scheint in der Beziehung zur Tochter einen Ersatz für die Liebe zu finden, die zwischen den Ehepartnern meist nicht mehr existiert. Unterstrichen wird dies dadurch, daß in der oben vorgestellten Werbung die Figur der Mutter völlig im Hintergrund bleibt. Die liebevolle Beziehung zwischen Vater und Tochter in der japanischen Werbung ist somit scheinbar sehr stark davon geprägt, daß sie als Kompensation dient für die Verbindung zwischen Mann und Frau, die sich auseinandergelebt haben.

3.7 Schwankungen im Familienbild

Abschließend wollen wir uns am Beispiel des Werbespots der Firma House für Instant-Curry der Frage zuwenden, welche Schwankungen im Familienbild der Werbung zu verzeichnen sind.

Im ersten Spot dieser Werbeserie ißt der Vater gerade Curry-Reis, als seine Tochter hinzukommt. Die Mutter ist nur verschwommen im Bild zu sehen; sie steht offenbar in der Küche, denn am Ende des Spots ist zu hören, wie mit dem Küchenmesser etwas auf einem Brett kleingeschnitten wird. Während sich also das Bild des Mannes zweifelsohne verändert hat, weil er im Spiel zusammen mit seinen Kindern gezeigt wird, ist das Bild der Mutter absolut veraltet und festgefahren. Natürlich haben wir diese Werbung in die Kategorie „unerwünschte Werbung" eingestuft.

Auch von anderer Seite muß wohl verschiedentlich Kritik laut geworden sein, denn ab 1992 hat sich die Darstellungsweise nach und nach geändert. Zunächst einmal verlagerte sich die Rolle des „Essers" vom Vater auf die Tochter, während der Vater etwas auf seinem Laptop schreibt oder englische Konversationsübungen macht. Die Mutter ist nach wie vor eine Hintergrunderscheinung in der Küche.

Im Jahr 1993 hatte man offenbar endlich Notiz von unseren Hinweisen genommen und die Mutter aus der Küche geholt, indem man die Szene nach draußen verlegte. Solange die Handlung im Haus stattfand, konnte man sich für die Mutter offenbar nur die Küche als Aufenthaltsort vorstellen. In dem neuen Werbespot essen Vater und Tochter den Curry-Reis nun gemeinsam im Garten. Die Mutter nimmt allerdings wieder nicht gemeinsam mit ihrer Familie die Mahlzeit ein. Fragt man sich voller Interesse, wo sie sich denn eigentlich befindet, so kann man sie doch tatsächlich sehen, wie sie sich im Hintergrund das Gesicht pudert. Unwillkürlich mußten wir angesichts dieser Darstellung laut lachen. Im Bewußtsein der Produzenten scheint sich wirklich ein stereotypes Frauenbild festgesetzt zu haben.

© House Shokuhin 1994

Abb. 1: Werbespot der Serie „Karē kōbō" von House, Januar 1994

Zum Jahresende 1993 aßen Vater und Mutter zusammen Curry-Reis, während die Tochter in einer Boutique Kleidung einkauft; ein weiterer Spot zeigt die Mutter zusammen mit der Tochter bei der Mahlzeit, während der Vater Golf spielt. Im Januar 1994 schließlich essen Mutter und Tochter im vorderen Bereich des Bildes ihren Curry-Reis; der Vater hingegen wäscht im Hintergrund in der Küche das Geschirr ab, während er ihrem Gespräch lauscht (Abb. 1) – eine wirklich begrüßenswerte Änderung, die den Entwicklungsprozeß der Firma House aufzeigt.

Es stieß in diesem Falle durchaus auf unser Wohlwollen, daß von seiten der Produzenten Bemühungen zu erkennen waren und sie auf unsere Kritik eingegangen sind. Als wir jedoch den neuen Spot sahen, der im Sommer 1994 mit anderer Besetzung startete, waren wir vor Erstaunen regelrecht sprachlos. Der Inhalt dieses Werbespots besteht darin, daß die Mutter für den Nachhilfelehrer, der ihre Tochter auf den Aufnahmetest für die Mittelschule vorbereitet und deshalb ins Haus kommt, Curry-Reis zubereitet. Diese Werbung ist genauso schlimm wie früher, und man fragt sich, worin nun eigentlich der Unterschied zu dem 20 Jahre alten Slogan „Die Frau kocht – der Mann ißt" besteht.

Trotz dieser Rückschläge besteht inzwischen aber kein Zweifel mehr daran, daß sich die Produzenten, also die Werbemacher und Unternehmen, bei der Herstellung der Werbespots den Kopf zerbrechen und über die Reaktion des Publikums nachdenken. Sie probieren das eine oder andere aus und machen dabei natürlich Fehler, und offenbar ist ihnen die Meinung des Publikums nicht gleichgültig. Wenn wir als Zuschauerinnen und Zuschauer weiterhin die Stimme erheben, wird sich das Bild der Familie in der japanischen Werbung sicherlich in Zukunft den vielfältigen Erscheinungsformen von Familie in der gesellschaftlichen Realität immer mehr annähern.

übersetzt von Renate Jaschke

Sektion III:

Print-Medien

DIE ZEITUNGSBERICHTERSTATTUNG ZUM „INTERNATIONALEN JAHR DER FAMILIE" AUS DER SICHT DER GESCHLECHTERFORSCHUNG

HORIE Setsuko und SAITŌ Masami

1. EINLEITUNG

Zu Beginn des Jahres 1994, das von den Vereinten Nationen zum „Internationalen Jahr der Familie" erklärt wurde, erschienen in vielen Tageszeitungen Sonderbeiträge (*tokushū*) zu diesem Thema. Diese Beiträge haben wir aus der Sicht der Geschlechterforschung dahingehend untersucht, wie die Familie bzw. deren Probleme jeweils dargestellt werden. Darüber hinaus sind wir der Frage nachgegangen, inwieweit die Tageszeitungen in der Lage waren, die Erwartungen, die man in die Zeitungsberichterstattung setzt, zu erfüllen. Die hier präsentierten Ergebnisse basieren auf den Forschungen der Gruppe „Geschlechterdiskriminierung in den Medien" (*Media no naka no seisabetsu o kangaeru kai*). Horie Setsuko analysierte die Beiträge in den Neujahrsausgaben der Zeitungen, Saitō Masami die Artikelserien (*rensai kikaku*) im Januar 1994.

Für die Untersuchung wurden sechs Tageszeitungen herangezogen: die drei landesweit vertriebenen Zeitungen *Asahi Shinbun* (Ausgabe Tōkyō), *Mainichi Shinbun* (Ausgabe Tōkyō) und *Yomiuri Shinbun* (Ausgabe Tōkyō/Hokuriku) sowie die drei regional erscheinenden Zeitungen *Hokkaidō Shinbun*, *Kanagawa Shinbun* und *Okinawa Times*. Tabelle 1 im Anhang bietet eine Übersicht der Inhalte und Charakteristika der Beiträge zum „Internationalen Jahr der Familie" in den Neujahrsausgaben dieser sechs Zeitungen. Im folgenden sollen zunächst die bildlichen Darstellungen und Schlagzeilen dieser Beiträge vorgestellt werden.

– In der *Asahi Shinbun* finden sich zum Auftakt der Artikelserie „Wir haben zueinander gefunden und leben zu zweit", die am Neujahrstag begann, verschiedenste Comic-Illustrationen zu Familie und Partnerschaft (s. Abb. 1) sowie die Ergebnisse einer Umfrage. Die dazugehörigen Überschriften lesen sich wie folgt: „Wachsende Anzahl derjenigen, die ein Single-Leben vorziehen", „Die Eltern kümmern sich um ihre Kinder, aber die Kinder nicht um die Eltern", oder „Die im Alter auffällige ‚Einseitigkeit der Liebe' des Ehemannes zu seiner Frau".

Abb. 1: Zeichnung
von Kaneda Masayuki in der *Asahi Shinbun* vom 1. Januar 1994 (Neujahrsausgabe)

Übersetzung der Sprechblasen:

① „Wird man uns beide wohl akzeptieren?"
② „Oma und Opa sind bei bester Gesundheit."
③ „Uroma und Uropa auch."
④ „Hallo, geht's dir gut?"
⑤ „Wann sehen wir uns das nächste Mal?"
⑥ „Wohin sollen wir denn unsere Hochzeitsreise machen?"
⑦ „Wieviele Kinder möchtest du?"
⑧ „Five kids."
⑨ „Auch allein ist man eine Familie!"
⑩ „Heute bist du [mit dem Kochen] dran."
⑪ „Hm, was koche ich denn heute mal?"
⑫ „Ich gehe dann jetzt."
⑬ „Ihr Kind wächst aber schnell heran."
⑭ „Ja, meinen Sie?"
⑮ „Tschüß, Mama!"

- Die *Mainichi Shinbun* brachte Fotos von Menschen und Tieren aus dem Bildband *Dōbutsu ōkoku* [Königreich der Tiere] von Hata Masanori. Die Schlagzeilen lauten: „Vertrauen, Wärme und Liebe", „Zusammenleben von Mensch und Tier", und „Zu keiner Zeit war der Begriff Familie so von Sehnsucht geprägt wie in der Gegenwart. – Bei Tierfamilien gibt es erstaunlich vielfältige und merkwürdige Formen".
- In der *Yomiuri Shinbun* (Ausgabe Hokuriku) erschien das Foto einer Familie, bestehend aus vier Generationen (s. Abb. 2). Es weist große Ähnlichkeit mit einem Poster der japanischen Regierung zum „Internationalen Jahr der Familie" auf, das in die Kritik geriet, weil es die Mehrgenerationenfamilie idealisiert. Die Titelzeilen lauten: „Über die Generationen hinweg bleibt man der Familie treu" und „Familie – Auf der Suche nach Wärme und Geborgenheit".
- Die *Hokkaidō Shinbun* zeigte unter dem Titel „Ob in Freud oder Leid – alles tun wir gemeinsam" Comic-Illustrationen verschiedenster Familien; in fast allen Fällen handelt es sich um die Kernfamilie.
- Die *Kanagawa Shinbun* druckte ein Foto, das ein Treffen zwischen Künstlern und Bürgern der betreffenden Region zeigt (s. Abb. 3). Der Titel lautete: „Portrait der neuen Familie", die Schlagzeile: „Familienbande reichen über die Region hinaus – Heimat und Stätte der Kunst".
- Die *Okinawa Times* brachte das Foto einer Mehrgenerationen-Familie und einer Familienzeitung namens *Omoiyari* [Mitgefühl]. „Portrait einer Familie – Was hält Sie zusammen?" lautete die Überschrift.

In den zum Feiertag erschienenen Neujahrsausgaben wurden naturgemäß weniger familiäre Probleme als vielmehr die emotionale Funktion von Familie sowie deren vorteilhafte Seiten hervorgehoben. Der im positiven Sinne verstandene Begriff *kizuna* [Familienbande] fand sich in jeder der untersuchten Tageszeitungen, das negativ besetzte Wort *shigarami* [Familienbande] im Sinne einer Einengung jedoch kein einziges Mal. Es herrschte also die Tendenz, die Bewahrung der gegenwärtig existierenden Familienbeziehungen als wünschenswert darzustellen.

2. INDIVIDUALISIERUNG UND DIVERSIFIZIERUNG DER FAMILIE IM SPIEGEL DER NEUJAHRSAUSGABEN DER TAGESZEITUNGEN

2.1 Der Schlüsselbegriff „Individualisierung"

Bei der Diskussion neuer Möglichkeiten der Familie wird die Individualisierung zum Schlüsselbegriff. Individualisierung bedeutet in diesem

Abb. 2: *Yomiuri Shinbun* vom 1. Januar 1994 (Neujahrsausgabe)

Abb. 3: *Kanagawa Shinbun* vom 1. Januar 1994 (Neujahrsausgabe)

Kontext, daß die Familie keine Dauerhaftigkeit in ihrer Existenz als solche anstrebt und die Beziehungen innerhalb der Familie eine unterstützende Funktion für die Selbstverwirklichung der einzelnen Individuen ausüben. Aus der Sicht der Geschlechterforschung sind für die Individualisierung der Familie die im folgenden von a. bis e. dargestellten Punkte von Bedeutung:

a. Die Grundidee der offiziellen Erklärung zum Internationalen Jahr der Familie beinhaltet u.a. eine Ausweitung der Menschenrechte wie des Rechts auf Entscheidungsfreiheit der einzelnen Individuen innerhalb einer Familie.

b. Im Laufe des Lebens eines Menschen verändern sich mit zunehmendem Alter die Form der ihn oder sie umgebenden Familie und die Stellung, die er oder sie innerhalb der Familie einnimmt. Insbesondere Frauen hatten sich bisher im Falle der Heirat oder des Todes des Ehemannes mit großen Veränderungen in ihrem Leben abzufinden und waren gezwungen, sich zugunsten der Familie zu entscheiden, obwohl doch auch sie eigentlich jederzeit das Recht auf ein erfülltes Leben als Individuum haben und nicht nur auf ein Leben als Tochter, Ehefrau oder Mutter.

c. Für die Verwirklichung der Gleichberechtigung von Mann und Frau sollte nicht die Familie, sondern das Individuum als kleinste Einheit der Gesellschaft angesehen werden. Ein wichtiger Aspekt ist hierbei die Möglichkeit, daß die Frau ihren Familiennamen nach der Heirat beibehält. Eine Behandlung der Frau als Individuum ist auch die Voraussetzung einer Gleichberechtigung bei Einkommen, Steuer und Rente.

d. Die unterschiedlichen Wertvorstellungen der Individuen innerhalb einer Familie sollten Anerkennung finden und die Ziele und Neigungen einzelner Individuen über das Interesse der Gemeinsamkeit gestellt werden. Neben der Familie gewinnen verschiedene gesellschaftliche Einheiten, denen die einzelnen Individuen angehören, wie Arbeitsplatz oder Schule sowie der Zusammenhalt unter Altersgenossen, zunehmend an Bedeutung.

e. Auf dem Weg zu einer Individualisierung in der Familie stellt es ein Hindernis dar, daß der Mann immer noch eine dominierende Rolle innerhalb der Familie innehat. Häufig bezieht er das höchste Einkommen, hat als der jeweils Älteste das Sagen und letztendlich auch das Entscheidungsrecht. Für eine weitere Individualisierung ist folglich eine Überwindung der geschlechtsspezifischen Rollenverteilung erforderlich.

2.2 Individualisierungstendenzen innerhalb der Familie

Im Familienleben zeigt sich zunehmend die Tendenz zur Vereinzelung der Mitglieder. Die individuelle Ausrüstung der Familienmitglieder mit elektronischen Konsumgütern wie dem Fernseher leistet dieser Entwicklung Vorschub.

Wenn in einer Familie der Vater spätabends von der Arbeit heimkehrt und allein das von seiner Frau zubereitete Essen zu sich nimmt, heißt das neuerdings „individuelle Mahlzeit" (*koshoku*). Solche Formen von Individualisierung führen jedoch noch lange nicht zu einer Befreiung der Frau von der geschlechtsspezifischen Rollenverteilung. Auch der Mann, der allein zu Abend ißt, ruft schließlich nach seiner Frau, damit sie ihm etwas zu Trinken nachschenkt. Die Unselbständigkeit des Mannes in Dingen des täglichen Lebens führt immer noch dazu, daß Essenzubereitung, Auftragen und Hinterherräumen die Aufgabe der Frau bleiben. Und obwohl die Anzahl der berufstätigen Frauen im Ansteigen begriffen ist, kann man entsprechenden Erhebungen entnehmen, daß sich die von Frauen für die Arbeit im Haushalt aufgewendete Zeit kaum verändert.

2.3 Zum Zusammenhang von Haushaltsform und der Möglichkeit der Individualisierung

Im folgenden sollen die Beiträge zum „Internationalen Jahr der Familie" in den Neujahrsausgaben der Zeitungen dahingehend untersucht werden, ob ein Zusammenhang zwischen der Familienform und dem jeweiligen Grad an Individualisierung festzustellen ist. Hierzu wurden die in den Beiträgen vorgestellten Familien in die folgenden vier Haushaltsformen unterteilt: Haushalt von Mehrgenerationen-Familien, Kernfamilien-Haushalte, Haushalte von Paaren und Haushalte von Individuen. Um der Frage nachzugehen, wie diese Haushaltstypen dargestellt werden, haben wir tabellarisch aufgelistet, welche Begriffe und Formulierungen man in den Beiträgen jeweils zur Beschreibung dieser Form von Familie verwendet (vgl. hierzu Tabelle 2 im Anhang). Von besonderer Bedeutung sind hierbei die Geschlechterrollen. Um den Charakteristika der einzelnen Haushaltsformen nachzugehen, wird in Tabelle 3 im Anhang aufgelistet, welche Mitglieder den jeweiligen Haushalten angehören, ob zwischen ihnen eine vertikale oder eine horizontale Beziehung besteht, auf welche Zeitspanne der Haushalt angelegt ist und worin das „Prinzip des Zusammenlebens" liegt. Die grundsätzlichen Unterschiede zwischen diesen Familienformen treten vor allem in den Spalten „Problemlösungsstrategien", „Geschlechterrollen" und „Idealvorstellung" zutage. Deutlich wird, daß mit wachsender Freiheit von den Geschlechterrollen die Individualisierung in der Familie zunimmt.

2.3.1 Haushalte von Mehrgenerationen-Familien

Typisch für die Darstellung von Mehrgenerationen-Familien ist, daß man in den Artikeln häufig auf Bezeichnungen für familiäre Beziehungen wie „Urgroßvater", „Großmutter" oder „Vater" stößt. Darüber hinaus werden hier durch Formulierungen wie „der Autoritätsverlust des Vaters", „die Frau ist nicht berufstätig" oder „die Rolle des Vaters" die jeweiligen Geschlechterrollen hervorgehoben. Schlagzeilen wie „Familie – auf der Suche nach Wärme und Geborgenheit" und „Über die Generationen hinweg ist man der Familie treu" vermitteln den Eindruck, daß vor allem die durch direkte Blutsverwandtschaft verbundene Mehrgenerationen-Familie emotionale Funktionen erfüllt und die Dauerhaftigkeit der Institution Familie symbolisiert. In den Artikeln finden sich Begriffe wie „Hauptfamilie – Nebenfamilie" oder „ältester Sohn", die auf die Existenz eines Familienoberhaupts verweisen. Eine Beteiligung des Mannes am Haushalt kommt nicht zur Sprache, während für die Frau in der Großfamilie beispielsweise die Wäsche und die Zubereitung der Mahlzeiten als arbeits- und kräfteaufwendig geschildert werden.

Alle untersuchten Tageszeitungen bringen in den Neujahrsausgaben – geradezu, als hätten sie sich untereinander abgesprochen – Fotos von glücklichen Familien am Essenstisch, denen eine symbolische Bedeutung für die emotionale Bindung in der Familie zukommt. Durch Formulierungen wie „Drei Generationen ziehen am selben Strang" oder „Ein idealer Zusammenhalt von drei Generationen" wird ein positives Bild einer Familie gezeichnet, in der das „Familienoberhaupt" im Mittelpunkt steht und die geschlechtsspezifische Rollenverteilung herrscht. Diese Art der Berichterstattung läuft der Grundidee des Internationalen Jahres der Familie – die Überwindung der herkömmlichen Geschlechterrollen – zuwider. Die Familie wird ausschließlich als eine in Liebe vereinte Gruppe dargestellt, die Rechte und Freiheiten von Individuen innerhalb einer Familie kommen nicht zur Sprache.

Zu familiären Problemen und deren Bewältigung werden folgende Äußerungen gemacht: „Der Mann als ‚Firmenkrieger' (*kigyō senshu*): Die Folge ist die Isolation von der Lebensumwelt, der Trend zur Kernfamilie und zur Überalterung der Gesellschaft – Eine Familie aus der Präfektur Toyama hat all diese Probleme in gemeinsamer Anstrengung gelöst" (*Yomiuri Shinbun*, Ausgabe Hokuriku). Die Pflegetätigkeit, die die Ehefrau des ältesten Sohnes einer Familie traditionsgemäß übernimmt, stellt in der Tat eine Form der Bewältigung der Probleme alter Menschen dar; von den Großmüttern werden die Kinderbetreuung und Tätigkeiten im Haushalt erwartet. Im Sinne einer Senkung der Kosten, die die gesamte Gesellschaft zu tragen hat, ist das natürlich sehr sozial. Aus der Sicht der

Geschlechterforschung ist jedoch festzuhalten, daß der Anspruch, alle Probleme innerhalb der Familie zu lösen, grundsätzlich auf Kosten der Frau geht. Es fällt wohl nicht schwer, sich vorzustellen, daß in einer Zeit der im Wandel begriffenen Werte der Zwang, sich an die Vorstellungen der jeweils Ältesten anpassen zu müssen, bei den Betroffenen zunehmend Frustrationen hervorruft. Solange in der Berichterstattung der Aspekt der Geschlechterrollen (*gender*) außer acht gelassen wird, werden die Tageszeitungen wohl nicht in der Lage sein, Lösungswege aufzuzeigen, wie die Probleme der Familie gesamtgesellschaftlich bewältigt werden können.

2.3.2 Kernfamilien-Haushalte

Die allgemeinen Vorstellungen von Familie sind zweifellos sehr stark von der Kernfamilie geprägt. Dies schlägt sich auch in der Zeitungsberichterstattung nieder. Die *Hokkaidō Shinbun* bringt unter der Überschrift „Die neuen Dreißiger" auf den Seiten 2 und 3 einen Bericht über Ehepaare zwischen Dreißig und Vierzig, der im wesentlichen geprägt ist von einem modischen, komsumorientierten Familienbild. Wir begegnen hier beispielsweise einer der sogenannten „Campingwagen-Generation" angehörenden Familie, die zum Picknick ins Grüne fährt, oder einer teure Designer-Mode tragenden „Partnerlook-Familie". Ein weiteres Thema ist der „Ein-Kind-Luxus", d.h. das Phänomen, daß in Zeiten niedriger Geburtenraten die Eltern das gesamte Geld für das einzige Kind aufwenden. Diese Generation, die in der Konsumgesellschaft groß geworden ist, nimmt die von den Medien verbreiteten Informationen bereitwillig auf und orientiert sich an den präsentierten Rollenmodellen. Man nennt sie daher auch „Gebrauchsanweisungs-Generation".

In einem Artikel wird eine Frau mit den Worten zitiert: „Geheiratet habe ich mit 29, ein wenig spät immerhin, das nimmt ja in letzter Zeit zu, aber wenn ich das lachende Gesicht meines Kindes sehe, fühle ich mich gut." So wie bei der Mehrgenerationen-Familie werden auch bei der Darstellung von Kernfamilien die Personen häufig mit ihrer Rolle bezeichnet, wenn es etwa heißt: „Die Golf spielende Mutter" oder „Der ideale Brautvater".

In der Rubrik „Familien der Welt" schildert der Beitrag mit dem Titel „Kinder sind ein Pfand der Liebe" eine südkoreanische Kernfamilie, in der das Kind im Mittelpunkt steht. Der verbindenden Funktion von Kindern für die Eltern wird auch in anderen Beiträgen große Bedeutung zugemessen. Im Fall der Kernfamilie ist somit festzuhalten, daß eine stärkere Betonung auf der vertikalen Beziehung der Kinder zu den Eltern liegt als auf der Beziehung der Eltern untereinander.

2.3.3 Haushalte von Paaren

Mit der Rubrik „Haushalte von Paaren" haben wir eine eher ungewöhnliche Form der Klassifizierung gewählt. Gemeint ist damit eine Lebensform, bei der – im Gegensatz zur Kernfamilie – das Paar, also die horizontale Beziehung des Ehepaares untereinander, im Mittelpunkt steht. Eventuell vorhandene Kinder werden als dieser Beziehung zugehörig angesehen. Diese Familienform steht eher dem Haushalt von Individuen nahe als der Kernfamilie.

In einem Beitrag der *Asahi Shinbun* heißt es: „Durch den Ozean voneinander getrennt – die Unabhängigkeit von Eltern und Kindern – Die Eltern leben aus beruflichen Gründen im Ausland, getrennt von ihren Kindern – Beide Generationen führen ihr eigenes Leben." Dies erweckt Erstaunen in einem Land wie Japan, wo man die ehelichen Beziehungen selten für besonders wichtig erachtet und es durchaus nichts Besonderes ist, daß Familienväter allein ins Ausland versetzt werden, obwohl die Kinder bereits erwachsen sind.

„Ob Adoptiv- oder Pflegekind – alle sind gleich". Diese Überschrift verweist auf den Fall einer ausländischen Ehefrau und eines japanischen Ehemannes, die ein Kind als Pflege- oder Adoptivkind aufziehen, wobei Aspekte wie Blutsverwandtschaft oder ethnische Zugehörigkeit keine Rolle spielen. Nach dem Familienregister führen die Eltern zwar den gleichen Familiennamen, in ihrem künstlerischen Beruf hingegen jeweils den eigenen Namen.

Bei den Paaren dieser Kategorie wird Partnerschaft durch gemeinsame Interessen wie Beruf, Religion oder Hobby geprägt. Im täglichen Leben sind die Rollen von Mann und Frau nicht starr festgelegt, sie pflegen eine eher partnerschaftliche Beziehung zueinander. So sagt die Frau zum Mann etwa: „Heute bist du mit dem Haushalt an der Reihe" (*Asahi Shinbun*). Während bisher die Rollenverteilung zwischen Mann und Frau als Eckpfeiler einer Beziehung galt, gibt es nun zunehmend Familienformen, die in erster Linie auf dem gemeinsamen Wunsch nach Zusammenleben basieren.

Der Kategorie der „Paar-Haushalte" sind auch die bislang noch gesellschaftlich diskriminierten gleichgeschlechtlichen Paare zuzuordnen. In jüngerer Zeit greift die Presse das Thema gleichgeschlechtliche Liebe immer mehr auf, und sie erfährt zunehmend Akzeptanz. Bis zu einer gesetzlichen Anerkennung dieser Art von Beziehungen wird es allerdings sicherlich noch einige Zeit dauern. Auch Paare, die erst im Alter zueinander gefunden haben und den Lebensabend miteinander verbringen wollen, sowie junge Paare, die unverheiratet zusammenleben, gehören in diese Kategorie.

2.3.4 Haushalte von Individuen

Der Kategorie „Haushalte von Individuen" haben wir u.a. die folgenden Lebensformen zugeordnet: Jugendliche, die sich in der Übergangsphase nach dem Auszug aus dem elterlichen Haushalt befinden, alleinlebende Elternteile wie etwa „Mutter-Kind-Haushalte", Menschen, die bewußt als Singles leben sowie verwitwete Personen höheren Alters. Wir betrachten auch solche Gemeinschaften als Familien, in denen mehrere nicht durch blutsverwandtschaftliche Beziehungen miteinander verbundene Individuen in Wohngemeinschaften zusammenleben. Ein Beispiel hierfür findet sich etwa in der Schilderung der Bemühungen der kommunalen Behörden einer Insel, eine Pseudo-Familie der Inselbewohner zu schaffen, da es durch die Abwanderung der jungen Generation in die Großstadt zu einer Überalterung der Bevölkerung gekommen ist. Bei der Berichterstattung über solche Lebensformen finden sich keine Formulierungen, die auf eine geschlechtsspezifische Rollenverteilung verweisen.

Eine gemeinsame Lebensführung einer Gruppe von Frauen wird in den Beiträgen ebenfalls als eine Form von Familie angesehen. In der „Untersuchung zur Familie" der *Asahi Shinbun* antworten Frauen auf die Frage, mit wem sie im Alter zusammen leben wollen, unter anderem „mit der Freundin" oder „allein". Eine der Ursachen für diese Denkweise sieht man in der durch den Zweiten Weltkrieg bedingten hohen Zahl alleinlebender Frauen über siebzig und in der höheren weiblichen Lebenserwartung. Jedenfalls findet das Zusammenleben in einer gleichgeschlechtlichen, nicht durch Blutsverwandtschaft verbundenen Gemeinschaft eine positive Wertung.

Charakteristisch für die Haushalte bzw. Familien von Individuen ist die Achtung des Willens der einzelnen. Die Basis der Bindungen ist weder die geschlechtsspezifische Rollenverteilung noch die Blutsverwandtschaft. Dadurch entsteht eine Familie, in der Einschränkungen aufgrund des Geschlechts vermieden werden können.

2.4. Die Diversifizierung der Familie

Wie die Beispiele für die Berichterstattung zu den vier verschiedenen Kategorien von Haushaltsformen zeigen, findet sich im Medium Zeitung durchaus eine Anerkennung verschiedenster Familienformen. Je nach Zeitung liegt jedoch eine unterschiedliche Gewichtung der einzelnen Familienformen und -bilder vor.

Die Diversifizierung der Familie zeigt sich nicht nur in der Darstellung der oben erläuterten vier Haushaltsformen, sondern auch in der Schilderung der Veränderungen, die sich in den traditionellen Familienformen abzeichnen. Ein Beispiel hierfür ist das Zusammenwohnen von zwei Generationen unter einem Dach, bei dem ein Generationskonflikt vermieden wird, indem man entsprechend voneinander Abstand hält. Diese neue Wohnform in Zwei-Generationen-Häusern (*nishotai jūtaku*)[1] wird in der Zeichnung eines doppelstöckigen „Zwei-Generationen-Autos" karikiert (s. Abb. 4).

Abb. 4: *Hokkaidō Shinbun*, 1.1.94 (Zeichnung von Izumi Shōji)

Wenn sich die Mitglieder einer Mehrgenerationen-Familie dazu entschließen, einzelne Haushalte von Kernfamilien zu bilden, so schwindet der Einfluß des Familienoberhauptes. Dies ermöglicht eine Individualisierung und eine Befreiung von den herkömmlichen Geschlechterrollen. Zugleich erfährt die für die Individualisierung als wichtig erachtete Zugehörigkeit der einzelnen Familienmitglieder zu bestimmten gesellschaftlichen Gruppen eine stärkere Achtung als der Zusammenhalt der Familie. Es wirken also auch von außerhalb der Familie Kräfte in Richtung der Individualisierung. Entwickelt sich die Individualisierung auf diese Weise auf doppeltem Wege von innen und von außen, so fördert dies die Befreiung von den Geschlechterrollen. In diesem Fall bietet sich auch innerhalb der durch direkte Blutsverwandtschaft verbundenen Mehrgenerationen-Familie die Möglichkeit, hinsichtlich der Form des Zusammenlebens zu einer Gemeinschaft von Individuen zu werden. Indem die Zeitungen auch diesen Prozeß schildern, kommt ihnen das

---

[1] Zwei-Generationen-Häuser, die abgeschlossene Wohneinheiten für zwei Familien bieten, finden vor allem in den Großstadtregionen in Japan weite Verbreitung. Sie gelten als eine Möglichkeit, die Versorgung der älteren Generation und den Wunsch junger Paare nach einem eigenen Haushalt miteinander zu vereinbaren. (Anm. der Hg.)

Verdienst zu, nicht nur ein starres Familienbild wiederzugeben, sondern auch die gegenwärtigen Entwicklungen der Familie bewußt zu machen. In bezug auf die Beiträge in den sechs analysierten Tageszeitungen ist festzuhalten, daß bisher herrschende Vorstellungen erweitert und Familienformen aufgezeigt wurden, die es dem Individuum ermöglichen, sich selbst zu verwirklichen. In dieser Hinsicht entspricht der Inhalt der Berichterstattung sicherlich dem Grundgedanken des Internationalen Jahres der Familie. Die Analyse des Zusammenhangs von Familienform und Individualisierung in der Berichterstattung der sechs behandelten Tageszeitungen hat deutlich gemacht, daß die Diversifizierung der Familie parallel zur Befreiung von den Geschlechterrollen und der Individualisierung voranschreitet.

3. Die „Krise der Familie" im Spiegel der Artikelserien zum „Internationalen Jahr der Familie"

Mit Ausnahme der Tageszeitung *Mainichi Shinbun* brachten alle für die Untersuchung ausgewählten sechs Tageszeitungen im Januar 1994 mindestens eine Artikelserie zum „Internationalen Jahr der Familie" (vgl. hierzu Tabelle 4 im Anhang). Die meisten von ihnen behandelten das Thema „Krise der Familie", wobei jeweils Lösungsansätze präsentiert wurden. Bevor wir im folgenden zwei recht unterschiedliche Artikelserien genauer vorstellen, möchten wir zunächst auf vier Punkte verweisen, die sich hinsichtlich der Herangehensweise und der Ausrichtung als Gemeinsamkeiten der Artikelserien herauskristallisierten:

1. Alle Beiträge stellen Familien mit Problemen bzw. entsprechende Lösungsmöglichkeiten vor.
2. In den meisten Fällen werden die Krisen innerhalb der Familie durch eine Umverteilung der Rollen unter den Familienmitgliedern gelöst. Eine Verlagerung von Familienfunktionen wie der Altenpflege und der Kinderversorgung auf Institutionen außerhalb der Familie kommt so gut wie gar nicht zur Sprache. Auf diese Weise wird der Eindruck vermittelt, familiäre Probleme seien in erster Linie durch verstärkte Anstrengungen jedes einzelnen Familienmitglieds innerhalb der Familie zu lösen.
3. Abgesehen von der Artikelserie der *Yomiuri Shinbun* mit dem Titel „Familie" findet statistisches Datenmaterial keine Verwendung. Diese Nichteinbeziehung objektiver Daten führt zu einer Berichterstattung, die sich auf die persönlichen, zum Teil recht illusionären Vorstellungen des Verfassers oder der Verfasserin von der Familie gründen. Die-

se haben mit den tatsächlichen Problemen der gegenwärtigen Gesellschaft oft nicht allzu viel gemein.
4. Den meisten Beiträgen liegt offenbar das Bemühen zugrunde, diverse Möglichkeiten familiären Zusammenlebens vorzustellen. Bedenkt man die besondere Rolle der Medien bei der Konstruktion der gesellschaftlichen Realität, so ist nicht von der Hand zu weisen, daß hierin ein Beitrag zum Abbau von Diskriminierung anderer Lebensweisen zu sehen ist.

3.1 Illusionäre Vorstellungen vom Vater als Familienoberhaupt

Die *Hokkaidō Shinbun* publizierte eine zehn Folgen umfassende Artikelserie mit dem Titel *Yume no kazoku* [Die Traumfamilie]. Für die Analyse haben wir tabellarisch für jede Folge aufgelistet, welche Personengruppen und welches Thema dargestellt wird, worin die Lösungsansätze bestehen und welche Schlüsselbegriffe jeweils gewählt werden (vgl. hierzu Tabelle 5 im Anhang). Bei der Analyse kamen wir zu folgenden Ergebnissen:

Der Artikelserie liegt ganz offensichtlich eine positive Einstellung gegenüber dem Familiensystem mit dem Vater als Familienoberhaupt zugrunde. Es werden verhältnismäßig häufig Ausdrücke verwendet, die auf das Familienoberhaupt verweisen, wie beispielsweise „das Geschäft des Vaters" und „der Schutz von Frau und Kindern". In über der Hälfte der dargestellten Familien ist der Vater durch Unfall oder Krankheit jedoch gar nicht anwesend. Bedeutet dies nun den Zusammenbruch oder die Wiederbelebung des patriarchalischen Familiensystems?

In Folge 1 hat der Mann bei seinem Versuch des erzwungenen Familienselbstmords seine Familie umgebracht, selbst jedoch überlebt, weshalb er jetzt eine Gefängnisstrafe abbüßt. In Folge 2 findet sich unter der Schlagzeile „Der Sohn, der die ständig weinende Mutter aufmuntert" das Foto einer Familie mit dem Vater in der Mitte. Der Vater ist im Alter von 34 Jahren plötzlich an Überarbeitung (*karōshi*) gestorben, weshalb nun der Sohn, der in die erste Klasse der Grundschule geht, sozusagen als Vertreter des Familienoberhauptes seine an einer Herzkrankheit leidende Mutter mit den Worten aufmuntert: „Ich kann ja nach der Mittelschule aufhören und arbeiten gehen. Ich pass' schon auf dich auf, so wie es sich gehört." In Folge 3, in der es um eine junge Frau geht, die allein in einer Toilette ihr Kind zur Welt gebracht hat, heißt es in bezug auf den Vater des Kindes lakonisch: „Er dachte nur an sich selbst." Lediglich in zwei Folgen geht es um eine männliche Hauptfigur, und zwar den behindert geborenen Mitsugu (Folge 5) und einen Mann namens Hitoshi, der eine Filipina heiratet (Folge 7). In allen übrigen Artikeln steht jeweils eine Frau im Mittelpunkt.

Die zweite Besonderheit dieser Artikelserie besteht in der Verbreitung einer Mutterideologie, die mit patriarchalischen Vorstellungen von Familie im Zusammenhang steht. In immerhin sieben der zehn Folgen tritt die Frau in der Rolle der Mutter auf. Andere weibliche Lebensentwürfe kommen somit kaum zur Sprache. In Folge 6 wird unter der Überschrift „Scheidung, Neuanfang, starke Mutter" eine Frau vorgestellt, die nach der Scheidung mit ihren zwei kleinen Kindern nach Hokkaidō gezogen ist. Ihre Entscheidung, in einer Bar zu arbeiten, begründet sie folgendermaßen: „Mütter sind hier besonders populär". Dies ist also der Grund für die Stärke der Mutter. Die nebenstehende Fotografie mit der Bildunterschrift „2 Uhr nachts. Es schneit. Die Mutter wärmt die beiden Kleinen ..." mag den Eindruck vermitteln, daß diese Frau ihren Kindern einiges zumutet. Geht man von den Zielsetzungen zum „Internationalen Jahr der Familie" aus, dann muß die Erfüllung von Funktionen, die innerhalb der Familie nicht gewährleistet werden können, nach außerhalb verlagert werden.

Als drittes Charakteristikum dieser Artikelserie ist zu nennen, daß – ebenso wie in den Beiträgen der Neujahrsausgaben der Zeitungen – auch hier auf das regionale gesellschaftliche Umfeld kaum eingegangen wird. Indem in erster Linie innerfamiliäre Problemlösungen präsentiert werden, kommt die Notwendigkeit einer Unterstützung der Familie durch Maßnahmen der Regierung und der örtlichen Behörden nicht genügend zum Ausdruck. Jedenfalls wird so vermieden zu verdeutlichen, daß es Berührungspunkte von Familie und Gesellschaft gibt und daß von der Familie wahrgenommene Funktionen wie die Versorgung von Kindern und alten Menschen auch von anderen Institutionen erfüllt werden können.

3.2 Vielfältige Familienbilder und Wege zur Problemlösung

Die 13teilige Artikelserie „Familie" der *Yomiuri Shinbun* (vgl. hierzu Tabelle 6 im Anhang) stellt anhand konkreter Beispiele unterschiedliche Formen des familiären Zusammenlebens vor. Zur besseren Veranschaulichung familiärer Probleme wird hier auch statistisches Datenmaterial herangezogen.

Folge 1 mit dem Titel „Eltern und Kinder sind miteinander verbunden. Das Zusammenleben von ,anderthalb' Personen" schildert den Fall eines 62jährigen Ehemannes, der an vier Tagen der Woche mit seiner 83 Jahre alten Mutter zusammenlebt und die Zubereitung der Mahlzeiten übernimmt. Dies erscheint als eine neue Form der Versorgung älterer Menschen: Die alte Frau wird nicht nach dem üblichen Muster in die Familie des ältesten Sohnes geholt, wo am Ende doch nur wieder die Schwiegertochter die Versorgung übernehmen würde, sondern der Sohn wohnt zeitweise bei seiner Mutter und besorgt den Haushalt. Dieser Mann äußert jedoch die Sorge: „Und wer wird uns dann mal im Alter helfen?" Auf diese Weise wurden also die gegenwärtigen Probleme der Familie zunächst einmal gelöst. Auch hier wird jedoch wiederum ausschließlich die Selbsthilfe innerhalb der Familie geschildert, andere Möglichkeiten bleiben ausgespart. Deshalb bleibt die Frage der Versorgung dieses Ehemannes im Alter ungelöst. Folge 10 mit dem Titel „‚Erfülltes Alter' – endlich Wirklichkeit" wirft dann allerdings die Vorstellungen vom Zusammenleben unter Blutsverwandten über Bord: Kostenpflichtige Seniorenwohnheime werden als eine neue Errungenschaft gefeiert und die neuen Nachbarn und das Personal zur „zweiten Familie".

Folge 3 mit dem Titel „Viermal die Woche Beef Stew" schildert das Leben eines Paares, das sich am Arbeitsplatz kennengelernt hat. Da die Ehefrau nicht bereit war, den Haushalt allein zu übernehmen, einigte man sich auf folgende Weise: Der Ehemann kocht am Wochenende regelmäßig zehn Portionen Beef Stew sowie einen großen Topf Reis und friert es ein. An vier Tagen in der Woche – Montag, Dienstag, Donnerstag und Freitag – kehren beide zu unterschiedlichen Zeiten von der Arbeit heim und tauen sich dann jeweils eine Mahlzeit auf. Das Abwaschen übernimmt die Ehefrau. Nur am Mittwoch haben beide gemeinsam Feierabend und essen zusammen im Restaurant. Der Ehemann empfindet es als selbstverständlich, daß auch seine Frau Freizeit hat, und wenn sie außer Haus ist, widmet er sich seinen geliebten Videos oder Laserdiscs.

Als Kommentar zur Lebensweise dieses Paares wird der Familiensoziologe Yuzawa Yasuhiko mit den Worten zitiert: „Mann und Frau sind gleich, helfen sich gegenseitig, und genießen das Leben – eine zeitgemäße Ehe". Der dargestellte Fall illustriert das parallele Fortschreiten der Aufhebung der geschlechtsspezifischen Rollenverteilung und der Individualisierung. Im Anschluß an die Vorstellung dieses Paares werden statistische Daten genannt: Bei 40 % aller geschlossenen Ehen haben sich die Partner am Arbeitsplatz kennengelernt; davon sind 87 % Liebesheiraten.

In dieser Artikelserie kommt es in vielen Fällen zu einer Rückkehr des Vaters in die Familie. In Folge 4 mit dem Titel „Der Vater möchte Kontakt zu seinen Kindern" steht ein vielbeschäftigter Geschäftsmann morgens regelmäßig zwischen fünf und sechs Uhr auf, um mit seinen drei Söhnen eine Radtour zu machen. Während eines längeren Auslandsaufenthaltes war ihm bewußt geworden, daß er sich mehr um die Kinder kümmern sollte. Er wird zitiert mit den Worten: „In bezug auf die japanische Familie ist zwar immer von der Abwesenheit des Vaters die Rede, aber es gibt durchaus Fälle, in denen dies nicht zutrifft." Das Beispiel dieses Mannes, der eine starke Präsenz in der Familie zeigt, verweist auf neue Möglichkeiten der Lösung von Familienproblemen.

4. Resümee: Die Zielsetzungen des „Internationalen Jahres der Familie" und die Rolle der Presse

Für die Analyse der Zeitungsberichterstattung zum „Internationalen Jahr der Familie" machten wir uns zunächst auf die Suche nach Publikationen der Vereinten Nationen sowie nach entsprechenden Materialien der japanischen Regierung. Zunächst wandten wir uns im Januar 1994 an das Kokuritsu Fujin Kyōiku Kaikan [Staatliches Zentrum für Frauenbildung]. In der Bibliothek gab es 15 verschiedene englischsprachige Materialien, Texte in japanischer Sprache standen jedoch nicht zur Verfügung. Auf eine Anfrage bei den lokalen Behörden der Stadt Takaoka bzw. der Präfektur Toyama kam die Antwort, daß man kein Material der Vereinten Nationen und auch keine Übersetzungen ins Japanische erhalten habe. In der Juni-Ausgabe der Zeitschrift *Gekkan Josei Jōhō* [Monatliche Informationen für die Frau] fand sich die „Erklärung zum Internationalen Jahr der Familie (IYF)" in einer vorläufigen Übersetzung des japanischen Außenministeriums. Die Abteilung „Menschenrechte/Flüchtlingsfragen" des Außenministeriums dementierte jedoch die Herausgabe einer vorläufigen Übersetzung. Als wir schließlich Anfang 1995 vom Außenministerium Materialien anforderten, schickte man uns eine Textzusammenstellung im Umfang von einigen Seiten, betitelt „Zum Internationalen Jahr der Familie", mit einigen Informationen zu inhaltlichen Details, Zielstellungen und Grundsätzen. Die Herausgabe des Materials datierte allerdings vom September 1994, einer Zeit, da sich das „Internationale Jahr der Familie" bereits seinem Ende zuneigte. Diese Schwierigkeiten bei der Beschaffung von Informationsmaterial zum „Internationalen Jahr der Familie" werfen ein Licht auf die Öffentlichkeitsarbeit der japanischen Regierung.

In den vom Außenministerium publizierten Materialien heißt es im Abschnitt „Hintergründe und Zielsetzungen" lediglich: „Die Zielsetzung besteht darin, ... vermittels der Betonung der Bedeutung von Familie und der Erhöhung des Interesses von Volk und Regierung an familiären Problemen Maßnahmen zu unterstützen, die auf ein vertieftes Verständnis der Rolle, Struktur und Funktion von Familie und die Erhaltung und Förderung des Wohlergehens der Familie gerichtet sind ...". Hier wird also der Akzent einseitig auf die Ausgestaltung der familiären Basis gesetzt, während das eigentliche Grundanliegen des „Internationalen Jahres der Familie", nämlich die „Gleichberechtigung von Mann und Frau in der Familie", mit keinem Wort zur Sprache kommt.

Leider besitzen wir keine Informationen darüber, welche Art von Materialien den einzelnen Zeitungsverlagen bei der Planung ihrer Beiträge zum „Internationalen Jahr der Familie" vorlagen. Zweifellos hat jedoch die ungenügende Öffentlichkeitsarbeit der Regierung bezüglich der von den Vereinten Nationen verfolgten Zielstellungen einen Einfluß auf die Darstellung in den Medien ausgeübt. Abgesehen von dem von Higuchi Keiko verfaßten Artikel mit dem Titel „Verliert die Idee des ‚Internationalen Jahres der Familie' nicht aus den Augen!" in der *Asahi Shinbun* vom 18.3.1994 wurde in der Presse die mangelhafte Öffentlichkeitsarbeit seitens der Regierung jedoch kaum angeprangert.

Die Kommentare zum „Internationalen Jahr der Familie" in den einzelnen Zeitungen vermitteln den Eindruck, als habe man einfach jeweils die für die Beiträge der eigenen Zeitung als passend angesehenen Aspekte in den Vordergrund gestellt. Man kann also nicht sagen, daß bei der Presse ein großes Verständnis für das Grundanliegen des Internationalen Jahres der Familie vorhanden war.

Das „Internationale Jahr der Familie" hatte zum Ziel, die Rechte eines jeden einzelnen Menschen als Familienmitglied in den Mittelpunkt der Aufmerksamkeit zu rücken. Bislang halten die Medien, insbesondere die Tageszeitungen, beispielsweise im Rahmen ihrer jeweiligen Firmengrundsätze die „Respektierung der Menschenrechte" (so etwa die redaktionellen Grundsätze bei der *Mainichi Shinbun*) fest. Bei den Tageszeitungen, mit einem Anteil von 92 % Männern unter ihren Mitarbeitern, ist das Interesse an Menschenrechten, sobald sie die „Rechte der Frau" betreffen, allerdings außerordentlich gering entwickelt. So lagen auch manchen Darstellungen zum Internationalen Jahr der Familie patriarchalische Denkweisen sowie überkommene Vorstellungen von der Mutterrolle der Frau zugrunde. Dies erscheint recht problematisch, nachdem Japan 1985 die Konvention über die Abschaffung der Diskriminierung der Frau, die eine Korrektur geschlechtsspezifischer Rollen- und Arbeitsteilung fordert, ratifiziert hat.

Die Presse besitzt vollkommene Freiheit in ihrer Berichterstattung und nimmt für sich in Anspruch, als Nachrichtenorgan, dem die Wahrnehmung des Rechtes der Bevölkerung auf Information überantwortet ist, eine Überwachungsaufgabe gegenüber politischen Maßnahmen seitens Regierung und örtlichen Behörden zu erfüllen. Auch das „Internationale Jahr der Familie" der Vereinten Nationen hat Verbesserungen bei der Festlegung politischer Leitlinien sowie deren Umsetzung und Überwachung zum Ziel. Die Berichterstattung tendierte in diesem Fall jedoch stark in die Richtung, daß die einzelnen Familienmitglieder ihre jeweiligen familiären Probleme selbst untereinander, oder – bestenfalls – innerhalb lokaler Gruppen lösen sollten.

Die Anzahl jener Artikel, in denen die Politik von Regierung und örtlichen Behörden aufgegriffen wurde, war über den Zeitraum der Untersuchung – hierfür wurden über die oben untersuchten sechs Tageszeitungen hinaus 19 weitere überregionale und regionale Zeitungen herangezogen – außerordentlich gering. Beispiele hierfür sind unter anderem „Ein Idealbild ohne Opfer? Kritik an den Plakaten der Regierung", (*Yomiuri Shinbun* 14.01.1994), „Die im Wandel begriffene japanische Familie – Eine Lücke zwischen Gesetzgebung und sich verändernden Realitäten in der japanischen ‚Familie'" (*Yomiuri Shinbun*, 20.01.1994), oder „Widerstand gegenüber der Art und Weise der Behandlung des ‚Internationalen Jahres der Familie'" (*Nihon Keizai Shinbun*, 27.01.1994). Das Hauptproblem der Berichterstattung zum „Internationalen Jahr der Familie" in Japan war wohl, daß eine Auseinandersetzung mit der Haltung der Regierung weitgehend ausgespart blieb. Solange aber Tageszeitungen und andere Medien nicht darüber berichten, hat es die Bevölkerung schwer, an die entsprechenden Informationen zu gelangen.

Was die Rolle der Medien betrifft, so waren die beschriebenen Inhalte im Sinne von öffentlichkeitswirksamer Arbeit für das „Internationale Jahr der Familie" als solche sicherlich erfolgreich. Vom Blickwinkel der Geschlechterforschung aus gesehen muß jedoch festgestellt werden, daß sich sowohl die Darstellung der gegenwärtigen Situation als auch die vorgestellten entsprechenden Lösungsansätze für Schwierigkeiten in der Familie teilweise als recht problematisch erwiesen und viele Beiträge wahren journalistischen Geist vermissen ließen.

übersetzt von Hilaria Gössmann
(nach einer Rohübersetzung von Frank Bauer)

Tab. 1: Beiträge zum „Internationalen Jahr der Familie" in den Neujahrsausgaben von 6 Tageszeitungen

Name der Zeitung	Titel	Umfang	Inhalt	Charakterisierung
Asahi Shinbun (Tōkyō)	Meinungsumfragen zum Thema Familie	1 S.	Abdruck der bei der Umfrage gestellten Fragen und Antworten sowie ein Kommentar dazu.	Darstellung von Individualisierung und von Singles innerhalb der Familie. Eine Zeichnung (s. Abb. 1) zeigt eine große Bandbreite unterschiedlicher Paarbeziehungen.
Mainichi Shinbun (Tōkyō)	Dieses Jahr ist das Internationale Jahr der Familie – Vertrauen, Wärme und Liebe – Gemeinsam leben	6 S.	Vergleiche zwischen dem Tierreich und der menschlichen Gemeinschaft. Ob in Freude oder im Streit – eine große Familie. Verschiedene Formen von Familie.	Da man von der Tierwelt ausgeht, werden die Veränderungen der menschlichen Gesellschaft außer acht gelassen; die Betonung liegt auf den Rollen innerhalb der Familie.
Yomiuri Shinbun (Hokuriku)	1994 – Das Internationale Jahr der Familie: Über die Generationen hinweg bleibt man der Familie treu	7 S.	Mitgefühl und Gelassenheit – das Zusammenleben unter einem Dach. Die Einstellungen zur Familie in der Region Hokuriku: Die größten Häuser in ganz Japan, aber auch kleinen Details wird Aufmerksamkeit gewidmet. Ein Mitglied unserer Familie – der Hund. Das Gruppenbild von *toshi onna*,[a] die ungeahnte Möglichkeiten in sich bergen.	Zur Überwindung der Auswirkungen der niedrigen Geburtenraten ist die Mehrgenerationen-Familie das passende Mittel im Sinne einer „Lebensführung über Generationen hinweg"; Betonung auf der Familie als Institution; verschiedenste Probleme werden durch die Anstrengungen aller Mitglieder gelöst (Zusammenarbeit innerhalb der Familie).

[a] Mit *toshi onna* werden diejenigen Frauen bezeichnet, die im chinesischen Tierkreiszeichen des jeweiligen Jahres geboren sind. 1994 war das Jahr des Hundes.

253

Name der Zeitung	Titel	Umfang	Inhalt	Charakterisierung
Hokkaidō Shinbun	Beitrag zum „Internationalen Jahr der Familie": Ob in Freude oder Leid – Alles tun wir gemeinsam	8 S.	Zur Lebensweise der „Neuen Dreißiger". Familien aus aller Welt heute. Die „Zeitung unserer Familie".	Kernfamilien im Alter zwischen dreißig und vierzig mit der Eltern-Kind-Beziehung im Mittelpunkt; eine Familienzeitung als Kommunikationsmittel einer Familie; Aufgabenteilung zwischen Vater und Mutter in der Familie; die Pluralität der Familienformen in verschiedenen Ländern der Welt.
Kanagawa Shinbun	Beitrag zum Thema Familie: Portrait der neuen Familie. Die Familienbande reichen über die Region hinaus	6 S.	Szenen aus dem Leben verschiedener Familien.	Neue Beziehungsformen wie z. B. internationale Ehen, Familien ohne blutsverwandtschaftliche Beziehungen, verschiedene Familiennamen der Ehepartner, Unabhängigkeit der Familienmitglieder etc.
Okinawa Times	Beitrag zum Neuen Jahr; das Portrait der Familie	12 S.	Die Familienzeitung *Omoiyari* [Mitgefühl]; Neujahrsgrüße in der Zeitung; Was ist in Vergessenheit geraten? – Familien in Okinawa; Ist das Inselleben einsam?; Singt zu zweit das Lied der Liebe!; Zeigt allen, wie gut es euch geht!; Ein kleines Lächeln tut gut; Die Uchina-Familie in Daten; Für die Aufzucht der Jungen braucht man Kraft (Nachwuchs im Tierreich); Die japanische Familie im Wandel.	Kommunikation zwischen Eltern und Kindern, die ihren Heimatort verlassen haben, mittels einer Familienzeitung; Sorge wegen der national höchsten Scheidungsrate und der Tendenz zur Kernfamilie; Trend zur Bildung von Pseudofamilien älterer Personen (Bericht einer Sozialarbeiterin); Vorschläge, wie man dem wachsenden Anteil älterer Menschen in der Bevölkerung begegnen kann.

Tab. 2: Die Darstellung unterschiedlicher Haushaltsformen in der Zeitungsberichterstattung zum „Internationalen Jahr der Familie"

Haushalte von Mehrgenerationen-Familien	Kernfamilien-Haushalte	Haushalte von Paaren	Haushalte von Individuen
Auch unser Urgroßvater ist wohlauf (*Asahi Shinbun*)	Die Familienzeitung (*Hokkaidō Shinbun*)	Gleichgeschlechtliche, getrennt lebende Paare (*Asahi Shinbun*)	Auch allein ist man eine Familie (*Asahi Shinbun*)
Erziehung durch die Großmutter (*Mainichi Shinbun*)	Sparbüchse ohne konkreten Zweck (*Hokkaidō Shinbun*)	Ehen in reiferen Jahren (*Asahi Shinbun*)	Familiäres Beisammensein (*Hokkaidō Shinbun*)
Der Autoritätsverlust des Vaters (*Mainichi Shinbun*)	Die Campingwagen-Generation (*Hokkaidō Shinbun*)	Heute bis du mal mit dem Kochen dran (*Kanagawa Shinbun*)	Ledige Mütter (*Okinawa Times*)
Gemeinsames Leben von Menschen und Tieren (*Mainichi Shinbun*)	Scheidungsmüll (*Hokkaidō Shinbun*)	Durch den Ozean getrennt – die Emanzipation von Eltern und Kindern (*Kanagawa Shinbun*)	Das Kind lebt allein im Ausland (*Okinawa Times*)
Die Frau ist nicht berufstätig (*Mainichi Shinbun*)	Der „Ein-Kind-Luxus" (*Hokkaidō Shinbun*)	Auch Pflege- und Adoptivkinder gehören zu uns (*Kanagawa Shinbun*)	Eine getrennt lebende Familie japanischer Herkunft (*Okinawa Times*)
Über die Generationen hinweg ist man der Familie treu (*Yomiuri Shinbun*)	Die „Partner-Look-Familie" (*Hokkaidō Shinbun*)	Eigene Familiennamen der Ehepartner – Akzeptanz als Individuum (*Kanagawa Shinbun*)	Neue Eltern-Kind-Beziehungen (Erfüllung von Pflegeaufgaben durch regelmäßige Besuche und durch Freunde) (*Okinawa Times*)
Problemlösung durch gemeinsame Anstrengung in der Familie (*Yomiuri Shinbun*)	Doppelverdiener-Haushalte (*Hokkaidō Shinbun*)	Eine Adoptivtochter aus Kambodscha (*Hokkaidō Shinbun*)	Gleichgeschlechtliche Gruppen (*Okinawa Times*)
Neubestimmung der Vaterrolle (*Yomiuri Shinbun*)	Die Golf spielende Mutter (*Hokkaidō Shinbun*)	„Tschüß Mama!" (Männer, die die Versorgung der Kinder übernehmen) (*Asahi Shinbun*)	Die Nachbarschaft (*Okinawa Times*)

Haushalte von Mehrgenerationen-Familien	Kernfamilien-Haushalte	Haushalte von Paaren	Haushalte von Individuen
Die Größe des Hauses – Der Stützpfeiler der Familie (*Yomiuri Shinbun*)	Der ideale Brautvater (*Hokkaidō Shinbun*)	Die Ehe mit einem Afrikaner (*Asahi Shinbun*)	Eine Großfamilie auf einer Insel (*Okinawa Times*)
Die Familienzeitung (*Okinawa Times*)	Kinder als Bindeglied der Ehe (*Hokkaidō Shinbun*)	Männer erziehen Kinder (*Asahi Shinbun*)	Mutter-Kind-Haushalt (*Okinawa Times*)
Das Zwei-Generationen-Auto (*Hokkaidō Shinbun*)	Bikulturelle Ehen (*Kanagawa Shinbun*)	Ein Sängerehepaar und die Kollegen (*Okinawa Times*)	
Wiederentdeckung der Vergangenheit, Familienfeier (*Hokkaidō Shinbun*)	Die gemeinsame Sprache der Familienmitglieder (*Kanagawa Shinbun*)		
Der Wunsch, Masuo-san zu werden[a] (*Hokkaidō Shinbun*)	Das Leben von älteren Menschen auf den Inseln (*Okinawa Times*)		
Drei Generationen helfen sich gegenseitig (*Kanagawa Shinbun*)	Hauptfigur der Kernfamilie ist die Frau (*Okinawa Times*)		
Fortsetzung des Familienbetriebs der Eltern der Ehefrau (*Kanagawa Shinbun*)	Das Duett von Ehefrau und Schwiegermutter (*Okinawa Times*)		
Der Idealfall dreier Generationen (*Okinawa Times*)	Kernfamilie		
Drei Generationen von Eltern und Kindern – Szenen aus Okinawa (*Okinawa Times*)			

[a] „Masuo-san werden" bedeutet, mit der Familie der Ehefrau zusammenzuleben, so wie der Ehemann der Titelheldin des *manga* „Sazae-san". (Vgl. zu diesem *manga* den Beitrag von NAKANO Emiko in diesem Band.)

Tab. 3: Besonderheiten der unterschiedlichen Haushaltsformen

Haushaltsform	Haushalte von Mehrgenerationen-Familien	Kernfamilien-Haushalte	Haushalte von Paaren	Haushalte von Individuen
Familienmitglieder	Kinder und Eltern verschiedener Generationen auf der Grundlage von Blutsverwandtschaft	Ehepaar und leibliche Kinder	(Ehe)paar (eventuell mit Kindern)	Einzelperson und Freunde
Art der Beziehung	vertikal; hierarchisches Verhältnis zwischen der älteren und der jüngeren Generation	vertikal mit Eltern-Kind-Beziehungen im Mittelpunkt	horizontal (mit dem Paar im Mittelpunkt)	horizontal
Zeitspanne	generationsübergreifend	bis die Kinder erwachsen sind	abhängig von gegenseitigem Willen	auch als Übergangszeit
Prinzip des Zusammenlebens	Weiterführung des Familienbetriebs	Lebensabschnitt Kinder	Eltern-Partnerschaft	individuelle Ausrichtung
Geschlechterrollen	geschlechtsspezifische Rollenverteilung, Betonung der jeweiligen Stellung innerhalb der Familie	⟶	⟶	Geschlechterrollen, Alter und Blutsverwandtschaft spielen keine Rolle
Idealvorstellung	Familienzentriertheit ⟵			⟶ Individualisierung
Problemlösung	gegenseitige Hilfe innerhalb der Familie	⟶	⟶	Hilfe durch Nachbarschaft, Behörden und Freunde
	(Eine Unterstützung durch Behörden oder Verbesserung der Gesetzgebung wird nicht in Betrachtung gezogen.)			

Tab. 4: Artikelserien zum Thema Familie

Name der Zeitung	Titel	Zeitraum u. Anzahl der Folgen	Rubrik	Gegenstand	Thema	Charakterisierung
Asahi Shinbun (Tōkyō)	Wir haben uns gefunden und leben zu zweit. Über die Familie	13mal (1.1. bis 28.1.)	Familie	(Ehe)paare	Nachdenken über die Familie in einer Zeit ohne Ideale und Normen	Reportage über Paare, die sich nicht den herrschenden Vorstellungen über die Familie anpassen
Yomiuri Shinbun (Tōkyō)	Familie	13mal (1.1. bis 15.1.)	Gesellschaft	Eltern-Kind-Beziehungen sowie Beziehungen zwischen den Ehepartnern	Was bedeutet eigentlich Familie? In welche Richtung wird sie sich entwickeln?	Die gegenwärtige Situation wird anhand statistischen Datenmaterials dargestellt. Zur Veranschaulichung neuer Tendenzen werden Modellfamilien vorgestellt.
Yomiuri Shinbun (Tōkyō)	Zeit des Wandels	15mal (1.1. bis 21.1.)	Familienleben	das Individuum	Zum Zustand der japanischen „Seele" – Wonach suchen die Menschen?	Die Menschen, die neue Lebensweisen und -grundlagen gewählt haben, und deren Beziehungen zu ihren Familien
Yomiuri Shinbun (Tōkyō)	Familien dieser Erde – Eine Luftpost-Stafette	5mal (24.1. bis 28.1.)	Familienleben	das Individuum	Die Suche nach neuen Familienbeziehungen; Vorstellung verschiedener Lebensweisen	Die Beziehung von Schwiegersohn und Schwiegermutter. Vorstellung unterschiedlichster Familienformen wie homosexuelle Paare und alleinerziehende Eltern

Name der Zeitung	Titel	Zeitraum u. Anzahl der Folgen	Rubrik	Gegenstand	Thema	Charakterisierung
Hokkaidō Shinbun	Die Traumfamilie	10mal (3.1. bis 12.1.)	Gesellschaft	hauptsächlich Eltern und Kinder	Das ins Wanken geratene Erscheinungsbild der Familie	Hauptthema ist der Verlust von Familienmitgliedern, die Strategie zur Lösung der Probleme ist die Wiederbelebung der Familie mit blutsverwandtschaftlichen Beziehungen.
Hokkaidō Shinbun	Familien, die ein Pharmavertreter aus Toyama kennengelernt hat	5mal (3.1. bis 8.1.)	Alltagsleben	hauptsächlich Eltern und Kinder	Familien und deren Geschichten, wie sie ein Pharmavertreter im Gebiet Kushiro erlebte	Mehrgenerationen-Familien, bei denen die Weiterführung eines Familienbetriebs wie der Fischerei im Mittelpunkt steht
Kanagawa Shinbun	Zum Internationalen Jahr der Familie	6mal (1.1. bis 7.1.)	Gesellschaft und Soziales	Eltern-Kind-Beziehungen sowie Ehepaare	Was geschieht innerhalb von Familien und was sollten sie leisten?	Vorstellung unterschiedlicher Familienmodelle alter und neuer Denkart
Okinawa Times	verschiedene Familien	32mal (1.1. bis 8.4.)	Gesellschaft Teil 2	Eltern-Kind-Beziehungen und Ehepaare	Vorstellung des Alltags verschiedener Familien. Nachdenken über die Beziehungen zwischen Ehepartnern, zwischen Eltern und Kindern und zwischen Geschwistern	Hilfe von regionalen kommunalen Körperschaften in Okinawa für Familien mit Angehörigen mit geistigen oder körperlichen Behinderungen

Anm.: In der *Mainichi Shinbun* gab es keine entsprechende Artikelserie.

Tab. 5: Krisensituationen der Familie im Spiegel der Serie „Die Traumfamilie", publiziert in der *Hokkaidō Shinbun* vom 3.1. bis 23.1.94

Nr. und Name der Folge	Gegenstand	Thema	Lösungsansätze	Schlüsselbegriff(e)
1. Das Leben	Tochter-Vater-Enkelkind(er)	Verlust von Familienmitgliedern (erzwungener Familienselbstmord)	Die Enkelkinder als Bindeglied	Leben
2. Der Weg	Sohn-Mutter	Verlust eines Familienmitglieds (Tod durch Überarbeitung (*karōshi*))	Sohn tritt an die Stelle des Vaters (Pseudo-Familienoberhaupt)	Trost der Mutter durch den Sohn
3. Die roten Schuhe	Mutter-Tochter-Enkeltochter	Uneheliche Mutterschaft	Der „Sinn des Lebens" der Tochter und die Unterstützung durch die Mutter (Blutsbande, Mutterschaft)	ledige Mutter
4. Kōbe	Ehepaar-Tochter	Getrennter Wohnsitz von Familienmitgliedern wegen Prüfungsvorbereitung	Aufgrund des angestrebten Medizinstudiums steht in dieser Familie die Tochter im Mittelpunkt	Notendurchschnitt
5. Karaoke-Singen	Sohn-Ehepaar	Zusammenleben in einer Familie, deren Sohn an einer Störung der Hirnfunktion leidet	Verantwortung der Mutter für die Pflege des Sohnes. Einlieferung des Sohnes ins Krankenhaus mit Heimkehr in die Familie an Wochenenden	„Meine Mutter ist schuld"

Die Zeitungsberichterstattung zum „Internationalen Jahr der Familie"

Nr. und Name der Folge	Gegenstand	Thema	Lösungsansätze	Schlüsselbegriff(e)
6. Das Vergnügungsviertel Susukino	Mutter-Tochter	Selbständigkeit einer geschiedenen alleinerziehenden Mutter	Arbeit in einer Bar (nach der Verantwortung des Mannes wird nicht gefragt)	„Eine Mutter ist stark"
7. Eine fremde Heimat	Ein Ehemann und seine Ehefrau aus den Philippinen	Zusammenleben mit einer sich illegal in Japan aufhaltenden Ausländerin	Unterstützungsbewegung; erzwungene Anpassung	Frau und Kinder beschützen
8. Die Uhr	Mutter-Tochter, Ehemann und Ehefrau	Verlust eines Familienmitglieds (Tod durch Unfall im Bergwerk)	Auf Vorschlag der Tochter Klage auf Entschädigungszahlung	Familienzusammenhalt unter dem Motto „für den Vater"
9. Soba-Nudeln	Ein Ehepaar, seine Tochter und die Mutter der Ehefrau	Verlust eines Familienmitglieds (Tod durch Krankheit)	Eröffnung eines Nudelimbisses, um den Traum des Ehemannes zu verwirklichen	der Imbißladen des Ehemannes
10. Glück	Mutter-Ehepaar-Sohn	Selbständigkeit im Leben einer aus China nach Japan zurückgekehrten japanischen Familie sowie der Verlust eines Familienmitglieds	Bewältigung des Verlusts des Sohnes und die Wiedereröffnung des Geschäftes	das Glück, mit Kindern und Enkelkindern zusammenzuleben (Prinzip einer durch Blutsverwandtschaft verbundenen Mehrgenerationenfamilie)

Tab. 6: Krisensituationen der Familie im Spiegel der Artikelserie „Familie", publiziert in der *Yomiuri Shinbun* (1.1. bis 15.1.94)

Nr. der Folge	Gegenstand	Thema	Lösungsansätze	Schlüsselbegriffe
(1)	62jähriger ältester Sohn und seine 83jährige Mutter	Zusammenleben mit Menschen in höherem Alter	Überwindung der geschlechtsspezifischen Rollenverteilung, Zusammenleben mit der Mutter an vier Tagen in der Woche	Zusammenleben von „anderthalb" Personen
(2)	Mutter und Tochter	Übermäßiges Abhängigkeitsverhältnis von Mutter und Tochter	keine	starke Bindung von Mutter und Tochter
(3)	Doppelverdiener-Ehepaar ohne Kinder (DINKs = Double Income No Kid)	Neue Form von Ehebeziehung – Partnerschaft und Geschlechterrollen	Lösung von überkommenen Auffassungen	vier Mal die Woche Beef-Stew
(4)	Vater und Söhne	Begegnung von Vater und Söhnen	Protest gegen die Abwesenheit des Vaters	Der Vater sucht die Begegnung mit seinen Kindern
(5)	Mutter und Sohn	Neue Form familiärer Erziehung (Unterstützung für Afrika)	Auswirkungen auf die zukünftige Berufswahl der Kinder (Arbeit in internationalen Hilfsorganisationen, Krankenpflege durch Hausbesuche)	der Wille der Mutter
(6)	Ehefrau, Ehemann und Tochter	Verschiedene Familiennamen von Ehemann und Ehefrau	Der Wunsch der Ehefrau wird respektiert	das Gefühl der Befreiung und Flexibilität durch Rückkehr zum Geburtsnamen
(7)	Ehepaar und Sohn	Gewalt in der Familie	Beratung	Ignoranz des Vaters seiner Familie gegenüber

Die Zeitungsberichterstattung zum „Internationalen Jahr der Familie"

Nr. der Folge	Gegenstand	Thema	Lösungsansätze	Schlüsselbegriffe
(8)	Ehepaar und Sohn	Wegen Versetzung zieht der Vater allein an eine Arbeitsstelle an einem anderen Ort	Bemühungen zur Abschaffung von Versetzungen ohne die Familie	„Rückkehr der Unternehmenskrieger" in die Familie
(9)	Ehepaar	Wunsch nach Wiederheirat von Geschiedenen sowie Scheidungswunsch (Fortsetzung des Ehelebens trotz gefühlsmäßig bereits vollzogener Trennung)	Suche nach Partnerschaft	ernsthaftes Nachdenken über ein neues Leben
(10)	Freunde im Alter	Kostenpflichtiges Altersheim	Suche nach erweiterter Familie	erfülltes Alter
(11)	Ehepaar und Pflegefall einer Person in höherem Alter	Berufliche Tätigkeit bei der Ehepartner und Durchstehen der Pflege	Pflege sowohl durch Ehepaar, durch die Familie als auch durch die Gesellschaft	Berufliche Tätigkeit und Pflege sollen miteinander zu verbinden sein.
(12)	–	Was bedeutet das „Internationale Jahr der Familie?"	Suche nach einem Ideal von Familie ohne Opfer	Druck ist fehl am Platz
(13)	–	Wie soll eine Familie aussehen?	Neue, vielfältige Formen in freier Wahl	in Richtung Aufgabenteilung zwischen Familie und Gesellschaft

263

STEREOTYPE GESCHLECHTERROLLEN IN FRAUEN- UND MÄNNERZEITSCHRIFTEN

MOROHASHI Taiki

Die Forschungsergebnisse, die ich hier vorstellen möchte, basieren auf langjährigen Studien im Rahmen des von Inoue Teruko (Wakō-Universität) geleiteten Forschungsprojekts „Frauenzeitschriften" sowie auf den in meinen Seminaren u.a. zur Massenkommunikation, Publizistik und Frauenforschung von den Teilnehmern und Teilnehmerinnen erarbeiteten Analysen. Im folgenden soll unter besonderer Berücksichtigung der Geschlechterbeziehung innerhalb des Familienbildes deutlich gemacht werden, welche Stereotypen in den japanischen Frauen- und Männerzeitschriften im Hinblick auf die Geschlechterrollen anzutreffen sind.

1. KATEGORIEN DER FRAUENZEITSCHRIFTEN UND DIE ENTWICKLUNG DER AUFLAGENHÖHE

1.1 Familie – ein brüchiger Begriff?

Es ist seit einiger Zeit zu beobachten, daß das Thema „Familie" in den Zeitschriften einen immer geringeren Raum einnimmt. Lediglich die typischen Elternzeitschriften bleiben ausgenommen von einem solchen Trend. Statt der „Familie" finden sich allerorten Kommunikations- und Verhaltensstrategien im Umgang mit dem jeweils anderen Geschlecht, Tips und Ratschläge für das eigene Ich oder Anleitungen für die vorbildliche Hinwendung zu einem allgegenwärtigen Partner, wie ihn Ehemann und Kind zu verkörpern pflegen.

Dies soll jedoch keineswegs heißen, daß nicht auch ein ganz bestimmter Familientyp durch Artikel, Fotos und Werbung in den Printmedien in Erscheinung tritt, wobei es sich allerdings kaum um die Familie japanischer Prägung im Geiste eines Ozu Yasujirō[1] handelt, sondern vielmehr um das perfekte Design eines modernen Ideals.

---

[1] Regisseur (1903–1963), behandelte in seinen Filmen u.a. den zerstörerischen Einfluß der Nachkriegszeit auf die traditionelle Familie und den Wunsch nach familiärer Geborgenheit. (Anm. des Übersetzers)

Aber spielen in den Medien die Ehefrauen und Ehemänner, die Mütter und Väter, die Kinder und sogar die nur selten berücksichtigten Großeltern denn nicht eine allzu offensichtliche Rolle, da den Medienkonsumenten doch lediglich ein Begriff von Familie vorgegaukelt wird, den es so gar nicht gibt? Benehmen sich die eigenen Kinder, Eltern und Ehepartner tatsächlich wie jene, die uns die Medien zeigen? Sind wir integrierte Elemente inmitten einer Familie ohne jedwede Rollenzuweisung, oder wollen wir selbst nur eine schöne Rolle darin spielen? Zweifellos spiegeln insbesondere die auf den Hochglanzseiten der Elternzeitschriften abgebildeten Kernfamilien glückliche und ganz dem heutigen Zeitgeist entsprechende Väter, Mütter und Kinder wider, doch schimmern gerade aus diesen faden und sterilen Fabrikationen die wahren Familien- und Eltern/Kindbeziehungen hindurch. Geschickt korrespondieren die Zeitschriftenmacher mit den Wünschen und Sehnsüchten ihrer Leserschaft, die sich nur zu gern jenem Identifikationsmuster ergeben: „Ich, die ich solch niedliche Kinder habe, bin ja wirklich eine junge und moderne Mutter", was für den jungen und modernen Vater selbstverständlich genauso gilt.

1.2 Medienspezifische Merkmale der Zeitschriften und das Wachstum der Frauenzeitschriften

Im Gegensatz zum Fernsehen mit seiner fast hundertprozentigen Verbreitungsrate, das in den eigenen vier Wänden auf höchst bequeme Weise – ein Knopfdruck genügt – seine Informationen liefern kann, wie auch im Gegensatz zu den Tageszeitungen, die dank des weltbesten Verteilungssystems pünktlich vor der Haustür liegen, wird ein wichtiges Charakteristikum der Zeitschriften durch ihre Eigenschaft als aktives Medium begründet: Wer die angebotenen Inhalte konsumieren möchte, der muß sich wenigstens zu einer Buchhandlung oder einem Kiosk zum Erwerb des gewünschten Magazins bewegen. Daher genügt es, die Themen einer Zeitschrift auf ihre jeweilige Zielgruppe auszurichten, ohne wie das Fernsehen oder die Tageszeitungen „für jeden etwas" anbieten zu müssen. Dieses Phänomen wird gemeinhin als „die Segmentierung der Zeitschriften" beziehungsweise als „fachspezifisches Informationswesen" bezeichnet, was indes nichts anderes als die Kongruenz von Zeitschrifteninhalten und Bedürfnissen des Lesepublikums meint.

1994 erreichten in Japan 2538 Zeitschriftentitel insgesamt eine Auflage von knapp 5 Mrd. Exemplaren. Davon wurden 2,3 Mrd. Monatszeitschriften und 1,6 Mrd. Wochenzeitschriften verkauft, die einen Umsatz von 1,5 Billionen Yen erwirtschaftet haben.

76 Titel entfielen auf Frauenzeitschriften – Teenagerzeitschriften und Frauencomics ausgenommen –, so daß sie mit einer Auflagenzahl von 267

Mio. bei Monatszeitschriften und 129 Mio. bei Wochenzeitschriften zusammen fast acht Prozent der Gesamtauflage japanischer Zeitschriften stellen.

Bis zum Erreichen ihres historischen Höchststandes im Jahre 1989 befanden sich die Auflagenzahlen auf beständigem Wachstumskurs, der dann mit Beginn der Neunziger endete und seitdem in einer Seitwärtsbewegung verläuft, doch verglichen mit 1982 (knapp 271 Mio. Exemplare) hat sich die Gesamtauflage der Frauenzeitschriften bis 1994 (396 Mio. Exemplare) immerhin etwa um das Anderthalbfache erhöht.

In der Tat ist der Zeitschriftengründungsboom der achtziger Jahre auch an den Frauenzeitschriften nicht spurlos vorbeigegangen: Sind es 1982 nur 41 Titel gewesen, so war deren Zahl bis 1994 auf 76 Titel angestiegen und hatte damit gegenüber dem Maximum von 78 Titeln im Jahr 1993 nur einen geringfügigen Rückgang zu verzeichnen. Bekanntlich stehen Auflage- und Titelreduzierung mit der anhaltenden Rezession nach dem Zusammenbruch der sogenannten „Seifenblasenwirtschaft" ursächlich in Verbindung, was die Frauenzeitschriften allerdings nicht zu berühren scheint, denn diese erweisen sich in puncto Verkauf und Werbeeinnahmen nach wie vor als die Goldader einer jeden Verlagsanstalt.

1.3 Generationswechsel bei den Frauenzeitschriften und deren wichtigste Kategorien

Unter den verschiedenen Kategorien der Frauenzeitschriften sind die jährlichen Auflagenzahlen bei den *seikatsu jōhōshi* [Journale für das Alltagsleben] wie *Orenji Pēji* [Orange Page] und *Retasu Kurabu* [Lettuce Club] enorm angestiegen.[2] Die *fujinshi* [Zeitschriften für die verheiratete Frau] und *kyōyōshi* [Bildungszeitschriften] – als Beispiele sind hier zu nennen *Shufu no Tomo* [Freundin der Hausfrau] und *Fujin Kurabu* [Frauenklub] – befinden sich dagegen in einem steten Abwärtstrend, der 1994 sogar im völligen Verschwinden der Rubrik *fujinshi* kulminierte, die einmal ein Synonym der gesamten Gattung Frauenzeitschriften gewesen war. Parallel zu den allmählich aus der Mode kommenden Bezeichnungen *shufu* [Hausfrau] und *fujin* [verheiratete Frau] begannen sich die Verlage mit einem breitgefächerten Angebot auf einen neuen Typ der verheirateten Frau umzustellen und damit eine Art Generationswechsel bei diesen Zeitschriften einzuläuten, der heute als abgeschlossen betrachtet werden kann. Gegenüber einer Auflagenhöhe in den Sparten *fujinshi* und *kyōyōshi* von knapp 7 Mio. Exemplaren im Jahre 1994, was gerade einem Fünftel

---

[2] Zu den Auflagenzahlen von 13 Frauenzeitschriften vgl. MOROHASHI 1998, S. 195, Abb. 1.

der Zahlen von 1982 entspricht, hat sich die Auflage der Journale für das Alltagsleben im gleichen Zeitraum auf 89,5 Mio. Exemplare mehr als vervierfacht.

Einen hohen Anteil besitzen auch die Young-Fashion-Magazine wie *Anan* oder *Nonno*[3] mit einer im Vergleich zu 1982 1,6fachen Auflagenzahl von über 76 Mio. Exemplaren. Diese wurden in den siebziger Jahren gegründet und haben sich mit ihren reich bebilderten Artikeln, die vor allem über die aktuelle Mode und neue Freizeittrends informieren, als typische Zeitschriften für Frauen um die Zwanzig fest etabliert.

Unter den Frauenzeitschriften verdient ebenfalls die Kategorie der *josei shūkanshi* [Wochenzeitschriften für Frauen] besondere Beachtung, die mit nur vier Titeln (unter anderem *Josei Jishin* [Die Frau selbst] und *Josei Sebun* [Sieben Frauen]) eine durchaus respektable jährliche Auflagenhöhe erreicht. Obschon die Auflagenentwicklung nach dem Höchststand 1988 von über 150 Mio. Exemplaren an Dynamik verloren hat, gelingt es weiterhin, mit einem nie versiegenden Strom an Skandal- und Klatschkolumnen sowie Informationen jedweder Art das Interesse der Leserinnen, hauptsächlich Hausfrauen und jungen Büroangestellten, ungebrochen wachzuhalten, so daß auch 1994 immerhin noch eine Auflage von knapp 129 Mio. Exemplaren zu verzeichnen war.

Die oben angeführten Kategorien „Journale für das Alltagsleben", „Young-Fashion-Magazine" und „Wochenzeitschriften für Frauen" kommen 1994 auf eine Auflage von fast 295 Mio. Exemplaren und beherrschen damit zu drei Vierteln den gesamten Markt der Frauenzeitschriften, so daß eine Konzentration der vorliegenden Analyse auf diese drei ausgewählten Kategorien zweifellos repräsentative Ergebnisse erwarten läßt.

Die in der Liste außerdem aufgeführten Kategorien *kyaria ūman* [Karrierefrau], *mono guzzu* [Waren und Produkte] und *asobi jōhō* [Freizeitführer] sind erst in den achtziger Jahren infolge der öffentlichen Diskussion um die Verbesserung der sozialen Stellung der Frau (beispielsweise die Verabschiedung des „Gesetzes zur Chancengleichheit von Mann und Frau am Arbeitsplatz" (*danjo koyō kintōhō*) in Japan oder das von den Vereinten Nationen initiierte „Jahrzehnt der Frau" in großer Zahl auf den Markt gekommen. Wie später noch aufzuzeigen sein wird, neigten diese Frauenzeitschriften dazu, generell die Doppelmoral in bezug auf die

---

[3] Die Gründung dieser beiden Zeitschriften war der Auftakt zu einem Boom von Frauenzeitschriften, deren Titel keine allgemein verständliche Bedeutung mehr tragen und nicht eindeutig als Frauenzeitschriften identifizierbar sind. Nach Auskunft von INOUE Teruko ist *Anan* der Name eines chinesischen Panda-Bärs, und *Nonno* heißt in der Ainu-Sprache „Blume". (Anm. der Hg.)

Männerwelt zu reflektieren, während sie sich mit ihrer vollkommen neuen Ausrichtung auf das weibliche Lesepublikum Erfolg versprachen. Ungeachtet dessen vermochten sie sich jedoch keine nennenswerten Marktanteile zu verschaffen. Insbesondere das Schicksal der inzwischen auf zwei Zeitschriften zusammengeschrumpften Kategorie „Karrierefrau" verdeutlicht das Dilemma, einerseits die Bedürfnisse berufstätiger Frauen erfassen zu wollen, während sich andererseits die Arbeitsmarktsituation für Berufsanfängerinnen aufgrund der Rezession fortlaufend verschärft. So bleibt letztlich festzuhalten, daß das „Jahrzehnt der Frau" in den achtziger Jahren, zumindest soweit es die Medienlandschaft betrifft, analog zur „Seifenblasenwirtschaft" wohl auch nur eine „Seifenblase" gewesen ist.

Die japanischen Frauenzeitschriften scheinen mir grob für drei Gruppen von Leserinnen konzipiert zu sein:

- Hausfrauen Ende zwanzig bis vierzig, die sich hauptsächlich mit den Themen Hausarbeit und Kindererziehung beschäftigen,
- Teenager und junge Frauen um die Zwanzig wie Schülerinnen und Studentinnen, die sich vorwiegend für Mode und Freizeitgestaltung interessieren und
- zwanzig- bis fünfzigjährige Hausfrauen sowie Büroangestellte, für die die Zeitschriften als schriftliches Pendant zu den Klatsch- und Skandalsendungen im Fernsehen fungieren.

Mögen die Massenmedien in Japan auch durch immer neuere Gattungen und immer mehr Kanäle gekennzeichnet sein und dadurch einen Anschein von Vielfalt und Diversifikation vermitteln, bleibt die Vorherrschaft bestimmter Anbieter nichtsdestoweniger ungebrochen.

2. ZUR DARSTELLUNG VON GESCHLECHTERROLLEN IN DEN FRAUENZEITSCHRIFTEN

2.1 Journale für das Alltagsleben als Ratgeber für das Umsorgen der Familie

Inoue Teruko und die Forschungsgruppe „Frauenzeitschriften" (Joseishi Kenkyūkai) haben eine Methodik der Inhaltsanalyse entwickelt, nach der in Relation zur Gesamtseitenzahl einer Zeitschrift der jeweilige Prozentsatz angegeben wird, den ein bestimmtes Themenspektrum besetzt. Im folgenden sollen die nach dieser Vorgehensweise ermittelten Ergebnisse eines Vergleichs sämtlicher Juni-Ausgaben des Jahres 1994 die Basis bilden, um die in den Zeitschriften anzutreffende gegenwärtige Rollenverteilung der Geschlechter zu bestimmen (vgl. hierzu Tabelle 1 im Anhang).

In der Kategorie „Journale für das Alltagsleben" besetzen im großen und ganzen Artikel aus den Bereichen „Kochen" (Kochrezepte, Gebrauch von Gewürzen, Küchengeräten u. a.), „Einrichtung + Heim" (Wohnraumgestaltung, Möbel), „Haushaltsführung" (Management der Familienfinanzen, Hausarbeit) sowie „Kindererziehung" und „Gesundheit" im Verbund mit Werbeanzeigen das gesamte Feld des familiären Umsorgens. Bezeichnenderweise – ob dies positiv zu bewerten ist oder nicht, sei dahingestellt – lassen die beiden miteinander konkurrierenden Zeitschriften *Orenji Pēji* und *Retasu Kurabu* kaum Unterschiede in ihrem strukturellen Aufbau erkennen.

Zu einem wahren Verkaufsschlager in dieser Kategorie hat sich indessen die noch verhältnismäßig junge Zeitschrift *Suteki na Okusan* [Die wunderbare Ehefrau] entwickelt. Dahinter verbirgt sich eine Zeitschrift mit handbuchartigem Aufbau, die offenbar genau in eine Marktlücke gestoßen ist. In der Ausgabe vom März 1995 heißt es beispielsweise: „Ich möchte etwas zubereiten, was meine Familie mit Freude ißt. Abschied vom Einheitsmenü", und darunter steht in großen Lettern: „Machen Sie mehr aus Ihrem Speisezettel – mühelos und schnell." Es folgt die Zeile: „Die besten Rezeptideen unserer Leserinnen. Wie Sie auch ohne viel Aufwand und Erfahrung mit diesem Heft Ihr Selbstvertrauen in der Küche steigern können." Diejenigen Frauen, die ihren Ehemännern mehr oder weniger immer das Gleiche servieren und deshalb an mangelndem Selbstbewußtsein leiden, gehen diesen Zeitschriftenmachern leicht in die Falle, da ihnen das Rollenmuster einer Ehefrau vorgehalten wird, die ihre Familie mit einem interessanten und abwechslungsreichen Speiseplan beglücken kann, ohne sich mit komplizierten Kochkursen herumquälen zu müssen. Das i-Tüpfelchen auf dieses kunstvolle Konglomerat setzt die geschickt plazierte Werbung, wenn sie mit einem knapp 40%igen Anteil am Gesamtumfang den Leserinnen suggeriert, ihr jeweiliges Produkt bräuchte zur Erzielung des gewünschten Effekts einfach nur gekauft zu werden, während sich der Rest dann wie von selbst ergibt.

Somit wäre sowohl dem Rollenbild Genüge getan als auch die Liebe zur Familie unter Beweis gestellt, da die Leserinnen als gute Ehefrauen nun über ein gewisses Repertoire an Gerichten nach Hausfrauenart unter maßvoller Verwendung von Fertigkost verfügen. Hier läßt sich zum einen die fest verwurzelte, traditionelle weibliche Geschlechterrolle erkennen, die Hausfrauen die Aufgaben von Haushalt und Kindererziehung zuweist, zum anderen aber ebenso das Bewußtsein der Betroffenen, wieviel Arbeit und Mühe diese Rolle eigentlich erfordert. Auf diese Weise wird das gängige Familienbild, nach dem sich die Liebe der Ehefrau zu ihrer Familie angeblich am Grad ihrer Aufopferung für die Zubereitung der Mahlzeiten messen läßt, eher weniger vermittelt.

„Hauptsache in der Küche gut funktionieren, dann ist schon alles in Ordnung", an dieser Auffassung dürften sich wohl die weiblichen Geister scheiden: „Das ist doch letztendlich ganz bequem" versus „Ohne mich". Die heutigen Zeitschriften für Hausfrauen allerdings zielen dabei auf ein Lesepublikum, das sich trotz der ernüchternden Erkenntnis der von ihnen erwarteten faden Hausfrauenrolle für die erstere der beiden Aussagen entscheiden würde. Auch wenn es hier und da in manchen Artikeln erste Ansätze geben mag, zaghaft das eigene „Ich" über die „Familie" zu stellen, wandelt eine Suche nach dem Bild der Hausfrau, die ihre Kraft und Energie auch für andere Dinge als den Haushalt aufwenden mag, zumeist auf hoffnungslosen Pfaden.

2.2 Wochenzeitschriften für Frauen zur Beseitigung alltäglicher Frustrationen

Ein weiterer Typ von Frauenzeitschriften bildet die Kategorie „Wochenzeitschriften für Frauen", deren drei Bereiche „Kosmetik" (Anzeigen nach dem Muster „Abnehmen im Handumdrehen", Werbung von Schönheitssalons und für Kosmetika aller Art, Tips zum Make-up), „Kultur" (Comics mit Heldinnen, die ihre Sexualität als Waffe einzusetzen pflegen, Essays über den Lebensstil von Frauen) und „Aktuelles" (Klatsch aus der Künstler- und Schauspielerwelt, Themen zum Kaiserhaus, Hintergrundinformationen zu Unglücksfällen und Verbrechen) etwa 50–70 % der Zeitschrift ausfüllen. Hierzu gehören die bereits genannten Zeitschriften *Josei Jishin*, *Josei Sebun* und *Shūkan Josei* sowie die vierzehntägig erscheinende *Hohoemi* [Lächeln], die allesamt ein verblüffend ähnliches Profil aufweisen (zu *Josei Sebun* vgl. Tabelle 1).

Wie die Motivation menschlichen Handelns allgemein im Ausgleich eines Mangels beziehungsweise in der Befriedigung von Bedürfnissen begründet liegt, so vermag die Lektüre jener Zeitschriften als ein Mittel zur Behebung der selbst empfundenen Defizite im eigenen Erscheinungsbild wie auch zur Kompensation der fehlenden Abwechslung im tagtäglichen Einerlei fungieren: Die Nase oder der Busen sind nicht groß genug, man ist nicht schlank genug, nicht jung genug, nicht glücklich genug, man hat nicht genug Geld, attraktive Männer gibt es nicht genug, Spaß gibt es nicht genug, schöne Dinge gibt es nicht genug, und so weiter und so fort. In geradezu meisterlicher Vielfalt liefern die Wochenzeitschriften für Frauen all die Informationen, die die Erfüllung solcher Sehnsüchte und Wünsche verheißen.

Artikel und Werbeanzeigen wie „Größer und schöner – endlich der richtige Busen für meinen Typ" oder „Abnehmen für 100 Yen: Massage mit dem Arbeitshandschuh" und „In 2 Monaten 12 Kilo Gewichtsverlust" helfen bei der Beseitigung jeder Art von Komplexen. Auch in Fällen finanzieller Nöte bieten die verschiedensten Kreditinstitute mit „Kredit für die Frau"-Kampagnen eine rasche Abhilfe.

Auf der einen Seite werden die Leserinnen ausführlichst mit Berichten über die Affären der von ihnen vielleicht sogar heimlich beneideten Matsuda Seiko versorgt, die – obwohl Ehefrau und Mutter – weiterhin ein Leben als weiblicher Bohemien führt und somit in den Zeitschriften zur „Feindin aller Frauen" geworden ist. Auf der anderen Seite lauten die Meldungen über die Stars Yamaguchi Momoe und Mori Shōko, die nach der Heirat ihre Show-Karriere beendeten und sich für ein Leben als Hausfrau entschieden haben, entsprechend positiv.

Und nicht zuletzt tragen zur Relativierung der eigenen Position und Stabilisierung des inneren Gleichgewichts solche Serien wie „Die verrückten Mütter" bei, die durch extreme Geschichten über falsche Kindeserziehung jeden Mißerfolg der Leserinnen in den Schatten zu stellen vermögen, wobei ähnliches auch für die Artikel gilt, in denen besondere Schicksalsschläge als Thema herhalten müssen.

Durch einen Artikel in der *Josei Jishin* vom 21. Februar 1995 über den Besuch des Kaiserpaares im Katastrophengebiet nach dem großen Erdbeben von Kōbe sollen die Leserinnen offenbar allein von der Aura des erhabenen Kaiserhauses zu Tränen gerührt werden, die kein einziger Politiker hätte hervorrufen können. Nach der Überschrift „Kaiserin Michiko drückte die Daumen: ‚Haltet durch!'" findet sich die Zeile: „Ihre Hoheit ergriff meine Hand – welch eine Wärme ihr entströmte. Es war der schönste Augenblick in meinem ganzen Leben." Dabei wird vermerkt, Ihre Hoheit hätte sich beim Mittagessen mit einer einfachen Mahlzeit begnügt, ohne auf einer Sonderbehandlung zu bestehen. In derselben Ausgabe ist jedoch auch ein Artikel über das Kōbe-Erdbeben mit einem gänzlich anderen Tenor zu finden, obwohl beide Male Frauen im Mittelpunkt stehen: „Hoffnung und Enttäuschung beim Besuch im Katastrophengebiet auf hohen Absätzen – Direktorin Tanaka Makiko vom Institut für Wissenschaft und Technik".

Insgesamt manifestiert sich in diesen Zeitschriften eine sehr starke Sensibilisierung hinsichtlich der Wirkung des Ichs auf andere: Wie leben andere Familien, andere Ehemänner, andere Ehefrauen, wie benehmen sich andere Schwiegermütter, mit welchem Ärger und welchen Sorgen haben andere zu kämpfen? Dies mag damit in Zusammenhang stehen, daß die Wochenzeitschriften für Frauen Büroangestellte und Hausfrauen als Leserinnen im Visier haben, die mittels Voyeurismus, Neid und naivem Gerechtigkeitsgefühl die eigene unglückliche Lage zu verdrängen versuchen.

2.3 Der Handbuchcharakter von Young-Fashion-Magazinen und Lifestyle-Magazinen

Die ab den siebziger Jahren gegründeten Young-Fashion-Magazine *Nonno*, *JJ* und *CanCan* prägen wie keine anderen sowohl in bezug auf Inhalt als auch Layout das Bild der heutigen Frauenzeitschriften. Zwar rangieren sie bei einer vom Mainichi-Zeitungsverlag durchgeführten Umfrage, bei der nach den im letzten halben Jahr gelesenen Zeitschriften gefragt wurde, insgesamt nur an neunter, fünfzehnter und sechzehnter Stelle; unter der Gruppe der Schüler, Schülerinnen und Studierenden hatten sie aber den ersten, vierten und fünften Platz einnehmen können.

Die Zeitschriften gleichen sich wie ein Ei dem anderen: Mit jeweils etwa 30 % füllen die Rubriken „Kosmetik" (Werbung für Make-up, Schminktips usw.) und „Fashion" (nicht mehr eindeutig entweder als Artikel oder Werbeanzeige zu identifizierende Seiten über Mode und Accessoires inklusive Preis- und Händlerangaben) mehr als die Hälfte des Raumes. Der Rest teilt sich in die Sparten „Kultur" (Hobby, Buchbesprechungen) und „Kulinarisches" (Restaurantführer für den Feinschmecker, ausgefallene Lebensmittel) im weitesten Sinne auf. Während die Wochenzeitschriften ein breites Themenspektrum bieten, entpuppen sich die Young-Fashion-Magazine als Journale für das Alltagsleben von Singles, die ihre Leserinnen dazu animieren, durch die richtige Auswahl von Kleidung und Accessoires einerseits für Männer attraktiv zu sein, andererseits aber auch die Blicke anderer Frauen auf sich zu ziehen, von denen sie selbst prüfend aus der männlichen Perspektive betrachtet werden. Zweck der ganzen Übung ist es dann, am Ende einen Mann erobert und sich gleichzeitig aus dem grauen Kreis der eigenen Geschlechtsgenossinnen hervorgehoben zu haben. Über die der Kosmetik und Kleidung seit alters zugeschriebenen mystischen und schützenden Funktionen hinaus dienen diese Mittel heutzutage offenbar in erster Linie dazu, sich zur Schau zu stellen, zumal die Suche nach einem Partner bzw. einer Partnerin das Leben der jungen Leute fest zu bestimmen scheint.

Eine ähnliche Zielrichtung verfolgen die *ikikata jōhōshi* [Lifestyle-Magazine] für junge Frauen, die – nachdem diese sich durch eine attraktive äußere Erscheinung „einen Freund geangelt haben" – Gebrauchsanweisungen zum Umgang mit dem anderen Geschlecht liefern. Bei der Zeitschrift *Say* fällt dementsprechend der hohe Anteil der Rubriken „Kosmetik" (zumeist Werbeanzeigen, die hauptsächlich Mittel und Wege zum Abnehmen propagieren) und „Partnerschaft/Liebe" auf, zu deren Themenbereich im Grunde auch die Rubriken „Leserbriefe" (Wiedergabe von Telefongesprächen an die Redaktion/Briefe zum Thema „Mein Freund"), „Psychologie und Lebenshilfe" (Horoskope, Selbsterkenntnistests) sowie „Lifestyle" (vorwiegend Interviews mit Stars und Sternchen aus der Film- und Popmusikbranche) gehören, da diese sich nicht weniger mit Fragen zu Partnerschaft und Liebe befassen.

Die *Sign* vom Mai 1995, eine kaum von *Say* zu unterscheidende Zeitschrift, beinhaltet einen Sonderteil zum Thema „Wege, die Liebe zu vertiefen – Fehler, die zu ihrem Ende führen" und läßt darin Männer zu Wort kommen, die darüber philosophieren, wie es einer Frau wohl gelingen könnte, den Auserwählten ewig an sich zu binden. Herr I., 27 Jahre, Angestellter eines pharmazeutischen Betriebs, bekundet beispielsweise sein „totales Desinteresse an Frauen, die rücksichtslos nur ihre eigenen Ziele verfolgen", während der Sänger Maki Ken'ichi „50 % Liebe, 20 % Gebundensein und 30 % Freiheit" als Idealvorstellung einer Beziehung definiert.

Durch alle möglichen Arten von Tests geistern Aufhänger wie „Digital-Chartanalyse: Falle ich ihm auch nicht zur Last? Finde Deine Schwächen in der Art, ihn zu lieben" oder „Meint er es ehrlich? Wie ein Blick auf den Namen helfen kann", die sich konstant in jeder Ausgabe finden, um den Leserinnen ein probates Mittel zur Einschätzung der Männer an die Hand zu geben. Gleichzeitig weisen Artikel nach dem Muster „Wie stelle ich es richtig an?" und „Paßt ihr auch im Bett zueinander?" den Weg zu glücklicher Zweisamkeit, oder es werden praktische Anleitungen zur Verschönerung der äußeren Erscheinung gegeben („Hautpflege und Make-up für den Sommer – frisch und verführerisch"), wobei die Antworten auf die Fragen „Wie angle ich mir einen Mann?" und „Wie bleibt er möglichst lange bei mir?" natürlich nicht fehlen dürfen. Zu guter Letzt führen Kolumnen wie „Yūki Mitsuyu: Das kulinarische Repertoire der jungen Ehefrau" ihre Leserinnen in die Kunst des Kochens ein, so daß sie auch in dieser Hinsicht wohl vorbereitet und unbesorgt in den Stand der Ehe treten können. Um die Zeit nach der Vermählung kümmern sich dann die bereits vorgestellten Journale für das Alltagsleben.

Nebenbei spiegeln die in diesen Zeitschriften zahlreich vorhandenen Werbeanzeigen, die Talismane und Maskottchen jedweder Art anbieten, die Mentalität der Frauen von heute wider, parallel zur Konsultation von Horoskop und Wahrsagerei auf mühelose und unkomplizierte Weise die Erlösung zu erfahren, das heißt einen Mann zum Heiraten zu finden. Mit einer solchen Einstellung ist es dann nur noch ein kleiner Schritt bis zu okkulten Vereinigungen und Sekten à la Aum-Shinrikyō.

Die Thema Nr. 1 der Zeitschrift *Hanako* vom 16. Februar 1995 widmet sich den „Strategien für die erfolgreiche Verabredung", in dem die folgenden Empfehlungen gegeben werden:

– Wichtig ist zunächst eine entspannte Atmosphäre für beide. Die erste Verabredung sollte in einem Restaurant mit gemütlich-ungezwungenem Ambiente stattfinden.

- Laß ihn die nächste Verabredung vorschlagen. Hier die absolut wichtigsten Verhaltensregeln für das erste Treffen.
- Feiertag – Verabredung ohne Zeitdruck. Ein Programm, bei dem auch er sich wohlfühlt.
- Das sind die Bars, wo ihr euch näherkommen könnt.

Offenbar scheint neuerdings den Frauen indes mehr Initiative zugebilligt zu werden:

- Laß ihn auf der zur Straße hingewandten Seite gehen und wecke den Gentleman in ihm.
- Trink den *short drink* innerhalb einer Viertelstunde.

Das Thema Nr. 2 wartet dann mit diesem Ratschlag auf:

- Erdströmungskunde leicht gemacht. Wie ihr im Nu euer Glück findet.

In einem Artikel mit der Überschrift „Die Wissenschaft von den Erdströmen in nur einem Tag!" heißt es klipp und klar: „Die Hochzeitsfarbe in diesem Jahr ist rosa." Außerdem werden Restaurants mit Meerblick unbedingt empfohlen, die als Garanten für romantische Stunden dienen sollen. Zur schnellen Partnerfindung erfährt schließlich sogar das einfachste Horoskop noch eine Vereinfachung.

Von den genannten Frauenzeitschriften zu trennen ist indessen *Nikkei Woman*, bei der neben der allgemein anderen Struktur vor allem die stattliche Seitenzahl der Rubrik „Arbeit und Beruf" auffällt. Obwohl auch viele Artikel und Werbeanzeigen zum Thema „Sparen" enthalten sind, ist es dieser sich an berufstätige Frauen wendenden, eher schwer verdaulichen Zeitschrift – ähnlich liegt der Fall bei *Crea* – nicht vergönnt, ein größeres Lesepublikum zu gewinnen. Mit „Familie" beschäftigen sich Zeitschriften dieser Art kaum, und wenn doch einmal, dann bezieht sich der Grundtenor solcher Artikel gewöhnlich auf die Konfliktsituation zwischen Beruf und Familie, in die eine wirtschaftlich unabhängige Frau geraten kann.

3. DIE GESCHLECHTERROLLEN IN ALLGEMEINEN ZEITSCHRIFTEN UND IN MÄNNERMAGAZINEN

3.1 Das Männer-, Frauen- und Familienbild der Wochenzeitschriften

Hat die Analyse von Frauenzeitschriften bereits eine Doppelmoral bei der Darstellung der Geschlechterrollen erkennen lassen, so tritt diese sowohl bei der Hinzuziehung von Männermagazinen als auch der sich weder spezifisch an Männer noch an Frauen richtenden *ippan shūkanshi* [Wochenzeitschrift] nur um so deutlicher in Erscheinung.

Shūkan Asahi [Die Asahi-Woche] und *Shūkan Gendai* [Moderne Woche] fallen mit ihrem nicht gerade geringfügigen weiblichen Leserkreis unter die Kategorie der „genderless weekly magazines". In einer Erhebung der Zeitung *Mainichi Shinbun* wurde unter anderem nach den während des letzten Monats gelesenen, wöchentlich erscheinenden Zeitschriften gefragt. Hinter der Frauenzeitschrift *Josei Jishin* belegten die Illustrierten *Shūkan Bunshun* (285 Leser und 213 Leserinnen) den zweiten, *Shūkan Gendai* den dritten, *Shūkan Asahi* den neunten und *Shūkan Shinchō* den zehnten Platz.

Während die von den Verlagen Bunshun und Shinchō beziehungsweise von Asahi und Mainichi herausgegebenen Zeitschriften vorwiegend einen weiblichen Konsumentenkreis besitzen, dürften die von den gleichen Verlagen herausgegebenen Wochenzeitschriften *Shūkan Gendai* [Gegenwart], *Shūkan Posuto* [Post] und *Shūkan Hōseki* [Edelstein] mit ihren typischen Hochglanz-Aktseiten am Anfang und am Schluß sowie diversen Artikeln über Sex und Erotik eher die männliche Leserschaft ansprechen. Darüber hinaus erfüllen aber beide Publikationsformen in übereinstimmender Weise die Funktion, das Volksempfinden zu befriedigen: Neben einer knapp ein Drittel des Inhalts ausfüllenden Rubrik „Kultur" (Kurzgeschichten, Essays und Rezensionen) bringen die Rubriken „Politik/Wirtschaft/Gesellschaft" und „Ereignisse/Aktuelles" eine scharfzüngig bis voyeuristisch zurechtgemachte Mixtur aus Berichten über Verbrechen, Unglücksfälle, Menschen, Schicksale, Skandale und Skandälchen.

Vollkommen von den Frauenzeitschriften unterscheiden sich die Wochenzeitschriften jedoch in Hinblick auf die Übergewichtung der Rubriken „Politik/Wirtschaft/Gesellschaft", in den Frauenzeitschriften nur äußerst selten anzutreffen, und „Ereignisse/Aktuelles", die lediglich in den Wochenzeitschriften für Frauen zu finden sind. Zusammen mit den Rubriken „Kultur" und „Freizeit" ergeben diese immerhin 60–70 % des Inhalts, die in den Frauenzeitschriften dominierenden Rubriken „Kosmetik", „Mode" und „Kochen" hingegen spielen so gut wie keine Rolle. Und nicht anders ergeht es Themen, die die weiten Felder Familie und Alltag berühren, so daß sich eine eindeutige Rollenverteilung erkennen läßt: Frauen machen sich für die Männer hübsch zurecht, und nachdem sie geheiratet haben, widmen sie sich dem Kochen, während die Männer über Politik diskutieren, das internationale Zeitgeschehen verfolgen und ihren Hobbys nachgehen. Die Rubrik „Arbeit und Beruf" bildet ebenso wie bei den speziellen Frauenzeitschriften eine ohne weiteres zu vernachlässigende Größe, da sich zum einen solche Themen sicherlich weniger mit dem Unterhaltungsanspruch der Zeitschriften vertragen, zum anderen niemand auch noch in seiner Freizeit mit Problemen konfrontiert werden möchte, die zweifellos schon zur Genüge die Gespräche im Kollegen- und Kolleginnenkreis beherrschen.

Die Ausgabe der *Shūkan Gendai* vom 18. Februar zeigt auf den vorderen Fotoseiten Bilder von der Erdbebenkatastrophe in Kōbe (Januar 1995), auf den hinteren Fotoseiten drei nackte Frauen, während sich im redaktionellen Teil ein aus den Fundgruben „Zeitgeschehen" und „Kunst/ Sport" schöpfendes, reichhaltiges Potpourri befindet, das sich von „Firmen, die die Heisei-Rezession[4] durchstanden", über „Hintergrundbericht: Die sterbende Stadt – Die überlebende Stadt" bis zu „Kokushō Sayuri: Männer, die die Frauen ins Verderben stürzen – Männer, die die Frauen glücklich machen" und „Hara Tatsunori: Warum ich trotzdem bei den Giants geblieben bin" erstreckt. Für die Macher und Leser solcher Wochenmagazine, in denen Artikel wie „Nicht lizenziertes Video! Topszenen eines Pornostars!" in einer Reihe neben Berichten über Zukunftspläne von Baseballspielern oder über die Kandidatur von Nachwuchspolitikern zur Unterhauswahl stehen, besitzen Frauen lediglich den Stellenwert eines Sexualobjekts.

Infolge eines derartigen Frauenbildes gehört es zur Normalität, auch die „Familie" eher unter einem solchen Blickwinkel zu betrachten. Die Beiträge in der gleichen Ausgabe sowohl über Beat Takeshi, der nach seinem schweren Unfall einen Comeback-Versuch startete, als auch über das Nachwuchstalent Kokushō Sayuri, die eine Affäre mit dem einmal wegen Haschischbesitzes verhafteten Popsänger Nagabuchi Gō hatte, sind – da beide Männer verheiratet – Artikel über Dreiecksbeziehungen. Sie beschreiben mit einer Mischung aus Sehnsucht und Bewunderung den für den normalen männlichen Leser unerreichbaren Nervenkitzel, den ein solch rücksichtslos-eigenwilliges Verhalten in der Ehe mit sich bringt.

Am Ende des Berichts über Kokushō Sayuri, Nagabuchi und dessen Gewalttätigkeit gegenüber Frauen wird eine Journalistin mit den Worten zitiert, daß es in den USA neuerdings keine Seltenheit mehr sei, wenn erfolgreiche Frauen sich einen Mann in niedrigerer Position wählten. Sodann findet sich der Leser direkt angesprochen:

„Ob Ihnen die Frage unangenehm ist oder nicht, aber was glauben Sie, nach welchen Maßstäben hat Ihre Freundin oder Frau denn Sie ausgewählt? Haben Sie den Mut, sich bei ihr danach zu erkundigen?"

„Eine niedrigere Position als eine Frau" – so etwas dürfte für das starke Geschlecht wohl kaum zu ertragen sein, vielmehr scheint Nagabuchis

---

[4] Traditionelle japanische Zeitrechnung nach den Ära-Devisen, seit 1868 Wechsel der Ära-Devise nur im Fall der Inthronisation eines neuen Tennō. Heisei-Ära seit 1989.

Art, mit Zuckerbrot und Peitsche Frauen einzufangen, einen fast unwiderstehlichen Anreiz zur männlichen Identifikation auszuüben. Der Artikel über Takeshi befaßt sich zunächst mit dessen Dauer-Verhältnis, aber schließlich rücken seine beiden Kinder, die bei der inzwischen von ihm getrennt lebenden Ehefrau wohnen, immer stärker in den Fokus der Betrachtung. Dabei wird mehrfach auf Takeshis Haltung hingewiesen, die Kinder – obwohl sie sich recht gut mit dem neuen Lebensgefährten seiner Frau verstehen – zu sich zu holen und deswegen sogar auf eine Scheidung verzichten zu wollen.

Sicherlich möchten viele normale Büroangestellte ein ähnliches Leben führen, also die Beziehung zur Geliebten und zu den ehelichen Kindern aufrechterhalten, was für sie aber letztlich unmöglich ist. Tatsächlich scheint die Vaterrolle nur ganz schwer, wenn überhaupt, abzulegen zu sein – vielleicht, weil sich darin das einzig übriggebliebene Beherrschungsinstrumentarium über die Frauen manifestiert, die sich bereits jedweder männlichen „Führung" entledigt haben.

3.2 Frauenbild und Geschlechterrolle in den Herrenmagazinen und deren Wandel

Abschließend soll der Inhalt der sogenannten *dansei zasshi* [Herrenmagazine] vorgestellt werden, worunter die vorwiegend auf junge Männer zielenden Wochen- und Monatshefte wie das ehemals wegweisende *Heibon Panchi* oder die weltweit verbreiteten *Playboy* und *Penthouse* zu verstehen sind. Sowohl *Heibon Panchi* als auch *Penthouse* haben indes ihre einstmals beherrschende Stellung eingebüßt – beide werden nicht mehr verlegt –, was zum einen zwar auch von einem Rückzug der „Männerkultur" zeugen mag, zum anderen aber nicht zuletzt ebenso mit der sich in eine Vielzahl unterschiedlicher Blätter aufspaltenden Zeitschriftenlandschaft und der Spezialisierung auf einzelne Bereiche wie „Auto/Motor", „Sport" und „Sex" zusammenhängen kann.

Beim Durchblättern von *Shūkan Playboy* oder *Sukora* fällt augenblicklich die im Vergleich zu den allgemeinen Zeitschriften hohe Anzahl „sexbezogener" Themen auf, die unter der Rubrik „Kultur" mit Kurzgeschichten und Comics etwa 30 % des Inhalts ausmachen und auch in den Bereichen „Freizeit" (Auto/Motor, Diskotheken u. a.) und „Im Gespräch" nicht nur durch die Hochglanzseiten mit Aktmodellen eine besonders starke Gewichtung erfahren. Frauen erscheinen zum einen auf den Titelseiten der Frauenzeitschriften, zum anderen aber auch auf denjenigen der Herrenmagazine und allgemeinen Zeitschriften, dort allerdings mit an Sicherheit grenzender Wahrscheinlichkeit nicht durch Bekleidung irgendwelcher Art verhüllt. Umgekehrt ziert die Titelseiten der Frauenzeitschriften kein nackter Adonis, so daß Frauen in jedem Fall eine Funktion als „Genußobjekt" erfüllen, die sie einseitig in eine auf das Betrachtetwerden ausgerichtete Existenz festlegt.

Die entsprechenden Kolumnen bestehen aus Tips und Ratschlägen, die die gesamte Palette von der ersten Verabredung bis zur gemeinsam verbrachten Nacht umfassen, die Vorstellung verschiedenster Sexualpraktiken beinhalten wie auch die weibliche Sexualität behandeln. Seit einiger Zeit ist außerdem eine Zunahme der Werbeanzeigen für Pornovideos zu beobachten. Die zwischen den Textbeiträgen plazierten und mit recht deutlichen Fotos garnierten Seiten enthalten eine Auflistung von Tricks und Techniken zur sexuellen Befriedigung der Partnerin, die sich in ihren extremsten Fällen als konkrete Handlungsanweisungen entpuppen, auf welche Weise Frauen zum Orgasmus hingeführt werden können. Tatsächlich wird in den Herrenmagazinen Sexualität nicht als eine „Kommunikation" mit der Partnerin bzw. der Ehefrau betrachtet, sondern vielmehr als eine der wenigen Gelegenheiten zur Bestätigung der eigenen Technik (= Männlichkeit) infolge der sexuellen Befriedigung (= Beherrschung) der Frau.

Seit den achtziger Jahren hat indes auch das Genre der Herrenmagazine parallel zu der abgeschwächten Marktposition der Unterhaltungszeitschriften eine grundlegende Änderung erfahren. Tatsächlich waren die Erstausgaben von *Popeye* und *Hot Dog Press* Paukenschläge für die Männerkultur, denn darin fand sich – in einem zwischen Werbung und Artikel kaum noch zu unterscheidenden Layout – auf einmal eine Rubrik „Mode", in der von Kleidung über Schmuck bis Accessoires alles das vorkommen konnte, was bis dahin als das Vorrecht der weiblichen Leserschaft angesehen worden war. Mit den Fragen nach Outfit und Kosmetik den Beginn der Tendenz des „Betrachtetwerdens" auch für junge Männer markierend, unterscheiden sich diese sogenannten *katarogu zasshi* [Katalogzeitschriften] von den herkömmlichen Herrenmagazinen und reihen sich vielmehr in die Kategorie der sich an junge Frauen richtenden Young-Fashion-Magazine ein – wodurch dem in den Annalen der Verlagsgeschichte nachzulesenden Vermerk, daß *Popeye* aus *Anan* und *Men's Non Non* aus *Nonno* – eben aus Frauenzeitschriften – entstanden sind, der große Überraschungseffekt versagt bleiben muß. Die Ausrichtung auf männliche Mode kann vielleicht als eine bis heute nicht dagewesene Aufweichung der Grenzen in den Geschlechterrollen bezeichnet werden.

Gleichwohl bedeutet das noch keine Abkehr von der Konzeption des üblichen Frauenbildes, denn in diesen Magazinen für Männermode besetzt „Liebe" ebenfalls ein weites und wichtiges Terrain, und wie ihr Ruf als „Handbuch-Magazine" deutlich verrät, erwartet sich die männliche Leserschaft auch dort konkrete Anleitungen bezüglich des alles entscheidenden Themas von der raschen Überwindung der Kennenlernphase bis zum Aufbau einer festen Partnerschaftsbeziehung.

3.3 Vom Familienleben zu größerer Freiheit

Aus den eingangs genannten Gründen läßt sich mittels der Inhaltsanalyse populärer Zeitschriften – im Gegensatz zu Fernsehen und Tageszeitung – im Japan der 90er Jahre eine repräsentative Aussage über die Verteilung der Geschlechterrollen unter besonderer Berücksichtigung der Familie treffen.

Obwohl heutzutage eine Mentalität immer mehr um sich greift, die den gesellschaftlichen Werten zum Trotz dem eigenen Ego einen höheren Stellenwert als der Familie einzuräumen pflegt, gelingt es den in den Medien gezeichneten Personen (im Mittelpunkt die Kernfamilie: adrette und in Kinder vernarrte Ehemänner, mit hervorragenden Kochkünsten versehene junge Ehefrauen und Kinder als Accessoires irgendwie immer dabei) mühelos, ihre typische Rolle glaubhaft darzustellen.

Dabei existiert zwischen denjenigen Männern, die unter dem Deckmantel des „richtigen Mannes" sexuelle und wirtschaftliche Macht ausüben, und denjenigen Frauen, die es sich in der heutigen männlich dominierten Welt einfach und bequem machen, eine gewisse komplizenhafte Verbindung. Solange es die bestimmende Geisteshaltung der Zeitschriften bleibt, die Methoden für das Kennenlernen solcher Männer und Frauen sowie die entsprechenden Verhaltensmuster für einen solchen Mann und Ehemann bzw. eine solche Frau und Ehefrau zu liefern, solange lassen sich auch weiterhin die nach Geschlecht, Alter und Rolle festgesetzten Verhältnisse und Familienstrukturen dort finden.

So bleibt abschließend die Frage zu stellen, welchen Wandel Zeitschriften und Fernsehen als Medien der Wirklichkeitsabbildung und -gestaltung sowohl in der Darstellung der realen Familie wie auch in der Formung des Familienbildes auf ihrem Weg ins 21. Jahrhundert wohl erfahren werden. Oder sollte gar alles so bleiben, wie es heute ist?

übersetzt von Andreas Mrugalla

ANHANG

Tab. 1: Die Anteile der verschiedenen Rubriken in 9 Zeitschriften, Ausgaben vom Juni 1994 (Einheit: %)

Rubrik	Orange Page	Suteki na okusan	Josei Sebun	non-no	MiL	Nikkei WOMAN	Shūkan Gendai	Shūkan Playboy	POPEYE
Schönheit	9,2	15,4	18,8	43,5	16,7	8,0	3,5	2,6	11,8
Mode	8,2	3,0	3,4	24,2	3,7	4,9	1,4	0,0	15,1
Kochen	35,5	25,0	10,1	3,6	4,1	0,0	0,5	0,0	0,2
Nähen	1,4	0,6	0,0	0,0	0,0	0,0	0,0	0,0	0,0
Wohnen	1,8	2,8	0,4	0,0	2,7	0,0	0,0	0,0	0,0
Kinder	0,1	0,5	0,0	0,0	0,0	2,3	0,1	0,0	1,3
Gesundheit	6,8	2,6	2,3	2,4	0,1	0,3	7,6	1,2	0,1
Haushalt	8,5	10,7	5,9	0,3	0,3	4,0	1,0	0,0	1,3
Liebe/Freundschaft	0,1	0,0	0,0	3,0	18,0	0,6	0,0	0,4	5,4
Familienleben	0,0	0,0	0,6	0,0	0,0	9,1	0,0	0,0	0,0
Beruf	1,3	0,0	4,0	0,3	0,0	11,0	0,0	1,0	2,2
Sexualität	0,0	0,0	0,0	0,3	4,1	0,0	6,7	7,4	5,4
Psycholog. Beratung	0,0	1,9	1,4	4,2	21,2	0,0	1,0	0,4	4,5
Lifestyle	0,4	19,3	6,8	0,6	3,1	25,3	0,9	8,6	18,4
Kultur	2,3	1,5	16,7	5,3	10,2	11,3	32,8	31,0	14,0
Freizeit	4,5	4,2	5,1	3,6	2,3	5,8	10,3	12,8	7,9
Essen	9,4	6,8	1,0	1,1	0,5	2,6	2,8	1,9	3,8
Pol./Wirtsch./Gesellsch.	0,0	0,0	2,9	0,0	0,0	5,1	18,0	10,3	0,0
Ereignisse/Aktuelles	0,0	0,0	10,6	0,0	1,7	0,0	10,5	14,7	3,2
Leserbriefe	4,4	1,2	2,5	0,6	2,1	3,4	2,0	1,1	3,2
Werbung	6,1	4,5	6,5	4,8	8,6	4,6	0,9	6,7	1,5
Sonstiges	0,0	0,0	0,0	2,0	0,0	1,7	0,0	0,0	0,0

Anm.: Die Hervorhebungen kennzeichnen die jeweils drei höchsten Werte einer Rubrik.

KOMMENTAR
ZU DEN BEITRÄGEN VON SAITŌ MASAMI / HORIE SETSUKO UND MOROHASHI TAIKI

INOUE Teruko

Ich habe die beiden Vorträge der Sektion „Printmedien" mit großem Interesse verfolgt und möchte nun als erstes auf einige grundsätzliche Fragen eingehen. Ich halte es allerdings für recht schwierig, über Zeitungen und Zeitschriften gemeinsam zu diskutieren. Sie werden zwar unter dem Begriff Printmedien zusammengefaßt, unterscheiden sich jedoch sehr stark. Eigentlich hätte ich mir zu den Tageszeitungen Analysen von verschiedenen Seiten gewünscht, ebenso wie zu den Zeitschriften, bei denen ja, wie Herr Morohashi deutlich gemacht hat, eine sehr große Bandbreite herrscht.

Wenn auf diesem Symposium nur zwei Referate zu den Printmedien gehalten wurden, eines zu den Tageszeitungen und eines zu den Zeitschriften, so ist dies jedoch nicht der Organisation dieser Tagung anzulasten; hierin spiegelt sich vielmehr der aktuelle Stand der Forschung zu den Printmedien wider. Abgesehen von der Gruppe von Frau Saitō, die hier referiert hat, gibt es an Studiengruppen, die Zeitungsinhalte analysieren, nur noch die von Frau Tanaka und Herrn Morohashi[1] sowie die im Kansai-Gebiet tätige „Gekkasui-no-kai" [Gruppe, die sich montags, dienstags und mittwochs trifft][2]. Was die Zeitschriften betrifft, möchte ich auf die „Josei zasshi kenkyūkai" [Studiengruppe zu Frauenzeitschriften] verweisen, die Herr Morohashi und ich organisieren, des weiteren gibt es kaum Forschung zu diesem Bereich. Obwohl auch der Einfluß, der von den Printmedien ausgeht, recht groß ist, sind die Forschungsaktivitäten hierzu viel geringer als im Fall des Fernsehens. Es erscheint unbedingt erforderlich, noch mehr Energie in diesen Bereich zu investieren.

Die beiden Vorträge haben gezeigt, wie sehr sich die Inhalte von Zeitungen und Zeitschriften voneinander unterscheiden. Während die Zeitungen sehr stark auf das „Internationale Jahr der Familie" eingegangen sind, wurde in den Zeitschriften hingegen fast gar nicht die Familie the-

---

[1] Vgl. hierzu den gemeinsam herausgegebenen Band zur Zeitungsanalyse (TANAKA und MOROHASHI 1996).
[2] Die Ergebnisse der Arbeit der Studiengruppe findet sich in GEKKASUI NO KAI (Hg.) 1994.

matisiert. Ein Grund hierfür liegt sicher darin, daß das Publikum von Zeitschriften und Zeitungen jeweils sehr unterschiedlich ist. Welche Rolle spielen heute eigentlich das Fernsehen, die Zeitungen, die Zeitschriften und auch das Internet? Sind diejenigen, die diese Medien nutzen, jeweils unterschiedliche Personengruppen? Welchen Gebrauch machen die einzelnen Individuen von diesen Medien? Dies sind Fragen, mit denen wir uns in Zukunft stärker auseinandersetzen müssen.

Zeitschriften sind ein individuelles Medium, im Gegensatz zu Zeitungen und Fernsehen, die von der ganzen Familie rezipiert werden. Bei Zeitschriften verhält es sich hingegen so, daß sie jeweils auf unterschiedliche Zielgruppen ausgerichtet sind. Es gibt deshalb keine Notwendigkeit, auf die Familie Bezug zu nehmen. Ich glaube, daß dies durchaus den Wünschen der Zeitschriftenleser und -leserinnen entspricht. Deshalb gibt es kaum Zeitschriften, die sich an über 40jährige wenden. Dies ist sicher ein Grund dafür, daß die individuellen Interessen und nicht die Familie im Mittelpunkt stehen.

Ich komme nun zu den einzelnen Vorträgen. Bei dem Beitrag zu den Tageszeitungen drängte sich bei mir sehr stark der Eindruck auf, daß das Medium Zeitung kaum in der Lage ist, die journalistische Aufgabe, die ihr zukommt, zu erfüllen, was im übrigen auch für das Fernsehen gilt. Anhand des präsentierten Familienbildes trat das Profil der jeweiligen Zeitung sehr deutlich zutage. Es erscheint mir recht problematisch, wie konservativ sich das Familienbild mancher Zeitungen gestaltete.

Ein interessantes Phänomen besteht in der Diskrepanz des Familienbilds in den Neujahrsausgaben und in den Artikelserien. Zum Beispiel legten die *Yomiuri Shinbun* und die *Mainichi Shinbun* in den Beiträgen zum Neujahrsfest das Schwergewicht auf die Mehrgenerationenfamilie und betonten die familiäre Bindung, während sie in den Fortsetzungsartikeln neue Formen von Familie vorstellten. Die *Asahi Shinbun* präsentierte hingegen schon am Neujahrsfest neue Familienformen, den Artikelserien liegen wiederum ganz andere Vorstellungen zugrunde. Ist es nicht ein Widerspruch, wenn innerhalb der einzelnen Rubriken einer Zeitung so unterschiedliche Positionen vertreten werden?

Im Jahr 1986 haben Herr Morohashi und ich eine vergleichende Studie zu Frauenzeitschriften in Amerika, Mexiko und Japan unternommen.[3] Erstaunlicherweise unterscheiden sich die Ergebnisse, die wir damals erzielten, und die zu den japanischen Zeitschriften aus dem Jahr 1994, wie sie heute präsentiert wurden, kaum voneinander. Nach wie vor liegt in den Zeitschriften eine sehr starke Betonung auf den traditionellen Geschlechterrollen. Bei Männern geht es um ihre Fähigkeiten, bei Frauen

---

[3] Vgl. hierzu INOUE 1989.

hingegen um Haushalt, Kindererziehung und Kochen. Mitte der achtziger Jahre galt das Thema Schönheit und Mode als charakteristisch für Frauenzeitschriften; Mitte der neunziger ist dieses Thema nun auch in Männerzeitschriften zu finden. Offenbar ist die Schönheit inzwischen für die Menschen beiderlei Geschlechts von großer Bedeutung.

Zeitschriften sind heutzutage mehr und mehr zu Werbeträgern geworden. In den *seikatsu jōhōshi* [Journale für das Alltagsleben], deren Anteil enorm angewachsen ist, beträgt der Anteil der Werbung schon 70 %. Für die Zeitschriften gilt, daß der Anreiz zum Konsum und die Betonung der Geschlechterrollen in engem Zusammenhang zueinander stehen. Diesen Aspekt der Konsumkultur sollte man nicht aus den Augen verlieren.

Etwa seit 1994 wurde die Individualisierung zu einem Schlüsselwort in der japanischen Gesellschaft. Hier gilt es allerdings zu beachten, daß Individualisierung zwei Aspekte hat, zum einen die Individualisierung im Sinne der Selbständigkeit des Individuums, zum anderen aber auch, daß das Individuum zu einer eigenen „Konsumeinheit" geworden ist. Dieser Problematik nachzugehen ist ebenfalls ein wichtiger Aspekt künftiger Forschung.

übersetzt von Barbara Holthus

LITERATURVERZEICHNIS:

GEKKASUI NO KAI (Hg.) (1994): *Shinbun o tōshite miete kuru otoko shakai* [Die Männergesellschaft im Spiegel von Zeitungen]. Ōsaka: Selbstverlag.

INOUE Teruko (1989): *Josei zasshi o kaidoku suru. COMPAREPOLITAN – nichi-bei-mekishiko hikaku kenkyū* [Analyse der Frauenzeitschriften. Vergleich Japan – USA – Mexiko]. Tōkyō: Kakiuchi Shuppan.

TANAKA Kazuko und MOROHASHI Taiki (1996): *Jendā kara mita shinbun no ura to omote* [Innen- und Außensicht der Zeitschriften aus dem Blickwinkel der Geschlechterforschung]. Tōkyō: Gendai Shokan.

Sektion IV:

Literatur

DAS THEMA „FAMILIE" AUS DER SICHT EINER SCHRIFTSTELLERIN[*]

SAEGUSA Kazuko

Als ein der philosophischen Betrachtungsweise nicht abgeneigter Mensch habe ich zwar immer über die Familie nachgedacht, dies aber meist nicht literarisch verarbeitet. Zu bestimmen, was Familie ist, erschien mir schwierig, weshalb ich für mich diesen Begriff eingegrenzt und ihn anders definiert habe als beispielsweise die Kulturanthropologen oder Biologen. Nach meiner Definition gibt es nur *menschliche* Familien, denn nur Menschen können bewußt eine Familie gründen.

FRAUEN ALS „GEBÄRMASCHINEN" UND „ARBEITSTIERE"

Eigentlich müßte ich hier darüber berichten, wie ich die Familie in meinen Romanen und Erzählungen dargestellt habe, aber als ich anfing zu schreiben, wollte ich dieses Thema möglichst umgehen. Ich möchte deshalb zunächst darüber reflektieren, weshalb ich lange nicht über die Familie schreiben wollte.

Im japanischen Roman, besonders im Genre *shishōsetsu*[1], wird fast ausschließlich das Thema Familie behandelt. Die negative Haltung, die ich gegenüber diesem Genre einnahm, war sicher ein Grund für meine ablehnende Haltung gegenüber der literarischen Gestaltung von Familie. Außerdem hatte ich seit jungen Jahren eine Abscheu gegenüber der Mutterschaft. Ich habe als Jugendliche erlebt, wie es während der Zeit des Militarismus[2] ständig hieß: „Vermehrt euch! Frauen müssen Kinder bekommen!" Wenn eine Frau ein Kind geboren hatte, erfuhr sie große Wert-

---

[*] Die Übersetzung dieses Beitrags beruht auf der Transkription der Tonbandaufzeichnungen des Vortrags.
[1] Zu der autobiographischen Gattung *shishōsetsu* in der modernen Literatur vgl. HIJIYA-KIRSCHNEREIT 1981.
[2] Saegusa Kazuko, die bei Kriegsende 16 Jahre alt war, setzte sich in einer Trilogie zum Kriegsende (SAEGUSA 1987, 1988 und 1990) mit den Erfahrungen von Frauen in der Kriegs- und Nachkriegszeit auseinander. Der erste Band liegt in deutscher Übersetzung vor (SAEGUSA 1990).

schätzung. Deshalb bekamen manche sieben, acht oder sogar zehn Kinder, die so etwas wie „Wegwerfartikel" waren. Allerdings gab es auch in der Vorkriegsgesellschaft schon die Tendenz, Kinder für den Krieg oder zum Arbeitsdienst zu mißbrauchen. Vor allem in Dörfern waren Frauen und Kinder Arbeitskräfte. Ich habe als Kind einige Zeit in einem Dorf verbracht. Wenn jemand heiratete, sagte man „eine helfende Hand erhalten". Das heißt, man betrachtete eine Braut in erster Linie als Arbeitskraft; und schlau war, wer noch heiratete, bevor nach dem Winter die Feldarbeit wieder begann. Als der Militarismus immer stärker wurde, mußten Frauen dann auch noch möglichst viele Kinder gebären, weil die Armee sie „brauchte". Vielleicht war mir die Mutterschaft deshalb so zuwider. Von diesem Ekel vor dem Mißbrauch von Frauen als Gebärmaschinen ist die Atmosphäre meiner frühen Romane geprägt.

Als ich einmal der bekannten Feministin Ueno Chizuko von meinem Widerwillen, Kinder zu bekommen, erzählte, sagte sie: „Nun, es gibt schließlich zu viele Menschen auf der Welt, und vielleicht fühlen die Frauen intuitiv, daß die Bevölkerung geringer werden muß." Inzwischen werden Frauen glücklicherweise nicht mehr zum Gebären gedrängt. Heutzutage scheuen sich manche Frauen in meinem Alter sogar, ihre Töchter oder Schwiegertöchter zu fragen, ob Nachwuchs ins Haus stünde. Es gibt schließlich auch Frauen, die sich Kinder wünschen und keine bekommen können.

Geschlechtsspezifische Unterschiede in der Erziehung

Ich hatte also eine Abscheu gegenüber der Mutterschaft, und eben diese wollte ich in meinen Romanen beschreiben. Als ich mich dann beim Schreiben mit dem Thema der Familie auseinandersetzte, erwachte mein Interesse am Feminismus. Ich war in dieser Hinsicht eine Spätentwicklerin.

Die Universität besuchte ich gemeinsam mit Männern, und ich denke, ich habe diese dort gründlich studieren können. Damals herrschte in Japan die Grundstimmung, Frauen bräuchten keine Bildung. Ich hatte eine Mädchen-Oberschule des Vorkriegs-Schulsystems abgeschlossen, und der Lehrplan dieser Schulen unterschied sich erheblich von dem der alten Jungen-Oberschulen. Schon das Niveau der Lehrbücher für Jungen war viel höher. Man kann sich das heutzutage gar nicht mehr vorstellen. Damals galt die Maxime, Mädchen eine nicht allzu hohe Bildung zu vermitteln.

Seit der Grundschulzeit verbrachte ich die Sommerferien mit meinem gleichaltrigen Vetter. Meine Eltern stammten aus der Präfektur Kagoshima in Kyūshū, wo die Geringschätzung der Frau besonders stark ausgeprägt war. Dies war ebenfalls von Nachteil für meine Entwicklung. Ich habe meinem Vetter häufig bei den Hausaufgaben geholfen, die er über die Sommerferien aufbekam, denn ich konnte sie besser lösen als er. Mathematik beispielsweise habe ich ihm erklärt. Einmal, als er gar nicht zurechtkam, löste ich die Aufgabe sehr schnell, worauf er zu seiner Mutter lief und sagte: „Mama, Mädchen können das ja auch!"

Als ich in dem Sommer, in dem er in die Oberschule kam, einen Blick in seine Lehrbücher warf, bekam ich jedoch Minderwertigkeitskomplexe, denn ich verstand überhaupt nichts mehr. Ich hatte das Gefühl, daß wir Mädchen schrecklich hinterherhinkten. Aber diesen Schock vergaß ich bald, denn der Krieg brach in meinen Alltag ein.

Nach dem Krieg durften nun auch Frauen an die Universitäten gehen. Ich begann mein Studium mit dem Gefühl, daß mir mein Land gnädigst Erlaubnis dazu gewährt hatte. Da ich eine Universität des alten Ausbildungssystems[3] besuchte, war das Studium sehr mühevoll; um mithalten zu können, mußte ich hart arbeiten. An der Universität hatte ich die ganze Zeit mit dem Ziel studiert, meine männlichen Kommilitonen einzuholen. Insgeheim glaubte ich auch, daß ich sie überholt hätte, und dachte mir bisweilen: „Was, das war alles? Davon hast du dich so einschüchtern lassen?" Ich hatte so viel gelernt, daß ich das Gefühl hatte, ihnen nun ebenbürtig zu sein. Meine Studienzeit war so davon geprägt, Männer einholen oder überholen zu wollen, daß ich mich selbst nur wie ein Mann einordnen konnte, der den anderen bildungsmäßig unterlegen war. Vom Feminismus wußte ich damals noch nichts.

Um das Jahr 1970 bekam ich dann – wohl auch bedingt durch den damaligen Zeitgeist – das Gefühl, noch einmal gründlich über Frauen nachdenken zu müssen. Ich hatte Philosophie als Hauptfach studiert, und mir war durchaus bewußt, daß sie vollständig männlich geprägt war. Aber andererseits hatte ich auch großen Respekt, denn die Männer hatten sie geschaffen.

Ich fing an, über die Entstehung der Philosophie nachzugrübeln: Die Männer wollten sich wahrscheinlich mit der Ratio gegen die ihnen unbegreiflichen Frauen stellen und entwickelten deshalb den Logos. All dies wollte ich damals neu überdenken. In diesem Kontext begann ich, mich mit dem Thema Familie auseinanderzusetzen.

---

[3] 1949 wurde das Ausbildungssystem geändert, Saegusa begann ihr Studium bereits davor.

Zur Problematik der Vaterrolle

Wenn man Männer mittleren oder höheren Alters fragt, wie groß ihre Familie ist, zählen sie sich selbst meist nicht mit. Mit der Antwort „drei Personen" meinen sie ihre Frau und die beiden Kinder. Sich selbst begreifen sie offenbar nicht als Familienmitglied, sondern als Oberhaupt.

Das veranlaßte mich, über das patriarchalische Familiensystem und die Rolle des Vaters nachzudenken. In dem Roman *Hanmangetsu sora ni kakatte* [Am Himmel der halbe Vollmond] tauchte dieses Thema zunächst am Rande auf. Der Roman behandelt die Geschichte einer Frau, die sich sagt: „Ich möchte nicht irgendeinem Mann ‚ein Kind schenken', sondern ein Kind bekommen, das mir gehört." Vielleicht war diese Art der Darstellung die Folge meiner Abneigung gegen das patriarchalische Familiensystem. Ich hatte noch nicht aktiv darüber nachgedacht, was Vatersein und Vaterschaft bedeuten könnte.

Mit der Rolle des Vaters habe ich mich erstmals in *Hōkai kokuchi* [Ankündigung eines Zusammenbruchs] intensiv auseinandergesetzt. Die Figuren dieses Romans sind nach realen Personen gestaltet, und zwar nach den Stammkunden einer Kneipe, die ich vor etwa zwölf Jahren häufig besuchte. Ich war die einzige, die wesentlich älter war als alle anderen, aber ich saß gerne mit den jungen Leuten zusammen. Bei dem, was ich im folgenden berichte, handelt es sich nicht um den Inhalt des Romans, sondern um die wahren Hintergründe; beim Scheiben habe ich das Geschehen dann allerdings ziemlich verändert.

Eine der Frauen in der Gruppe, ich nenne sie Frau B, war das, was man eine Karrierefrau nennt. Sie arbeitete im Computerbereich, bei einem Großunternehmen. Weil sie meinte, Frauen würden dort schlecht behandelt, kündigte sie, gründete selbst eine Firma, wurde Chefin und stellte dreißig Leute ein. Sie war eine sehr aktive Frau, die immer wieder beteuerte: „Ich heirate unter keinen Umständen." Als dann jedoch ihr Bauch jedesmal, wenn wir uns trafen, ein bißchen runder geworden war, überlegten wir, ob sie das Kind wohl austragen würde und wer der Vater sein könnte. Wir wußten nicht einmal, ob es einer aus unserer Gruppe war.

Die Sommerferien begannen, und ich konnte mich einen Monat lang nicht mit den anderen treffen. Eines Tages bekam ich von einem aus unserer Gruppe – nennen wir ihn Herrn A – einen Anruf. Er sagte: „Ich rufe an wegen des Kindes von Frau B und ..." Ich platzte heraus: „Wie, ist es Ihres?" Er antwortete: „Nein, ich habe sie niemals auch nur angerührt. Aber ich überlege, was ich machen soll", und ich entgegnete: „Ja, wenn Sie nicht der Vater sind, brauchen Sie sich doch nicht darum zu kümmern." Als er einwandte: „Na ja, sie tut mir leid", empfahl ich: „Halten Sie sich da raus, der Vater wird schon irgendwann auftauchen." Das geschah jedoch nicht.

„Es war bestimmt einer von euch", vermutete die Kneipenbesitzerin. „Zwei oder drei habe ich im Auge." Aber niemand meldete sich, und es blieb auch keiner weg. Wir hatten also keinen Anhaltspunkt, wer der Vater sein könnte.

Eines Tages rief Frau B mich an. „Frau Saegusa, ich möchte gerne etwas mit Ihnen besprechen." „Endlich!", dachte ich. Sie kam vorbei und gestand: „C ist der Vater des Kindes." Dann erzählte sie weiter: „Als ich sagte, ich gehe jetzt zu Frau Saegusa, um mich mit ihr zu besprechen, hatte er nichts dagegen." Das überraschte mich. Sie fuhr fort: „Er warf mir vor: ‚Du hast gesagt, du willst nicht heiraten, also habe ich gedacht, daß du auch kein Kind willst. Jetzt bist du doch schwanger. Du hast mich reingelegt!' – Naja, ein bißchen habe ich ihn vielleicht auch reingelegt", gab sie zu. „Ich wollte ein Kind. Von ihm. Aber er sollte das Kind nicht unbedingt zusammen mit mir großziehen müssen." Ich erwiderte: „Dann ist doch alles in Ordnung. Ich gehe bestimmt nicht in die Kneipe und posaune es aus."

So rückte langsam der Geburtstermin näher. Als die Wehen einsetzten, rief sie Herrn A an. Nachdem er sie ins Krankenhaus gebracht hatte, erhielt ich einen Anruf von ihm: „Ich bin jetzt hier im Krankenhaus", stotterte Herr A. „Frau B bekommt ihr Kind." „Was? Sie sind nicht einmal der Vater und treiben sich da herum?" entfuhr es mir. Zu dieser Zeit wußte Herr A schon, daß C der Vater des Kindes war. „Dieser C kommt einfach nicht. Was sollte ich denn machen", verteidigte A sich. „Frau B rief mich an; sie dachte wohl zuerst, sie könne allein ins Krankenhaus gehen, aber nachdem sie ihr schweres Gepäck gehoben hatte, mußte sie sich völlig erschöpft wieder hinsetzen. Zuerst glaubte ich, sie ist doch eine Karrierefrau und schafft es allein, aber eine Entbindung ist schließlich etwas anderes. So habe ich sie eben ins Krankenhaus begleitet. Im Krankenhaus wurde ich von der Krankenschwester angesprochen, ob ich der Vater sei. Ich verneinte. Was sollte ich denn auch sonst antworten?"

Nachdem das Kind geboren war, änderte Frau B ihre Einstellung. Sie verlangte zwar nicht die Heirat, aber sie wollte, daß Herr C dem Kind zuliebe die Vaterschaft anerkannte. Sie stritten sich fürchterlich. Die anderen Männer wußten inzwischen auch von seiner Vaterschaft und waren sich einig, daß es ihm ganz recht geschähe, schließlich kehrte er ja immer den Frauenheld heraus. Nun müsse er auch die Konsequenzen tragen. C, der sich selbst stolz als „Playboy" bezeichnete, willigte schließlich ein, die Vaterschaft anzuerkennen.

Die beiden kamen überein, daß er die Kosten für die Entbindung übernehmen sowie jeden Monat 50.000 Yen bezahlen sollte. Ich weiß nicht, wie hoch ihr Monatseinkommen war, aber ihre Geschäfte liefen sehr gut. Die anderen Männer konnten nicht verstehen, daß sie trotzdem Alimente verlangte. Aber Frau B antwortete nur: „Das ist doch wohl selbstverständlich."

Wer *Hōkai kokuchi* gelesen hat, wundert sich vielleicht, was daraus im Roman geworden ist.[4] Dieser Herr A, der plötzlich als Vater einsprang, hatte mein Interesse geweckt. Ich hielt die Sache für sehr bemerkenswert. Zuerst dachte ich, so etwas käme nur bei Menschen vor. Aber als ich später Studien in der Biologie betrieb, fand ich heraus, daß bei manchen Vogelarten, die ein Gelege von vier Eiern haben, ein Männchen bei der Brutpflege fleißig mithilft, obwohl drei der Eier von anderen Männchen befruchtet wurden. Vaterschaftsnachweise gibt es ja nur bei den Menschen.

Männer verhalten sich völlig anders als die Männchen der Tierwelt und reden sich mit Worten wie „Ich kann mich nicht erinnern" heraus. Besonders interessant ist, daß sie mit dem „Vater unser, der du bist im Himmel" einerseits aus der Vaterschaft etwas furchtbar Erhabenes machen können, und andererseits von der Blutgruppe reden. Ich glaube, das Drama der Männer spielt sich im Spannungsfeld zwischen dieser „Blutgruppe" und dem „Vater unser, der du bist im Himmel" ab. Damit möchte ich mich in Zukunft einmal literarisch beschäftigen.

übersetzt von Susanna Eismann

LITERATURVERZEICHNIS

HIJIYA-KIRSCHNEREIT, Irmela (1981): *Selbstentblößungsrituale. Zur Theorie und Geschichte der autobiographischen Gattung „Shishōsetsu" in der modernen Literatur*. Wiesbaden: Steiner.

SAEGUSA Kazuko (1985a): *Hanmangetsu sora ni kakatte* [Am Himmel der halbe Vollmond]. Tōkyō: Fukutake Shoten.

SAEGUSA Kazuko (1985b): *Hōkai kokuchi* [Ankündigung eines Zusammenbruchs]. Tōkyō: Shinchōsha.

SAEGUSA Kazuko (1987): *Sono hi no natsu* [Der Sommer an jenem Tag]. Tōkyō: Kōdansha.

---

[4] Im Roman leben Mutter und Kind zunächst mit A zusammen, der die Rolle eines sozialen Vaters übernimmt, während C, der die Vaterschaft anerkannt hat, nach Griechenland auswandert. Als er schließlich jedoch die Einwilligung geben soll, daß A sein Kind adoptiert, leistet C, der sein Kind noch nie gesehen hat, Widerstand und kehrt nach Japan zurück. (Anm. der Hg.)

SAEGUSA Kazuko (1988): *Sono fuyu no shi* [Der Tod in jenem Sommer]. Tōkyō: Kōdansha.
SAEGUSA Kazuko (1990): *Der Sommer an jenem Tag*. Aus dem Japanischen übertragen von Irmela Hijiya-Kirschnereit. Frankfurt a. M.: Insel.
SAEGUSA Kazuko (1990): *Sono yoru no owari* [Das Ende jenes Abends]. Tōkyō: Kōdansha.

DIE AUSEINANDERSETZUNG MIT DEM THEMA „FAMILIE" IN DER GEGENWARTSLITERATUR

YONAHA Keiko

EINLEITUNG

Über die Definition von „Familie" ist u. a. aus kulturanthropologischer sowie soziologischer Sicht recht vielfältig diskutiert worden, und die Festlegung auf ein bestimmtes Konzept erwies sich als schwierig (vgl. hierzu u. a. LEACH 1974). In Japan existieren völlig verschiedene Ausdrücke für Familie nebeneinander (vgl. hierzu MORIOKA und MOCHIZUKI 1987). So ist der Begriff *ie* [Haus/Familie] ein aus China eingeführtes Fremdwort. In der Meiji-Zeit (1868–1912) wurde das englische Wort *family* mit *kazoku* [Familie] und *home* mit *katei* [Heim] übersetzt. Daß ursprünglich kein japanisches Wort für „Familie" existiert, ist bezeichnend für die Schwierigkeit, im gegenwärtigen Japan die Bedeutung von Familie genau zu bestimmen.

Im vorliegenden Beitrag gehe ich von der aus Ehepaar und unmündigem Kind oder Kindern bestehenden sogenannten Kernfamilie aus, die nach dem Zweiten Weltkrieg unter dem neuen Zivilrecht als grundlegendes Familienmodell definiert wurde. Haushalte von Alleinerziehenden („Mutter-Kind-" bzw. „Vater-Kind-Haushalt") sowie die durch die Adoption entstehende „Adoptivfamilie" sind ebenfalls als eine Variante dieses Modells zu sehen. Des weiteren meine ich mit „Heim" (*katei*) den Ort, an dem die Familie zusammenwohnt. Im Japanischen werden die Begriffe „Familie" (*kazoku*) und „Heim" (*katei*) im allgemeinen ohne deutliche Unterscheidung nebeneinander benutzt. Ich verwende jedoch den Begriff „Heim" für den Ort, an dem die Familie zusammenlebt, und verstehe unter „Familie" die Mitglieder, aus der sie sich zusammensetzt; im weiteren Sinne schließt dies auch das Heim mit ein.

Das Modell der Kernfamilie in der gegenwärtigen japanischen Staatsverfassung, das eine Befreiung vom traditionellen Familiensystem (*ie seido*) der Meiji-Verfassung bedeutete, galt lange als ideale Familienform für die Frauen, die unter den Fesseln des alten Systems gelitten hatten. Allerdings entwickelte sich der isolierte Raum innerhalb der Beziehung zwischen den Ehepartnern, zu dem Außenstehende keinen Zugang haben, zu einem Ort familiärer Konflikte. Wie nämlich aus den Werken *Seibutsu*

[Stilleben]¹ (1960) von Shōno Junzō (*1921), *Hōyō kazoku* [Geliebte Familie] (1965) von Kojima Nobuo (*1915), *Shi no toge* [Stachel des Todes] (1977) von Shimao Toshio (1917–1986) und anderen Werken deutlich hervorgeht, ist das „Heim" nicht nur ein Symbol der Liebe und Geborgenheit, sondern auch ein Kampfplatz der gegenseitigen Einflußnahme und des Streits.² Es mag auf den Einfluß des Feminismus in den siebziger Jahren zurückzuführen sein, daß Werke wie „Sōjikei" [Ähnliche Figuren] (1971) von Takahashi Takako (*1932), *Meido no kazoku* [dt. Familie im Jenseits] (1974a) von Tomioka Taeko (*1935) und *Chōji* [engl. Child of Fortune] (1978) von Tsushima Yūko (*1947) die Familie auch als einen Mechanismus der Unterdrückung von Frauen darstellen. Diese Tendenz setzt sich bis in die Gegenwart fort. Seit den achtziger Jahren wird jedoch wieder eine Wende hin zur Darstellung der Familie als Ort des Friedens und der Erholung erkennbar. Darüber hinaus ist auch die Suche nach einer nicht auf Blutsverwandtschaft basierenden „postfamiliären Familie" zu beobachten.

All diese Entwicklungen sind als ein Zeichen dafür zu werten, daß sich die Familie nicht auf einen einzigen Nenner bringen läßt. Im folgenden möchte ich auf die literarische Gestaltung von Problemen der Familie der Gegenwart und die Darstellung verschiedenartiger Familienformen eingehen. Als Untersuchungsobjekte ziehe ich dabei vorwiegend literarische Werke heran, die seit den achtziger Jahren entstanden sind.

1. DAS AUS ELTERN UND KINDERN BESTEHENDE HEIM

Einer Hausfrau bürdet man neben der allgemeinen Hausarbeit die Kindererziehung auf; bisweilen übernimmt sie sogar die Rolle einer Therapeutin, die die Psyche der anderen, vom Kampf in Schule oder Firma erschöpften Familienmitglieder kuriert. Diese Arbeit, die man der Frau in der Familie abverlangt, nennt Illich (1984) „shadow work". Diese wurde in Japan in den achtziger Jahren zunehmend problematisiert, als die Frauen auch nach der Heirat vermehrt ihre Berufstätigkeit fortsetzten.

---

[1] Titel von längeren Werken, die als selbständige Publikationen erschienen, stehen im vorliegenden Beitrag in Kursivschrift, in Zeitschriften veröffentlichte Erzählungen hingegen in Anführungsstrichen. Mit „dt." bzw. „engl." markierte Titel verweisen auf vorliegende Übersetzungen. Die bibliographischen Angaben der Originale und der Übersetzungen finden sich im Literaturverzeichnis. (Anm. der Hg.)

[2] YAMADA (1994: ii) bezeichnet in der Einleitung zu seiner Abhandlung über die „Familie" diese nicht nur als ein Symbol von „Frieden und Liebe", sondern auch als „Ort des Kampfes um Liebe".

Tsuga no yume [Der Traum der Tanne] (1971) von Ōba Minako (*1930) beschreibt die Situation einer Hausfrau, die vor allem in der Aufopferung für Ehemann und Kind die Erfüllung ihrer Rolle als Ehefrau und Mutter sieht und schließlich dem Wahnsinn verfällt, weil ihre Leistung nicht anerkannt wird. Die negativen Folgen der „shadow work" kommen in diesem Werk in einer egoistischen, selbstgerechten Handlungsweise der Frau zum Ausdruck, durch die Mann und Kind in ihrer Freiheit eingeschränkt werden. Die Lebensform der „Hausfrau", die nur auf ihre Rolle als Ehefrau und Mutter fixiert ist und ihre eigene Individualität völlig aufgibt, findet hier also eine recht kritische Darstellung.

In *Yogoto no yurikago, fune, aruiwa senjō* [Die allabendliche Wiege, das Schiff oder das Schlachtfeld] (1983) und *Kazoku no shōzō* [Familienporträt] (1985) von Mori Yōko (1940–1993) dient der Schriftstellerin ihre eigene Familie als Modell. Die Werke handeln von der Konfrontation der Ich-Erzählerin mit ihrem englischen Ehemann, dem seine schreibende und berufstätige Frau Unbehagen einflößt, und schildert den innerfamiliären Konflikt, in den die beiden Töchter hineingezogen werden.

Im allgemeinen ist man in Japan der Ansicht, daß europäische oder amerikanische Männer Frauen mehr Verständnis entgegenbringen als japanische und selbst nach der Heirat ihre Ehefrau noch als ein Individuum behandeln. In diesem Werk fordert jedoch der englische Ehemann mit Nachdruck, daß die Ich-Erzählerin als Hausfrau ihr Heim zu hüten habe. Auf ihre Äußerung hin: „Ich bin Hausfrau, zugleich aber auch eine Schriftstellerin", definiert er ihre Rolle folgendermaßen:

> „Da liegst du aber völlig falsch. In erster Linie bist du die Mutter meiner Töchter. Das solltest du niemals vergessen. Zweitens – auch wenn du mit mir als Ehemann unzufrieden sein solltest – bist du meine Frau. Das Schreiben kommt erst danach!" (MORI 1983: 42)

Der von der Ich-Erzählerin gewünschten „Dreieinigkeit" von „Mutter", „Ehefrau" und „Schriftstellerin" verleiht der Ehemann damit eine Rangordnung. Außerdem beklagt er sich: „In unserer Monarchie gibt es zwei Könige" (MORI 1983: 42), und verweist darauf, daß man auf einem Schiff auch nur einen Kapitän brauche (MORI 1983: 42). Wie aus diesen Äußerungen hervorgeht, beansprucht er ganz offensichtlich die Führungsrolle in der Familie.

In *Kazoku no shōzō* beklagt sich der Ehemann gegenüber der Tochter über seine Frau:

> „Es wäre schön, eine Ehefrau zu haben, und zwar eine im wahrsten Sinne des Wortes. Eine Frau, die monatlich mit dem Gehalt, das ich nach Hause bringe, auskommt. Keine Frau, die ganz einfach die

Hälfte von dem Geld, das ich im Schweiße meines Angesichts für die Familie verdiene, als mein Taschengeld bezeichnet und mir zurückgibt. Keine reiche Frau, die pro Monat Honorare erhält, die ein mehrfaches von meinem monatlichen Gehalt betragen. Keine Frau, die, ohne mit der Wimper zu zucken, 25.000 Yen in bar für einen Fuchspelz ausgibt. Irgend etwas daran ist absolut unvernünftig und falsch." (MORI 1985: 102–103)

Obwohl dieses Paar noch recht jung ist – es gehört zur Generation der damals Vierzigjährigen – ist der Ehemann offensichtlich der Überzeugung, daß der Mann der Herr im Hause sei. Hierin liegt die Ursache für den Konflikt mit seiner berufstätigen Frau, der fünfzehn Jahre anhält.

Während der Zeit des hohen Wirtschaftswachstums in den sechziger und siebziger Jahren wurde mit lauter Stimme die Unabhängigkeit der Frau gefordert. Die Massenmedien trieben die Frauen zu gesellschaftlichem Vorankommen an und nährten in ihnen die Illusion, daß man bekommt, was man wünscht, machen kann, was man möchte, und werden kann, was man will. Mori Yōko schildert in ihren Werken, abgesehen von dem Konflikt mit dem Ehemann, auch, wie eine Mutter von dem quälenden Gedanken verfolgt wird, ob nicht die Kinder an dem Traum der Selbstverwirklichung der Frau zugrundegehen. In *Kazoku no shōzō* leidet die zweite Tochter, bedingt durch die familiären Konflikte, an einem nervösen Augenzucken. Damit hebt das Werk ins Bewußtsein, daß die Spannungen in der Familie vom schwächsten Mitglied besonders schwer zu verarbeiten sind, denn minderjährige Kinder haben ja keine andere Wahl, als ihre Eltern, wie immer sie auch sind, zu akzeptieren.

In „Juka no kazoku" [Die Familie unter dem Baum] (1982) und in „Puranetariumu" [Planetarium] (1983a) von Hikari Agata (*1943) geht es um den Alltag einer alleinerziehenden Mutter mit ihren Söhnen. Der Vater hat eine kleine Firma gegründet und lebt aus beruflichen Gründen in der Wohnung, in der sich sein Büro befindet. Nur einmal im Monat besucht er seine Familie. Sowohl die Mutter als auch ihre Söhne ertragen die Einsamkeit eines Heimes ohne Vater, um diesem nicht zur Last zu fallen. Diese schwierige Situation führt jedoch zum Streit zwischen den Geschwistern und ruft schließlich beim zweiten Sohn ebenfalls eine nervöse Augenkrankheit hervor. Wie das folgende Gespräch zeigt, verbirgt der neunjährige Junge allerdings seinen inneren Schmerz und beherrscht die Kunst, ihn in Sorge um seine Mutter zu verwandeln:

„Letzte Woche Dienstag ist er doch nach Hause gekommen."
„Du kannst dich aber gut daran erinnern. Wie eine Ehefrau."
„Mutter, entschuldige, aber ich möchte dir etwas sagen."
„Was denn?"

"Hör auf zu rauchen und Jeans zu tragen. Du solltest lieber etwas weiblicher auftreten, so wie die Mutter von meinem Freund Mori."
"Ach so, du meinst, es ist besser, weiblicher zu erscheinen?"
"Ja. Jedenfalls aus der Sicht von Männern."
"Hm. Danke, daß du mir das gesagt hast. Ich weiß ja nicht so gut, was Männer denken. Deine Mutter ist wie Peppermint Patty.[3] Ein ungehobeltes Mädchen."
"Entschuldige, so war das nicht gemeint. Es ist schon in Ordnung, wie du bist. Ich selbst mag sowieso lieber interessante Frauen."
(HIKARI 1983a: 12)

Das Epochemachende an den Werken dieser Autorin besteht darin, daß die düstere Stimmung angesichts einer Familie, die wahrscheinlich zerbrechen wird, in der heiteren Kommunikation mit Kindern, die ihr Heim verzweifelt zu schützen versuchen, zum Ausdruck kommt. Im Mittelpunkt von „Uhohho tankentai" [Die Entdeckungsreisenden] steht die Beziehung einer geschiedenen, alleinerziehen Mutter zu ihren Söhnen. Die tapferen Kinder stellen fest:

„Wir sind wie Entdeckungsreisende. Wir spielen unsere jeweiligen Rollen, um ein in Japan noch unbekanntes Gebiet wie die Scheidung zu erforschen." (HIKARI 1983b: 12)

Damit wird natürlich auf die Dekonstruktion des Begriffes „Familie, die aus einem Ehepaar und minderjährigen Kindern besteht" hingewiesen. Am Verhalten der Kinder, die eine heitere Familie spielen, ist aber auch ihre innere Not erkennbar, viel zu früh erwachsen werden zu müssen.

2. DAS HEIM, IN DEM KINDER AUFWACHSEN

Seit der Nachkriegszeit wird die aus Ehepaar und unmündigen Kindern bestehende Kernfamilie als „normale Familienform" angesehen, die Familie von Alleinerziehenden hingegen als defizitäre Form. Vor diesem Hintergrund ist es auch zu verstehen, wenn sich in dem oben erwähnten Werk die Mitglieder einer Familie, deren Eltern geschieden sind, als „Entdeckungsreisende" sehen.

Die Autorin Tsushima Yūko hat bereits in den siebziger Jahren versucht, die Mutter-Ideologie der Kernfamilie zu überwinden. Unter ihren Romanen lassen sich mehrere Gruppierungen ausmachen. So sind *Dōji no kage* [Der Schatten des Kindes] (1973) und *Moeru kaze* [Brennender Wind]

---

[3] Figur aus dem amerikanischen Comic „Snoopy".

(1980a) aus der Sicht junger Mädchen geschrieben, die ohne Vater aufwachsen. Die jungen Mädchen empfinden heftige Wut und Haß gegenüber „normalen Familien". Dies offenbart sich zum Beispiel an dem Verhalten des Mädchens in *Moeru kaze*, das eine Schulkameradin vom Dach herunterzustoßen versucht, weil diese sich über deren „defizitäre Familie" lustig gemacht hat. *Mogura no haha* [Die Mutter von Mogura] (1975), *Yama o hashiru onna* [Die Frau, die durch die Berge läuft] (1980b) u. a. Werke stellen hingegen die Perspektive von schwangeren Frauen dar, die sich bewußt für ein Leben als alleinerziehende Mütter entscheiden. Diese Frauen versuchen in der Beziehung zwischen Mutter und Kind, aus der der Vater ausgeschlossen ist, eine ursprüngliche Form von Familie zu entdecken.

Die Erzählung „Danmari ichi" [dt. Heimlicher Handel] (1982) beschreibt den Versuch, eine Familie zu schaffen, in der neben Mutter und Kind, die miteinander blutsverwandt sind, auch jemand die soziale Vaterrolle übernimmt. Das Werk *Chōji* schildert darüber hinaus den Konflikt zwischen Mutter und Tochter, da letztere die Lebensweise der geschiedenen Mutter ablehnt und sich eine „normale Familie" mit Vater und Mutter wünscht. Ein Problem besteht offensichtlich auch darin, wie das Kind auf die Lebensweise und Entscheidung der Mutter reagiert. Es stellt offenbar einen absoluten Gegensatz dar, ob man das Heim vom Standpunkt der erziehenden Eltern oder der heranwachsenden Kinder betrachtet.

In *Naku tori no* [Singende Vögel] (1985) läßt Ōba Minako verschiedene Arten von japanischen und europäischen Familien auftreten. Die Protagonisten vertreten die Auffassung, es sei die Angelegenheit jedes einzelnen, für welche Form von Familie man sich entscheidet. Für Kinder existiert allerdings keine Wahlmöglichkeit. Bevor sie bewußt eine Entscheidung für ihr eigenes Leben treffen können, benötigen sie Eltern und ein Heim, in dem sie heranwachsen. Fraglich ist, ob das Modell einer „idealen Familie", das die Eltern entwerfen, auch für die Kinder als vorteilhaft gelten kann.

In dem bereits erwähnten Werk *Tsuga no yume* von Ōba Minako verabreicht die Mutter ihrem Kind fortwährend Schlafmittel, um ihrem Vergnügen nachgehen zu können, und zerstört damit seine Gesundheit. Dabei betrachtet sie ihr Verhalten nicht etwa als Kindesmißhandlung, sondern rechtfertigt es mit der eigenartigen Logik: „Es gibt eben verschiedene Typen von Kindern. Als Eltern ungeduldig zu sein bringt gar nichts." (ŌBA 1971: 20)

Ganz in diesem Sinne handelt *Kōri no umi no gareon* [Die Galeone im Eismeer] (1994) der Autorin Kijiga Eiko (*1971) davon, wie das „Ideal" der Eltern bei den Kindern körperliche und seelische Schäden verursacht. Am Handlungsgeschehen beteiligt sind die Mutter, eine Dichterin, der Vater, der einer freiberuflichen Tätigkeit nachgeht, der ältere Bruder, der die Oberschule besucht, die Ich-Erzählerin, eine Grundschülerin in der sechsten Klasse, und schließlich ihr jüngerer Bruder, der eine Klasse unter ihr ist. Die Eltern weichen in ihrer Erziehung völlig von der Norm ab. Da sie zuhause keinen Fernseher haben, können die Kinder den Gesprächen der Klassenkameraden nicht folgen und werden schließlich aus der Gemeinschaft ausgeschlossen. Ziel der Eltern ist es, auf diese Weise ihre Kinder mit „einer Psyche auszustatten, die sie Ausgrenzung ertragen läßt" (KIJI 1994: 111). Daher geben sie dem zweiten Sohn auch den Namen „Suzuki", der wie ein Familienname klingt, weshalb er in der Schule gehänselt wird. Auf diese Weise erziehen sie ihre Kinder dazu, von der Norm abweichend, ein isoliertes Dasein zu führen. Die Ich-Erzählerin erträgt stolz ihre Einsamkeit, hegt jedoch auch Zweifel gegenüber der Vorgehensweise der Eltern. Die Folge ist ihre psychische Instabilität.

Dem Heim kommt neben dem Erlernen der Muttersprache auch die Aufgabe zu, die moralischen Grundsätze einer Gesellschaft zu vermitteln. Diese sind im gegenwärtigen Japan jedoch ins Wanken geraten. Heim und Schule vermitteln bisweilen völlig unterschiedliche Werte, da innerhalb des Elternhauses eher die Individualität und in der Schule der Gemeinschaftssinn an oberster Stelle steht. Es sind dann vor allem die Kinder, die mit diesen widersprüchlichen Wertvorstellungen konfrontiert werden. Obwohl in *Kōri no umi no gareon* schwerwiegende, die Familie der Gegenwart betreffende Probleme wie Quälereien unter Kindern (*ijime*) und physische und psychische Erkrankungen aufgegriffen werden, erfolgt jedoch keine tiefergehende Auseinandersetzung damit. Es wird einfach auf die Blutsverwandschaft zurückgeführt, daß die Kinder die Wertvorstellungen der Eltern teilen. Andererseits offenbart sich hier jedoch auch, daß es keine Familienbeziehungen geben kann, die sowohl für die Eltern als auch für die Kinder ideal sind.

Der Autor Murakami Ryū (*1952) wendet sich in seinen Werken konsequent dagegen, daß Kinder die Weltanschauung der Eltern übernehmen. Sein Roman *Koin rokkā beibizu* [Schließfach-Babies] (1980) handelt vom Heranwachsen der beiden Jungen Kiku und Hashi, die nach ihrer Geburt in einem Schließfach ausgesetzt wurden. Im Roman tritt außerdem ein schönes siebzehnjähriges Mädchen namens Anemone auf, das als Modell arbeitet und in einem Luxuswohnhaus lebt, in dem sie sogar ein Krokodil halten kann. Ihre Eltern schränken sie nicht in ihrer Freiheit ein, weil auch sie selbst nicht durch Kinder eingeengt werden wollen. Anemone hat zwar keine finanziellen Sorgen, aber im Grunde unterscheidet sich ihre Psyche in nichts von der eines von seinen Eltern ausgesetzten Kindes. Der inzwischen herangewachsene Kiku haßt alles Mütterliche und plant, von der Luft aus Gift über Tōkyō zu verteilen, um auf diese Weise den Untergang der Menschheit herbeizuführen. Es gelingt ihm, Anemone für sich einzunehmen und ihre Unterstützung zu gewinnen. Der Ausdruck „Schließfach-Babies" wird indessen im Werk lediglich an einer Stelle benutzt, und zwar im Schlußteil. Als Kiku das Gift transportiert, sagt er über sich und Anemone: „Wir sind Schließfach-Babies!" (MURAKAMI 1980: 212).

Die beiden Romangestalten Kiku und Hashi sind bezeichnenderweise 1972 geboren, denn in den siebziger Jahren wurden in Japan häufig Säuglinge in Schließfächern ausgesetzt. Kiku und Hashi verkörpern diese ausgesetzten Babies, während Anemone für die Kinder steht, die von ihren Eltern lediglich Geld bekommen und ansonsten genauso im Stich gelassen werden. Diese Kinder sind Opfer der Zeit des Höchstwachstums der japanischen Wirtschaft. Während die Eltern nach „Unabhängigkeit" strebten, mußten die Kinder selbst ihr Überleben sichern und sich ihre eigene Gesellschaft aufbauen. In den Werken von Murakami Ryū ist das Handeln der Kinder allerdings ausschließlich davon bestimmt, die Welt der Eltern zu zerstören. Wenn in dem Roman *Shōwa kayō daizenshū* [Große Gesamtausgabe von Schlagern der Shōwa-Zeit] (1994) die Stadt Tōkyō von einer Bombe getroffen wird, verbirgt sich dahinter die Botschaft der Kinder, daß sie mit der von ihren Eltern geschaffenen Welt absolut nicht einverstanden sind.

Während die Kinder in den Werken von Murakami Ryū erfüllt sind von Haß gegenüber der Gesellschaft, treten in der Erzählungs-Sammlung *Dakareru* [Umarmt werden] (1993) von Inaba Mayumi (*1950) Teenager als Protagonistinnen auf, die die Welt in einem Zustand der Resignation erleben. In der Erzählung „Dakareru" (1992) steht eine Oberschülerin im Mittelpunkt, die hinnimmt, daß ihre Eltern ihren Lebenssinn weniger im Zusammenleben mit der Tochter als im Beruf sehen. Sie sind geschieden, und die Schülerin lebt allein in einer Luxuswohnung. Sie akzeptiert zwar die Lebensweise der Eltern; um sich dessen zu vergewissern, daß sie „nicht allein ist" (INABA 1993: 13), pflegt sie körperlichen Kontakt mit Zufallsbekanntschaften. Sie kompensiert ihre Sehnsucht nach Liebe also durch Prostitution. Allmählich verliert sie jedoch den Sinn für die Realität und das Interesse an der Umwelt. Die Worte des Mädchens: „Ich brauche keine Freiheit. Ich möchte jemanden, der mich festhält" (INABA 1993: 23), sind ein Hilfeschrei, mit dem ihr innerer Schmerz hervorbricht, der nicht einfach durch wirtschaftlichen Reichtum geheilt werden kann. Es hat jedoch niemand Verständnis dafür. Offenbar sind es die Kinder, die zugrundegehen, wenn die Eltern nach nichts anderem als nach „Unabhängigkeit" streben.

Das Haus, in dem das Mädchen aufgewachsen ist, wird während der Zeit der Seifenblasen-Wirtschaft zu einem hohen Preis verkauft, und zugleich zerbricht die Familie. Während sich die Eltern der Illusion hingeben, mit Geld alles erreichen zu können, stürzt die Welt ihrer Tochter vollkommen in sich zusammen. Einen Tag vor dem Abriß des Hauses schleicht sie sich noch einmal in ihr Elternhaus hinein und sagt leise, mit einer Stimme, mit der sie noch zu keinem Mann gesprochen hat: „Nimm mich in den Arm". Auch dieses junge Mädchen, das am nächsten Tag am Abrißplatz steht und zusieht, „wie alles, was sie umschlossen hat, ein unförmiger Haufen Staub wird und untergeht" (INABA 1993: 39), ist sozusagen ein „ausgesetztes Kind", das seine Heimat verloren hat und nirgendwohin zurückkehren kann.

3. Auf der Suche nach „postfamiliären Lebensformen"

In den literarischen Werken der achtziger Jahre wird das Heim auffallend häufig als Ort der Heilung beschrieben, und man trifft auf Familienbeziehungen, die eine Genesung von einer Verzweiflung, wie sie etwa das Mädchen in „Dakareru" empfindet, ermöglichen. Deutlich treten in dieser Zeit Konzepte in Erscheinung, die die Familie als eine Lebensgemeinschaft von Menschen sehen, die bewußt zueinander gefunden haben.

So erzählt *Tenshi yo umi ni mae* [Tanze auf dem Meer, Engel] (1981) von Yamamoto Michiko (*1936) von einem japanischen Ehepaar, das aus beruflichen Gründen nach Amerika geht, sich nicht mehr versteht und schließlich scheiden läßt. Der Roman endet mit dem Entschluß der Frau, die zur Generation der Zwanzigjährigen gehört, zusammen mit einem alleinstehenden Witwer in den Sechzigern und einem von seiner Mutter ausgesetzten dreijährigen Jungen eine neue Familie zu gründen. *Byakkō* [Weißes Licht] (1988) von Tomioka Taeko schildert den Versuch von mehreren Männern und Frauen, in einer „Familiengemeinschaft" zu leben, in der man auch die Sexualpartner miteinander teilt. Dieser Plan scheitert allerdings, weil aus wirtschaftlichen Gründen die gemeinsame Wohnung nicht aufrecht erhalten werden kann. *Burendo kazoku* [Familienmischung] (1988) von Sae Shūichi (*1934) schließlich setzt sich mit dem Problem von Kindern auseinander, die den Schulbesuch verweigern (*tōkō kyohi*), und geht zugleich der Frage nach, ob für Kinder leibliche Eltern oder Pflegeeltern besser sind. Schauplatz dieses Romans ist ein Dorf in einer gering besiedelten Gegend. Dort wird als Maßnahme gegen die Schulverweigerung ein „Pflegeelternsystem" eingeführt, bei dem Kinder, die in der Stadt den Schulbesuch verweigern, auf Bezahlung in Pflege genommen werden. Dabei kommen Kinder und Pflegeeltern sich auf eine Weise näher, die über diese Pseudo-Familienbeziehung hinausgeht. Der innere Wandel der Kinder, die sich den Pflegeeltern verbunden fühlen und sich diese als Eltern wünschen, weist dabei auf eine Form von „Familie" hin, bei der die gegenseitige Zuneigung und nicht die Blutsverwandschaft entscheidend ist.

Die Autoren Shimada Masahiko (*1961) und Murakami Masahiko (*1958) unterdessen schildern in *Yume tsukai* [Der Traumbändiger] (1989) bzw. „Sakurada famiria" [Die Familie Sakurada] (1991), wie man mit Kindern bzw. Familie Geschäfte machen kann. In *Yume zukai* werden Kinder an kinderlose Haushalte oder solche, die sich an einer Gruppe verschiedener Kinder erfreuen möchten, vermietet.[4] Diese „Rent a child"-Agentur entstand aufgrund eines Einfalls von Pflegeeltern, die sich um Waisenkinder bzw. ausgesetzte Kinder kümmern. Die Kinder finden auf diese Weise eine Möglichkeit zur wirtschaftlichen Unabhängigkeit. Während sich diese Agentur in New York befindet, spielt die Erzählung „Sakurada famiria" in Tōkyō. Tatsächlich existierte in Japan in der zweiten Hälfte der achtziger Jahre eine kommerziell betriebene „Leihfamilien"-Vermittlung. So konnte etwa ein älteres Ehepaar die Bestellung aufgeben: „Am Sonntag möchten wir von der Familie meines Sohnes mit den beiden Enkelkindern Besuch bekommen", woraufhin man eine entsprechende „Familie" entsandte. Auch das Fernsehen griff dieses Phänomen auf, das zum aktuellen Gesprächsthema wurde und somit als Romanvorlage diente. In „Sakurada famiria" bietet die Leihfamilien-Agentur Schauspielern auf der Basis eines Nebenjobs eine Beschäftigung an, um Schauspieltruppen zu unterstützen. In der Realität waren bei diesem Geschäft je nach Familienzusammensetzung Preise von bis zu 150.000 Yen für drei Stunden üblich. Man mag dies als Vergnügen für ältere Ehepaare ansehen, in erster Linie aber ist es ein Geschäft, welches bezeichnenderweise in der Zeit der Seifenblasen-Wirtschaft entstand. *Yume tsukai, Burendo kazoku* und „Sakurada famiria" sind Beispiele für Werke, die zeigen, wie die Funktionen, die bisher die Familie erfüllte, zur Basis von Wirtschaftsbeziehungen wurden.

Yoshimoto Banana (*1964) hingegen, die in den achtziger Jahren in Erscheinung tritt, reduziert Familie nicht auf Geschäftliches, sondern sieht in menschlichen Beziehungen mit heilender Wirkung eine Form von Familie. In vielen ihrer Werke greift sie das Thema „Familie" auf. So hinterfragt sie in *Utakata* [Seifenblasen] (1988c) die Bedeutung familiärer Beziehungen im Zusammenhang mit dem Familienregister (*koseki*), untersucht in *N. P.* [dt. N. P.] (1990) das Inzesttabu und beschreibt in *TUGUMI* [dt. Tsugumi] (1991) die Rücksichtnahme auf die blutsverwandte Familie. Eindeutig ragt jedoch unter ihren Werken *Kitchin* [dt. Kitchen] (1988a) hervor, in dem die Wärme einer nicht auf Blutsverwandtschaft basierenden Familie und das Heim als Ort der Heilung beschrieben werden.

---

[4] Zur Beziehung von „Leihkindern" und „Familie" vgl. TATSUMI (1994).

In *Kitchin* kümmern sich Tanabe Takeshi, der aufgrund einer Geschlechtsumwandlung zur Mutter „Eriko" geworden ist, und sein (bzw. ihr) Sohn Yūichi um Mikage, die Hauptfigur des Werkes, die alle ihre Angehörigen verloren hat und mutterseelenallein ist. Sie lassen sie bei sich wohnen, obwohl sie in keiner verwandtschaftlichen Beziehung zu ihr stehen. In dieser realitätsfern anmutenden Figur Eriko/Takeshi hat man häufig Elemente eines Jungmädchencomics (*shōjo manga*) nachgewiesen. Die Wohnung der Familie Tanabe ist aber vor allem wichtig als der Ort, der den inneren Schmerz Mikages heilt. Ihre lapidare Äußerung: „Gestern ist meine Oma plötzlich gestorben. Ich war erschrocken" (YOSHIMOTO 1988a: 8) könnte bewirken, daß das Lesepublikum übersieht, wie betroffen Mikage wirklich vom Verlust ihrer letzten Familienangehörigen ist. Nach dem Tod der Eltern und des Großvaters hatte sie nämlich „permanent Angst, ,daß die Oma stirbt'" (YOSHIMOTO 1988a: 33). Ihre Trauer versucht sie zu überwinden, indem sie für die Tanabes kocht. Die Existenz der anderen, die erfreut ihr Essen zu sich nehmen, treibt „Licht und Wind" (YOSHIMOTO 1988a: 39) in ihr Herz und läßt sie allmählich von dem Schmerz über den Tod der Großmutter genesen.

In dem Nachfolgewerk „Mangetsu" [dt. Vollmond] (1988b) ist nun Yūichi mutterseelenallein, nachdem Eriko von einem eifersüchtigen Verehrer ermordet wurde. Bei den gemeinsamen Mahlzeiten mit Mikage überwindet er jedoch mit der Zeit seine Einsamkeit.

Oft aßen wir mittags und abends gemeinsam. Eines Tages sagte Yūichi: „Warum schmeckt es mir immer so gut, wenn ich mit dir zusammen esse?"
„Vielleicht, weil Eß- und Sexualtrieb zugleich befriedigt werden."
„Unsinn, das stimmt nicht."
Während Yūichi in lautes Gelächter ausbrach, sagte er: „Bestimmt, weil wir eine Familie sind!" (YOSHIMOTO 1988b: 159)

In bezug auf diese Erzählung spricht Ueno Chizuko von einer sich aus der „Eßhandlung" ergebenden, „auf gemeinsamem Essen beruhenden Familienbeziehung" und geht darüber hinaus auf den Aspekt ein, daß zwischen Mikage und Yūichi keine sexuelle Beziehung besteht. Sie kommt in diesem Kontext zu der Feststellung, „daß die Frage, wie man mit Sexualität umgeht, ein ewiges Thema der ‚Familie' ist, Yoshimoto Banana jedoch diesem Punkt auszuweichen scheint" (UENO 1990: 32). Die Beziehung der beiden, in der die Sexualität kein Bindeglied ist, offenbart Ueno zufolge die Grenzen der Darstellung von Geschlechterbeziehungen bei dieser Autorin. Die entscheidende Aussage des Werks liegt jedoch vielmehr in dem Aspekt der Heilung durch das gemeinsame Essen. Was in diesem Werk die Menschen miteinander verbindet, ist die Erfahrung von

„Trauer", von der man durch den Akt des Essens genesen kann. Folglich vermitteln die beiden *Kitchin*-Werke die Botschaft, daß nicht Sexualität allein Mann und Frau bzw. die Menschen miteinander verbindet.[5] Die Werke von Yoshimoto Banana repräsentieren den Wandel von der „Zeit der Sexualität" in den siebziger Jahren hin zur „Zeit der Zärtlichkeit" in den achtziger Jahren.

In den neunziger Jahren schildert Hosaka Kazushi (*1956) in Werken wie *Purein songu* [Ein schlichter Song] (1990), *Kusa no ue no chōshoku* [Frühstück auf dem Gras] (1993a) und *Neko ni jikan ga nagareru* [Die Katze und der Fluß der Zeit] (1993b), wie eine Gruppe streunender Katzen eine Familie gründet, indem sich eine mit der anderen willkürlich zusammentut und wieder von ihr trennt. Diese Situation wird dann auf die menschliche Gemeinschaft übertragen. In den Werken von Hosaka treten Menschen auf, die sich um „streunende Mitmenschen" kümmern, so wie man es bei herrenlosen Katzen tut. Ein Angestellter, der keineswegs reich ist, nimmt ganz selbstverständlich Freunde in seiner Wohnung auf, obwohl manche von ihnen eine eigene Wohnung haben. Er ist nämlich der Ansicht:

> „Auch wenn man Selbstgespräche führt, ist es besser, wenn einem jemand zuhört. Nun macht mir alles Freude, was in diesem Zimmer geschieht." (HOSAKA 1990: 155)

Obwohl alle Bewohner jeweils ihre Zeit nach eigenem Gutdünken verbringen, kommen sie doch regelmäßig zusammen. Es handelt sich hier zweifellos um eine Form von Familie, wie sie sich gegenwärtig viele junge Menschen wünschen. Dieses Bild von Familie resultiert wohl aus der Einsicht, daß man unmöglich mit jedem Menschen, auch nicht mit der blutsverwandten Familie, in harmonischem Einverständnis zusammenleben kann.

SCHLUSSBETRACHTUNG

Ende der sechziger Jahre läßt Ōba Minako in einer Erzählung (ŌBA 1968) eine ihrer Figuren die folgende Sicht von Familie verkünden:

> „Mein Traum besteht darin, daß es einmal einen gemeinsamen Weltmarkt gibt und man völlig frei miteinander sexuell verkehrt ... Daß der Tag kommt, an dem sowohl öffentlich als auch in den Betten von

---

[5] Die Autorin spart das Thema Sexualität jedoch nicht völlig aus, da sie sich in *N. P.* anhand des Inzesttabus mit Sexualität innerhalb der Familie befaßt.

Liebespaaren erwartungsvoll darüber gesprochen wird, welche Hautfarbe das nächste Kind wohl haben wird." (ŌBA 1990: 75)

Es wird also eine Familienform postuliert, die den „Staat" und das „Volk", die sich im wesentlichen auf den Gedanken von Blutsverwandtschaft stützen, aufhebt. Auch die „Leihkinder" von Shimada Masahiko sind hier einzuordnen. Der große Teil der in den achtziger und neunziger Jahren entstandenen Werke, die von Familie handeln, kann sich jedoch nicht von der Vorstellung einer blutsverwandten Familie lösen.

Des weiteren gibt es viele Werke, die die Defizite des japanischen Wohlfahrtssystems schildern. So beschreibt Ōe Kenzaburō (*1935) in *Atarashii hito yo mesame yo* [Wach auf, neuer Mensch] (1983) und *Jinsei no shinseki* [dt. Verwandte des Lebens] (1989a) den Alltag seines behinderten Sohnes und die damit verbundenen Probleme bei der häuslichen Pflege. Auch Werke wie *Tanburū wīdo* [Die stolpernde Witwe] (1986) und *Enrai no kyaku* [Gäste aus der Ferne] (1985) von Kometani Fumiko (*1930) sowie *Kōraku* [Herbstlaub] (1995) von Sae Shūichi, in dem selbst schon betagte Kinder die Pflege ihrer alten Eltern übernehmen müssen, verweisen auf die Mängel des gegenwärtigen Sozialsystems.

Beruhen die hier geschilderten Probleme wohl darauf, daß im Bewußtsein der Menschen ein Gesetz des Zivilrechts (§ 877) verankert ist, das direkte Blutsverwandte verpflichtet, sich gegenseitig zu unterstützen? Diese „Pflicht gegenüber der Familie" wird in den Romanen zu den „Fesseln der Familie". Aber es ist durchaus möglich, daß sich mit der Verbesserung der sozialen Wohlfahrt diese „Fesseln der Familie" in Zukunft auflösen. Im Mittelpunkt der literarischen Darstellung von Familie wird dann wohl vor allem die Auseinandersetzung mit einer Familienform stehen, die wie bei Yoshimoto Banana und Hosaka Kazushi auf einem Gefühl der Geborgenheit und Zuneigung zwischen nicht verwandten Freunden basiert. Bereits jetzt zeichnet sich in der Gegenwartsliteratur eine Form von Familie ab, in der nicht die Blutsverwandtschaft und das Familiensystem, sondern Liebe und Emotionen die Menschen miteinander verbinden.

übersetzt von Renate Jaschke

LITERATURVERZEICHNIS

1. *Primärliteratur*

HIKARI Agata (1982): Juka no kazoku [Die Familie unter dem Baum]. In: *Kaien*, November.

HIKARI Agata (1983a): Puranetariumu [Planetarium]. In: *Kaien*, Februar.

HIKARI Agata (1983b): Uhohho tankentai [Die Entdeckungsreisenden]. In: *Kaien*, September.

HOSAKA Kazushi (1990): *Purein songu* [Ein schlichter Song]. Tōkyō: Kōdansha.

HOSAKA Kazushi (1993a): *Kusa no ue no chōshoku* [Frühstück auf dem Gras]. Tōkyō: Kōdansha.

HOSAKA Kazushi (1993b): *Neko ni jikan ga nagareru* [Die Katze und der Fluß der Zeit]. Tōkyō: Kōdansha.

INABA Mayumi (1992): Dakareru [Umarmt werden]. In: *Bungei*, Herbst.

INABA Mayumi (1993): *Dakareru*. Tōkyō: Kawade Shobō Shinsha.

KIJIGA Eiko (1994): *Kōri no umi no gareon* [Die Galeone im Eismeer]. Tōkyō: Kōdansha.

KOJIMA Nobuo (1965): *Hōyō kazoku* [Geliebte Familie]. Tōkyō: Kōdansha.

KOMETANI Fumiko (1985): *Enrai no kyaku* [Gäste aus der Ferne]. Tōkyō: Shinchōsha.

KOMETANI Fumiko (1986): *Tanburū wīdo* [Die stolpernde Witwe]. Tōkyō: Shūeisha.

MORI Yōko (1983): *Yogoto no yurikago, fune, aruiwa senjō* [Die allabendliche Wiege, das Schiff oder das Schlachtfeld]. Tōkyō: Kōdansha.

MORI Yōko (1985): *Kazoku no shōzō* [Familienporträt]. Tōkyō: Shūeisha.

MURAKAMI Masahiko (1991): Sakurada famiria [Die Familie Sakurada]. In: *Bungakkai*, Dezember.

MURAKAMI Ryū (1980): *Koin rokkā beibīzu* [Schließfach-Babies]. Tōkyō: Kōdansha.

MURAKAMI Ryū (1994): *Shōwa kayō daizenshū* [Große Gesamtausgabe von Schlagern der Shōwa-Zeit]. Tōkyō: Shūeisha.

ŌBA Minako (1968): Kōzu no nai e [Bild ohne Komposition]. In: *Gunzō*, Oktober.

ŌBA Minako (1971): *Tsuga no yume* [Der Traum der Tanne]. Tōkyō: Bungei Shunjū.

ŌBA Minako (1985): *Naku tori no* [Singende Vögel]. Tōkyō: Kōdansha.

ŌBA Minako (1990): Kōzu no nai e [Bild ohne Struktur]. In: *Ōba Minako zenshū* 1 [Ōba Minako Gesamtausgabe]. Tōkyō: Kōdansha.

ŌE Kenzaburō (1983): *Atarashii hito yo mesame yo* [Wach auf, neuer Mensch]. Tōkyō: Kōdansha.

ŌE Kenzaburō (1989a): *Jinsei no shinseki* [dt. Verwandte des Lebens]. Tōkyō: Shinchōsha.
ŌE Kenzaburō (1989b): *Verwandte des Lebens*. Übersetzt von Jaqueline Berndt und Hiroshi Yamane. Berlin: edition q (Japan-Edition).
SAE Shūichi (1988): *Burendo kazoku* [Familienmischung]. Tōkyō: Chikuma Shobō.
SAE Shūichi (1995): *Kōraku* [Herbstlaub]. Tōkyō: Shinchōsha.
SHIMADA Masahiko (1989): *Yume tsukai* [Der Traumbändiger]. Tōkyō: Kōdansha.
SHIMAO Toshio (1977): *Shi no toge* [Stachel des Todes]. Tōkyō: Shinchōsha.
SHŌNO Junzō (1960): *Seibutsu* [Stilleben]. Tōkyō: Kōdansha.
TAKAHASHI Takako (1971): Sōjikei [Ähnliche Figuren]. In: *Gunzō*, Mai.
TOMIOKA Taeko (1974a): *Meido no kazoku* [dt. Familie im Jenseits]. Tōkyō: Kōdansha.
TOMIOKA Taeko (1974b): Familie im Jenseits. Übersetzt von Ida Herzberg. In: *Taeko Kōno – Fleischknochen; Taeko Tomioka – Familie im Jenseits. Zwei Erzählungen aus Japan*. Berlin: Galrev.
TOMIOKA Taeko (1988): *Byakkō* [Weißes Licht]. Tōkyō: Shinchōsha.
TSUSHIMA Yūko (1973): *Dōji no kage* [Der Schatten des Kindes]. Tōkyō: Kawade Shobō Shinsha.
TSUSHIMA Yūko (1975): *Mogura no haha* [Die Mutter von Mogura]. Tōkyō: Kawade Shobō Shinsha.
TSUSHIMA Yūko (1978): *Chōji* [Glückskind]. Tōkyō: Kawade Shobō Shinsha.
TSUSHIMA Yūko (1980a): *Moeru kaze* [Brennender Wind]. Tōkyō: Chūō Kōronsha.
TSUSHIMA Yūko (1980b): *Yama o hashiru onna* [Die Frau, die durch die Berge läuft]. Tōkyō: Kōdansha.
TSUSHIMA Yūko (1982a): Danmari ichi [dt. Heimlicher Handel]. In: *Umi*, August.
TSUSHIMA Yūko (1983): *Child of Fortune* (Übersetzung von *Chōji*). Übersetzt von Geraldine Harcourt. Tōkyō: Kodansha International.
TSUSHIMA Yūko (1990): Heimlicher Handel. Übersetzt von Diana Donath. In: DONATH, Margarete (Hg.): *Japan erzählt. 17 Erzählungen*. Frankfurt am Main: Fischer, S. 177–192.
YAMAMOTO Michiko (1981): *Tenshi yo umi ni mae* [Tanze auf dem Meer, Engel]. Tōkyō: Shinchōsha.
YOSHIMOTO Banana (1988a): *Kitchin* [Kitchen]. Tōkyō: Fukutake Shoten.
YOSHIMOTO Banana (1988b): Mangetsu [dt. Vollmond]. In: *Kaien*, Februar.
YOSHIMOTO Banana (1988c): *Utakata* [Seifenblasen]. Tōkyō: Fukutake Shoten.
YOSHIMOTO Banana (1990): *N.P.* [N.P.]. Tōkyō: Kadokawa Shoten.
YOSHIMOTO Banana (1991): *TUGUMI*. Tōkyō: Chūō Kōronsha.

YOSHIMOTO Banana (1992): *Kitchen*. Übersetzt von Wolfgang Schlecht. Zürich: Diogenes.
YOSHIMOTO Banana (1993): *N. P.* Übersetzt von Annelie Ortmanns. Zürich: Diogenes.
YOSHIMOTO Banana (1996): *TSUGUMI.* Übersetzt von Annelie Ortmanns. Zürich: Diogenes.

2. Sekundärliteratur

ILLICH, Ivan (1984): *Jendā* [Gender]. Übersetzt von Tamanoi Yoshirō. Tōkyō: Shinchōsha.
LEACH, Edmond (1974): *Jinruigaku saikō* [Originaltitel: Rethinking Anthropology (1961)]. Übersetzt von Aoki Tamotsu und Inoue Kenkō. Tōkyō: Shisakusha.
MORIOKA Kiyomi und MOCHIZUKI Takashi (1987): *Kazoku kankei – gendai kazoku seikatsu no shakaigaku* [Familienbeziehungen – Soziologie des gegenwärtigen Familienlebens]. Tōkyō: Nihon Hōsō Shuppan Kyōkai.
ŌHIRA Ken (1995): *Yasashisa no seishin byōri* [Psychopathologie der Zärtlichkeit]. Tōkyō: Iwanami Shinsho.
TATSUMI Takayuki (1994): *RENTAL TOKYO „Yume tsukai" matawa kasō kazoku no sōseiki* [RENTAL TOKYO „Der Traumbändiger" oder die Genesis einer virtuellen Familie]. In: *Yureika*, Juni.
UENO Chizuko (1990): Shokuen kazoku [Auf dem Essen beruhende Familienbeziehung]. In: *Middo naito kōru*. Tōkyō: Asahi Shinbunsha.
YAMADA Masahiro (1994): *Kindai kazoku no yukue* [Die Zukunft der modernen Familie]. Tōkyō: Shinyōsha.
YOSHIMOTO Ryūmei (1989): *Hai imeijiron I* [High-Image-Diskurs I]. Tōkyō: Futake Shoten.

KOMMENTAR
ZU DEN BEITRÄGEN VON SAEGUSA KAZUKO
UND YONAHA KEIKO

TSUGE Teruhiko

Ich habe die beiden Vorträge von Saegusa Kazuko und Yonaha Keiko mit großem Interesse verfolgt und sie haben mich zu verschiedenen Überlegungen angeregt. Eine Frage, die mich im Zusammenhang mit der japanischen Literatur immer wieder beschäftigt, ist die des Ursprungs von Begriffen. Was sind eigentlich ursprünglich japanische Begriffe und welche sind eher westlich geprägt? Und wie verhält es sich mit den aus dem Chinesischen übernommenen Begriffen?

Mit diesen Fragen wurde ich vor allem während eines längeren Aufenthalts in Frankreich konfrontiert. Als ich einmal in Paris in ein Taxi stieg, sah der Fahrer auf meine Einkaufstüte eines japanischen Buchladens, auf der in *kanji* [chinesische Schriftzeichen] „Tōkyōdō shoten" [Buchhandlung Tōkyōdō] abgedruckt war, und fragte mich, ob ich Chinese sei. Auf meine Antwort, „Nein, Japaner", entgegnete er nur: „Aber auf Ihrer Tüte stehen chinesische Zeichen". Meine Antwort, es sei Japanisch, ließ der Taxifahrer nicht gelten. In dieser Situation wurde mir bewußt, wie recht er im Grunde hatte.

Es ist wirklich interessant, der Frage nachzugehen, welche Begriffe wir im Japanischen aus China oder Europa übernommen haben. Chinesischen Ursprungs ist zum Beispiel auch der Begriff *sei* [Geschlecht]. Wie mir verschiedene Sprachwissenschaftler versicherten, gibt es diesen Begriff, der für die Unterscheidung von Mann und Frau steht, im Japanischen ursprünglich nicht. Neben dem chinesischsen *sei* wurden schließlich auch die englischen Begriffe *sex* und *gender* ins Japanische übernommen.

Kommen wir zu dem Begriff Familie. Der Ausdruck *kazoku* [Familie] ist chinesischen Ursprungs. Beim ersten der beiden *kanji* für „Familie", *ie* [Haus], hat der obere Teil des Schriftzeichens die Bedeutung „Dach" und der untere steht für „Schwein", ein Nutztier, das in China seit jeher eine große Bedeutung hatte. Das Haus ist also der Ort, der so etwas Wichtigem wie Haustieren Schutz bietet und somit eben auch der Familie. Der Begriff *ie* bezog sich ursprünglich auf einen Ort, heute verweist er jedoch auf die blutsverwandtschaftliche Beziehung.

Damit sind wir bei dem Thema des Romans *Hōkai kokuchi* [Ankündigung eines Zusammenbruchs] von Saegusa Kazuko, über dessen Entstehung uns die Autorin berichtet hat. Es geht darin um die Anerkennung der Vaterschaft, also um die Blutsverwandtschaft. Dies ist sicher ein entscheidender Aspekt der Familie. Bei den Mutter-Kind-Familien in den Werken von Autorinnen wie Hikari Agata und Tsushima Yūko, die Yonaha Keiko in ihrem Vortrag vorstellte, wäre es sicher auch interessant, sie einmal dahingehend zu analysieren, welche Bedeutung eigentlich der Blutsverwandtschaft zukommt.

Wenn wir über literarische Werke sprechen, so spielen menschliche Leidenschaften und die Erkenntnisse der Tiefenpsychologie eine wichtige Rolle. Die Schwierigkeiten eines Ehepaares sind eigentlich weniger Familienprobleme als die einer Beziehung zwischen einem Mann und einer Frau, die nicht miteinander verwandt sind. Es geht dabei nicht um verwandtschaftliche Beziehungen, sondern um die Auseinandersetzung mit dem „Anderen". Diesem Thema kommt in der Literatur seit jeher eine große Bedeutung zu. Ein Beispiel hierfür ist etwa *Nejimaki kuronikuru* [Chronik der Verdrehung] (1984) von Murakami Haruki (*1949). Dieses Werk läßt keinen Zweifel daran, daß es bei der Beziehung von Ehepartnern untereinander um die Auseinandersetzung mit dem „Anderen" geht. Begreift man ein Ehepaar als Familie, so geht es hier zwar auch um das Thema Familie, in der Tat handelt es sich jedoch um die Problematik einer Mann-Frau-Beziehung. Ein weiteres Thema der Literatur ist natürlich seit jeher die Blutsverwandtschaft, wie etwa die Beziehungen zwischen Vater und Sohn oder Tochter, Mutter und Sohn oder Tochter, die Haltung eines Sohnes zu seinem Vater oder seiner Mutter und die Beziehung unter Geschwistern.

Außerdem werden in der Literatur bisweilen recht phantastische oder visionäre Vorstellungen von Familie entfaltet. Vielleicht ist die Familie in der Gegenwart in der Tat zu einer Fiktion geworden. Wie das Beispiel von Yoshimoto Bananas *Kitchin* zeigt, entstehen in der Welt der Fiktion andere und neue Formen von Familie. Die Literatur ist hier ein Mittel der Kreation von Familienentwürfen, die ein angenehmes Leben verheißen können.

Um abschließend noch einmal auf die eingangs angesprochene Diskussion der Begriffe zurückzukommen, möchte ich darauf verweisen, daß der Begriff Familie sich im Japan der Gegenwart wohl nicht mehr auf einen Nenner bringen läßt. Die aus China übernommenen Konzepte haben sich mittlerweile mit den europäischen vermischt.

übersetzt von Hilaria Gössmann

DISKUSSION ZU SEKTION IV

Moderation: SHIOYA *Chieko*

Shioya Chieko: Leider haben wir nur noch sehr wenig Zeit für die Diskussion in dieser Sektion. Da Frau Saegusa nur recht kurz gesprochen hat, möchte ich ihr zunächst die Gelegenheit erteilen, noch etwas zu ihren Ausführungen im Referat zu ergänzen.

Saegusa Kazuko: Ich möchte hier kurz meine Vorstellungen zu der Form von Familie in der Heian-Zeit (794–1185) vortragen. Die Gesellschaft war damals matrilinear, d. h., der Mann besuchte die Frau in ihrem Elternhaus. Es konnten auch mehrere Männer sein. Wenn ein Mann drei Nächte hintereinander eine Frau besucht hatte, wurde er ihr Bräutigam. Dies hieß jedoch nicht, daß man von nun an zusammenlebte. Der Ehemann blieb weiterhin in seinem Elternhaus. Die Kinder zog jedoch die Frau in ihrem Hause auf. Nach und nach leisteten es sich besonders finanzkräftige Ehemänner jedoch, die Ehefrau in das eigene Haus zu holen, so wie es im Kaiserhaus üblich war.

Die Familie der Heian-Zeit ist wirklich ein sehr interessantes Forschungsthema. Übrigens gab es damals in der Tat den Begriff *kazoku* [Familie] nicht, worauf Tsuge Teruhiko ja schon in seinem Kommentar verwiesen hat.

Diskussionsteilnehmer: Ich habe eine Frage an Frau Saegusa und an Frau Yonaha. Frau Saegusa hat ja über die Entstehungsgeschichte ihres Werkes „Hōkai kokuchi" berichtet, in dem sich eine Frau entschließt, ganz allein ein Kind zur Welt zu bringen. So etwas kommt sicher vor, aber ich meine, es handelt sich doch wohl eher um einen außergewöhnlichen Fall. Eine Familie zu gründen, also Kinder zu bekommen, das bedeutet doch zunächst einmal, daß ein Mann und eine Frau sich lieben. Ohne Liebe ein Kind zu gebären, das ist im Grunde genommen etwas sehr Ungewöhnliches. Ein Ursache dafür, daß wir dies in Japan gar nicht als so seltsam empfinden, mag in der Tradition der matrilokalen Gesellschaft liegen, auf die Frau Saegusa verwiesen hat, also dem Brauch, daß das Kind bei der Mutter bleibt und der Vater nur zu Besuch kommt.

Yonaha Keiko: Ihrer Prämisse, daß nur aufgrund von Liebe Kinder geboren werden, kann ich nicht zustimmen. Dies gilt sicher weder für die

Heian-Zeit noch für die Gegenwart. Im Zeitalter von Reagenzglas-Befruchtungen und Leihmüttern herrschen zweifellos ganz andere Voraussetzungen für die Geburt eines Kindes.

Saegusa Kazuko: Ich bin auch der Meinung, daß die Liebe zwischen Mann und Frau und das Gebären von Kindern zwei verschiedene Dinge sind. Es ist doch wohl in den seltensten Fällen so, daß man eine sexuelle Beziehung eingeht, nur um schwanger zu werden. Die Kinder sind lediglich eine Folge dessen. Männer und Frauen lieben sich nicht in erster Linie mit dem Ziel, Kinder zu bekommen.

In der Frage der Reproduktion spielt natürlich das gesellschaftliche System eines Landes eine entscheidende Rolle. Gäbe es keine gesellschaftlichen Konventionen, würde vielleicht die freie Liebe praktiziert, was jedoch eine einseitige Belastung der Frauen, die Kinder gebären, zur Folge haben kann.

redigiert und übersetzt von Hilaria Gössmann

DAS BILD DER FAMILIE IN DEN MEDIEN

– KOMMENTARE UND DISKUSSION –

DAS BILD DER FAMILIE IN DEN MEDIEN

– KOMMENTARE UND DISKUSSION –

Marc LÖHR *(Yamaguchi Universität)*, Susanne SCHERMANN *(Waseda Universität)*, MINAKAMI *Yōko (Schriftstellerin)*, SUZUKI *Midori (Ritsumeikan Universität)*, YUZAWA *Yasuhiko (Ochanomizu Universität)*

Hilaria Gössmann: Zum Abschluß des Symposiums bitte ich nun um Kommentare zu dem Thema Familie und Medien. Auf dem Podium sind fünf Personen aus den unterschiedlichsten Bereichen versammelt: Zunächst wird Yuzawa Yasuhiko aus der Sicht des Familiensoziologen zu der Frage Stellung nehmen, inwieweit seiner Meinung nach das Familienbild der Medien dem der Gesellschaft entspricht. Im Anschluß daran soll mit Minakami Yōko eine Schriftstellerin und Essayistin zu Worte kommen, die sich in ihren Werken kritisch mit der Familie auseinandersetzt. Mit dem Kinofilm, ein Medium, das vor allem im Vergleich zum Fernsehen von Interesse ist, beschäftigt sich Susanne Schermann. Auf die Produktionsseite der Medien, zu der in Japan noch sehr wenig wissenschaftliche Forschung vorliegt, geht der Medienwissenschaftler Marc Löhr ein, während Suzuki Midori, Medienwissenschaftlerin und Begründerin des „Forum for Citizens' Television", die Rolle der Medienrezipienten in den Mittelpunkt ihrer Ausführungen stellt. Ziel ist es, anhand dieser zusätzlichen Kommentare über den Kreis der Vortragenden hinaus weitere Stimmen zum Thema „Das Bild der Familie in den japanischen Medien" zu hören. Im Anschluß an die Statements von seiten des Podiums soll schließlich auch das Publikum dieses Symposiums noch einmal die Gelegenheit zu Fragen und Kommentaren erhalten.

Yuzawa Yasuhiko: Entspricht das Bild der Familie in den japanischen Medien nun eigentlich der gesellschaftlichen Realität oder weicht es davon ab? Ich meine, es trifft wohl eher das letztere zu. Ich möchte Ihnen dies anhand einiger Beispiele veranschaulichen: Die Medien zeigen häufig Alleinlebende, die ein selbstbestimmtes Leben führen, so, als seien sie ein Symbol der zunehmenden Individualisierung der Gesellschaft. Schaut man sich jedoch die Ergebnisse der Volkszählung *(kokusei chōsa)* aus dem Jahr 1990 an, so lebten lediglich 8,6 % der gesamten japanischen Bevölkerung nicht mit einem Familienmitglied zusammen. Damit wurde sogar der entsprechende Prozentsatz von 8,9 % des Jahres 1920, als die erste

Das Bild der Familie in den Medien – Kommentare und Diskussion

Volkszählung stattfand, unterschritten. Zu jener Zeit gab es für Männer den Militärdienst und für Frauen die Tätigkeit als Haushaltshilfe, wobei sie in dem Haushalt, in dem sie arbeiteten, auch wohnten. Diese Männer und Frauen lebten zwar nicht allein, jedoch auch nicht mit ihrer Familie zusammen. Solche Lebensbedingungen waren damals wesentlich häufiger als heute. Deshalb kann man nicht einfach sagen, daß nur im Japan der Gegenwart viele Menschen ein isoliertes Leben getrennt von ihrer Familie führen. In der Mediendarstellung ist der Anteil der Singles hingegen weit mehr als 9 %.

Mein zweites Beispiel für die verzerrte Mediendarstellung ist die Diskussion um die Geburtenrate. In den Medien ist immer wieder davon die Rede, das Zeitalter der Ein-Kind-Familie sei angebrochen, wenn Sie jedoch in einer Grund- oder Mittelschule die Kinder fragen: „Wieviele Geschwister seid ihr zuhause?", so lautet die häufigste Antwort „zwei". In der Tat haben in Japan 60 % der Familien zwei Kinder. Unter den industrialisierten Nationen ist Japan sogar das einzige Land, in dem die Zwei-Kind-Familie prozentual an erster Stelle steht. Während es in den USA z. B. neben den Ein-Kind-Familien auch Paare mit fünf oder sechs Kindern gibt, kommt in Japan an zweiter Stelle nach den Zwei-Kind-Familien die Drei-Kind-Familie und erst dann die Ein-Kind-Familie. Folglich liegt der Durchschnitt bei einer Kinderzahl von 2,3 %. Wenn die Medien berichten, daß eine Frau nur noch 1,43 Kinder zur Welt bringe, so bezieht sich das lediglich auf junge Ehepaare, die erst wenige Jahre verheiratet sind. Es gilt jedoch, nach der Geburtenrate von Paaren zu fragen, deren Geburtenplanung bereits abgeschlossen ist. Sieht man sich hier die Daten der letzten Untersuchung von 1993 an, so kommt man auf eine Geburtenrate von 2,2 %. Dieser Prozentsatz hat sich seit 20 Jahren nicht verändert. Wir müssen also, was die japanische Gesellschaft betrifft, von der Zwei-Kind-Familie ausgehen, auch wenn die Medien uns etwas anderes vorgaukeln wollen.

Ein weiteres Problem der Mediendarstellung, das auch in den verschiedenen Beiträgen dieses Symposiums zutage trat, ist die Tatsache, daß das Familienbild hauptsächlich von der Wahrnehmung junger Tokyoter in den Zwanzigern und Dreißigern geprägt ist. Als ich einmal in den Bergen der Toyama-Präfektur war, fiel mir auf, daß die Menschen dort kaum fernsehen, obwohl die meisten große Fernsehgeräte haben. Fernsehdramen sahen sie sich überhaupt nicht an. Als ich sie nach dem Grund dafür fragte, lautete die Antwort: „Sie sind für uns doch so etwas wie Geschichten aus einem fremden Land."

Wie sehr die Darstellung in den Medien vom Leben der Durchschnittsbevölkerung abweicht, offenbarte sich auch bei der Medienberichterstattung zum „Internationalen Jahr der Familie". Ich wurde damals von einem Reporter gebeten, ihm ehemalige Studenten und Studentinnen vorzustellen, die eine außergewöhnliche Lebensweise führen. Auf diese Weise entstand die Reportage über das Paar, auf das Frau Saitō in ihrem Vortrag zur Zeitungsberichterstattung zum „Internationalen Jahr der Familie" eingegangen ist.[1] Bei den beiden handelt es sich um Absolventen der Ochanomizu-Universität, an der ich lehre. Sie essen tatsächlich viermal in der Woche Beef Stew. Heutzutage stehen Frauen offenbar dazu, überhaupt nicht kochen zu können, und haben dennoch keine Hemmungen zu heiraten. Nennt man dies nun eine „neue Familie"? Ich glaube vielmehr, daß sich die Zeitungen auf der Suche nach einem anderen Familienbild sehr ungewöhnliche Ehepaare heraussuchen. Meiner Meinung nach sollten die Medien ihre diesbezügliche Haltung kritisch überdenken.

Minakami Yōko: Ich schreibe meine Romane und Erzählungen aus dem Blickwinkel des Feminismus. Nachdem ich zunächst Essays verfaßte, wandte ich mich der erzählenden Literatur zu, da ich hier wesentlich freier bin im Entwurf neuer Bilder, etwa vom Geschlechterverhältnis. Thema meiner Erzählungen ist die Situation der Frau in der Gesellschaft. Meist geht es darum, wie sich die Protagonistin innerhalb von Arbeitsleben, Liebes- und Ehebeziehungen weiterentwickelt. Mein besonderes Interesse gilt jedoch dem Altertum. Je weiter man in der Geschichte zurückgeht, desto häufiger begegnet man matrilokalen oder matriarchalischen Strukturen. Erstaunlicherweise wissen die jungen Frauen von heute kaum etwas über die Lebensverhältnisse dieser Zeit, wie etwa die „Besuchsehe" (*kayoi-kon*), eine gängige Praxis der Heian-Zeit (794–1185). Leider kann man sich nicht durch so etwas wie einen Timetunnel in diese Zeit zurückversetzen, um sich anzusehen, welche Auswirkungen die matrilokalen Strukturen damals tatsächlich hatten.

Mit dem Begriff „matriarchale Familie" (*fukensei kazoku*) assoziiert man wohl eher die Urgesellschaft, es gibt jedoch auch in der Gegenwart noch matriarchale Strukturen, wie etwa in Sumatra beim Stamm der Minangkaban, dem zwei Millionen Menschen angehören. Angehörige dieses Stammes haben wichtige Positionen in Politik und kulturellem Leben inne. Was mich an diesem Stamm zunächst erstaunte, war, daß hier die Frauen die Häuser der Vorfahren erben. Im Gegensatz zu Japan, wo ja der älteste Sohn Alleinerbe ist, hat hier die Tochter die Rolle der Stammhalterin inne. Haus und Grundstück gehören den Frauen. Ich habe von dem Fall einer Japanerin aus Ōsaka gehört, die einen indonesischen Diploma-

---

[1] Vgl. hierzu S. 249.

ten geheiratet hat, der diesem Minangkaban-Stamm angehörte. Da es dort die Sitte gibt, daß die Braut den Bräutigam bei sich aufnimmt, mußte die Mutter des Bräutigams erst einmal ein Haus für die japanische Ehefrau ihres Sohnes kaufen.

Ich war zunächst sehr verwundert über diese Sitte und fragte, ob die Männer denn nicht unzufrieden seien, bekam jedoch von männlicher Seite eine ganz klare Antwort: „Schließlich sind es die Frauen, die nach neun Monaten Schwangerschaft die Kinder zur Welt bringen und sie verantwortungsvoll großziehen. Deshalb ist es doch selbstverständlich, daß ihnen Grund und Vermögen gehören." Sie fügten hinzu, es würde ihnen ja auch eine gewisse Freiheit verleihen. So wird z. B. das „Fremdgehen des Mannes", das in Japan ja immer als ein sehr großes Problem gilt, weil die Frauen von den Männern wirtschaftlich abhängig sind, hier ganz anders gesehen. In Japan macht man einem Mann, wenn er sich einer anderen zuwendet, den Vorwurf, er habe seine „Frau und Kinder im Stich gelassen". Bei dem Minangkaban-Stamm ist der Mann dieser Kritik hingegen nicht ausgesetzt, da die Frau ja, auch wenn der Mann sie verläßt, über Grundstück und Vermögen verfügt. Es gibt zwar die Form der Ehe, entscheidend für ihre Aufrechterhaltung ist hier allerdings allein die Liebe zwischen Mann und Frau. Die Angehörigen dieses Stammes könnten wohl kaum verstehen, daß man in Japan sagt: „Die Kinder sind das Bindeglied, wenn die Liebe vorüber ist."

Bisher basierten Familien in Japan m. E. weniger auf Liebe denn auf Machtverhältnissen. Ich denke, entscheidend für die Familie der Zukunft wird es sein, Liebe und Familie auf eine andere Weise als bisher miteinander zu verknüpfen. Die herrschenden Normen werden sicher bald der Vergangenheit angehören. In diesem Zusammenhang halte ich es für wichtig, die Bedeutung von Blutsverwandtschaft und Mutter-Kind-Beziehung neu zu überdenken.

Susanne Schermann: Mein Forschungsgebiet ist der Film. Aus diesem Blickwinkel heraus möchte ich auf den Beitrag von Shioya Chieko eingehen, und zwar auf ihre Bemerkung, daß in den Fernsehdramen der letzten Zeit eine vertikale Beziehung unter den Familienmitgliedern vorherrscht. Anknüpfend an die bekannte Studie von Nakane Chie (1967) zog sie daraus die Schlußfolgerung, daß es sich hier um ein typisch japanisches Phänomen handele. Frau Shioya erwähnte in ihrem Vortrag, daß der Regisseur Ozu Yasujirō in „Tōkyō monogatari" (1953) das Thema der amerikanischen Vorlage so verändert hat, daß nicht die horizontale, sondern die vertikale Beziehung innerhalb der Familie im Mittelpunkt steht. Sicher ist dies kein Zufall, sondern vielmehr typisch für die damalige Zeit. Aber auch in den folgenden Jahren ist Ozu weiter bei diesem Grundmuster geblieben, während andere Regisseure die Familie von ganz unterschiedlichen Standpunkten aus darstellten.

Wenn ein Film die Beziehung eines Elternteils zum Kind schildert, so heißt dies allerdings nicht unbedingt, daß damit ein gesellschaftliches Phänomen thematisiert werden soll, sondern es kann sich dabei auch ganz einfach um eine dramaturgische Methode handeln. Dies sollte man unbedingt beachten. Ist das Thema eines Films die Eltern-Kind-Beziehung, so erweist es sich als günstiger, wenn nur ein Elternteil anwesend ist. Diese Methode findet auch im europäischen Theater, etwa bei Shakespeare, Anwendung. Es ist einfach eine bestimmte Form der Dramaturgie.

In den Kinofilmen, die sich dem Thema Familie widmen, trat in den späten 50er Jahren die Großfamilie in den Vordergrund, d. h. Eltern und Kinder sowie Enkelkinder. Nachdem man sich bisher auf die Eltern-Kind-Beziehung beschränkt hatte, weitete man nun den Personenkreis aus. Ein entscheidender Grund für diese Veränderung im Genre Film ist zweifellos das Fernsehen, das allmählich immer mehr Zuschauer gewinnen konnte, während die Anzahl der Kinobesucher sank. Um auch im Kino möglichst vielen Personen Identifikationsfiguren anzubieten, besann man sich wohl darauf, das Personeninventar auszuweiten. Mit der Darstellung einer Mehrgenerationenfamilie glaubte man vielleicht, sogar die Großmutter ins Kino locken zu können.

Die Konzentration auf eine bestimmte Familienform in den Medien muß nicht unbedingt mit dem gesellschaftlichen Hintergrund zu tun haben, sondern kann also auch dramaturgische Gründe haben oder als ein Mittel zur Steigerung der Besucherzahlen dienen.

Marc Löhr: Ich befasse mich in erster Linie mit der Produktionsseite der Medien (*okurite*) und möchte aus diesem Blickwinkel heraus die Beiträge des Symposiums kommentieren. Viele der Aussagen kamen mir doch recht ideologisch vor, was ich eigentlich bedauere. Wäre es nicht erforderlich, etwas objektiver und emotionsloser die Daten zu analysieren? Wichtig ist es auch, auf die Produktionsbedingungen einzugehen. Die Forschung zur Produktionsseite der Medien steckt jedoch noch in den Kinderschuhen.

Wenn man über die verschiedenen Phänomene der Medien spricht, gilt es zu berücksichtigen, wie und mit welcher Absicht sie produziert werden. Im Fall von Literatur wurde dies auf dem Symposium schon recht deutlich. Hier gibt es jeweils eine ganz bestimmte Schreibmotivation des Autors bzw. der Autorin. Genauso stehen natürlich auch hinter den anderen Medienprodukten unterschiedliche Beweggründe. Der Prozeß der Medienkommunikation läßt sich mit der folgenden Fragestellung auf den Punkt bringen: „Who says what in which channel to whom with what effect?". Man sollte also die Produktionsseite der Medien nicht vernachlässigen und sich nur die Wirkung der Produkte auf das Publikum ansehen, sondern sich auch den Beweggründen der Produktionsseite widmen. Besonders interessant fand ich auf diesem Symposium den Workshop zu japanischen und deutschen Werbespots. Hierin sehe ich eine äußerst wichtige Stufe in der Auseinandersetzung mit den Medien. Indem wir auf dem Workshop die unterschiedlichsten Meinungen zu einem Werbespot diskutierten, offenbarten sich die Vorurteile, die wir haben, wenn wir etwas sehen. Es bleibt jedoch die Frage, wie wir zu objektiven Ergebnissen kommen. Eine Möglichkeit sehe ich darin, einen Werbespot 100 Personen zu zeigen, sie jeweils die Familienbeziehungen erläutern zu lassen und dabei nachzuhaken, was für sie die jeweiligen Anhaltspunkte sind. Forschungen dieser Art sind sicher eine Aufgabe der Zukunft. Natürlich ist es auch sehr wichtig, erst einmal den Phänomenen nachzugehen. Als einen ersten Schritt halte ich dies für sehr interessant, und es war sehr anregend für meine eigene Forschung.

Suzuki Midori: Ich möchte zunächst, in Reaktion auf das Statement von Herrn Löhr, ein Mißverständnis klären. Ziel der meisten Beiträge dieses Symposiums war die Inhaltsanalyse; das Schwergewicht lag dabei weniger darauf, welche Intentionen die Produzierenden verfolgten, als auf der Frage, welche Bedeutung die Medienprodukte für das Publikum haben. Ich möchte Herrn Löhr deshalb insofern widersprechen, als ich meine, daß sich die Vorträge keineswegs nur um Phänomene drehten.

Wenn es darum geht, was wir aus den medialen Texten herauslesen, so gilt es allerdings in der Tat, nicht nur die Inhalte zu berücksichtigen. Wichtig ist es, nach den Wesensmerkmalen der Medienunternehmen zu fragen. Was sind die wirtschaftlichen Gründe für die Produktion eines bestimmten Produktes? Schließlich verfolgen Fernsehen, Werbung und auch Zeitschriften kommerzielle Ziele. Diese Aspekte dürfen bei der Medienanalyse nicht vernachlässigt werden.

Neben der Produktionsseite und den Medientexten spielt noch ein dritter Bereich eine wichtige Rolle, nämlich die Rezeption. Das Publikum dieses Symposiums mag vielleicht recht viele Gemeinsamkeiten aufweisen wie z. B. das Interesse an der Frauenthematik; der Kreis der Medien-Rezipienten ist hingegen normalerweise sehr heterogen. Wenn man z. B. der Frage nachgeht, warum ein bestimmtes Thema beim Publikum ankommt, so gilt es, eben dieses Publikum in die Analyse miteinzubeziehen. Bei der Medienanalyse ist es also wichtig, alle drei Aspekte, Medienproduktion, Medienprodukte und das Publikum, zu berücksichtigen.

In diesem Zusammenhang ist es auch von Interesse, danach zu fragen, wie es sich eigentlich mit dem Recht auf Kommunikation verhält, das ich als einzelner Mensch habe. Welche Rolle spielen hier die Medien? Zu dem, was wir Massenmedien nennen, wie Fernsehen und Zeitungen, haben wir ja normalerweise gar keinen Zugang. Wo bleibt dann unser Recht auf Kommunikation? Inwieweit gibt es so etwas wie einen öffentlichen Zugang zu den Medien?

Wir sollten auch nicht aus den Augen verlieren, daß alle Medienprodukte Konstrukte sind. Es gilt also der Frage nachzugehen, inwieweit sich die Realität, die in den Medien Darstellung findet – also die Medienwirklichkeit – von der gesellschaftlichen Realität unterscheidet.

Diskussionsteilnehmerin A: Wenn wir analysieren, welch schiefe Bilder die Medien zeichnen, so ist sicher auch von Bedeutung, daß die in der Medienproduktion Tätigen von Kind an selbst Rezipienten der Medien sind und so ebenfalls durch die Medien geprägt wurden. Dies sollte man bedenken, wenn man von den drei Aspekten Medienproduktion (*okurite*) – Medienbotschaften (*messēji*) – und Medienrezipienten (*ukete*) ausgeht.

In dem Vortrag von Nakano Emiko zu Zeichentrickfilmen war davon die Rede, daß in erster Linie die traditionelle Kernfamilie Darstellung findet. Ein Produzent einer der Serien hat einmal betont, wie sehr er selbst von klein auf dem Einfluß von Zeichentrickserien ausgesetzt war. Er steht zwar auf der Seite der Produktion, ist jedoch durch seine eigene Medienrezeption geprägt. Auch diesem Aspekt gilt es Aufmerksamkeit zu widmen.

Marc Löhr: Ich vertrete die Auffassung, daß man Medienforschung vor Ort betreiben sollte, was im Fall von Japan leider überhaupt nicht verbreitet ist. Natürlich braucht man hierfür viel Zeit. Etwa ein Jahr lang sollte man sich intensiv dem Forschungsgegenstand widmen. Dabei kann man auch Untersuchungen zum Bewußtsein der in der Produktion Beschäftigten anstellen. Was die Berichterstattung zur Familie betrifft, sollte man z. B. die in der Redaktion Beschäftigten befragen.

Im Fall von Werbespots wäre es eigentlich notwendig, einmal genau den gesamten Prozeß vom ersten Brainstorming bis hin zum fertigen Produkt zu verfolgen. Meines Wissens sind Forschungen dieser Art in Japan bisher sehr selten, während es in den USA und Europa bereits Untersuchungen hierzu gibt. Um solche Forschung vor Ort durchführen zu können, bedarf es allerdings gewisser Kontakte. Medienunternehmen verfolgen ja meist kommerzielle Interessen und stehen in Konkurrenz zueinander. Deshalb möchte man sich lieber nicht in die Karten schauen lassen. Mir war es sicher nur deshalb möglich, in einem japanischen Zeitungsverlag recherchieren zu können, weil man sich sagte: „Der ist ja Ausländer und wird nur in einer ausländischen Sprache darüber schreiben."² Ich hoffe jedoch, daß auch in Zukunft solche Forschung vor Ort ermöglicht wird.

Diskussionsteilnehmerin B: Ich bin ebenfalls der Meinung, daß es wichtig ist, Untersuchungen dieser Art voranzutreiben, die bisher in der Tat vernachlässigt worden sind. Von Bedeutung ist es aber auch, danach zu fragen, welche Lebenserfahrungen die in der Medienproduktion Tätigen eigentlich mitbringen. Auch dies hat Einfluß auf die Darstellungsweise der Medien.

Ich habe 1994 an einer Untersuchung über den Anteil von Frauen und Männern in Zeitungsverlagen und Fernsehanstalten mitgearbeitet. Dabei kamen wir zu dem Ergebnis, daß zwischen den regionalen und den nationalen Sendern und Zeitungsverlagen ziemliche Unterschiede herrschen. Erstere weisen einen wesentlich höheren Frauenanteil auf. Insgesamt liegt der Anteil weiblicher Beschäftigter im Produktionsbereich der Massenmedien in Japan unter 10 %. Dieser niedrige Prozentsatz erscheint mir wirklich problematisch. Extrem unausgeglichen ist jedoch nicht nur die Verteilung von Stellen auf Männer und Frauen, mit der regionalen Herkunft und der Schichtzugehörigkeit der Beschäftigten verhält es sich ebenso. Die Mittelschicht ist überdimensional vertreten, darunter vor allem Universitätsabsolventen. Behinderte gibt es überhaupt nicht.

Innerhalb dieses Systems kann ein einzelner zwar hehre Ziele haben, wird diese aber gegenüber seinen Vorgesetzten kaum durchsetzen können. Ausschlaggebend ist letztendlich, wer in den Medien die Entscheidungsmacht innehat und welche Rolle den Sponsoren zukommt. Diese Strukturen zu durchleuchten wäre ein lohnendes Ziel der Forschung zur Medienproduktion.

Nakano Emiko: Bezüglich der Rezeption der Medien habe ich auf diesem Symposium eine interessante Beobachtung gemacht. Bei der Vorführung des Videoausschnittes zu dem Fernsehdrama „Double Kitchen" im Beitrag von Frau Gössmann haben im Publikum alle Frauen gelacht, während die Männer mit ernsten Gesichtern zusahen, als es um die Problematik von Schwiegermutter und Schwiegertochter ging. Es gibt offensichtlich so etwas wie eine geschlechtsspezifische Medienrezeption. Frauen sehen den Verfall der Familie nicht unbedingt in Zusammenhang mit Einsamkeit, sondern auch als eine Möglichkeit, losgelöst von der Rolle der Ehefrau oder Schwiegertochter als Individuen leben zu können. Diese Vorstellung scheint sie zu beflügeln, während Männer wohl eher verunsichert sind.

---

² Zu den Ergebnissen vgl. Marc Löhr (1991): *Entwicklung, Organisation und Arbeitsweise regionaler Tageszeitungen in Japan.* Bochum: Brockmeyer.

Das Bild der Familie in den Medien – Kommentare und Diskussion

Was die Darstellung der Familie im Fernsehen betrifft, möchte ich ein Beispiel aus dem Bereich der Dokumentation anführen, ein Genre, auf das noch gar nicht eingegangen wurde. Als der japanischen Schriftsteller Ōe Kenzaburō den Nobelpreis verliehen bekam, sendete das NHK-Fernsehen eine Dokumentation mit dem Titel „Hibiki au chichi to ko" [Vater und Sohn im Einklang miteinander]. In diesem Beitrag wurde immer wieder betont, daß Ōe, obwohl er doch Schriftsteller ist, seinen behinderten Sohn Hikaru großgezogen hat. Als Beweis dafür zeigte man, wie er zusammen mit ihm einkaufen geht und kocht. In der letzten Szene sah man jedoch, wie Ōe an einem Roman schreibt, sein Sohn komponiert und die Mutter Yukari eine Schürze umgebunden hat und bügelt. Aus dem Blickwinkel einer Sozialarbeiterin gesehen, ist in dieser Familie doch eher *sie* diejenige, die sich in erster Linie um den Sohn kümmert. Der Anteil der Mutter an der Pflege des Jungen hätte in dieser Sendung mehr herausgestellt werden müssen.

Diskussionsteilnehmer C: Ich habe vor 10 Jahren die „Vereinigung überzeugter Singles" (Kakushin-han shinguru) gegründet. Die Mitglieder sind meist um die Mitte Dreißig. Im Handout bei der Fernsehdramen-Analyse von Frau Shioya waren bei den verschiedenen Familientypen „Haushalte von Alleinlebenden" ausgeschlossen. Das fand ich sehr bedauerlich, denn schließlich handelt es sich um eine Lebensform, der immer mehr Bedeutung zukommt. Unter den 30- bis 40jährigen vertreten schon 30 bis 40 % die Auffassung, daß sie gar nicht heiraten wollen. Diejenigen, die dann tatsächlich ihrer Überzeugung treu bleiben, sind immerhin noch etwa 10 % landesweit, in der Großstadt sogar 30 %. Hinzu kommen diejenigen, die nach einer gescheiterten Ehe wieder zu Singles werden.

Für wichtig halte ich auch, daß heutzutage Familie gar nicht unbedingt etwas mit Blutsverwandtschaft zu tun haben muß. Ich denke, der Prozentsatz von Familien, die nicht auf Verwandtschaft basieren, wird immer mehr zunehmen. Die Schriftstellerin Ochiai Keiko hat einem 1990 erschienenen Roman den Titel „Gūzen no kazoku" [Zufalls-Familie] gegeben. Hier geht es darum, daß eine Gruppe von sieben bis acht Menschen, die nicht miteinander verwandt sind, in einem großen Haus zusammenleben. Auch solche Familien sollten in Zukunft stärker in die Diskussion mit einbezogen werden.

Hilaria Gössmann: Als Organisatorin der Tagung möchte ich Ihnen allen ganz herzlich für Ihre Kommentare und Denkanstöße für die weitere Forschung danken. Nachdem nun sowohl von seiten des Podiums als auch aus dem Publikum so viele neue Aspekte in die Diskussion eingebracht wurden, bedauere ich es außerordentlich, daß wir aus Zeitgründen nicht mehr die Möglichkeit haben, ausführlich über die verschiedenen Positionen zu diskutieren.

Besonders interessant an den Beiträgen und Diskussionen war für mich, welch große Bedeutung im Zusammenhang mit der Darstellung der Familie sprachlichen Elementen wie den Anredeformen unter den Ehepartnern zugemessen wird, die sich in der Tat in Japan zunehmend verändern. Fuse Hiroichi verwies darauf, daß er persönlich in seiner eigenen Familie Bezeichnungen favorisiert, die eine gleichberechtigte Beziehung von Ehemann und Ehefrau implizieren, in seinen Drehbüchern jedoch die konventionellen Anredeformen verwendet, da diese seiner Meinung nach eher dem Sprachgebrauch der Bevölkerung entsprechen. In einem der Fernsehdramen, die ich selbst vorgestellt habe, wehrt sich eine Ehefrau gegen die Anrede *ōi* [„eh!"] und wünscht sich, mit ihrem Namen angeredet zu werden. Der Begriff *kachō* [Familienoberhaupt] wurde in der Diskussion zum Vortrag von Hirahara Hideo problematisiert, und auch für Saitō Masami und Horie Setsuko ist die Verwendung dieses Begriffs ein Indiz für die eher konservative Haltung zur Familie in den Zeitungsbeiträgen zum „Internationalen Jahr der Familie". Die hohe Sensibilität in bezug auf die Bedeutung der Sprache in Zusammenhang mit der gesellschaftlichen Diskriminierung ist sicher ein charakteristisches Merkmal der kritischen Medienanalyse in Japan.

Als ein Fazit dieses Symposiums ist festzuhalten, daß man im Japan der 90er Jahre keineswegs von einem einheitlichen Bild der Familie in den Medien sprechen kann. In den unterschiedlichen Medien werden durchaus verschiedene Facetten der Familie präsentiert. Die Bandbreite reicht von der Idealisierung der Mehrgenerationenfamilie, wie sie etwa die Fotos in Neujahrsausgaben der Tageszeitungen implizieren, über die Darstellung von partnerschaftlichen Ehebeziehungen wie in manchen Werbespots, einer Zeichentrickserie und einigen wenigen Fernsehdramen, bis hin zu neuen Familien- und Lebensformen in einer Zeichnung einer Tageszeitung.[3] Das Bemühen, unterschiedlichen Lebensformen zunehmend Präsenz zu verleihen, ist also in den Medien durchaus erkennbar; die Präsentation neuer Lebensentwürfe scheint jedoch zur Zeit noch in erster Linie der Literatur vorbehalten zu sein. Bleibt abzuwarten, ob sich die Impulse, die von den Werken japanischer Autorinnen und Autoren ausgehen, in Zukunft auch stärker in den anderen Bereichen der Medien und der Populärkultur niederschlagen werden.

redigiert und übersetzt von Hilaria Gössmann

---

[3] Vgl. hierzu die Zeichnung auf S. 236.

ZU DEN AUTORINNEN UND AUTOREN

Fuse Hiroichi
Geboren 1931; seit 1958 als Drehbuchautor für Fernsehdramen tätig; Vorsitzender der „Vereinigung japanischer Drehbuchautoren" und Dozent für Kurse zur Technik des Drehbuch-Schreibens; verfaßte Drehbücher u.a. zu den Fernsehdramen „Yome no deru maku" [Jetzt ist die Schwiegertochter gefragt] (Terebi Asahi 1994) und „Kachō-san no yakudoshi" [Das Unglücksjahr des Herrn Abteilungsleiters] (TBS 1993).
Publikationen: *Netchū jidai* [Zeit des Enthusiasmus]. Tōkyō: Yomiuri Shinbunsha 1981; *Ten made todoke. Ā – Daikazoku* [Greift nach den Sternen – Eine Großfamilie]. Tōkyō: Chōbunsha 1997.

Hilaria GÖSSMANN
Geboren 1957; Studium der Japanologie und der Germanistik in Tōkyō, München, Bonn, Bochum und Trier; 1985 Magisterabschluß; 1987–1992 wissenschaftliche Mitarbeiterin im Fach Japanologie der Universität Trier; 1992 Promotion; 1992–1995 wissenschaftliche Mitarbeiterin am Deutschen Institut für Japanstudien; seit 1995 Professorin für Gegenwartsbezogene Japanologie an der Universität Trier.
Publikationen: *Schreiben als Befreiung. Autobiographische Romane und Erzählungen von Autorinnen der Proletarischen Literaturbewegung Japans.* Wiesbaden: Harrassowitz 1995; Von der Kernfamilie zu alternativen Lebensmodellen? Ein Vergleich der Lebensentwürfe in japanischen und deutschen Fernsehserien. In: *Japanstudien. Jahrbuch des Deutschen Instituts für Japanstudien der Philipp Franz von Siebold Stiftung* 8 (1996), S. 241–264; *Media ga tsukuru jendā. Nichidoku no danjo – kazokuzō o yomitoku* [Das Geschlecht als Konstrukt der Medien. Zum Frauen-, Männer- und Familienbild in Japan und Deutschland]. Tōkyō: Shinyōsha 1998 (Herausgabe zusammen mit Muramatsu Yasuko).

HIRAHARA *Hideo*
Geboren 1932; nach einem literaturwissenschaftlichen Studium 1959 Beschäftigung beim NHK-Fernsehen, u. a. als Chief Producer in der Abteilung für Fernsehdramen; nach Ausscheiden aus dem Sender Anstellung am NHK Hōsō Bunka Kenkyūjo (NHK Broadcasting Culture & Research Institute); derzeit Dozent an der Jissen-Frauen-Universität.
Publikationen: *A History of Japanese Television Drama.* Tōkyō: Kaibunsha 1991 (Mitautor); *Mukōda Kuniko no kokoro to shigoto* [Mukōda Kuniko – Ihre Empfindungen und ihr literarisches Schaffen]. Tōkyō: Shōgakkan 1993;

Yamada Taichi no kazoku dorama saiken [Analyse der Familiendramen von Yamada Taichi]. Tōkyō: Shōgakkan 1994.

HORIE **Setsuko**
Geboren 1948; Mitbegründerin der in der Präfektur Toyama seit 1989 aktiven Gruppe „Media no naka no seisabetsu o kangaeru kai" [Gruppe, die sich mit der Geschlechterdiskriminierung in den Medien auseinandersetzt]; engagiert sich derzeit vor allem im Bereich der Unterstützung in Japan lebender ausländischer Frauen.
Publikationen: *Media ni egakareru joseizō. Shinbun o megutte* [Das Frauenbild der Medien. Die Zeitungen]. Toyama: Katsuura Shobō (Mitautorin); *Kurobe. Sokoi no koe – Kurosan damu to Chōsenjin* [Kurobe. Die Stimme aus der Tiefe. Der Damm von Kurosan und die Koreaner]. Toyama: Katsuura Shobō 1992.

INOUE **Teruko;**
Geboren 1942; richtete 1974 an der Universität Wakō erstmals Kurse für Frauenforschung ein und gründete die „Josei zasshi kenkyūkai" [Studiengruppe zu Frauenzeitschriften]; derzeit Professorin für Soziologie und Frauenstudien an der Wakō Universität.
Publikationen: *Josei zasshi o kaidoku suru. COMPAREPOLITAN – Nichi-Bei-Mekishiko hikaku kenkyū* [Analyse von Frauenzeitschriften. Eine vergleichende Studie zu Japan, USA und Mexiko]. Tōkyō: Kakiuchi Shuppan; *Nihon no feminizumu* [Feminismus in Japan] (7 Bde.) (Herausgabe gemeinsam mit Ueno Chizuko und Ehara Yumiko). Tōkyō: Iwanami Shoten 1994–1995; *Joseigaku e no shōtai* [Einladung zur Frauenforschung]. Tōkyō: Yūhikaku 1992 (Neuauflage 1997).

Marc LÖHR
Geboren 1964; Studium der Japanologie, Politikwissenschaften und Publizistik in Bonn, Berlin und Tōkyō. Derzeit Associate Professor für Medienwissenschaften an der Wirtschaftswissenschaftlichen Abteilung der Universität Yamaguchi.
Publikationen: *Entwicklung, Organisation und Arbeitsweise regionaler Tageszeitungen in Japan – Das Beispiel Shizuoka Shinbun*. Bochum: Brockmeyer 1991; Kōkoku ni yoru kokusai imēji no keisei – naiyō bunseki to shitsumonshi chōsa ni yoru sekkin [Bildung internationaler Images durch Werbung – Eine Annäherung mittels Inhaltsanalyse und Fragebogenuntersuchung]. In: KANSEI GAKUIN DAIGAKU SHAKAI GAKUBU KENKYŪKAI (Hg.): *Kansei gakuin daigaku shakai gakubu kiyō* 64, 1991, S. 235–267 (zusammen mit Manabe Kazufumi und Takano Namiko); Shakai kagaku-kei daigaku kyōiku shien toshite no maruchimedia o kangaeru – jikkenteki kōgi o

chūshin ni [Überlegungen zu Multimedia als Unterstützung universitärer Ausbildung in den Sozialwissenschaften – Zentriert um eine experimentelle Vorlesung]. In: YAMAGUCHI DAIGAKU KEIZAI GAKUBU (Hg.): *Sōritsu 90 shūnen kinen ronbunshū* [Aufsatzsammlung zum 90jährigen Bestehen der Fakultät]. Yamaguchi 1995, S. 603–628.

Ralph LÜTZELER
Geboren 1961; Studium der Geographie, Japanologie, Verkehrspolitik und Politischen Wissenschaften in Bonn; 1989 Diplomabschluß; 1990 bis 1992 Stipendiat am Deutschen Institut für Japanstudien; 1993 Promotion; 1993 bis 1998 wissenschaftlicher Mitarbeiter am Deutschen Institut für Japanstudien; derzeit wissenschaftlicher Mitarbeiter an der Forschungsstelle „Modernes Japan" der Universität Bonn.
Publikationen: *Räumliche Unterschiede der Sterblichkeit in Japan. Sterblichkeit als Indikator regionaler Lebensbedingungen*. Bonn: Dümmler 1994; Zur regionalen Dimension sozialer Probleme in Japan. In: *Jahrbuch des Deutschen Instituts für Japanstudien der Philipp Franz von Siebold Stiftung* 5 (1993), S. 229–281; Alte Menschen und ihre familiäre Situation in Japan. Demographische Entwicklung, ihre Ursachen und Implikationen für eine bedarfsgerechte Pflegepolitik. In: Christian OBERLÄNDER (Hg.): *Altern und Pflegepolitik in Japan* (Miscellanea 15 des Deutschen Instituts für Japanstudien der Philipp Franz von Siebold Stiftung), S. 15–53.

MINAKAMI *Yōko*
Schriftstellerin; Studium an der Dōshisha Universität; publiziert seit 1981 Essays und Erzählungen; Hauptthema ihrer Werke ist die Beziehung von Mann und Frau im Japan der Gegenwart; ihr Interesse gilt der Tradition weiblicher Gottheiten in unterschiedlichen Kulturen.
Publikationen: *Koibito ijō* [Mehr als ein Liebespaar]. Tōkyō: Kadokawa Shoten 1990; *Shinguru mazā shigan* [Der Wunsch, eine uneheliche Mutter zu werden]. Tōkyō: Kadokawa Shoten 1993; *Shin feminizumu sengen. Mō otoko-tachi ni wa makaserarenai* [Neues feministisches Manifest. Wir können den Männern nicht mehr alles überlassen]. Tōkyō: Kindai Bungeisha 1996.

Ulrich MÖHWALD
Geboren 1951; Studium der Japanologie, Soziologie, Sinologie und Völkerkunde an der Universität Marburg; 1981 Magisterabschluß; 1984–1989 wissenschaftlicher Mitarbeiter am Ostasiatischen Seminar der FU Berlin; 1987–88 Gastforscher am Institut für Sozialwissenschaften der Universität Tōkyō; 1989–1993 Wissenschaftlicher Mitarbeiter am Deutschen Institut für Japanstudien. Derzeit Professor für Soziologie an der Chūbu Universität.

Publikationen: *Soziologie der japanischen Familie? Ariga Kizaemons Beitrag zur Erforschung ländlich-familialer Strukturen 1933–1943*. Bochum: Studienverlag Brockmeyer 1983; *Individualität und Egalität im gegenwärtigen Japan. Untersuchungen zu Wertemustern in bezug auf Familie und Arbeitswelt* (Monographien des Deutschen Instituts für Japanstudien 7). München: Iudicium 1994 (Mitautor); *Gesellschaften im Umbruch? Aspekte des Wertewandels in Deutschland, Japan und Osteuropa* (Monographien des Deutschen Instituts für Japanstudien 15). München: Iudicium 1996 (Mitherausgeber).

MOROHASHI Taiki

Geboren 1956; Abschluß des Doktorkurses an der Abteilung für Literaturwissenschaft der Seijō Universität; derzeit Associate Professor für Kommunikationswissenschaften an der Kurzuniversität Shobi Gakuen. Publikationen: *Zasshi bunka no naka no joseigaku. The Culture of Women's Magazines*. Tōkyō: Meiseki Shoten 1993; *Jendā kara mita shinbun no ura to omote* [Innen- und Außensicht der Zeitungen aus der Sicht der Geschlechterforschung]. Tōkyō: Gendai Shokan 1997 (Mitherausgeber); *Nihon no taishū zasshi ga egaku jendā to kazoku* [Gender und Familie im Spiegel japanischer Massenzeitschriften]. In: MURAMATSU Yasuko und Hilaria GÖSSMANN (Hg.): *Media ga tsukuru jendā. Nichidoku no danjo – kazokuzō o yomitoku* [Das Geschlecht als Konstrukt der Medien. Zum Frauen-, Männer- und Familienbild in Japan und Deutschland]. Tōkyō: Shinyōsha 1998, S. 136–160.

MURAMATSU Yasuko

Geboren 1944; Abschluß des Doktorkurses an der Sophia Universität; 1967–1991 Anstellung am NHK Hōsō Bunka Kenkyūjo (NHK Broadcasting Culture & Research Institute); seither Professorin an der Erziehungswissenschaftlichen Abteilung der Tōkyō Gakugei Universität für die Bereiche Soziologie, Massenkommunikation und Frauenforschung. Publikationen: *Terebi dorama no joseigaku* [Frauenforschung zum Thema Fernsehdramen]. Tōkyō: Sōtakusha 1979; *For Wives on Friday. Women's Roles in TV Dramas*. In: *Japan Quarterly*, Vol. XXXIII, No. 2 (April–June 1988), S. 159–163; *Media ga tsukuru jendā. Nichidoku no danjo – kazokuzō o yomitoku* [Das Geschlecht als Konstrukt der Medien. Zum Frauen-, Männer- und Familienbild in Japan und Deutschland]. Tōkyō: Shinyōsha 1998 (Herausgabe zusammen mit Hilaria Gössmann).

NAKANO Emiko

Geboren 1952; Abschluß an der Abteilung für Erziehungswissenschaften der Tōkyō Kyōiku Universität. Derzeit als Sozialarbeiterin tätig. Mitglied im Organisationskomitee des „Forum for Citizens' Television" (FCT).

Publikationen: Crayon Shin-chan ga tsutaeru kachikan [Die Werte, die Crayon Shin-chan vermittelt]. In: *Haha to ko* 1 *(*1994), S. 42–43; Terebi to mainoritī shimin [Das Fernsehen und die Minoritäten]. In: SUZUKI Midori (Hg.): *Media riterashī o manabu hito no tame ni*. Tōkyō: Sekai Shisōsha 1997, S. 121–145; Terebi anime ni miru Nihon no kazokuzō [Das Bild der japanischen Familie in den Zeichentrickfilmen des Fernsehens]. In: MURAMATSU Yasuko und Hilaria GÖSSMANN (Hg.): *Media ga tsukuru jendā. Nichidoku no danjo – kazokuzō o yomitoku* [Das Geschlecht als Konstrukt der Medien. Zum Frauen-, Männer- und Familienbild in Japan und Deutschland]. Tōkyō: Shinyōsha 1998, S. 104–135.

OCHIAI *Emiko*
Geboren 1958; absolvierte den Doktorkurs im Fach Soziologie an der Universität Tōkyō; Forschungsschwerpunkte sind Familie und Geschlechterbeziehungen in Japan; seit 1994 Associate Professor am „Kokusai Nihon bunka kenkyū sentā" (International Research Center for Japanese Studies) in Kyōto.
Publikationen: *Kindai kazoku to feminizumu* [Die moderne Familie und der Feminismus]. Tōkyō: Keisō Shobō 1989; *21 seiki no kazoku e. Kazoku no sengo taisei no mikata, koekata*. Tōkyō: Yūhikaku 1994 (Übersetzung ins Englische unter dem Titel *The Japanese Family System in Transition. A Sociological Analysis of Family Change in Postwar Japan*. Tōkyō: LTCB International Library Foundation 1996); Bijuaru imēji toshite no onna [Frauen als visuelle Bilder]. In: JOSEISHI SŌGŌ KENKYŪKAI (Hg.): *Nihon josei seikatsushi* 5. Tōkyō: Tōkyō Daigaku Shuppankai 1990, S. 203–234.

SAEGUSA *Kazuko*
Geboren 1929; Abschluß an der literaturwissenschaftlichen Abteilung der Kansai Gakuin Universität; als freiberufliche Schriftstellerin tätig; Themen ihrer Werke sind u. a. die Rolle von Frauen im Krieg und in der Nachkriegszeit.
Publikationen: *Sono hi no natsu*. Tōkyō: Kōdansha 1987 (Übersetzung ins Deutsche unter dem Titel *Der Sommer an jenem Tag*. Aus dem Japanischen übertragen von Irmela Hijiya-Kirschnereit. Frankfurt a. M.: Insel 1990); *Hanmangetsu sora ni kakatte* [Am Himmel steht der Halbmond]. Tōkyō: Fukutake Shoten 1985; *Hōkai kokuchi* [Ankündigung eines Zusammenbruchs]. Tōkyō: Shinchōsha 1985.

SAITŌ *Masami*
Geboren 1951; Mitbegründerin der in der Präfektur Toyama seit 1989 aktiven Gruppe „Media no naka no seisabetsu o kangaeru kai" [Gruppe, die sich mit der Geschlechterdiskriminierung in den Medien auseinander-

setzt]; arbeitet derzeit als Doktorandin an der Ochanomizu Universität an einer Dissertation über die japanische Frauenbewegung der 70er Jahre im Spiegel der Medien.
Publikationen: *Media ni egakareru joseizō. Shinbun o megutte* [Das Frauenbild der Medien. Die Zeitungen]. Toyama: Katsuura Shobō 1993 (Mitautorin); *Kitto kaerareru seisabetsugo. Watashi-tachi no gaidorain* [Geschlechterdiskriminierung in der Sprache – wir können sie bestimmt ändern. Unsere Richtlinien]. Tōkyō: Sanseidō 1996 (gemeinsam mit Ueno Chizuko et al.); Shinbun no „kokusai kazokuen" diskōsu to jendā [Gender und der Diskurs zum Internationalen Jahr der Familie in den Zeitungen]. In: MURAMATSU Yasuko und Hilaria GÖSSMANN (Hg.): *Media ga tsukuru jendā. Nichidoku no danjo – kazokuzō o yomitoku* [Das Geschlecht als Konstrukt der Medien. Zum Frauen-, Männer- und Familienbild in Japan und Deutschland]. Tōkyō: Shinyōsha 1998, S. 163–89.

Susanne SCHERMANN
Geboren 1958; Studium der Kunsterziehung an der Universität für Angewandte Kunst in Wien; 1987 Mag.art.; Studium der Filmwissenschaft an der Waseda Universität; 1992 Mag. phil.; 1998 Dr. phil.; seit 1991 Lektorin für Deutsch und Kulturwissenschaft, u. a. an der Tōkyō Gaikokugo Universität.
Publikationen: *Naruse Mikio. Nichijō no kirameki* [Naruse Mikio. Der Glanz des Alltags]. Tōkyō: Kinema Junpo 1997; Die eigenartige Faszination des Regisseurs Mikio Naruse. In: *Iconics* 4 (1998), S. 125–143; Der Schüler Gerber. Über das Verhältnis von Literatur und Film. In: *Chūō daigaku jinbunken kiyō* 33 (1998), S. 33–61.

SHINKAI *Kiyoko*
Geboren 1941; seit 1977 Mitglied im Organisationskomitee des „Forum for Citizens' Television" (FCT). Führt regelmäßig Medienanalysen und Schulungen vor allem im Bereich der Erwachsenenbildung durch.
Publikationen: FCT SHIMIN NO TEREBI NO KAI (Hg.): *Terebi to hanshin daishinsai – Media riterashii no apurōchi ni yoru* [Das Fernsehen und die Erdbebenkatastrophe vom Standpunkt der Media Literacy]. Tōkyō: FCT 1995 (Mitautorin).

SHIOYA *Chieko*
Geboren 1952; Abschluß an der Abteilung für Literaturwissenschaften der Shōwa-Frauenuniversität; derzeit am Josei Bunka Kenkyūjo [Forschungsinstitut für Frauenkultur] dieser Universität tätig; Forschungsschwerpunkte sind die japanische Literatur und die Rolle der Frau in Fernsehdramen.

Publikationen: Terebi dorama no joseizō – rikon o meguru bunseki to kōsatsu [Das Frauenbild in Fernsehdramen. Analyse und Überlegungen zum Thema Scheidung]. In: Shōwa joshi daigaku josei bunka kenkyūjo kiyō 11, 1995, S. 57–68; Terebi dorama ni miru kazoku-kan [Die Auffassungen von Familie in den Fernsehdramen]. In: HIKAKU KAZOKUSHI GAKKAI (Hg.): Jiten Kazoku [Lexikon der Familie]. Tōkyō: Kōbundō 1996, S. 154; Terebi dorama ni miru nihon-gata kazokuzō [Das Bild der Familie nach japanischem Muster im Fernsehdrama]. In: MURAMATSU Yasuko und Hilaria GÖSSMANN (Hg.): Media ga tsukuru jendā. Nichidoku no danjo – kazokuzō o yomitoku [Das Geschlecht als Konstrukt der Medien. Zum Frauen-, Männer- und Familienbild in Japan und Deutschland]. Tōkyō: Shinyōsha 1998, S. 78–103.

SUZUKI Midori
Geboren 1941; Magisterabschluß an der Universität Stanford im Fach Kommunikationswissenschaften; gründete 1977 das „Forum for Citizens' Television" (FCT), das regelmäßig Analysen von Fernsehsendungen durchführt und Workshops organisiert; derzeit Professorin für Medienwissenschaften an der Ritsumeikan Universität.
Publikationen: *Terebi – Dare no media ka* [Wem gehört das Medium Fernsehen?]. Tōkyō: Gakugei Shorin 1992; *Media riterashii o manabu hito no tame ni* [Einführung in die *media literacy*]. Tōkyō: Sekai Shisōsha 1997 (Herausgeberin); Media riterashii to josei no enpawamento [*Media literacy* und *empowerment* von Frauen]. In: MURAMATSU Yasuko und Hilaria GÖSSMANN (Hg.): *Media ga tsukuru jendā. Nichidoku no danjo – kazokuzō o yomitoku* [Das Geschlecht als Konstrukt der Medien. Zum Frauen-, Männer- und Familienbild in Japan und Deutschland]. Tōkyō: Shinyōsha 1998, S. 312–337.

TSUGE Teruhiko
Geboren1938; Associate Professor an der Senshū Universität, Schwerpunkt Gegenwartsliteratur; Leitung der „Gendai bungakkai" (Studiengruppe zur Gegenwartsliteratur), die regelmäßig Veranstaltungen abhält und eine Zeitschrift herausgibt.
Publikation: *Gendai bungaku shiron* [Vorläufige Bemerkungen zur Gegenwartsliteratur]. Tōkyō: Ibundō 1978.

YONAHA Keiko
Geboren 1952; Abschluß des Doktorkurses an der Senshū Universität; gründete die „Josei bungakkai" [Studiengruppe zur Literatur von Frauen]; derzeit Assistant Professor an der Universität Tōyō Eiwa Gakuin.
Publikationen: *Gendai joryū bungaku ron* [Abhandlung zur Frauenliteratur der Gegenwart]. Tōkyō: Shinbisha 1986; Josei bungaku no isō [Topologie der Literatur von Frauen]. In: KUBOTA Jun et al. (Hg.): *Iwanami kōza. Nihon*

bungaku shi 20. Tōkyō: Iwanami Shoten 1997, S. 113–138; Gendai bungaku ni miru kazoku no katachi [Familienformen in der Gegenwartsliteratur]. In: MURAMATSU Yasuko und Hilaria GÖSSMANN (Hg.): *Media ga tsukuru jendā. Nichidoku no danjo – kazokuzō o yomitoku* [Das Geschlecht als Konstrukt der Medien. Zum Frauen-, Männer- und Familienbild in Japan und Deutschland]. Tōkyō: Shinyōsha 1998, S. 219–240.

YOSHIDA Kiyohiko
Geboren 1944; derzeit freiberuflich als Autor tätig. Gründete die Gruppe „Komāsharu no naka no danjo yakuwari o toinaosu kai" [Gruppe, die die Geschlechterrollen in der Werbung kritisch hinterfragt] und publiziert deren Mitglieder-Zeitschrift.
Publikationen: Kokusai-teki ni futsū denai Nihon no CM no onna to otoko no egakikata [Frauen- und Männerbilder in japanischen Werbespots, die im internationalen Vergleich merkwürdig erscheinen]. In: *Gekkan Zenkōren* 8, 1990, S. 4–7; MEN'S CENTER (Hg.): *Otoko-tachi no watashi-sagashi – Jendā toshite no otoko ni kizuku* [Männer auf der Suche nach ihrer Identität. Bewußtwerdung der männlichen Geschlechterrollen]. Kyōto: Kamogawa Shuppan (Mitautor); Terebi komāsharu no naka no kazokuzō no hensen [Zum Wandel des Familienbildes in der Fernsehwerbung]. In: MURAMATSU Yasuko und Hilaria GÖSSMANN (Hg.): *Media ga tsukuru jendā. Nichidoku no danjo – kazokuzō o yomitoku* [Das Geschlecht als Konstrukt der Medien. Zum Frauen-, Männer- und Familienbild in Japan und Deutschland]. Tōkyō: Shinyōsha 1998, S. 136–160.

YUZAWA Yasuhiko
Geboren 1930; Professor an der Ochanomizu Universität; Forschungsschwerpunkte sind die rechtlichen und gesellschaftlichen Ursachen für Familienprobleme; Mitglied in zahlreichen beratenden Ausschüssen der japanischen Regierung.
Publikationen: *Zusetsu gendai Nihon no kazoku mondai* [Probleme der Familie der Gegenwart. Eine Darstellung anhand von Schaubildern]. Tōkyō: Nihon Hōsō Shuppan Kyōkai 1987 (Neuauflage 1995); *Atarashii kazokugaku* [Neues zur Familienforschung]. Tōkyō: Kōseikan 1987 (Neuauflage 1995); *Chiisana kazokuron* [Kleine Schriften zur Familie]. Tōkyō: Kuresu Shuppan 1994.

Zu den Übersetzerinnen und Übersetzern

Susanna EISMANN
Geboren 1963; Studium der Japanologie und Germanistik an den Universitäten Bochum und Trier; Studienaufenthalt an der Universität Nagoya; 1998 Abschluß der Magisterarbeit zum Thema „Lesedidaktik im Japanisch-als-Fremdsprache-Unterricht". Neben dem Studium Tätigkeit als Dolmetscherin und Übersetzerin.

Barbara GATZEN
Geboren 1967; Studium der Japanologie und Germanistik in Köln, Trier und an der FU Berlin; 1993 Magisterabschluß an der FU Berlin; Stipendien des DAAD und des japanischen Kultusministeriums für Studienaufenthalte an der Universität Tsukuba und der Keiō Universität; 1998 Abschluß der Dissertation im Fach Linguistik zu den Präsentationsformen und Inszenierungsstrategien in Nachrichtensendungen des japanischen Fernsehens; seit 1997 freiberufliche Übersetzerin für Japanisch, Englisch und Deutsch in Canberra, Australien.

Debora GÖSSMANN
Geboren 1955; Studium der Japanologie, Soziologie, Politikwissenschaften und Pädagogik in München und an der FU Berlin. 1985 Diplomabschluß in Pädagogik mit einer Arbeit über die Sozialisation von Mädchen in Japan. Neben dem Hauptberuf als Sozialpädagogin Übersetzungstätigkeit für deutsche und japanische Fernsehsender.

Dietmar HEIDENREICH
Geboren 1963; Studium der Japanologie und Sinologie in Marburg und Trier. Studienaufenthalte an der Dōshisha Universität. 1996 Promotion zum Thema *Der Aphorismus als Epos bei Akutagawa Ryūnosuke. Eine Gesamtdeutung aus der Perspektive der aphoristischen Tradition im deutschen Sprachraum*. Frankfurt: Peter Lang 1997; seit 1998 Associate Professor an der Hōsei Universität.

Ina HEIN
Geboren 1968; Studium der Japanologie und Anglistik an der Universität Trier; Studienaufenthalt an der Obirin Universität; 1996 Magisterabschluß; derzeit als DAAD-Stipendiatin an der Universität Tōyō Eiwa Gakuin in Yokohama, mit dem Promotionsvorhaben „Die Darstellung von Geschlechterbeziehungen in ausgewählten Werken japanischer Schriftstellerinnen der 70er und 80er Jahre".

Barbara HOLTHUS
Geboren 1968; Studium der Japanologie und der Amerikanistik in Hamburg und München; 1994–95 als Stipendiatin des Japanisch-Deutschen Zentrums Berlin an der Universität Ōsaka; 1996 Magisterabschluß; seit 1997 Ph. D.-Studentin im Fach Soziologie der University of Hawaii at Manoa und Doktorandin an der Japanologie der Universität Trier mit einem Promotionsvorhaben zu japanischen Frauenzeitschriften.

Renate JASCHKE
Geboren 1963; Studium der Japanologie und Germanistik in Köln, Trier und an der FU Berlin; Studienaufenthalt an der Waseda Universität; 1992 Magisterabschluß; Stipendien des Deutschen Instituts für Japanstudien sowie des Japanisch-Deutschen Zentrums Berlin; 1998 Abschluß der Promotionsschrift zum Thema „Fremde im eigenen Land: Das Bild der Burakumin in der modernen japanischen Literatur".

Peter KLEINEN
Geboren 1964; Studium der Japanologie, Philosophie und Vergleichenden Religionswissenschaft an der Universität Bonn; 1995–96 wissenschaftlicher Mitarbeiter im Bonner Verbindungsbüro des Deutschen Instituts für Japanstudien; derzeit wissenschaftlicher Mitarbeiter am Japanologischen Seminar der Universität Bonn sowie Arbeit an einer Dissertation zur gesellschaftlichen Funktion buddhistisch-nationalistischer Ideologie im modernen Japan.

Andreas MRUGALLA
Geboren 1962; Studium der Japanologie und Germanistik in Frankfurt a.M. und Trier; 1990–1994 als Stipendiat des japanischen Kultusministeriums an der Hitotsubashi Universität; 1998 Promotion an der Universität Trier mit einer Arbeit zu den historischen Romanen von Inoue Yasushi; seit 1998 Lektor an der Universität Trier; publizierte zwei Übersetzungen von Werken des Autors Inoue Yasushi, *Der Sturm* (Frankfurt: Suhrkamp 1996) und *Die Reise nach Samarkand* (Frankfurt: Suhrkamp 1998).